# 東北の近代と自由民権

## 「白河以北」を越えて

【編著】
友田昌宏

【著】
河西英通　千葉昌弘　新井勝紘
松崎　稔　三原容子　山下須美礼
後藤彰信

日本経済評論社

カバー表・写真上：定禅寺通櫓丁の標柱（仙台市青葉区、仙台市民会館前）
明治14年（1881）3月、仙台で東北有志会大会が開かれ、東北の民権家が一堂に会した。写真は、会場の旧本立社（仙台の民権結社）があった定禅寺通櫓丁を示す標柱。

カバー表・写真下：「東北有志粥を開くの図」（『東北新報』第64号、明治14年3月10日、仙台市図書館〔市民図書館〕所蔵）
明治14年3月の東北有志会大会の様子を描いた諷刺画。粥が入った大釜を囲む民権家の着物には東北各県の頭文字があてがわれている。粥椀に描かれているのは蝉。「ミン」（蝉の声）と粥で「民会」を意味する。この大会で、東北全域を覆う一大政党・東北七州自由党の結成が決議された。

カバー裏：「大日本帝国神選里程全図」（横浜市立大学学術情報センター所蔵、部分）
明治14年12月、内国通信会社秋田分社発行。編者の石井直治、校正を担当した桜田誠一郎・鈴木行信はいずれも秋田県士族。ちなみに石井の実兄は、明治4年に政府転覆計画加担容疑で斬首された初岡敬治。東西南北が逆転しているのは、西南＝先進、東北＝後進という構図をひっくり返してみせるという意気込みの表れか。

目次

## Ⅱ　各地における運動の展開

# 序章　「白河以北」から自由民権運動研究に新たな息吹を！

友田昌宏

## 一　研究史から――自由民権運動研究の「停滞」

戦後、自由民権運動研究は日本近代史のなかでもとりわけ「熱気をはらんだ研究領域」であった。その熱気を下支えしていたのは「地域に根ざした民主主義への熱い思い」にほかならない[1]。すなわち、戦後民主化の流れのなかで、人々はその源流を自由民権運動に見ようとしたのである。戦後、まず口火を切ったのは、戦前以来、マルクス主義の視点から自由民権運動をブルジョア民主主義革命と位置付け、研究を続けていた服部之總・平野義太郎らいわゆる講座派の面々であった[2]。ついで、遠山茂樹・堀江英一・後藤靖・大石嘉一郎・色川大吉・江村栄一・内藤正中・松尾章一・家永三郎・松永昌三らが、講座派の議論を起点としつつ、研究を進展させていった[3]。

さらに、その熱気はアカデミズムの世界にとどまらず、民間にまで波及し、各地で地元の自由民権運動に関する史実の掘り起こしが活発に行われた。民間での研究熱の拍車にあずかって力があったのは、色川大吉の存在であろう。色川の『明治精神史』は、その魅力的な文体とも相俟って、民間の研究者にまで広く読まれた。また、一九六八年の東京経済大学色川ゼミによる深沢家（現 東京都あきる野市）の土蔵調査では、千葉卓三郎が起草した「日本帝国憲法」（通称・五日市憲法草案）が発見されて話題を呼び、掘り起こしに携わる民間の研究者を大いに活気づけたのであった。

色川大吉・江井秀雄・新井勝紘編『民衆憲法の創造――埋もれた多摩の人脈』(評論社、一九七〇年、のち加筆修正のうえ、色川大吉編『五日市憲法草案とその起草者たち』〔日本経済評論社、二〇一五年〕として再刊)はその成果である。

このように学界・民間の双方で研究熱が高まるなか、人々は自由民権百年を迎える。この節目にあたって、自由民権運動に関する研究集会が、一九八一年(横浜市)、八四年(早稲田大学)、八七年(高知市)の三回にわたり、大々的に開催されている。自由民権運動研究の第一のピークが一九六〇年代から七〇年代だとすれば、第二のピークがここにあった。しかし、これを機に研究が下降線をたどり始めたことはよく指摘されるところである。その理由は、史実の発掘とそれに基づく研究の進展によって、自由民権運動が必ずしも「民主主義の源流」ととらえきれないことが明らかになったからであった。

このような自由民権運動の見直しに大きな役割を演じたのが、いわゆる「民衆史派」の面々であり、その際の主要な論点となったのが困民党の位置付けであった。困民党や同党が引き起こした秩父事件については、すでに戦前より研究の蓄積があり、平野義太郎は、半封建的小作人・貧農・農村家内労働者が中心となって起こした秩父事件を自由民権運動の「最高の発展形態」と位置付けた(4)。戦後に発表された後藤靖や井上幸治の研究も平野の論を基本線としてこれを発展させたものである。後藤によれば、民権派は「革命的民主主義」を掲げる大井憲太郎ら自由党左派の在地活動により、各地の困民党に抵抗の理念としての民権思想を植え付け、ここに民権派と困民党の指導―同盟関係が成立し、その結果、秩父・群馬・飯田等の激化諸事件が引き起こされたという(5)。そして、井上はその著『秩父事件――自由民権期の農民蜂起』(中公新書、一九六八年)において秩父事件を「自由民権運動の最後にして最高の形態」と評価した(まえがきiii頁)。

しかし、武相地域をフィールドとして困民党と自由党員との関係を分析した色川大吉は、両者が敵対・雁行の関係にあり、秩父の例は必ずしも一般化することはできないと反論する(6)。さらに、より根元的な問題として、秩父の例を含めて困民党と民権派は拠って立つ思想的基盤そのものが異なるとの見解が、稲田雅洋(7)・鶴巻孝雄(8)に代表されるいわゆる「民衆史派」から提起された。困民党は、共同体の維持という観点から、近世以来の土地慣行を理論化することによって政府の近代化政策に対抗したのであり、自由民権運動とは要求を異にする独自のアクターだというのがその主張である。

ここに民衆との関係、あるいは政府との関係において、自由民権運動の性格が改めて問い直されることとなる。その見取り図を、国民国家論を援用して鮮やかに描き出したのが牧原憲夫である。大阪事件の裁判傍聴筆記を通じて大井憲太郎の思想を分析した牧原は、[9] 大井らが推進する自由民権運動は「典型的な国民主義の運動」であり、その目指すところは「近世以来の客分意識と開化政策への反発を抱いていたこの時期の民衆には縁遠いもの」だと想到した。[10] そして、演説会から当時の民衆の意識を分析した安丸良夫の論に着想を得て、[11] 明治政府・民権派・民衆の三者の関係性を示し、そのなかで、民権派と民衆との関係を「背中合わせの連帯」あるいは「ズレゆえに生じた激しい共振、スパーク」と表現する。すなわち、自由民権運動は国民国家形成という目標を明治政府と共有しつつも、その一方、反政府の一点において民衆と共鳴しあっていたというのである。[12]

かくして、自由民権運動を「民主主義の源流」と考える、それまでのテーゼは見直しを迫られた。このテーゼは自由民権運動研究を活況に導いた原動力そのものであったため、そこを突かれたダメージは相当に大きく、ために、以後研究は方向性を見失ったように見なされることとなったのである。

## 二　本書の特徴――「白河以北」から自由民権を再考する

しかし、見方を変えれば、このとき自由民権運動は「民主主義の源流」という羈絆から解放されたともいえよう。その意味で「今日（一九九六年時点―引用者）の民権運動の研究情況は、一見混迷しているように見えながらも、実は豊富化の局面にあり、つぎの段階への準備の時期にあたっているのではないかと考えています。この間の研究は、奥行きを非常に深めていますから、いわば一つの過渡的な状況だと思うのです」という大日方純夫の発言はまさに正鵠を射ている[13]。事実、研究の停滞が叫ばれつつも、近年、自由民権運動にはさまざまな角度から新たな光が投げかけられている。たとえば、民権結社の研究は、その地域的・階層的広がり、性格の多様性[14]、さらには近世の読書会以来の伝統といった観点から深められ、自由民権運動が全国的な運動に発展していった背景を明らかにしつつある。また、安丸良夫の研究が直接のきっかけとなって運動形態としての演説会・新聞にも目が向けられるようになり[15]、主義主張のみならず政治文化という側面から自由民権運動を考察しようとする動きもみられる[16]。本書所収の各論考は、このような新たな潮流をふまえて自由民権運動をとらえ直そうとする一連の研究動向を意識しつつ書かれたものである。

さらに、フィールドを東北に限定していることが本書のもう一つの特徴として挙げられよう。前述のとおり、自由民権運動は非常に多様な側面を有した運動で、それゆえに全国に広まったことが、この間の研究によって明らかとなった。そういった多様性を生んだ素因はさまざまあろうが、その一つとして挙げられるのは地域性であろう。河西英通は佐久間耕治『底点の自由民権運動』（岩田書院、二〇〇二年）を引き合いに出しつつ、色川大吉の生活過程論を批判し、そこから「地域」に自由民権運動研究の進展の糸口を見出そうとする[17]。

人々はさまざまな「体制」のもとで暮らし、さまざまな「大衆」をかたちづくっているのであって、大文字の体制や大衆がそのリアリティを代位できるわけではない。もちろん、彼らが国家やまわりの地域から切り離された孤立的空間を形成しているというわけでもない。彼らは様々に生きているのであって、「一般的」に存在しているわけではないということである。そうした小文字の人々のあり方を照射したのは戦後歴史学の良き側面であり、とりわけ地域史や自治体史は人々の生活をめぐる多様で緻密な実相を明らかにしてきた。ひとつかみでは「体制」や「大衆」を捉えきれなくなったとき、それらの概念が拡散・解体するのは当然である。「底辺」という幻想が「底点」（佐久間耕治『底点の自由民権運動』、岩田書院、二〇〇二年）という実存に回帰したと言うべきか。

思えば、自由民権運動を「民主主義の源流」とする見方も、地域での地道な掘り起こしに基づく史実の理論化によって見直しを迫られたのであり、自由民権運動像の再構築もそこを起点に行われる必要があろう。

とはいえ、地域の自由民権運動の掘り起こし、研究もまた自由民権百年をピークに減退傾向にある。本書が対象とする東北地方の各県も例外ではない。そのなかにあって、さすがに自由民権運動研究の一大拠点であった福島県だけは、福島自由民権大学・三春地方自由民権運動血縁の会・石陽社顕彰会・平島松尾顕彰会といった民間の諸団体が定期的に講演会を開くなど、地道な活動を続け、本書巻末の「東北自由民権運動関係文献目録」を見てもわかるとおり文献の数も多い。だが、「文献目録」を子細に見れば、二〇〇〇年代以降は、先の諸団体が発行した会報の記事が大半を占めるようになり、本格的な研究書・研究論文というところだと、松本美笙『志士　苅宿仲衛の生涯——自由民権家の軌跡』（阿武隈史談会、二〇〇一年）、長井純市『河野広中』（吉川弘文館、二〇〇九年）や、安在邦夫・田﨑公司編『自由民権の再発見』（日本経済評論社、二〇〇六年）収録の諸論文等が挙げられるばかりである。福島がこのような状況であれば、他は推して知るべしであろう。

そして、東北地方の自由民権運動研究の停滞がより深刻なのは、それが同地方の日本史学界における近代史研究の不振と地続きであるという点にある。たとえば、千葉昌弘は、自身が学部生・大学院生として東北大学に身を置いた一九六〇年代から七〇年代の宮城県下の研究環境を「私が学んだ仙台の大学やその周辺には自由民権研究者はほぼ皆無。歴史研究といえば中世・近世が主力をなし(18)」と回顧し、河西英通も学部生として過ごした七〇年代の弘前大学について「およそ地方の国立大学（「駅弁大学」と呼ばれた）は古代史と近世史のコンビが一般的で、近代をやろうという学生は近世史の先生にすがるしかなかった(19)」と述べている。事実、千葉の言を裏付けるように、東北の日本史研究の最大拠点ともいうべき東北大学文学部国史研究室（現在の日本史研究室）には、石井孝が一九七三年に退官して以降、長らく近代史の教員が不在だったのである。

たしかに、福島事件・秋田事件・ワッパ事件等、自由民権運動を考察するうえで格好の素材に恵まれていたことも手伝って、戦後、東北でも自由民権運動研究は隆盛を極めた。本書第一章河西英通論文が指摘するとおり、数からいっても質からいっても自由民権運動研究に東北が占める役割は決して低くはなかった。だが、これも同論文を一読すればわかるとおり、この隆盛を学界レベルで支えていたのは、主に福島大学の経済史の研究者であった。東北地方では経済史の分野で戦前から近代史研究の蓄積があり、その点からいえば、経済学者が自由民権運動研究を牽引したことは何も異とするに足りない。むしろ、問題とすべきは、東北地方では肝心の日本史研究者がこの流れに積極的に身を投じようとはしなかったことである。なぜか。そもそも、人材自体が払底していたということがあろう。しかし、理由はより根元的なところにあるかと思われる。

前述のとおり、東北地方では経済史の研究者が近代史研究をリードしたが、そこで議論の前提となったのは、近世の延長線上に東北を経済的後進地としてとらえる見方であった。さらに、近代の劈頭に位置する戊辰戦争が、東北に政治的後進地という負のレッテルを上塗りする。よく知られる「白河以北一山百文」は近代の東北を象徴する一語として有名であろう。「白河より北は一山が百文で買える」との謂で、東北地方の後進性を揶揄している。この言葉は新聞紙上でも盛んに使われた。すなわち、日本史研究者の反応の鈍さは、東北において近代を負の歴史とする見方が厳然としてあったからではなかろうか。そして、東北の学界においては、経済史研究者が自由民権運動研究から手を引けば、自由民権運動研究はいっきに下火となり、経済史の分野での日本近代史研究の衰退は、日本近代史研究そのものの衰退へとつながったのである。

しかし、こと自由民権運動に限っていえば、東北地方ではそうした負のイメージがあったればこそ、それを払拭すべく運動が勃興したのであり、さらには西南地方との対抗という観点から、「東北」地方という広範な地域の連帯意識が生まれたのである。以下、そのことが見て取れる史料をいくつか引用しよう。まずは仙台の民権結社・進取社の規則[20]からである。

国家独立ノ面目ヲ保ツテ人民天賦ノ福利ヲ全フスルヲ得ル者ハ、人民一般自治ノ精神アルニ由ルノミ。苟クモ自治ノ精神アル乎、東人ニシテ西人ノ傀儡視スル所ト為リ南人ノ門生視スル所ト為ル、豈ニ其心ニ甘ンスル所ナランヤ〔中略〕凡ソ事西南ニ宜シウシテ東北ニ宜シカラサル者アリ。東北西南均シク福利ヲ得ント欲セハ、東北西南各々其ノ地方ノ権力ヲ得テ以テ其ノ地方ノ宜シキ所ヲ得ルヲ務サルヘカラス。之ヲ務ムルハ則チ自治ノ精神ヲ擢揮スルナリ。自治ノ精神ハ国家ノ元気ナリ〔中略〕広ク有志ノ者ヲ結合シ、地方ノ権力ヲ培養シテ西南人ノ下流ニ居ラス、独立不羈能ク自治ノ精神ヲ擢揮シテ進ンテ人民天賦ノ福利ヲ取リ、以テ国家ノ元気ヲ振作スルハ此社ノ務ムル所ナリ

次に掲げるのは『秋田日報』明治一五年（一八八二）一〇月二一日の社説「再タビ感ヲ書シテ東北ノ志士ニ告グ」にある一文である。

嗚呼東北ノ志士ヨ、明治第一期ノ維新即チ今日ノ天地ハ、西南人士ノ創造ニ係ルモノナレバ、明治第二期ノ維新ニ於テ完全ナル立憲政体ヲ確立シテ、勲閥政府ノ弊習ヲ掃除シ人民ノ権利幸福ヲ増進スルハ、余輩東北人士ノ宜シク負担尽力スベキノ大義務ナルハ、已ニ各自ノ胸間ニ銘ジテ覚悟ヲ極メシ所ロニアラザル乎

この点について、河西は「こうしたコンプレックスは何ら珍しくなかった。少なくとも東北地方の民権運動にとっては皮膚感覚と言ってもよい」と指摘する。[21] かかるコンプレックスは阿部恒久がフィールドとする裏日本の自由民権運動にも通底するものといえる。[22] 明治二〇年前後に大同団結運動が勃興したとき、東北十五州会が結成され東北の民権派の再結集がはかられるが、そこには東北だけではなく新潟・富山・石川・福井等「裏日本」諸県の民権家の姿もあった。地理的な近さに加え、かかるコンプレックスが両地方を結び付けていたのではあるまいか。

「白河以北一山百文」という一語に集約される、このような「東北コンプレックス」に基づく西南地方への対抗意識は、仙台の進取社のように西南地方との提携を拒む「東北セクショナリズム」を生む一方で、河野広中のように西南地方を含む全国的な自由民権運動の連携を模索する姿勢に結び付くこともあった。そこには自由民権運動を通じて西南地方に追い付き、ひいては凌駕せんとする意欲が潜んでいた。それゆえ、全国的な視座のもとにあっても地方意識が摩耗することはなく、むしろ両者はわかちがたく結び付きつつ、東北の自由民権運動の原動力たりえたのである。東北の自由民権運動は「当時にあってはもっとも地域の要求を反映し、かつ全国的な連帯への芽をも生じていたのである」という難波信雄の指摘は(23)、以上の意味において重要である。

このように東北は、地域という視座から自由民権運動をとらえ直すには格好のフィールドである。さすれば、いきおい本書所収の各論文は東北特有の地域性がにじみ出たものとなる。そして、我々はそこにこの地域が抱えたさまざまな問題を直視することになるであろう。

## 三　本書の構成

以上のような特徴を有する本書だが、その目指すところは、おおよそ次の二点に集約される。まず自由民権運動研究の復興である。本書はこの間の研究によって浮き彫りにされた論点を念頭におきながら、自由民権運動を近代史という大きな流れのなかでとらえ直すことによってその課題に応えようとする。というのも、現在、自由民権運動研究は近代史研究から乖離したところで展開され、それが停滞の一因をなしていると思われるからである。かかる状況を打破せんとせば、外からの風が必要であろう。その意味で、編者を含めていわゆる自由民権運動を専門としない研究者が執筆者として名を連ねていることには、それなりに意味がある。

いまひとつは東北近代史の活性化である。先に述べたとおり、東北地方において近代地域史研究は全体的に低調を極めている。自由民権運動という全国的に見てもあまり盛んとはいえない研究テーマをあえて梃にして、東北近代史研究の活性化をはかりたい。

それでは、以下本書の構成を示そう。

「Ⅰ　過去の研究が問いかけるもの」は、これまでの東北各地の自由民権運動の研究成果を改めて振り返り、何が明らかとなり、そこからどのような可能性を汲み取るべきなのかを提示しようとするものである。

**河西英通「東北自由民権運動研究史の再検討――精神史の提唱をめぐって」**（第一章）は、東北の自由民権運動研究の先進県であり、全国的に見ても重要な拠点であった福島県をフィールドとするものだが、そのなかでも、最先端の自由民権運動研究の発信基地であった福島高等商業学校（福島高商）・福島大学経済学部の存在にスポットを当てる。ここから生み出された諸論考は、福島のみならず、東北ひいては日本全体の自由民権運動研究の進展に大きく寄与し、今なお示唆に富む。河西によれば、同校がかかる地位を占めることができたのは、単に福島が福島・喜多方事件が起こった地だったからというにとどまらず、戦前に藤田五郎や庄司吉之助によって築き上げられた福島地方の経済史研究の蓄積があったからだという。藤田の論は、東北を経済的後進地としつつも、それゆえに経済の近代化の過程を考察するにおいてかえって夾雑物がなく、「典型」を見ることができるというものであり、かかる姿勢は戦後における自由民権運動研究にも継承されたのであった。

さらに、福島高商・福島大学経済学部の先進性を担保したもう一つの要素として河西が挙げるのが、研究者間の歯に衣着せぬ論戦、たゆまぬ切磋琢磨である。このうち、本論において取り上げられるのは、福島の自由民権運動をめぐる羽鳥卓也と大石嘉一郎の論争だが、そこで議論の中軸に据えられるのは、河西自身も学生時代に大きな影響をうけたという羽鳥卓也の「民権運動家の「精神」――福島事件史序論」である。この羽鳥論文は、マルクス主義史観に裏打ちされながらも、ある点でそれを乗り越え、今日までの自由民権運動研究の軌跡を先取りするものであった。羽鳥の業績の画期性は、まず精神を下部構造たる経済の従属変数という立場から解き放ち、「ある特定の経済的階級にある特定の政治的行動を行わしめる「媒介の契機」」として扱ったことである。この議論が、色川大吉の『明治精神史』に継承されていくことはもはや多言を要すまい。また、羽鳥は「豪農層は農村内部の旧来の社会関係を所与の前提として、この社会関係の破砕など思いもよらなかつた」として、自由民権運動＝ブルジョア民主主義という図式を否定し、それとともに福島事件にかかわった民権家たちの国権的側面に着目、のちに安丸良夫によって提唱される『民権＝国権』型の政治思想」論へと道を開いた。

そのうえで、河西は「民衆的地盤の上での近代化を阻止している社会的諸条件が何であり、そうした諸条件を、基柢的に規定するものが何であるかを歴史的に追及してゆくことは歴史学に志す者が少くとも気にかけなければならないことではなかつたろうか」という羽鳥の問題提起に今日的課題を見出す。

さて、羽鳥と大石の論争は長きにわたったが、議論がまじわることなく曖昧なままに終わった。にもかかわらず、河西がこの論争を重視するのは、国際的見地から自由民権運動をとらえることの重要性と困難さを提示しているからである。福島の自由民権運動が求める地方自治は旧来の地方分権に過ぎないという羽鳥に対して、大石は「革命前夜の段階に到達したブルジョア民主主義運動」に比肩すると反論する。しかし、羽鳥は、いかに西欧の自由主義思想に精通しようとも、彼らが唱える自由は結局近世以来の忠孝観念にとらわれたものであったと自説を曲げなかった。そして河西は、こういった一連のやりとりのなかに、世界史的視座に立った理解という現在の自由民権運動研究者がなお乗り越えるべき壁を見るのである。

**千葉昌弘「宮城県における自由民権運動の展開とその研究」**（第二章）は、戦後、自由民権運動研究が全国的な盛り上がりを見せるなか、森田敏彦・佐藤憲一によって担われた宮城県下の自由民権運動研究の概要を紹介する。宮城県の自由民権運動は明治一一年（一八七八）の鶴鳴社の結成をもって本格的に始動する。これに続いて県内では数々の結社が結成されるが、そのうち鶴鳴社から派生した本立社と進取社が、県下の運動をリード、河野広中を中心とする東北地方の民権結社の大同団結に加わっていった。それは、明治一一年の東北有志会、一四年の東北七州自由党の結成というかたちで結実する。しかし、愛国社に加わり全国的な国会開設運動に身を投じようとする本立社と、地元の結社を糾合し組織を強化することで国会開設を目指そうとする進取社とのあいだに路線の対立が起こり、県下の運動は分裂状況となった。これは中央の自由民権運動が自由・改進両党に分裂したのと軌を一にする。その後、県下では演説会が盛んに行われ、郡部にまで運動が浸透していくが、明治一四、五年をピークに運動は退潮していった。以上のように総括したうえで、千葉は「東北地方における自由民権運動の展開は、関東・西南地域における展開に比して明らかに後発に属する。しかし民権運動の全国的拡大と浸透の程度を吟味するうえで不可避の多様な史実を提供する可能性が存する。加えていえば、政治的・経済的・社会文化的「後進」地域における民権運動のありようの歴史的知見を提供してくれるのではないか」と提起する。

　ところで、宮城県の自由民権運動の特色は若生《わこう》精一郎《せいいちろう》をはじめとする主要な民権家が現役の教員だったことである。千葉はこのことに着目し、当初は宮城、ついで高知と、長年教育との関連から自由民権運動を追究してきた。本論においてはこういった自身の研究についてもその概要が示されている。若生は民権家として活動しながら、貧困児童のため夜学を開設したり、勤務校の培根小学校に女子教育振興のため裁縫科を開設したり、幼稚園の開設を推進したり、教育方面でも開明的な活動を展開した。さらに、真山寛・佐藤《さとう》時彦《ときよし》・窪田豊二郎・白石時康といった「民権教師」は仙台の外記丁小学校にて「教育議会」を開催するが、これにつき千葉は「一種の校中会議」にすぎぬとしつつも「教育自治の一つの実践」としての側面を見出そうとする。やがて、上京した白石は在京仙台人によって組織された仙台義会に加盟、在仙青年の上京・遊学を奨励・支援するとともに、機関誌『仙台義会雑誌』上に欧米の政治・経済・歴史等を翻訳・紹介する。一方、在仙の真山・佐藤・窪田は仙台教育議会を結成し、民権運動の傍ら、教育改良に取り組んだ。以上のような事実を指摘したうえで、千葉は「明治一〇年代以降、「国家のための教育」推進の体制が確立せんとするまさにその時期に、自由と民権の拡張を志向して戦った民権運動は、わが国初の国民教育運動といった側面を含んでいたのではないか」と投げかけ、教育活動は「宮城県における自由民権研究の重要な一環をなすもの」だと主張する。

また、千葉は「夥しい民権運動研究の蓄積にもかかわらず、萌芽的組織を含め教育会等はもとより、青少年の学習・テキスト・教育雑誌等学校教育に限定されえない国民教育の総体に深く分け入った研究は極めて乏しい」とするが、各地の民権結社において行われた討論会等の淵源として近世の藩校や私塾における会読の伝統を見ようとする前田勉『江戸の読書会――会読の思想史』（注15参照）の議論は、自由民権運動の全国的展開を考えるうえで重要なヒントを我々に与えてくれているように思われる。

「Ⅱ　各地における運動の展開」は、東北各地の自由民権運動の具体相を、これまでの研究の進展により見直されてきた要素に目配りしながら実証的に考察し、新たな可能性を探らんとするものである。

**新井勝紘「社会的弱者の民権運動――『朝野新聞』にみる宮城県の多彩な結社に注目して」**（第三章）は主に『朝野新聞』を素材として、宮城県、とりわけ仙台をフィールドに多様な民権結社を紹介し、該地における自由民権運動の広がりを示さんとするものである。前述のとおり、自由民権運動は当時の民衆の多様な願望を包含した運動であり、それゆえに全国に広がっていったのだが、それを反映するかのように、民権期、各地に簇生した民権結社もまたさまざまな性格を含み持っていたことは、かつて色川大吉がその著『自由民権』（岩波新書、一九八一年）において指摘したとおりである。新井もまた全国の結社について調査・研究を続けてきたが、今回佐藤憲一の研究等もふまえ、改めて宮城県下の結社の数を集計し直したところ、一四一に上った。これは高知・東京・神奈川について四番目に位置するという。「宮城県仙台にてハ近来某社々々と結社するもの、殊に多き様なるが」という『朝野新聞』の報道（明治一六年（一八八三）七月一三日）があながち誇張でないことが裏付けられよう。

そのような結社のうち、新井が着目したのは、視覚障がい者・女性・車夫・侠客らによる結社である。彼らのように、当時としては差別の対象とされていた「社会的弱者」に属する人々にスポットを当てることによって自由民権運動をより幅の広いものとしてとらえようというのが、本稿における新井のねらいといえる。

特に多くの紙幅を割くのは盲人たちの動向である。盲人の民権家としては神奈川県平塚の府川謙斎が著名であるが、仙台の例が特徴的なのは、按摩の菅野元禮や白木正圓らが、「盲人政談演説会」を開催して盲人たちを結集し、さらには盲人を構成員とする民権結社・東北群盲党を組織したことである。また、新井は菅野らが宮城や仙台ではなくあえて東北を結社名に冠したことに注意を喚起する。彼らは広範にわたって盲人を組織しようとしたのである。仙台の本立社・進取社が東北各地の民権結社と団結して東北七州自由党を結成したことにならったものであろうか。その他、盲人民権家たちは、盲人教育のため仙台訓盲院の設立に奔走しているが、ここでも千葉論文に登場する教員出身の民権家たちが、政治運動と同時に教育改革運動をも展開していたことが想起される。盲人たちが、運動の展開の仕方について自由民権運動の本流から多くを学んでいたことがうかがえよう。

女性の結社に関する報道も興味深い。『朝野新聞』には、仙台の成田うめ・加藤綾子だけでなく、大河原の多田ミキ子・櫻川クニ子らもまた民権結社を設立していることが報じられ、県下で女性による自由民権運動がある一定の広がりをもって展開していたことがわかる。教員であり仙台の民権家の代表格であった若生精一郎が、女子教育にも熱心だったことは先の千葉論文でも指摘されているところだが、神宮教会所の女性信徒が、若生の死後その招魂祭を執行しているところをみると、若生が女子教育を通じて女性たちに民権思想を鼓吹し、その運動を指導していたことが想像される。鈴木しづ子も『男女同権論』の男――深間内基と自由民権の時代』（日本経済評論社、二〇〇七年）において、仙台で師範学校の教員を務める傍ら、J・S・ミルの婦人論を『男女同権論』として翻訳し、民権家としても活躍した深間内《ふかまうち》基《もとい》が、仙台女子自由党結成に道を開いたことを示唆しており、女性の運動と自由民権運動本流との関係はより深く考察していく必要がある。

このように、盲人や女性といった「社会的弱者」の運動の背後には自由民権運動本流からの影響・指導がうかがえるが、その点でいえば、盲人たちが盲人政談青年討論会を開催する際、集会手続きにつき教示を請い、成田うめが仙台女子自由党を結成するにあたって機関誌の編集を依頼した東北自由新聞記者の奥宮庸人の存在は決して看過することができない。

本稿の最後で新井は自由民権運動に対峙する帝政党結成の動きも紹介している。『朝野新聞』からは、沼沢與三郎らが帝政党の結成に乗り出すものの、賛同者を得られず苦慮している様子が見て取れる。仙台において自由民権運動が広く浸透していたことの証左ではあるまいか。なお、帝政党結成の動きについては、本書収録の松崎論文が会津をフィールドとして具体的に考察を加えており、東北各地における帝政党の動きを探ることは今後の自由民権運動研究にとって大きな課題の一つとなろう。

**松崎稔「〈反民権〉の思想史——福島・喜多方事件再考のために」**（第四章）は、牧原憲夫が提唱した政府・民権派・民衆の三極構造を念頭におきつつ、これまで民意を代表する自由党員と、三島県政へ加担して同党の弾圧にまわる会津士族との対立という構図で語られがちであった、福島・喜多方事件に再考を迫るものだが、その第一歩として〈反民権〉の側に立った会津士族の行動とその論理にあえて焦点を当てる。自由民権運動を考える際に反対勢力にも目配りすることの必要性は、河西英通も指摘していたところである。[24] 本論の冒頭で、松崎は田中悟の著書『会津という神話——〈二つの戦後〉をめぐる〈死者の政治学〉』（ミネルヴァ書房、二〇一〇年）を援用しながら、会津藩士を賛美するいわゆる会津観光史学と耶麻郡の自由民権運動研究がほとんど互いを意識せず併存していたことについて、「問題は、両者のあいだにある大きな隔たりが、結果として会津士族にとっての民権期を充分に検討する機会を奪い、会津地方における民権期の状況理解を単純化させてきたという事実である」と指摘する。

さて、その会津士族だが、戊辰戦争後、「賊軍」の汚名と貧窮のもとにマイノリティの地位に追いやられ、西南戦争後、富を蓄積し自由民権運動へ参入していった豪農層からは「貧生死族」「痩死族」と揶揄されるに至った。松崎論文によれば、会津士族が三島県政に加担したのは、このような屈辱的な境遇から脱し、マジョリティの立場への復帰を願ってのことであって、会津士族による帝政党結成の動きの背景をなすものは、経済的にも政治的にも力量を付けることにより、会津士族を凌駕してマジョリティの立場に立った豪農層への敵意であり、清水屋事件・喜多方事件はこのようなマイノリティとマジョリティの〈ねじれ〉現象が生んだ事件だと断ずる。この清水屋事件・喜多方事件によって、一定の目的を果たした会津士族は帝政党結成への意欲を急速に失っていった。というのも、彼らをそこに駆り立てていたのは、豪農民権家への敵意よりほかなかったからである。

帝政党に代わり会津士族たちに自己正当化の論理を提供したのは、喜多方事件後に創刊された『会陽雑誌』であった。同誌は産業と教育の両面から会津地方の復興を訴えかける。そして、教育の観点からは「活学問」を重視し、自由党員たちが拠って立つ天賦人権論を空理空論と批判し、産業の面からは三方道路開鑿を将来的な「益」とし、目先の「苦」からこれに反対する自由党員を近視眼と揶揄するのである。自由党に打撃を与えた会津士族たちは、時をおかず、豪農層に代わり会津地方の振興に向けて民衆を主導する地位に立とうとしたようである。この点につき、松崎は、会津士族は三島県政に荷担しそれを巧みに利用しながら、自由党を背景とする豪農層を退け、自己の論理にそった会津復興のきっかけを作ろうとしたとする。

全国的な視野から見れば、士族であれ、豪農層であれ、「白河以北一山百文」の名のもとマイノリティの立場にあったわけだが、少なくとも会津という地域にあって、そのコンプレックスは士族と豪農のあいだで共有されることはなかったということである。かつて新政府軍の参謀として会津攻めの指揮にあたった板垣退助が自由党の総理だったことが、自由民権運動に対する士族たちの憎しみを一層掻き立てたと松崎はいう。とすれば、板垣に対する意識の違いが両者の連携を妨げていた一因と考えられよう。勿論これは会津の場合のしかも一因に過ぎない。士族と豪農のあいだで東北コンプレックスのありようはいかに異なるのか、その差違はいかにして連携を妨げていたのか、東北の自由民権運動全般の問題にもかかわるだけに、東北各地のさまざまな事例を通じてより深く考察していく必要がある。

**三原容子「山形県庄内地域の自由民権運動——ワッパ事件と三島県政との関連を中心に」**（第五章）は、森藤右衛門を軸に庄内地域におけるワッパ事件から自由民権運動へ至る展開の過程を詳細に分析したものである。旧庄内藩領に設置された酒田県では、松平親懐《まつだいらちかよし》・菅実秀《すげさねひで》を中心とした「御家禄派」と呼ばれる旧庄内藩出身者が依然として実権を握っており、新政府による改革方針はことごとく履行されず、藩政時代の延長線上に県政が施行されていた。かかる事態に直面した農民層は、石代納の履行と雑税廃止等を求めて県に不当を訴える。これがワッパ事件であり、その中心にあったのが酒田の商人森藤右衛門である。しかし、明治七年（一八七四）に酒田県令に就任し、やがて同県が鶴岡県と改称され、山形県に編入された後も長く県政のトップにあった三島通庸は、「御家禄派」の松平親懐を引き続き参事として重用しその一派を擁護した。庄内と松崎論文が取り上げた会津の事例とを比較すれば、三島が士族たちを擁護・利用して、政治的に活性化する豪農商層を封じ込めようとした点は共通するが、両地では士族と豪農商層との力関係が全くもって逆である（庄内では士族が力を維持し、豪農商層を押さえ込もうとした。一方、会津では士族が没落し、豪農層が台頭した）。それにしても、その是非はさておき、士族たちがいかなる状況に置かれていようとも彼らを味方に引き込み、自己の求める政策の実現をはからんとする三島の政治手腕には刮目すべきものがある。

さて、県との交渉では埒が明かないと知った森は中央の左院や元老院へ、再三にわたって陳情を繰り返す。その過程で森は「今佐倉宗五郎」として、さらには民権家として全国に知れ渡るようになる。おりしも民権家たちのあいだでは佐倉宗五郎のような近世の義民が、民権運動の先駆者としてたたえられており、そのようななかで森も民権家としてとらえられたのであろう。そして、森自身も、福島県三春の民権家河野広中らから民権思想の感化をうけることになる。ワッパ事件をめぐる森の陳情運動に、それを支える論理として民権思想の影響が垣間見られるようになるのはそのためである。このように森が民権家として成長していく過程の意義については、義民伝承と自由民権運動との関係性を問う近年の諸論考(25)の成果をふまえたうえでより深く問われていくべきであろう。その後、森は尽性社・庄内自由党の結成や、『両羽日報』の創刊に中心的役割を果たして庄内の自由民権運動を唱導し、山形県、さらには東北全体の民権派の結集に際しては常に庄内の代表として名を連ねるまでに成長する。

やがて、明治一五年（一八八二）に三島が山形を去り、一八年には森が県会議員在任のまま亡くなると、ここに庄内の政治勢力地図は変化を見せる。酒田では豪商本間家がその経済力を背景に影響力を伸ばし、鶴岡では逼塞していた「御家禄派」が息を吹き返すのである。しかし、平田安吉をはじめとする人々が森の遺志を受け継ぎ彼らに対峙したと三原は主張する。

三原は本論を「今後さらに研究を進める過程での中間報告」と位置付けるが、今後の庄内地域の自由民権運動研究の進展のためには、活字化された史料も含めて、一次史料の残存状況を把握し、整理して時間軸やテーマ別に一覧化するという基礎的作業が急務であることを訴える。森藤右衛門をはじめとする庄内の自由民権運動の探求はまだ始まったばかりなのである。今後は「御家禄派」の動向も考察の俎上に載せながら、民権期における庄内の勢力図をより立体的に描き出すことが必要であろう。

「Ⅲ　運動の背景とその後」は、東北地方の自由民権運動をその背景となる諸要素から探るとともに、自由民権運動がいかにその後の地域の政治・社会運動に影響を与えたのかを考察することを目的とする。

まず、自由民権運動の背景として考えねばならないのは、何といってもキリスト教との関係である。自由民権運動とキリスト教との関係は以前から指摘されていたところであり、最近では、小川原正道『明治の政治家と信仰――クリスチャン民権家の肖像』（吉川弘文館、二〇一三年）という成果も公にされているが、とりわけ東北をフィールドに自由民権運動を考える際にこれを除外することはできない。明治・大正期に評論家として活躍した山路愛山は、『基督教評論』（警醒社書店、明治三九年）の「現代基督教会史論」において、植村正久（旧幕臣）・本多庸一（旧津軽藩士）・井深梶之助（旧会津藩士）・押川方義（旧松山藩士）を引き合いに出し、彼らがいずれも佐幕派に属するところから、「戦勝者が何程宏量を示すとも、彼等は遂に其自負を棄つること能はず。戦敗者はたとひ戦勝者より優遇せらるゝも猶ほ其自負を毀損せられたる感なきこと能はず。戦争は既に過去の物語となりたれども戦敗者の心に負へる創痍は未だ全く癒へず。かくて時代を謳歌し、時代と共に進まんとする現世主義の青年が多く戦勝者及び其同趣味の間に出で、時代を批評し、時代と戦はんとする新信仰を懐抱する青年が多く戦敗者の内より出でたるは与に自然の数なりきと云はざるべからず。総ての精神的革命は多く時代の陰影より出づ」（二九～三〇頁）と述べている。自身、幕臣の家に生まれた山路ならではの迫真の言といえようか。山路が本多や井深らを例として挙げているように、東北地方はキリスト教が広く伝播した地方である。とりわけ旧仙台藩士を中心に広まった東方正教（ハリストス正教）の影響は大きい。そして、彼らのなかには自由民権運動とかかわりを持った者も少なくなかったのである。

山下須美礼はこれまで『東方正教の地域的展開と移行期の人間像――北東北における時代変容意識』（清文堂出版、二〇一四年）をはじめ、士族ハリステアニン（東方正教徒）の動向を考察した数多くの著書・論考を発表しているが、**山下須美礼「明治初期のハリストス正教会と政治的活動――南部地域における動向を中心に」**（第六章）は、盛岡藩領と八戸藩領にまたがる南部地域をフィールドとして、士族ハリステアニンの動向を自由民権運動とかかわらせながら論じたものである。山下によれば、同地域において、東方正教は三戸や八戸に居住する地方給人層を中心に受容されていったという。東方正教の最も有力な支持基盤であった旧仙台藩領が地方知行制の色濃く残っていた地域であったことを考えあわせれば、この点は興味深い。さらに、三戸が元盛岡藩領、八戸が盛岡の支藩領でありながら、岩手県ではなく青森県に編入されたことにも注意を向ける必要がある。山下は「三戸の正教会が、藩が崩壊した後の士族層のコミュニティを保障する役割を担う側面があった」と指摘するが、旧藩領から切り離された彼らにとって、地域のなかに新たな士族のコミュニティを構築することは、岩手県内の旧盛岡藩士族より切迫した課題であったろう。自由民権運動は近世身分制社会が解体した後に新たな社会をみずからの手で創出せんとする運動だったという、松沢裕作が『自由民権運動――〈デモクラシー〉の夢と挫折』（岩波新書、二〇一六年）で展開した議論に照らせば、東方正教が自由民権運動に接近するのはいわば自然なことであった。明治一一年（一八七八）に岩手・青森両県で発生した産馬紛擾事件は、馬産への課税の廃止を求める農民の声に、自由民権派が呼応するかたちで拡大していった運動であったが、この過程において八戸で結成された民権結社・暢伸社には、士族ハリステアニンが多数参加したのである。源《みなもと》晟《あきら》もその一人だが、彼が自由民権運動を展開するうえで、かつての伝教地の存在は寄与するところが大きかった。

このように地域の問題を解決していこうとするなかで、東方正教と自由民権運動は人的に交差することになるのだが、さらに東方正教が自由民権運動に接近していく内在的な契機を提供したものとして山下が注目するのが、教員の存在と信徒の埋葬事件である。民権家のなかに教員が多く含まれていたことは先の千葉論文も指摘したところだが、ハリストス正教会が東北各地において布教活動を展開していくうえでも教員の存在は非常に大きかった。この点につき山下は、「自由民権的課題に強い関心をもち、活動する環境を有する小学校教員」を身内に取り込むことによって、士族ハリステアニンらはみずからが抱える問題を自由民権的課題とあわせて思考するようになったと説く。

ついで埋葬問題である。信徒が死去し遺骸を埋葬するにあたっては、当然正教式が採用されたが、そのことは寺院との軋轢を惹起し、東方正教が行政からの抑圧を被る要因ともなった。この問題をめぐって、公的機関との折衝を重ねる過程で、ハリステアニンは自分たちの正当性を主張する必要に迫られる。そして、みずからを正当化する政治的言語として自由民権運動に価値を見出していったのではないかと山下は主張する。

以上のように、伝教と政治活動は重なり合いながら展開したが、その一方で信仰と政治が根本的な次元において交わることには大きな困難がともなった。なぜなら、山下によれば、東方正教の教えは「国家とみずからとのあいだに有機的な紐帯を構成しうる」ものでありながらも「彼らの矜持や日常生活から発するような、彼らを突き動かす政治的課題とは相容れない思想」だったからである。それでは、自由民権運動に傾倒していくハリステアニンたちは、互いに相容れぬ、この政治と信仰の問題についていかに折り合いをつけていったのであろうか、そのうえで、東方正教の教えをいかに自由民権運動と結び付けていったのか、このような信仰と政治の問題は、山下自身が課題として挙げ、小川原正道も前掲書において迫らんとしたものだが、東北の自由民権運動の実態を解明していくうえで重大な問題といえるであろう。

また、背景という点では、先行する幕末維新期からの延長線上に自由民権運動を考える必要もある。宮地正人はその著『通史の方法――岩波シリーズ日本近現代史批判』（名著刊行会、二〇一〇年）において、牧原憲夫の『民権と憲法（シリーズ日本近現代史②）』を評して「民権運動が前提とする幕末維新期に日本人はどこまで到達し、なにが課題としてその段階の日本人に課せられていたのか、という、民権論を展開する際の大前提が全く存在していない」（一〇八頁）、「牧原氏の冊を読了していよいよその思いを強くしたのは、どうして自由民権研究者達は牧原氏もふくめ、明治十年代だけで、自己完結的で起承転結的な論理をかくも性急に組みたてようとするのか」（一二〇頁）と述べている。この宮地の発言は、民権期の民衆運動がもつ論理を近世の共同体慣行との連関においてとらえようとしていた「民衆史派」に連なる牧原よりも、むしろ牧原がいうところの「民権論派」の面々こそ重く受け止めねばならない言葉であろう。この点、先に挙げた松沢裕作の『自由民権運動』が、自由民権運動を身分制社会崩壊後、それに代わる新しい社会を創出する運動としてとらえ直そうとしているのは示唆に富む。

　反政府運動という側面に注目するならば、士族反乱の延長線上に自由民権運動を考察することは重要であろう。明治三年（一八七〇）の雲井龍雄事件は初期の士族反乱の一つに数えられるものである。雲井は民権家たちから英雄視された存在だが、**友田昌宏「雲井龍雄と米沢の民権家たち――精神の継承をめぐって」**（第七章）は、雲井と同じ米沢藩出身者に彼の精神がいかに受け継がれていったのかという観点から東北地方出身の士族にとっての自由民権運動の意義に迫ろうとするものである。戊辰戦争において「討薩之檄」を起草して、東国諸藩に打倒薩摩を呼び掛け、維新後はその薩摩中心の政府の転覆をはかり、刑場の露と消えた雲井龍雄。死後、彼は佐幕派の志士として、あるいは反政府の志士として、旧幕臣・朝敵藩出身者や自由民権運動の壮士らによって偶像化された。その雲井の墓碑が谷中墓地に建立されたのは明治一六年（一八八三）のことだが、本論は墓碑の建立に発起人として名を連ねた米沢藩出身の民権家、宇加地新八・杉原《すいばら》謙・山下千代雄の三名にスポットを当てる。彼らはいずれも雲井から専制批判の精神を受け継ぎ、有司あるいは藩閥の打破を目指した。その背後には雲井の雪辱はもちろんのこと、戊辰戦争で「朝敵」の汚名を被った旧米沢藩の雪辱の思いも横たわっていた。

　しかし、彼らは雲井のように武力によって雪辱を成し遂げようとはしなかった。宇加地新八は、雲井が叛乱を起こすに至ったのは、その言を容れられなかったがゆえと考え、「上下疎通」の場として民選議院の開設を訴えた。そして、杉原は、雲井の本質をむしろ歯に衣着せぬ「直言」に見ており、その巧みな弁舌と文章力を武器に調略を事とした雲井の後姿を追って、新聞記者として有司専制批判の論陣を張ったのである。

専制批判の精神を雲井からもっとも色濃く受け継いだのは、雲井の墓碑建立で中心的役割を担った山下千代雄であろう。司法省法学校卒業後、郷里米沢に帰り山形県を代表する民権家に成長した山下は、自由党の代議士となって活躍、徹底して藩閥打破の姿勢を貫き、藩閥との妥協の道を模索する党を批判し続けた。そんな彼が藩閥打破の向こうに見ていたのは、「白河以北一山百文」と蔑まれた東北にも開かれた政体であった。しかし、藩閥打破が東北の勢力拡張を阻害するような事態に立ち至ったとき、山下は後者を優先し、藩閥との妥協を是とする。彼にとって雲井譲りの藩閥打破の精神は政治的原動力であり、その喪失は政治的生命の終焉を意味し、以後の彼は声望を失っていくのである。

さらに、自由民権運動を考えるうえでは後代との関連性を考えることも欠かせない。そこで念頭に浮かぶのは初期社会主義運動と自由民権運動との関係である。自由民権運動から初期社会主義運動への系譜をたどる業績としては、福島事件を取り扱った下山三郎の論考[26]、奥宮健之を材にとった絲屋寿雄の著書[27]、最近では地域・結社・女性といったさまざまな視点からこの問題に迫った林彰の論考等[28]があるが、安在邦夫はその著『自由民権運動史への招待』（吉田書店、二〇一二年）で、「初期社会主義者の自由民権運動に関する認識の検討は少なく、今後の課題であるといえる」（一〇三頁）と指摘している。

**後藤彰信「自由民権運動から初期社会主義運動へ——単税論を軸として」**（第八章）は仙台をはじめとする宮城県をフィールドとして、自由民権運動から初期社会主義運動への継承のありようを人的・思想的系譜から探らんとするものである。宮城県では松方デフレ期の農民層分解から水田単作地帯である仙北地帯を中心に大地主が発生し、さらに国の農政政策の転換から水田単作地帯化が一層進んだ。その一方で地場産業はなかなか育たなかった。やがて、日清戦争後の戦後経営のために大増税が敢行されると、その打撃は県下の低所得者層を直撃し、ここに社会問題が発生する。このようななかで、明治三四年（一九〇一）に、沢来太郎・佐藤庸男・門屋直哉らは社会問題研究会を結成する。彼らはみな民権家としての経歴を有していた。佐藤は盲人教育に取り組んだ篤志の教育家だが、新井論文が取り上げたように、盲人たちが自由民権運動を積極的に展開していた仙台という土壌のなかで、彼らの教育に携わった佐藤が初期社会主義運動の先陣を切ったことの意味は慎重に考えてみる必要があろう。

しかし、本論で後藤がもっとも関心を寄せるのは沢来太郎である。沢は栗原郡沢辺村の出身、若くして自由民権運動に身を投じ、自由党の青年組織・仙台自由倶楽部の幹事として民権家のスタートを切っている。沢は明治二六年（一八九三）、盟友今野権三郎とともに『通信演説』を刊行している。今野もまた自由党員としての経歴をもち、かつて志波姫で千葉卓三郎から洗礼を受けたハリステアニンでもあった。『通信演説』の発行の辞には「政党社会に対しては、批評的の地位に立ちて公明厳諤を旨とし、以て天下の時事を痛論するの雑誌なり」とある。党内の内紛から河野広中に呼応して自由党を離脱した時点で、沢はこれまでの自由民権運動の限界を知り、既成政党には社会問題を解決するための力量がないと結論するに至ったのではあるまいか。おりしも社会問題の発生とともに自由民権運動のなかにもかつて「平等悪」として蛇蝎視した社会主義思想に接近していく動きが見られた。沢や今野の例は「自由民権運動が、ただただ政党政治の枠をみずから作り、同時にみずからの活動をその枠のなかに局限したのではなかったことを示している」。

さらに後藤は、佐藤憲一の所論等も参照しながら『通信演説』の論説を分析し、「政治的な自由平等論から社会的自由平等論への展開が見られる」としたうえで、それを実現する方法が単税論であったと論ずる。土地を社会の所有に帰属するものとし、国税は土地のみに課すべきであるというこの議論は、宮城の広大な水田単作地帯とそこに生きる人々の姿を眼前にして育まれていったものであり、今野や沢が「単なる自由な政治主体の追究にはとどまらず、社会構造の合理的な変革を求める次元にまで進まざるをえなかった」ことを示しているという。そして、彼らの主張は二階堂嘉平の『単税旨意書』や『経国済民単税法義』のなかに継承・昇華されることとなる。

また後藤は、農村部では佐沼町（現 宮城県登米郡迫町佐沼）の動向に注目する。佐沼町では、佐沼明鋭会・佐沼革新倶楽部・佐沼青年倶楽部が結成され、青年たちが演説会や勉強会を通じて社会主義に傾倒していった。彼らが社会主義を受容していく背景をなしていたのは組合教会の影響である。もともと佐沼はハリストス正教会の顕栄会があったところで、後藤は組合教会が同地に根付いたのは「明治初年以来、ハリストス正教会が布教活動を続けるなかで耕された布教の土壌というものがあればこそであろう」と推測をめぐらせる。宮城は東方正教のいわばメッカであり、そこでは士族ハリステアニンによって積極的な伝教活動が行われ、山下論文でも触れられているとおり、彼らは多かれ少なかれ自由民権運動にもかかわりをもった。だが、この間ハリストス正教会からプロテスタント教会へという宗教勢力の交替があったことを看過するわけにはいかない。このような宗派の変遷が自由民権運動から初期社会主義運動へという政治運動の転換といかに照応するのか、宮城の自由民権運動の展開を考察するうえで避けて通ることのできぬ論点であろう。

以上、本書所収の各論考の内容を、その意義や相互の関連性等を重視しながら紹介した。本書は東北地方の自由民権運動研究の実相や可能性のほんの一端を示したに過ぎないが、それでも諸論考からはこの地方の運動がいかに熱気を孕んだものであったかが伝わってくる。その熱気を支えていたのはみずからが立たされた境遇に対する深い悲哀であろう。いうまでもないが、政治運動とは現状に対する不平不満があってこそ生ずるものである。だが、この深い悲哀は自由民権運動を弾圧する側に立った者にも同様に見て取れる。

では、その正体はいったい何なのか。ここで想起されるのはやはりあの一語、そう、「白河以北一山百文」である。しかし、それを唱えるだけでは、右の問いがもつ大きな可能性の芽を摘んでしまうことになりかねない。なぜなら、彼らはその立場に応じてそれぞれの「白河以北」を背負っていたからである。先に見たとおり「東北」の名のもとに結集した各地の民権結社は、その方針をめぐって対立・離合集散を繰り返したが、それは、活動の地盤たる地域、あるいはその結社の主要構成員が属する身分や階層によって、抱える問題や運動に託す願望が異なっていたからであろう。「東北」と一口にいっても、一皮剥げばそこには幾色もの実が姿を現すのである。こう書きながら、私の念頭に浮かぶのはあのおぞましい東日本大震災である。我々はややもすると「がんばろう！　東北」のスローガンに惑わされ、「東北」を被災地として一様にとらえがちだが、人々が抱える思いは地域によってさまざまであり、また同じ地域にあっても立場によってさまざまである。

このように、東北地方は自由民権運動を考えるうえで重要な視座を提供してくれる。本書の刊行を機として東北の自由民権運動の研究が活性化し、そして、その波が東北の近代史にまで波及することを期待する。「東北」という歴史的土壌に育まれた可能性豊かな近代史像、そのなかに息づくさまざまな「白河以北」の姿を、我々はそう遠くない将来に目にすることになるであろう。

注

（1）　安丸良夫「民権運動の系譜」（『自由民権』七、町田市教育委員会、一九九三年）三頁。

（2）　平野義太郎『自由民権』（生活社、一九四六年）、同『ブルジョア民主主義革命――その史的発展』（日本評論社、一九四八年）、同『民権運動の発展』（雄鶏社、一九四八年）、服部之總「明治絶対主義と自由民権運動」（東京大学歴史学研究会編『日本歴史学講座』学生社、一九四八年）等。

（3）　堀江英一・遠山茂樹編『自由民権期の研究』（全四巻、有斐閣、一九五九年）、後藤靖『自由民権運動』（創元社、一九五八年）、同『自由民権運動の展開』（有斐閣、一九六六年）、大石嘉一郎『日本地方行財政史序説』（御茶の水書房、一九六一年）、色川大吉『明治精神史』（黄河書房、一九六四年）、江村栄一『自由民権革命の研究』（法政大学出版局、一九八四年）、内藤正中『自由民権運動の研究――国会開設運動を中心として』（青木書店、一九六四年）、松尾章一『自由民権思想の研究』（柏書房、一九六五年）、家永三郎『植木枝盛研究』（岩波書店、一九六〇年）、松永昌三『中江兆民の思想』（青木書店、一九七〇年）等。なお、この時期の研究史に関しては、本書第二章千葉論文を参照のこと。

（4）　平野義太郎『日本資本主義社会の機構』（岩波書店、一九三四年）一七八頁。

（5）前掲後藤『自由民権運動』、同「明治十七年の激化諸事件について」（注3堀江・遠山編『自由民権期の研究』第二巻、有斐閣、一九五九年）等。
（6）色川大吉「困民党と自由党」（『歴史学研究』二四七、一九六〇年）。
（7）稲田雅洋『日本近代社会成立期の民衆運動――困民党研究序説』（筑摩書房、一九九〇年）。
（8）鶴巻孝雄『近代化と伝統的民衆世界――転換期の民衆運動とその思想』（東京大学出版会、一九九二年）。
（9）牧原憲夫「大井憲太郎の思想構造と大阪事件の論理」（『大阪事件の研究』柏書房、一九八二年）。
（10）牧原憲夫「民権と民衆――二項対立図式を超えるために」（『自由民権』一〇、一九九七年）。
（11）安丸良夫「民衆運動における「近代」」（安丸良夫・深谷克己編『日本近代思想体系　民衆思想』岩波書店、一九八九年）。
（12）牧原憲夫『国民と客分のあいだ――近代民衆の政治意識』（吉川弘文館、一九九八年）一〇一頁。このほか同『民権と憲法（シリーズ日本近現代史②）』（岩波新書、二〇〇六年）。
（13）大日方純夫「民権運動再考――研究の現状と課題」（前掲『自由民権』一〇）四三頁。
（14）福井淳「多彩な結社の活動」（江村栄一編『自由民権と明治憲法（近代日本の軌跡2）』吉川弘文館、一九九七年）、新井勝紘「自由民権と近代社会」（同編『日本の時代史22　自由民権と近代社会』吉川弘文館、二〇〇四年）、同「自由民権と結社」（福田アジオ編・綾部恒雄監修『結衆・結社の日本史』山川出版社、二〇〇六年）等。
（15）前田勉『江戸の読書会――会読の思想史』（平凡社、二〇一二年）。
（16）注12牧原書、稲田雅洋『自由民権の文化史』（ちくま書房、二〇〇〇年）、同『自由民権運動の系譜――近代日本の言論の力』（吉川弘文館、二〇〇九年）等。
（17）河西英通「自由民権運動の地域性――色川大吉批判と「反民権家」再考」（『自由民権』二二、二〇〇九年）四八頁。
（18）千葉昌弘「自由民権運動研究の課題と方法」（『自由民権』二八、二〇一五年）二二頁。
（19）河西英通「私にとっての自由民権研究」（『自由民権』二七、二〇一四年）一六頁。
（20）仙台市博物館所蔵「安久津家文書」（ここでは佐藤憲一「宮城県の自由民権運動」〔渡辺信夫編『宮城の研究』第六巻、清文堂出版、一九八四年〕二五一頁より引用）。
（21）河西英通「自由民権（期）研究の現状と課題」（『自由民権』九、一九九六年）三八頁。
（22）阿部恒久『近代日本地方政党政治論――「裏日本」化の中の新潟県政党運動』（芙蓉書房出版、一九九六年）、同『「裏日本」はいかにつくられたか』（日本経済評論社、一九九七年）。このほか、県を越えた地方における自由民権運動の展開を扱った成果として、四国地域史研究連絡協議会編『四国の自由民権運動』(岩田書院、二〇一二年)がある。

(23) 難波信雄「日本近代史における「東北」の成立」(東北学院大学史学科編『歴史のなかの東北――日本の東北・アジアの東北』河出書房新社、一九九八年)二三四頁。

(24) 注17河西論文。

(25) 民権運動における義民顕彰については、金井隆典の以下の一連の研究がある。「「民権鑑加助の面影」の世界――近代移行期の「空間」・「時間」・「人間」」(『民衆史研究』五二、一九九六年)、「『東洋民権百家伝』にみる「近代」的人間像」(『民衆史研究』五六、一九九八年)、「日本近代成立期における義民の「発見」と「主体」の形成」(『人民の歴史学』一五八、二〇〇三年)、「明治初期日本の「政体」の模索にみる〝伝統〟と〝近代〟の交錯――近代の義民伝承を手がかりに」(『政治思想研究』八、二〇〇八年)。このほか、後藤正人「民権期橋本地域の戸谷新右衛門顕彰と小室信介編『東洋民権百家伝』――土居通予「紀伊の記」を主たる対象として」(『和歌山大学教育学部紀要　人文科学』三三、一九八三年)、同「義民顕彰をめぐる自由主義とファシズム――小室信介編『東洋民権百家伝』について」(『立命館大学人文科学研究所紀要』六五、一九九六年)、新井勝紘「義民と民権のフォークロア」(同編『民衆運動史4　近代移行期の民衆像』青木書店、二〇〇〇年)、若林明「『東洋民権百家伝』の再検討」(『歴史評論』六三一、二〇〇二年)、塩原佳典「明治一〇年代前半における義民伝承のメディア史的考察――「貞享騒動」の語りなおしを事例として」(『教育史フォーラム』四、二〇〇九年)、大久保京子「義民伝承と明治期におけるその変遷について」(『佛教大学大学院紀要　文学研究科篇』四二、二〇一四年)等がある。

(26) 下山三郎「福島事件覚之書――自由民権から社会主義へ」(『歴史評論』四、一九五〇年)。

(27) 絲屋寿雄『奥宮健之――自由民権から社会主義へ』(紀伊国屋書店、一九七二年)、同『自由民権の先駆者――奥宮健之の数奇な生涯』(大月書店、一九八一年)。

(28) 林彰「自由民権から初期社会主義への系譜――地域・結社・女性」(『初期社会主義研究』一一、一九九八年)。

# Ⅰ　過去の研究が問いかけるもの

# 第一章　東北自由民権運動研究史の再検討――精神史の提唱をめぐって

河西英通

## はじめに

自由民権運動研究史において、色川大吉の『明治精神史』（初版・黄河書房、一九六四年、増補版・一九六八年、新編・中央公論社版、一九七三年）は欠かすことができない。初版「まえがき」は、なぜ「精神史」なのかについて、「すでにでき上った作品としてのわが国の「思想」には興味がなく、いまなお、混沌と生きていて、たえず奔流したり逆流したり、まったく未解決な――私たちの世代には忘れがたい屈辱をあたえた――複雑な日本の「精神」の歴史が問題であったからだ」と答えている（講談社学術文庫版・上、一九七六年、六頁）。おなじく「思想史と精神史について――〝あとがき〟にかえて」でも、「私の精神史は、「思想」が一定の形象として形成されてくるその特殊な歴史的過程――「意識」・「精神」の運動過程に大きな研究の比重をおく、広義の思想史ということもできよう」と述べている（同文庫版・下、一九七六年、二四〇頁、傍点原文、以下同）。[1]

色川より少し前、神島二郎も『近代日本の精神構造』（岩波書店、一九六一年）「まえがき」で、「ごくありふれた普通の日本人の意識」がテーマであり、「近代においては、外来の言葉や思想がひろく流行しているが、それらの言葉や思想の下にじじつ動いていたところの、本当にかれらの行動を規制したものを私は明らかにしようとした」（ⅰ頁）

と論じている。

最近、戦時期から戦後、二〇一一年三月の東日本大震災前後まで見通して、「精神史」を論じたシリーズが刊行されたが(2)、人々の内面世界の歴史性をどう把握するかという問題は、混迷を深める現代社会において、ひときわ重要性を増しているものと思われる。はたして人々を動かす時代の「精神」、運動の「精神」とはなんだろう。

素朴にこう問題を立てたとき、いまから六〇年以上も前、一九五一年に発表された論文が思い起こされる。羽鳥卓也(一九二二〜二〇一二)の「民権運動家の「精神」――福島事件史序論」(福島大学『商学論集』第二〇巻第三号、一九五一年。以下、五一年論文と略)である。羽鳥はすでに前年発表の「維新史におけるマニュファクチュアの問題」(『歴史評論』第二一号、一九五〇年)で、自由民権運動=ブルジョア革命運動という理解を退けていたが、五一年論文では「民権論者が藩閥政府に向って要求した地方自治の意味する内容は、近代的地方自治とは全く異なって、いわば「人類の歴史とともに古く」存在していたような、旧来の地方分権にほかならなかった」(二一六頁)と、きわめてポレミックな主張を展開した。

羽鳥の五一年論文は福島大学の紀要『商学論集』に掲載されたため、必ずしも多くの読者には恵まれなかったと思われがちだが、そうではない。当時の福島大学は「経済史の一種の地方的拠点」であり、「情報の受信地というより、むしろ発信地」であり(3)、『商学論集』は若手のあいだで引っ張りだこであった(4)。五一年論文はのちに羽鳥の単著『近世日本社会史研究』(未来社、一九五四年)に収められ、さらに大きな反響(批判)をよび、二〇年後には『論集日本歴史10　自由民権』(有精堂、一九七三年、以下『論集』と略)に収められることで、若い研究者の眼に触れることになる。筆者もそのひとりだった。

『論集』は自由民権運動を考えるうえで重要な一五本の論文を載せているが、羽鳥の五一年論文のほか、庄司吉之助「変革期における農民思想の問題」、下山三郎「福島事件小論」、大石嘉一郎「民権運動と地方自治」(後出)、鳥海靖「帝国議会開設に至る「民党」の形成」など、三分の一にあたる五本が東北民権に関するものである。次節以降で見るように、戦後に本格化した自由民権研究に占める東北民権研究の割合は小さくなかった。とくに羽鳥の五一年論文について、『論集』の解説を担当した坂根義久は、「福島地方に限っての現象を普遍化しようとした性急さがあるのは否定できないが、重要な問題提起であり、自由民権運動や民権家を極度に美化する傾向に歯止めをかけたともいえよう」（三四七頁）と評した。

羽鳥の所説は「『民権＝国権』型の政治思想」論（安丸良夫）に近接するが、今日ほとんど学問的価値が顧みられず、研究史において無視されている。本稿は羽鳥の五一年論文（以下、引用頁は『論集』）の位置を認識することを通して、東北自由民権運動研究史の再検討を試み、さらに自由民権運動研究の新しい方向性を模索することを目的とする。

## 一　戦後東北における自由民権運動研究の開始

### 1　東北の自由民権運動研究

自由民権百年全国集会実行委員会編『自由民権運動研究文献目録』（三省堂、一九八四年）は、戦前から一九八〇年代に展開された自由民権百年運動（第一回全国集会は横浜市）を見通し、その第二回全国集会が東京・早稲田大学で開催された八四年までに発表された各地域の研究成果を整理している。[5] 同目録によれば、東北六県の研究点数は、青森県七三、岩手県一一一、宮城県五〇、秋田県五七、山形県一九三、福島県三三〇、そして東北全体二六の計八四〇点である。各県の①戦後最初の民権関連論文、②「自由民権」を付した初出論文をまとめると次のようである。

青森県：①石崎宜雄「青森県における社会構成について」『青森県学術振興研究誌』三、青森県教育研修所、一九五

〇年

②橋本正信「青森県の自由民権運動」『弘前大学国史研究』三三、一九六三年

岩手県：①田中喜多美「岩手県民主運動史物語（1）――岩手の自由民権運動」『岩手労働』九、岩手県労政課、一九四八年

②紺野博夫「岩手県における自由民権運動――求我社運動を主体として」『岩手史学研究』一〇、新岩手社、一九五二年

宮城県：①藤原相之助「その頃の仙台――明治憲法発布の前後」『仙台郷土研究』一五－一二、河北新報社、一九四六年

②森田敏彦「宮城県における自由民権運動――宮城県民権派の組織形態」『歴史』三五、東北史学会、一九六七年

秋田県：①田中惣五郎「秋田事件」『日本の自由民権』雄山閣、一九四七年

②田中惣五郎「柴田浅五郎」『自由民権家とその系譜』国土社、一九四九年

山形県：①佐藤善夫「ワッパ騒動の経過と其の思想的性格」『ものがたり山形県社会運動史』寒河江町民主組織促進会、一九四六年

②服部之總「自由民権と封建貢租――ワッパ事件概説」『思索』九、思索社、一九四八年

福島県：①庄司吉之助「自由民権運動」『地方人』三、素巖社、一九四七年

②服部之總「福島事件」『自由公論』二一－三・四、自由公論社、一九四九年

東北六県でも先進県とされ、大都市仙台を擁していた宮城県が意外に少なく、「自由民権」を付した初出論文も一九六七年と遅く、民権研究では後発的位置にあったといえる。(6) 一方、ワッパ事件〔明治六〔一八七三〕～一三〔八〇〕

**表1-1　東北6県の自由民権研究の動向**

| 期間（年） | 青森県 | 岩手県 | 宮城県 | 秋田県 | 山形県 | 福島県 | 東北全体 | 計 |
|---|---|---|---|---|---|---|---|---|
| ～1945 | 11 | 19 | 4 | 1 | 22 | 23 | 0 | 80 |
| 1945～49 | 0 | 1 | 1 | 2 | 5 | 2 | 0 | 11 |
| 1950～54 | 2 | 7 | 0 | 1 | 6 | 17 | 0 | 33 |
| 1955～59 | 9 | 5 | 1 | 15 | 17 | 32 | 3 | 82 |
| 1960～64 | 8 | 2 | 1 | 5 | 16 | 14 | 0 | 46 |
| 1965～69 | 18 | 7 | 4 | 6 | 16 | 31 | 2 | 84 |
| 1970～74 | 9 | 7 | 10 | 4 | 29 | 31 | 4 | 94 |
| 1975～79 | 11 | 8 | 15 | 5 | 39 | 66 | 8 | 152 |
| 1980～84 | 5 | 55 | 14 | 18 | 43 | 114 | 9 | 258 |
| 計 | 73 | 111 | 50 | 57 | 193 | 330 | 26 | 840 |

年）、秋田事件（明治一四年〔一八八一〕）、福島・喜多方事件（明治一五年〔一八八二〕）が起こったからであろう、山形・秋田・福島の各県の研究は先行していた(7)。さらに研究点数を五年ごとに整理したのが、表1－1である。前述したように福島県の点数が突出しており、全体の約四割を占める。五〇年以降、ほぼ一貫して東北民権研究をリードし、自由民権百年運動に向けさらに大きな峰を形成していったことがわかる。

　こうした福島県の動きは地元福島大学の学生たちに影響を及ぼし、彼らをして調査活動に駆り立てた一種の「掘りおこし」運動となり、さらに『福島県史』をはじめとする自治体史の編纂へと連なっていった。その後も、自由民権運動研究の成果は着実に蓄積され、顕彰記念集会の開催や福島自由民権大学の組織的な活動などを通じて、地域における運動の記憶化もはかられている。

## 2　福島地域の先駆性

　戦後の東北自由民権運動研究において、福島地域が圧倒的比重を占めていた理由は、ひとえに激化事件としての福島・喜多方事件の存在に求められる。今日でも同事件は「自由民権運動史ひいては明治前期政治史における一分岐点」と評されている(8)。古くは、『読売新聞』明治四三年（一九一〇）一〇月二五日付「福島県人（二）」において、和歌山県出身の「秋風道人」こと内村義城が、東北のかつての後進性を指摘しながらも、明治一五年の福島・喜多方事件に言及し、「是れ白河以北の人にして、始〔初〕めて起し得べき事件なり。関東、京阪、中国地方の人には到底学び得ざるところなり。大陸的人物にして始めて為し得べし。純粋なる島国根性の者には知らざるところなり」と高い評価を下していることにも注目したい。福島・喜多方事件について、羽鳥の五一年論文はこう述べている。

この地方は、最近の研究成果によれば、最も中農層のブルジョア的発展が見られた地帯であるとされ、自由民権運動全体を通じて、この地方の民権運動こそ最も正常的なブルジョア的要求を展開した運動だと予想されているのである。そうして、かつて平野義太郎氏は、かの福島事件を「零細自営農民並に一般小生産者激化の典型的形態」と規定されて、「貧農・半封建的小作人の激化の典型形態」たる秩父事件と対比せしめられたのであり、したがって、この福島事件こそは「自由民権運動激化の典型諸形態」の一つだと規定されていたのである。

（二〇四頁）

羽鳥は平野義太郎の所説に依拠している。傍線部は平野の著名な『日本資本主義社会の機構』（岩波書店、昭和九年〔一九三四〕、第二六刷改版、一九七三年）の一節に言及した箇所である（前半は同書一七三頁、後半は一二七頁）。福島・喜多方事件が民権運動激化の典型形態として位置付けられたことが、地元福島県における民権研究を大きく促すことになった。

一九五四年には①高橋哲夫『福島自由民権運動史』（理論社）、②庄司吉之助『明治維新の経済構造』（御茶の水書房）、③羽鳥卓也『近世日本社会史研究』が相次いで刊行される。①に関して、『朝日新聞』同年三月二二日付は「〝足〟で発掘した労作」と題した書評で、「日本の民主主義運動の歴史の上に重要な意義をもつ「福島事件」を、忘却のフチから浮び上らせ、それがこんにちの平和のたたかいにもつながるものであることを、生き生きと実感させてくれる労作だ」と称賛し、『アカハタ』同年八月三日付読書欄も、「郷土の革命的伝統掘起す」と紹介している。②③については、『朝日新聞』同年八月二日付が「地方史研究」欄でとりあげ、著しい発展を見せている地方史研究のなかでも、「福島地方の研究は、庄司吉之助（福島大助教授）の三十年にわたる史料収集と故藤田五郎（元福島大教授）の科学的研究の成果（主著『近世封建社会の構造』、『封建社会の展開構造』）とにみちびかれて、わが国地方史研究のピークをかたちづくっている」と評価した。

いずれも近代史・地方史における福島自由民権研究のレベルの高さを指摘しているが、それを支えたのは戦前から戦後にかけて、福島高等商業学校（福島高商）およびのちの福島大学経済学部に集った研究者たちだった。

## 二　東北自由民権研究と福島の研究者たち

### 1　知の尖端――「福島グループ」の人々

福島高商は一九二一年に全国七番目の官立高等商業学校として開校した。東北では唯一の高商だった。本科、専修科、東亜経済実務科を設置し、東北経済研究所を附設していた[9]。ちなみに、東北帝国大学法文学部が設置され、経済学講座が発足するのは翌二二年である。三〇年には経済研究会（のち福島大学経済学部経済学会）機関誌『商学論集』が創刊されている。四〇年一一月には第一回文化祭「福島県社会経済史展覧会」が開催され、福島自由党関係資料が展示され、翌四一年一一月にも第二回文化祭「郷土研究座談会」（後述）が開かれている。四四年、福島高商は福島経済専門学校（福島経専）と改称し、戦後の四九年福島大学経済学部（現 同大経済経営学類）となる。今なおそうであるが、この時期、東北地方で経済学部を有していたのは、東北大学と福島大学だけだった。まさに東北に福島あり。福島大学経済学部は「福島グループ[10]」と呼ばれた。

時代は遡るが、福島高商の研究力を示すエピソードに、高商創立二〇周年記念行事として、一九四二年一一月二一日から二三日に開催された社会経済史学会東北部会第四回部会の話がある。山田舜（のち福島大学学長）は後年こう述べている。[11]

〔昭和〕一七年の東北部会において、藤田〔五郎〕さんや庄司〔吉之助〕さんは、明治権力成立過程における「ブルジョア的発展」の有無、有りとすればその形態如何の視点からする「豪農」問題研究の重要性を示唆されたのである。このとき、おそらく、庄司さんとともに東北の三羽烏といわれた岩手の森嘉兵衛・山形の長井政太郎の両氏も参加されていたにちがいないが、のちにこの問題の展開が、福島でのみおこなわれたのは何によるのであろうか。

社会経済史学会（一九三〇年発足）の東北部会は一九四一年に設置され、同年六、一二月、四二年六月の三回にわたり仙台で研究会を開いていた。『社会経済史学』会報（第一一巻第五号、第一一巻第一〇号、第一二巻第四号の各号）によれば、第一回は意見交流をし、第二回は玉山勇（福島高商）「仙台藩に於ける土地制度」、第三回は庄司吉之助「福島県の社会経済資料について」が報告されている。ただし、第二回の終了時に、第三回は福島高商の藤田五郎を世話役として、庄司吉之助「福島県の農業経済史」、本多長兵衛「信達地方の養蚕業の発達」、藤田「近世初頭会津（蒲生氏）地方に於ける貨幣の流通」の報告が予定され、「福島市に於ける研究の成果が、やがて来らんとする日に仙台に於て公表せられ、多大の衝動を与へられることを翹望してやまない」と記されている。

おそらく高商創立二〇周年記念行事としてだけではなく、第三回に間に合わなかったことも手伝って、東北部会の第四回が福島で大々的に開催されたのではなかろうか。一九四三年の『社会経済史学』会報（第一二巻第一〇号）によれば、このとき、藤田五郎（福島高等商業学校教授、肩書は同記事による、以下同）「信達地方に於ける製糸経営の発達過程」、長井政太郎（山形県師範学校教諭）「庄内漁村に就て」、大島延次郎（宮城女子専門学校教授）「奥羽文化移植の過程」、金澤春友（福島県東白川郡常豊村郷土誌家）「水戸の蒟蒻」、山口彌一郎（岩手県黒沢尻中学校教諭）「「さめ」の生活と地名発達」、松枝茂（会津文化協会）「南山御蔵入の人口政策に就いて」、佐々木兵一（秋田県大館町郷土誌家）「秋田阿仁鉱山に就いて」、肴倉彌八（青森県銀行員）「青森県魚市場の史的研究」、本多長兵衛（福島高等商業学校教授）「信達地方に於ける水利と開墾に就て」の九本の発表があり、それらが活字化されて同年の同誌第一三巻第二号が東北部会特輯号となる。

特集にあたり、同学会理事の古田良一（東北帝国大学教授）は次のように述べている。当時の、そしてある意味では今なお受容されている東北史の典型的なとらえ方であろう。

> 東北地方は他地方よりも地理的に隔離されて居り、且つ山勝ちである関係上、文化は幾分遅れて発達し、且つ山村僻地に於ては、今もなほ昔のまゝの生活状態、社会制度を残して居るものもある。即ち日本の他の地方では已に消失した文化の跡が、東北地方のみに保存せられて居る場合がある。故に東北地方の社会経済史研究は単に東北地方自体の為めに必要なばかりではなく、日本文化発展の跡を系統的に知る上に役立つ所も少くないと思ふ。（一頁）

まるで東北を日本の〈ガラパゴス〉ととらえる視線は、後述する藤田五郎の戦前戦後の所説ともつながる。藤田の略歴を急ぎ記しておこう。一九一五年九月に広島県広島市に生まれた彼は、三五年三月広島高等学校文科甲類卒業、三九年三月東京帝国大学経済学部商業学科卒業、同年四月東京帝国大学経済学部大学院入学後、四〇年五月に福島高商助教授となり、翌年三月に教授昇任、四九年五月に福島大学経済学部教授となり、同年八月に広島大学政経学部教授に転出（同年一二月福島大学経済学部教授兼任、五一年三月兼任退く）するが、五二年四月に再び福島大学経済学部教授となり、同年一一月東北大学から「日本封建社会の経済的構造」の研究で経済学博士を授与され、一二月に死去した。主著は『日本近代産業の生成』（日本評論社、一九四八年）、『近世農政史論』（御茶の水書房、一九五〇年）、『近世封建社会の構造』（羽鳥との共著、御茶の水書房、一九五一年）、『封建社会の展開過程』（有斐閣、一九五二年）であり、『近世経済史の研究』を含めて、没後に『藤田五郎著作集』（全五巻、御茶の水書房、一九七〇〜七一年、以下『著作集』と略）がまとめられている。(12)

さて、前出の『社会経済史』東北部会特輯号に収められている庄司吉之助執筆の「第四回東北部会記」によれば、それまでとは異なり、この回には会員外の「一般郷土史研究者」も多く参加し、東北全六県から発表者が出たことで、あたかも「東北地方社会経済史学会」の体をなしたという。会津での資料調査・巡見が組み込まれたことも大きな前進だった。(13)この画期的な第四回東北部会には伏線がある。前述した一九四〇年の第一回文化祭「福島県社会経済史展覧会」と翌四一年の第二回文化祭「郷土研究座談会」である。両者の内容は一つにまとめられ、四二年三月に『福島県郷土研究』と題して発刊された。(14)第一回展覧会の出品資料解題を藤田が担当している。ほとんど知られていない興味深い文章である。多少長いが引用してみよう。

わが信達地方は、関西の早期資本就中商人資本に対して、その活躍の場面を与へてゐたのであつて、その活躍の対象は、信達農民――米作・蚕糸業者――であつたのである。関西地方に於いては、この早期資本の活躍が、早くも、室町時代に於いて見られてゐたに（も欠カ）かゝはらず、わが信達地方に於いては、おそくも、江戸中期近くにはぢまり、続いて明治中期否大正までも持続したのである。〔中略〕即ち、わが信達＝東北地方は、他の地方に於けるよりも、ヨリ発達せる商人資本の量を、そのうちに導き入れたのである。別言すれば、わが国の経済社会に於いて、最も遅くれて出発し、最も遅くまで持続したわが封建社会に、ヨリ大量の商人資本が活躍すべき好個の地盤を見出したのである。このやうに、江戸中期に於いて商人資本が如何に活躍し、そしてこののちこの資本が如何に発展して行つたか、従つてそれに対する信達地方の農民はどんな影響を受けねばならなかつたか。農民と商人‼封建制的と早期資本制的‼これらの具体的な問題をこのたびの史展資料が物語るところなのである。

（一〜二頁）

藤田も古田と同様、東北の後進性を日本社会の二元性（＝先進・後進二元社会）のなかでとらえ、「農民」「封建制的」な後進東北が「商人」「早期資本制的」な先進西南によって、どのように変容していったのかという構図を描いている。後述する一九四三年発表の「東北地方に於ける近代産業史研究に就いて」（『歴史学研究』第一一六号）や戦後四八年刊行の『日本近代産業の生成』（『著作集』第一巻）へとつながる藤田の基本線だった。出品資料には「明治十二年福島自由党盟約」、「明治十五年福島事件前後日誌」、「福島自由党有志建白書草案」の福島・喜多方事件関係資料も含まれていた。東北地方、とりわけ福島県の社会経済史発展のなかに自由民権運動は明確に位置付けられていたのである。

第二回の郷土研究座談会の参加者も以下のようにそうそうたる顔ぶれだった（肩書は『福島県郷土研究』による）。福島放送局長大羽儔、福島市郷土史家堀江繁太郎、福島市郷土史家田島敬一郎、産業組合中央会福島支会清野彦吉、福島市実業家青木三郎、福島県立保原中学校教諭坂内萬、信夫郡松川町・医学博士大谷誠、東白川郡常豊村長金沢春友、石城郡草野村草野翼賛文化協会坂本惣次郎、田村郡三春町郷土史家影山常次、西白河郡白河町白河翼賛文化協会長熊田猛夫。このほか福島高商より校長江口重国、教授中村常次郎、教授本多長兵衛、教授藤田五郎、講師増淵龍夫、嘱託研究員庄司吉之助・西坂茂・宮内富貴夫。

戦時下、座談会は「大東亜共栄圏に於ける偉大なる明日の文化建設」（江口重国）をテーマとしたが、中村常次郎（のち福島経専校長・福島大学経済学部初代学部長）の閉会の辞は社会経済史的発言であった。中村は、福島県は生産性が低く発展が遅れた「東北型」の社会構成であるとともに、「関東地方の特質」をも加味していることから、「商業資本の良き温床」となり、「純粋の東北型の特質を希薄」化させるという「極めて漸進的な関係」に置かれていると論じ、具体的には明治維新前後からの近江・信州の商業資本による福島農業への「喰込み過程」を指摘する（三八～三九頁）。前出の藤田の資料解題と同様の認識であった。

このような福島高商の文化祭の成果のうえに、社会経済史学会の第四回東北部会が開催されたのである。

## 2　知の拠点——藤田五郎の世界

日本の農業構造における「近畿型」と「東北型」という二元性の提起は、一九二〇～三〇年代の日本資本主義論争から生まれ、山田盛太郎『日本資本主義分析』（岩波書店、一九三四年）で設定された日本農業の「地帯」「型」としての「近畿型」と「東北型」は栗原百寿『日本農業の基礎構造』（中央公論社、一九四三年）に引き継がれ、「近畿区」と「東北区」の相違は「一貫的な発展構造の段階」の違いとして把握され、「東日本に対する西日本の先進性」という「歴史的発展序列」が打ち出される。この視点は敗戦後の平野義太郎『農業問題と土地変革』（平野義太郎論文集第二巻、日本評論社、一九四八年）に受け継がれ、「東北型」は「日本の半封建的農業の旧い純粋な原型」とされた。

藤田のユニークな点は、東北型を単に古い遅れた構造と措定するのではなく、そこに日本の近代化の発端の型を見極める素材を見出した点である。一九四三年の「東北地方に於ける近代産業史研究に就いて」（『歴史学研究』第一一六号）はこう述べる。

最近までの研究成果によるならば、日本近代工業の発端は、幕末—明治初年に際して、日本農業構造自身によって、方向づけられたものとされ、然るとき、日本近代工業の基底たるこの農業構造に関して、所謂近畿型に対比せられる『東北型』なるものが、日本農業に於ける発展の段階的差異に基づくものとしてその遅滞的地位を指摘提出され、而も両者の構造が本質的に異なるものに非ずして、日本の旧式土地所有制に基づいて現われたるものとして把握されている時は、当然に東北地方がより原型的なる旧式農業社会関係の構造を持つことが推察され、その結果は、旧式農業社会関係なる構造の上に展開される日本近代経済、就中近代工業の発現の型は、右の東北地方に則して把握される場合に於いてより純粋的なものを与えられる理論的根拠が予想せられるように思われるからである。（『著作集』第五巻、一九二頁）

長いセンテンスでわかりづらいかもしれない。「近畿型」と「東北型」は段階的には差異があるが、構造的には本質は異ならないという認識、言い換えれば、量的＝段階的に差異が生じるのは、質的＝構造的に同じだからだという認識は、当時の一般的な理解であった[15]。のち藤田は先進・中間・後進の三地帯を設定するが[16]、重要な点は、藤田が「東北型」のなかにこそ、日本近代化を解くカギがあると睨んでいたことである。

上記の引用文の直後で、「原型的旧式地盤に対して接触する商業（転化過程の前期資本）との対比に基いて近代工業の発端を把握することが、既にその時より原型的ならざる旧式地盤に対して行われる右の関係に基いて把握するよりも、把握に於いて遙かに夾雑物を除外し得ると考えられる」（一九二頁）と述べている。近畿型よりも東北型の方が、近代工業形成の分析に邪魔が見られないというのである。理論上のみならず実証上でも次のようなアドバンテージがあった。「東北地方の後進性、換言すれば近代工業発端期に於いて、謂わば一段階ずれているという点に於いてより多くの史料の存在が許され、かくて吾々は寧ろ東北地方明治初期の夥多なる実際的資料の中に、右の問題の解決の鍵を与えられているかも知れないとさえ言うことが出来る」（一九三頁）。藤田の視点は一九四八年の処女出版『日本近代産業の生成』のなかで幾度となく明確に開示されている。たとえば、

東北地方の日本近代産業成立における地位、換言すれば、東北地方が最もおくれて産業化したということに鑑みて、従って、東北地方における近代産業の成立の中には、日本近代産業の生成に対して、いわば最も純粋なそし

て典型的な「型」をその中から汲みとることが出来るという意味において、東北地方の「型」は、最も純粋的に、最も典型的に、日本近代産業生成の「型」を暗示しているものであろう。（『著作集』第一巻、二七六頁）

この視点と関連して、藤田が日本近代産業生成の特質解明に「経済・経営学的な限界内にとどめられた視野」や「主として縦の関係即ち資本家と賃労働者との関係」という「一方的な余りにも階級史的とり扱い方」では無理があり、とくに「日本＝東北地方の近代経済・産業構造の生成を充分には明らかにすることは出来ず、必然的に一つの限界に突き当る」ので、問題解決の糸口として、有賀喜左衛門の『日本家族制度と小作制度』（河出書房、一九四三年）に見られる「社会形態学」を導入する必要があると述べている点に注目したい（『著作集』第一巻、二一〜三頁）。『著作集』刊行にあたり、解説を担当した大石嘉一郎は、この点は「歴史学方法論上の重大な問題」であると指摘しつつも、「経済史と精神史との関係を積極的に問題にしたものでなく、むしろ社会的総資本の再生産構造と個別資本の再生産過程との差異と連関を問題にしたもの」だと整理している（『著作集』第一巻、三五五〜三五六頁）。

しかし、はたしてそうだろうか。たしかに藤田は「いわゆる社会的総（産業）資本の再生産過程の考察を中心としてとりあげられるべき近代産業経済史の研究と、いわゆる個別的（産業）資本の再生産過程を中心として取り上げられるべき近代産業経営史の研究とは、自ら認識対象が異なり、従つてそれぞれ別の観点から区別されてその史的研究が為されねばならず、従来この方面の諸成果のように、両者を混淆してとり扱つてはならないという風に考えるに至つた」と述べている（『著作集』第一巻、三頁）。だがそれは、「社会形態学」導入の否定として語っているわけではない。積極的ではなかったにせよ、萌芽的でしかなかったにせよ、藤田の「階級史」からの脱却の動きは見過ごせない。さらに付言するならば、大石の「経済史と精神史との関係」という表現には、以下に見ていく羽鳥卓也との論争の影が落ちているのではなかろうか。

とまれ、東北自由民権研究の最先進地としての名誉を福島県が保持しえたのは、たんに福島・喜多方事件が起こった地ということだけではなく、日本近代化の「純粋」と「典型」を見出すことができる地だったという理由からでもあった。その名誉は戦後民主革命運動期においても発揮されることになる。

藤田は著書四冊（未公刊一冊）、論文等四五本を遺したが（『著作集』第一巻、巻末「著作目録」）、学会誌や紀要に混じって、一九四六年の『南奥文化』（福島文化連盟発行、福島県立図書館・プランゲ文庫）創刊号に「糸の福島」という作品を掲載している。藤田は「逝く福島を惜しむの情切なるものを感ぜざるを得ない」が、「徒らに逝く福島を惜しむのを止めよう」と述べ、近世蚕糸業の発展と対照的な近代福島の衰退をこう論じている。

何故に「福島糸」「折返糸」はこのやうな運命に逢着せざるを得なかつたのであらうか、何故信州糸の如き進歩が見られなかつたのであらうか（中略）われ〳〵のうちには、この問題に対してわが福島の地理的辺鄙性を挙げ、また交通の不便性を思ひ、また或ひはより穿つた理由として、幕末・維新当時に於けるわが福島県下大名の佐幕派的立場を云為し、当初維新政府の政治・経済的圧迫なる事実を持ち出して来る人を見るかも知れない。わたくしは、それ等は、それぞれに於いて理由を持つてゐるところのものであると思ふ。しかし、わたくしは、わが「福島糸」「折返糸」自身の生産・経営形態の内部に、然らしめる如き性格を孕んでゐたのではないかと云ふ、もつと内部的な、もつと根本的な、そしてもつと社会的なものに、その原因を求めなければならないと思ふのである。そして、われ〳〵は、其の根源を探り当てねばならないのだ。（一三頁）

藤田は福島経済が衰退した理由として、地理や交通などの空間的辺境性や幕末維新期の政治状況、維新政府による圧迫などを挙げながらも、養蚕業の「もつと内部的な、もつと根本的な、そしてもつと社会的な」理由を追究しようとした。解明は急がなければならなかった。なぜならば、「この原因を突きとめ、その凋落せしめざるを得なくせしめたところの福島生糸経営の内部に横はる欠陥を払拭しない限りは、われ〳〵は、来るべき日本経済の再出発―再建の一礎石として登場する日本生糸の輝しい使命のまさに生れんとするこの現時のチャンスに際して、曾つてのわが「福島糸」「折返糸」に将来の福島を托することが出来ないからである」（一二三頁）。藤田の視線の先には明確に敗戦後の日本社会の再建という課題が見すえられ、再建の基礎として福島経済の復活が位置付けられていたのである。

戦後改革と歴史研究を直結させたのは庄司吉之助も同様である。庄司が一九四七年に発表した前掲「自由民権運動」（『地方人』第三巻、福島県立図書館・プランゲ文庫）は、戦後革命論そのものだった。庄司は「現在進行しつつある民主主義運動には有産者的民主主義運動と、無産者的民主主義運動の二つの流れがある」と整理し、「前者は自由党、民主党、後者は社会党、共産党及その他政党」にわかれ、それは自由民権運動と同じ構図であると述べる（二頁）。庄司が注意を喚起したのは、明治維新と戦後改革が「近似性」を見せつつも、民権期の自由党および民主党に結び付けられることで、「有産者的運動」に限定されたエセ民主革命が行われる恐れだった。庄司は民権期の「無産者的運動」は「政治的政党的表現」を持ちえなかったが、いまやそれは社会党・共産党として表現されていると論じ、眼前の戦後民主革命は「自由党（民主党を含めて）と社会党（共産党を含めて）の闘争」として理解されなければならないと主張した（二一〜二三頁）。

## 三　知の決闘――自由民権研究の新地平

### 1　藤田五郎の死とその後

福島高商は「田舎の高商[17]」、「パッとしない存在[18]」といわれたが、藤田五郎に「最も大きい幸せを与える場所[19]」であったとともに、藤田の赴任以後、若き研究者たちの切磋琢磨のなかで戦前戦後を通じて福島高商・福島大学経済学部は大きく化けていく。藤田五郎は一九五二年一二月八日に死去するが、最後まで自由民権運動と豪農の関連、自由民

### 表1-2　福島大学経済学部における1950～65年の科学研究費獲得状況

| 年 | 種目 | 研究テーマ | 研究代表者（分担者） | 研究費（円） |
|---|---|---|---|---|
| 1950 | 人文科学 | 東北に於ける地主小作の研究 | 庄司吉之助 | 20,000 |
| 1951 | 試験研究 | 川俣羽二重の綜合的実態調査研究 | 中村常次郎（庄司吉之助ほか） | 150,000 |
| 1952 | 各個研究 | 徳川時代地主制度の地域的時代的研究 | 藤田五郎 | 50,000 |
|  | 各個研究 | イギリス重商主義の経済理論 | 小林昇（羽鳥卓也ほか） | 50,000 |
| 1953 | 試験研究 | 国有林野払下問題をめぐる山村経済の実証的研究 | 庄司吉之助（羽鳥卓也・大石嘉一郎・山田舜・星埜惇ほか） | 200,000 |
|  | 助成研究 | 福島事件の経済的背景の研究 | 庄司吉之助 | 20,000 |
| 1954 | 試験研究 | 東北地方における凶作の社会経済的研究――特に福島県を中心として | 庄司吉之助（羽鳥卓也、大石嘉一郎、山田舜、星埜惇ほか） | 250,000 |
| 1955 | 助成研究 | 我が国地方行財政制度の成立過程の研究 | 大石嘉一郎 | 20,000 |
| 1956 | 各個研究 | 古典派蓄積論の意義と限界 | 田添京二（羽鳥卓也ほか） | 120,000 |
|  | 各個研究 | 地方における資本主義発達の研究 | 庄司吉之助 | 50,000 |
| 1957 | 各個研究 | 農村工業と地主制 | 大石嘉一郎（山田舜、星埜惇、吉岡昭彦） | 20,000 |
|  | 試験研究 | 「新農村建設計画」下における東北農村の実態に関する経済学的調査研究 | 庄司吉之助（山田舜、吉岡昭彦、星埜惇ほか） | 20,000 |
| 1958 | 各個研究 | 資本蓄積と外国貿易――原始蓄積期におけるその理論と政策 | 渡辺源次郎（羽鳥卓也ほか） | 180,000 |
|  | 各個研究 | 地方における工場工業の研究 | 庄司吉之助（大石嘉一郎） | 130,000 |
| 1959 | 試験研究 | 改革後の東北農業の発展と当面する小作契約の更新 | 金田良造（庄司吉之助、大石嘉一郎ほか） | 400,000 |
| 1960 | 各個研究 | 日本における産業革命の研究 | 庄司吉之助（大石嘉一郎、山田舜、星埜惇） | 110,000 |
| 1961 | 試験研究 | 畜産業の近代化と農外資本進出に関する実証的研究 | 庄司吉之助（山田舜、星埜惇、大石嘉一郎ほか） | 400,000 |
| 1962 | ― | ― | ― | ― |
| 1963 | 各個研究 | 日本資本主義の確立と財政 | 大石嘉一郎 | 90,000 |
| 1964 | ― | ― | ― | ― |
| 1965 | 各個研究 | 古典派分配論の意義と限界 | 羽鳥卓也 | 117,000 |

出所：「科学研究費補助金等交付一覧」『福島大学経済学部五十年史』（財界評論社、1974年）398～406頁より作成。

権運動と無産者の関連を追究し、[20]亡くなる直前の同年一〇月初旬には会津で自由党員（宇田成一か？）の史料採訪を行い、帰福後も「クサの根を分けてもやるド」と旺盛な研究意欲を見せていた。[21]

藤田亡きあとの福島大学経済学部の高い研究力を示すのが、科学研究費の獲得状況である。表1-2が一九五〇〜六五年に本論登場者が関係した科研費獲得状況である。他大学の獲得状況との比較ができないが、少なくとも同大経済学部の経済史グループが旺盛に共同研究を進めていたことは確認できるだろう。庄司のリーダーシップも見逃せない。

このような共同性が城内平和的相互依存的な関係性ではなく、厳しい相互批判をふまえたものであったことに注目したい。その象徴が冒頭にあげた羽鳥卓也「民権運動家の「精神」」をめぐる論争である。

## 2 羽鳥卓也の「精神」論

藤田五郎が生前もっとも高く評価し、親しくしていたのは羽鳥と松本達郎だった。[22,23]藤田が一九五一年に刊行した『近世封建社会の構造』は羽鳥との共著だった。[24]同年に羽鳥が発表した「民権運動家の「精神」」は、自由民権運動の「精神形態に関する局面的特殊研究」（二〇一頁）であり、『河野磐州伝』（中山義助著、河野磐州伝刊行会、大正一二年〔一九二三〕）の次の一節を引用している点が印象的である。

東北は往昔化外の地を以て遇せられたけれども、其の民は質実、剛健で、而も地方の豪族を戴いて自治し、実に自主独立の精神に富んで居た。〔中略〕即ち吾人の祖先は勇敢なる健児であつたのだ。吾人の血管には勇敢なる健児の血潮が流れて居る。故に東北人にして一たび自ら覚醒すれば、祖先に劣らぬ勇敢なる国民たるに至るは、決して疑を容れぬ。（二一五〜二一六頁）

典型的な国民国家論を土台にしている点は、当時の歴史家の限界だが、羽鳥の論点は歴史発展を阻止する国内諸条件の解明にこそあった。五一年論文を含んで一九五四年に刊行した前掲『近世日本社会史研究』の「序」は次のように述べている。羽鳥の基本視点が明示されている文章である。[25]

今日なお、幕末におけるブルジョア的発展がいかなる段階にあつたかということが学界の中心的テーマとなつている。しかしながら、中心的テーマがこうしたところにおかれるならば、当然ブルジョア的発展を阻止している国内の経済的・社会的諸条件がいかなる内容をもつものであつたかという問題の探求はおのずから第二義的な問題と看做されることになろう。事実、学界では、こうした研究を行うものをもつて幕末の内発的な発展を無視ないし軽視するものと看做し、これに対して「後向きの歴史学」というレッテルを貼りつける傾向もないではないのである。〔中略〕たしかに明治維新によつて日本は東洋で唯一かつ最初の資本主義国家となつたことは間違いない事実である。だが、こうして「近代」化されたこの国の「資本主義」が特殊な「型」をもつものであり、民衆的地盤の上での近代化が終戦後の今日未だにさして進んでいないということも否めない事実である。してみれば、今日なお、こうした民衆的地盤の上での近代化を阻止している社会的諸条件が何であり、そうした諸条件を、基柢的に規定するものが何であるかを歴史的に追及してゆくことは歴史学に志す者が少くとも気にかけなければならないことではなかつたろうか。（二～三頁）

「後向きの歴史学」との批判もあったが、朝鮮戦争下の「逆コース」の時代に、歴史発展の逆回転はいかなる「民衆的地盤」を持っているのかという羽鳥の課題意識はきわめて重要、かつタイムリーであった。それはたんに現実政治の追究ということだけではなく、藤田と同様に、自由民権運動そのものの複雑な回転を解明しようとするものだった。

藤田は『近世封建社会の構造』第三章第四節「『豪農』の歴史的位置」において、福島事件の「複雑な様相」について論じているが（『著作集』第三巻、三三一〜三三三頁）、同時期の庄司吉之助宛書簡のなかで、庄司の「自由民権運動の経済的背景」（『商学論集』第一九巻第三号、一九五〇年）と下山三郎「福島事件覚書――自由民権から社会主義へ」（『歴史評論』第二六号、一九五〇年）から、「無産者の少いところにおいて革命的なコースがあらわれており、逆に無産者の多いところで妥協的なコースがとられている」と整理して、「豪農」輩出地域において妥協的コースが選択されるのみならず、革命的コースにおいても「豪農」主導の場合があり、総体として「福島自由民権運動には、二つのコースが相闘わされ、しかも妥協的コースが押し勝つ、――『豪農』がイニシアティヴをとっている」という認識を提示している。さらに注目すべき点は、「無産者を無媒介に把握したり」「単に小農と無産者との関係を把握するのみでは、不充分」であり、「『豪農』と商業的自営農と無産者との三つの階級的関係の把握」が求められると述べている点である。(26) これは諸階級を機械的に併存・対立させるのではなく、それらの相関性を細密に分析する必要性の開示であった。まさにこの時代が歴史学に要請していた検討課題であっただろう。

『近世日本社会史研究』がまず明治期の自由民権運動の分析から始まり、近世へと遡及し、最後にふたたび自由民権運動に還ってくるという「問題史」の叙述を採用している点も、歴史的到達点を〈必然〉として語るのではなく、〈ひとつの結果〉として把握しようとする姿勢だったと思われる。自由民権運動の「精神形態に関する局面的特殊研究」をめざした羽鳥は『近世日本社会史研究』において、その点に次のような注記を追加することで、意図を明確にしている。

総じて、ある特定の意識形態は、ある特定の社会層にある特定の政治的行動を行わしめる「媒介の契機」と看做されるべきであろう。筆者はここでかかるものとして民権運動家の「精神」を把握しようと努め、こうした研究を通して、政治的過程あるいは経済的基礎過程の理解に示唆を与えようと意図している。（一七頁）

この見解はのちの色川大吉の精神史研究に見られる意識論との共通性を持っている。色川は前掲『明治精神史』の「思想史と精神史について――〝あとがき〟にかえて」において、思想史研究の立脚点をこう述べている。

私の思想史研究は、語られ、思惟され、表象された像からではなく、また人間の意識から独立した物質的な基礎過程からでもなく、まず「現実に活動している人間たちから出発」するのである。〔中略〕次いで、その「現実的な生活過程から」かれらの行動の内的動機に遡及しようとする。この場合、一見、個人の内面的、心理的追求にのみ偏っているように見えようが、実はそうではなく、現実の生活過程、その具体的なトータルな人間行動の中に集約されている経済的、政治的、社会的諸条件と行動主体との結節点を解明しようとしていたのであり、そのことによって、われわれがより深くその人間の真意に迫りうると考えているのである。（講談社学術文庫版・下、二四二～二四三頁）

人間の意識の独立性・非還元性への注目である。さらに色川は人間の意識が持つ深淵への探究がいかに重要であるかを説いている。

こうして解明されたその個人（あるいはグループ、階級）の動機は、かれら自身によって認識されていることを要しない。むしろ、かれらが意識していなかった、意識していても正しく認識できなかった「かくれた動機」＝（客観的には）「人間の諸動機の背後にさらに働いている原動力」、厳密ないみでの本来的な歴史的契機の中にこそ、かれらを行動にかりたてた真の理由が求められるのである。（同二四四頁）

一方、羽鳥は次項で詳述する大石嘉一郎からの批判を受けて、「民権運動と地方自治との関係を全面的に分析することは筆者の課題ではない」（四二頁）と加筆し、原論文にあった「民権運動における地方自治確立の要求が旧来の地方分権を取戻そうとしたものにほかならなかったことは、言いえてほぼ誤りないところであろう」（五一年論文、二一七頁）という部分を削除した（四五頁）。羽鳥がとった〈妥協的コース〉の一例である。

## 3　大石嘉一郎の羽鳥批判

一九五三年、福島大学経済学部の同僚にして、共同研究者であった大石嘉一郎（一九二七〜二〇〇六）が羽鳥の五一年論文を批判した論文「民権運動と地方自治――明治前期地方財行政史試論　その二」（『商学論集』第二二巻第四号）を発表する。のち「自由民権運動における地方自治の要求」と改題して、『日本地方財行政史序説』第三章第二節となるが、大幅に改稿されているので、ここでは『論集』所収のものに準拠して論を進める（以下の引用文においては頁数のみの場合は同書より、『論集』からの場合は論何頁と記す）。大石が平野以来の福島事件評価を踏襲していることは、次の一節からも明らかである。

（福島事件は―引用者）激化諸事件の最初の事件であると同時に、自由党派豪農層指導―一般農民層の積極的推進的な同盟という組織をもち、国会開設運動と農民の租税公課拒否要求とがともかくも結合した点で、当時のありうべき階級対抗においてブルジョア民主主義運動のとりえた最も典型的な激化事件であった。（二四八頁）

福島事件に関して大石が注目した点は豪農の指導性の背景・根拠であった。「言われるところの「革命的小農民」あるいは「自作中農層」の自主的な政治的成長によって、それ自身は地主＝ブルジョアである豪農がブルジョア民主主義運動への参加を余儀なくされたというよりも、ほかならぬ豪農こそがこの運動を指導し、組織し、豪農みずからが積極的に運動を推進して行った」のはなぜか、「明治政府の樹立せんとした地方自治制が地主支配の地方自治であったとするならば、何故に豪農はそれと激しく抗争しなければならなかったのか」という疑問であった（三二五〜三二六頁）。

こうした疑問に答えたのが、羽鳥の五一年論文であった。羽鳥の結論は自由民権運動＝非近代的反政府運動ということであり、村落共同体組織を指導・支配していた豪農たちが要求した地方自治とは旧来の地方分権にほかならないということだった。羽鳥の所説に対して、大石は以下に見る批判を加えるが、とくに羽鳥が主張した明治政府による村落共同体破壊という点については、「明治政府の中央集権国家―地方制度の樹立の方式は、決して旧来の村落共同体組織を根柢からくつがえそうとするものではなく〔中略〕旧来の地方分権・村落共同体組織を温存しつつ中央集権化しようとすることに、その特徴的性格をもっていたのである」（三二八〜三二九頁）と反論した。大石は「いま思想＝精神史把握の方法論についてはしばらく措く」（論二二九頁）としつつ、羽鳥論文の『河野磐州伝』引用箇所について、次のように厳しく批判した。

> 彼（河野磐州―引用者）が上昇転化を遂げ国権権力の一端に連った後になされたものであることはしばらく措いて問わぬとしても、当時彼と行動を共にした多くの民権運動家達の発言の中に、いな彼自身の発言の中にも、後述するようにこの談話の主旨と相反する発言を数多く見ることができるのであり、この談話だけから直ちに羽鳥氏の如く規定するのは甚だ危険であると言わねばならない。よしこの談話のごとき信念が河野の全生涯を貫いていた精神であったとしても、彼の精神的故郷を何処に求めたかということから彼の現実的な政治行動の性格を規定することは、本末顚倒のそしりをまぬがれないであろう。〔中略〕かくしてわれわれは、民権運動における地方自治確立の要求内容に何らかの意味で変革的方式を見出すことを要請されざるをえない。たとえその要求内容が、イギリスに典型的にみられるような近代的地方自治の確立を意味しなかったとしても、その変革者的性格を

定置した上でその日本的特性と限界とを究明することが正しい分析視角なのではなかろうか。（論二三一〜二三二頁）

羽鳥の近代主義的視点への批判であったが、「日本的特性と限界」という論点が用意されていたことが気になる。大石の基本的立場は、地方自治確立の要求を「あれやこれやの観念からではなく、事象の発展に即して統一的に把握すること、その複雑な内容をいたずらに一面のみを強調するデフォルマチオーンに陥ることなく、その意義と限界を正しく定置しつつ認識すること」（論二三二頁）であり、「要求の歴史的意義と性格を、単に表現された思想形態の穿鑿に終始しないでその具体的内容にまでたち入って考察すること」（論二三三頁）であった。しかし、一方で、自由民権「運動が直面したものはあらゆる国の近代化の過程で直面する中央集権と地方分権の調整の問題にほかならなかったのではなかろうか」（論二四五頁）とも述べている。大石の主張には「日本的特性と限界」という個別性と「あらゆる国の近代化の過程で直面する中央集権と地方分権の調整の問題」という一般性が折り合わずに投げ出されていた[27]。

結論的に大石はこう整理している。

〔民権運動の要求は〕ゆうに先進諸国の絶対主義下における初期〔近代〕ブルジョア的要求に比肩しうるものと言わざるをえない。それは、旧来の伝統的地方分権の維持にすぎないとされるには、余りにも歴史の発展方向を目指していた。しかしそれは、語の厳密な〔完成された〕意味における近代的地方自治確立の要求、言いかえれば、まさに〔本格的なブルジョア〕革命前夜の段階に到達したブルジョア民主主義運動と規定さるべきであろうか。われわれはそのように規定することを差し控えざるを得ない。何故ならば、〔中略〕運動の指導者層はかかる権力のバック・アップのもとに〔による弾圧と懐柔によって〕容易に村落自治体内部における旧生産〔共同体〕関係に依拠して支配者たりうる豪農に外ならなかったからである。この運動が豪農によって指導され組織されてしか発展しなかったこと、裏から言えば、豪農を上昇転化せしめない程の自生的な小生産者の抬頭が未熟であったことに、われわれはこの運動が容易に挫折し妥協するに至る限界を見出すことができるのではなかろうか。（論二五六頁、『日本地方財行政史序説』三七二頁において傍線部が〔　〕内のように書き換えられたり、新たに挿入されたりしている）

「豪農」評価の如何が自由民権運動における地方自治理解を規定したのである。しかし、ここで「豪農」論をゆっくり検討する余裕はない。先を急ごう。

## 4　羽鳥卓也　対　大石嘉一郎

羽鳥は大石の批判に反論した。一九五四年の「「民権運動家の『精神』」への補論――大石嘉一郎氏の批判に答う」（『商学論集』第二二巻第五号）がそれである。羽鳥はこう述べる。

筆者は、ある特定の意識形態をもつて、ある特定の社会層（経済的階級）にある特定の政治的活動を行わしめる「媒介の契機」と看做し、かかるものとして民権運動の精神形態を把握しようと努めた。ところが大石氏はこの点に異論があるらしい。すなわち、氏は、羽鳥のいうように民権運動家が「彼の精神的故郷を何処に求めたかということから彼の現実的な政治行動の性格を規定することは、本末転倒のそしりをまぬかれない」〔中略〕とするのである。〔中略〕だが、それならば、大石氏は、ある人間のある政治的行動がその人間の意識形態に媒介されることはけつしてない、とでもいおうとされるのか。さきに述べたような、意識形態を「媒介の契機」として把えようとする分析視角が「本末転倒のそしり」を受けるに値するといわれるのか。それならそれで、氏は「思想＝精神史把握の方法論についてはしばらく措く」〔中略〕などと思わせぶりな遠慮などされないで、率直に批

判的見解を充分開陳されるべきであつたと思われる。（一七二頁）

両者の対立は、歴史研究における思想・精神・意識史の方法論の対立ではない。思想・精神・意識史の有効性を羽鳥は認めているのに対して、大石は基本的に認めていないからである。議論はすれ違っていた。羽鳥が「民権運動と地方自治との関係を全面的に分析することは筆者の課題ではない」と地方自治論を回避し、大石が「思想＝精神史把握の方法論についてはしばらく措く」と精神史論を回避したことも、手伝っているだろう。[28]

真っ向から衝突した点もある。それは歴史研究における〈ナショナリズム〉をめぐってである。この場合のナショナリズムとは政治的なナショナリズムではない。研究者の主体、あるいは視野という意味である。羽鳥は大石の批判に向かって、「氏は民権運動における地方自治の要求が先進諸国の初期ブルジョア的要求に比肩しうるといわれるが、そうした先進諸国の要求というのはいったい具体的に何を指していわれているのだろうか。〔中略〕また、さらに前者が後者に比肩しうると氏がいわれる時、氏はいったいいかなる物指であの二つの要求の「身の丈」を測られたのであるか」（一七三頁）と問う。ヨーロッパ史の単純な把握や比較史の安直な設定などへの反発が色濃い。

一方の大石はどうだっただろう。藤田の死後、一九五三年に彼の個別論文などを編集した『近世経済史の研究』（『著作集』第五巻）が刊行される。巻末には羽鳥卓也・山田舜の共著となる「解題　藤田教授と豪農の研究」が収められた。[29]大石は同書の書評を行うが、[30]両者による解題に対しても「吟味」と称して批判を加えた。重要な点は、大石が藤田の前掲一九四三年論文「東北地方に於ける近代産業史研究に就いて」に関して、次のように述べている点である。

教授がその研究の門出とも言うべき右の論文において、西欧経済史学の成果を摂取される場合、その成果たる法則・範疇（例えば近代化の起点たる独立自営農民＝「中産的生産者層」・「農村工業」対「都市工業」）を一般的法則・

範疇として必ずしも受けとられていない、言い換えれば、それを典型的ではあるが一つの「型」として捉え、それに対して後進国日本の「近代産業発端の『型』」を問題とされていたということ、それ故、西欧型・日本型を越えたもう一段階抽象的な一般的法則・範疇を考えられていたであろうということである。（一七六〜一七七頁）

たしかに藤田は同論文において、東北―日本―西欧―世界という各レベルを設定して、農業と工業の両面から相互の関係性を次のように追究しようとしていた。

（東北―引用者）各地の農業構造を、我が国の歴史的なる土地制度に対する従来の成果との関連に於いて把握し、更にこの成果を外国就中西欧の農業構造に於ける土地制度との対比に於いて再構成し、この成果の上に日本農業の世界的規模に於ける『型』が把握されると考えられるを以て、東北地方自体の側から日本近代経済の発展との関連に於いて把握された東北農業構造の従来の成果を、更に右の方法に於いて再構成し、この上に対応する東北近代工業を考えなければならず、而も更にこの近代工業は同時に日本近代工業に対する従来の成果との関連に於いて把握し、更にこれを外国就中西欧の近代工業発端に於ける型との対比に於いて再構成し、かくて得られた東北地方工業の研究成果の上に従ってまた同様にして得られた諸地方近代工業研究成果の上に、日本工業の世界史的規模に於ける型が把握されて来る関係にあると思われ、更にこの『型』の把握こそが、右の如き意味に於ける地方産業史研究なる掘り下げによって益々深められ、日本工業生産力拡大に対する根本的方策暗示の基礎を与えうる関係にあるものであると思われるからである。（『著作集』第五巻、一九五〜一九六頁）

東北各地から「世界史」に向かって畳みかけるように急上昇したかと思えば、次には反転して「地方産業史」へ急降下するという、きわめてダイナミックな論理展開である。しかし、これは独り藤田五郎だけに許された知的アクロバットではなかった。藤田は同時期の信夫清三郎・堀江英一の研究成果に関して、「両氏の考察の中心は、専ら日本近代工業構造の究明にあるのであるが、それにも拘らず、日本に於ける各型の対比乃至は各型の差異自身を創設する目的とすることより超えて、各地方の近代工業の発端を日本近代工業の発端に関する従来の成果との関連に於いて分析し、而もこの成果を更に西欧との対比に於いて再構成し、かくてこの成果の上に立って日本工業の型を世界史的構図に於いて対決しようとせられる方法をとって居られる」（同一九六頁）と指摘している。

しかし、藤田の言葉を使えば「世界史的規模に於ける型」、大石のまとめによれば「西欧型・日本型を越えたもう一段階抽象的な一般的法則・範疇」とは、もろ手を挙げて歓迎できるものだっただろうか。総力戦下の一九四三年という時期を考えるならば、歴史学における一種の〈近代の超克〉だったのではなかろうか。その意味では、五四年という時点で大石が日本と西欧という二元的認識をもって、藤田を論評していることは、きわめて戦後的な、そしてある意味では平和的な眼差しだったといえよう。

教授が、その発展の途上益々陥らざるをえなかつた、日本の史実そのものの論理構造が充分に完成した体様において把握される以前に、いち早く西欧経済史学の確定した歴史法則の挿入によつて日本史の論理を完成するという方法は、西欧経済史学の成果を無媒介的に適用されるようになつて行つたことと関連して、教授の体系に大きな無理と非実証的な飛躍を生ぜしめることになつたのであろう〔後略〕（一八四頁）

はたしてこうした研究手順、分析回路が絶対的なものかどうかについては議論があるだろう。少なくとも藤田にとって「最も大きい幸せを与える場所」であった福島高商・福島大学経済学部の知的環境は、整然よりもケーオス、自由な思考を可能とする空間だったのではあるまいか。見かたによっては〈無理〉と受け止められたとしても。それゆえ、そこに学んだ者は新たな時代において、ふたたび世界史としての東北地方史に、学問的に向かうことを自己の課題としえたのではあるまいか。大石の書評の末尾にはこう見える。

西欧経済史学の成果の上に、その特有な摂取のもとに出発した藤田教授の体系は、今やまさに「世界史的規模において」学問的試練に立たされるに至つたことを知ることができる。この遺産をその意義と限界を正しく認識しつつ形象発展せしめることこそ、日本経済史研究を前進せしめる道であると思わざるをえない。（一八七頁）

## 5　交わらぬ視線

一九五四年、羽鳥は『近世日本社会史研究』を刊行した。羽鳥は豪農層が指導する自由民権運動の性格を次のように結論付けている。

ブルジョア革命の基礎的条件は農村内部の近代以前の社会関係を根本的に破砕することにある。とするならば、自由民権運動は近代社会の実現を企図するブルジョア革命への志向をもつ社会運動ではけつしてない。〔中略〕この運動は少しもブルジョア的志向をもつていない。何故なら、豪農層は農村内部の旧来の社会関係を所与の前提として、この社会関係の破砕など思いもよらなかつたことであるし、自由民権運動はこうした豪農層を指導力としてのみ展開しえた社会変革にすぎなかつたからである。（二五五～二五六頁）

知りえた限りで、同書に関しては次のような書評が出されている。①『日本読書新聞』一九五四年八月九日付・奈良本辰也、②『三田学会雑誌』第四七巻第一一号・一九五四年・尾城太郎丸、③『社会経済史学』第二一巻第三号・一九五五年・服部一馬、④『商学論集』第二三巻第五号・一九五五年・矢木明夫、⑤『歴史学研究』第一七九号・一九五五年・岩井忠熊、⑥『史学雑誌』第六四巻第七号・一九五五年・逆井孝仁。多くは否定的評価であり、羽鳥の西洋経済史偏重主義を批判し、日本近代化の阻止的要因の過度の強調を戒めている。思想史の方法論や恣意的な史料引用に対しても苦言が呈された。

一方、高い評価もあった。一九五五年の『社会経済史学』(第二〇巻第四・五・六号)に掲載された安藤良雄・森川英正「近代史」は、「その問題提起の意義はすこぶる深い」、「民権運動=ブルジョア革命説の否定は、必ずしも運動の歴史的・革命史的意義を捨象し去ることではあるまい。この意味において羽鳥氏の見解は民権運動研究にとつて今後とも取上げられる価値を十分に有するたもの《ママ》である」(二七五頁)と論じている。若き日の松尾章一も、「天皇にたいする豪農の意識はどうであったろうか。この点については、屡々引用される河野磐州の「忠孝の道位を除いただけで……」というエピソードを挙げれば十分であるように思われる。この磐州の晩年の回顧談をそのまま引用して、民権家の精神を論じた羽鳥卓也氏にたいして、服部之総《ママ》氏の手厳しい批判があるが、私は天皇にたいする考えに関するかぎり羽鳥氏の見解の方が正しいのではないかと思う」と述べている[31]。

あるいは同書が発表され二〇年ほどが経過した一九七六年に『シンポジウム日本歴史16　自由民権』(永井秀夫司会、学生社)が刊行されるが、司会者もつとめた永井秀夫は、羽鳥の所説は「割りすぎた感じ」だが、「いわゆる上からの集権化と開明化が暴力的に進められるものだから、中央にたいする地方、変革にたいする伝統といったことが抵抗の核になるという事情があったように思う」と評している(一九八頁)。この点を民権後に顕著となる地方利益主義・地方優先論[32]などの地域主義と関連付けたならば、羽鳥の自由民権論は別の可能性を開示しえたのではなかろうか。

『近世日本社会史研究』刊行後、羽鳥は寄生地主制成立史への関心は抱きながらも[33]、ほとんど近代日本史に関する研究をやめ、岡山大学への転出後はアダム・スミスをはじめとする西欧経済思想史研究に没頭する。第三節第二項で見てきたように羽鳥は所説を微妙に修正していたが、大石との論争はうやむやなまま終わってしまった。大石は一九六一年に刊行した『日本地方財行政史序説』の「自由民権運動における地方自治の要求」のなかで、羽鳥との論争をふりかえり、反論され反省した点もあったが、「筆者の批判は基本的には変更しうるものとは思われない」(三三〇頁）と自説を維持した。羽鳥も五七年に刊行した『市民革命思想の展開』（御茶の水書房）の「初版のあとがき」で、こう述べている。

歴史の全体像を把握しようとする場合には、物質の生産および再生産の過程を歴史の全運動の基礎過程となし、これを基準として考察すべきだということはいまさらいうまでもない事柄である。こうした立場からすれば、イデオロギー一般は究局《ママ》的には経済的過程に規定され、それを反映するものとして理解されなければならないことになる。〔中略〕しかしながら、イデオロギーが経済的諸関係によって規定されるというのはもとより究局《ママ》においてのことにすぎない。そうではなくて、いわゆる上部構造を単なる下部構造の直接的な反映として把えるならば、少くもイデオロギー諸領域は死んだものとしてしか描きえないであろう。〔中略〕しかしながら、こういった上で、社会思想史の研究領域において、単なる「反映論」に陥らずに下部構造と上部構造との関連を具体的に究明することによって歴史の全体像の把握に迫ろうとすることは依然としてすこぶる困難な課題である。私は、本書において、素朴な、「反映論」の立場から社会思想の内在的な自己運動を抽象的に否定してしまおうとはせずに、むしろこうした思想それ自体の運動を歴史の総体の変動の一個のモメントとしてできうる限りポジティブに把えようと努めた。私は、ある特定の思想はある特定の経済的階級にある特定の政治的行動を行わしめる「媒介の契機」であると考え、かかるものとして社会思想を把えようとしたのである。（三二五〜三二六頁）

もちろん、論争はアカデミックであり、私闘であるはずがない。羽鳥は大石とともに一九七〇年から七一年にかけて刊行された『藤田五郎著作集』の刊行世話人をつとめている。しかし、右の文章は七六年刊行の『市民革命思想の展開』増補版にも残った。羽鳥の不動の認識論だったといえよう。『近世日本社会史研究』以後、羽鳥は基本的に日本史から離れたが、(34)イデオロギー分析の方法論は五一年のポレミックな「民権運動家の「精神」」以来、一貫していたのである。

## むすびにかえて

本稿執筆の動機は羽鳥卓也の五一年論文「民権運動家の「精神」」の方法論と、同論文への批判言説を検討することで、自由民権運動の精神史について考えてみようということであった。しかし、執筆をすすめるなかで、同様の問題意識をもつ最新の研究に接した。ともに二〇一五年の発表で、前掲奥田宏司「社会的意識、「支配的思想」、国家の把握に関する小論」と服部正治「『近世日本社会史研究』から『市民革命思想の展開』へ――羽鳥卓也の研究史」(関西学院大学『経済学論究』六九―二)である。とくに服部論文はタイトルに挙げている二冊の著書に関して、「短期間に、幕末・明治期日本研究と、市民革命から『国富論』に至るイギリス経済思想研究を上梓した羽鳥の研究への情熱と集中は、特筆されるべきであろう」(二六一頁)と称賛したうえで、「羽鳥が日本近世に関する研究をほぼ断念した理由はなんであったのか」(二七九頁)と問うている。

以上、述べてきたことを四点にまとめて、拙稿を閉じたい。

第一は、敗戦後に日本における民主主義の内在性の発掘をめざした自由民権運動研究において、福島高商・福島大学経済学部が占めた比重はきわめて大きかったことである。

一九四〇年代から五〇年代にかけて全国の研究状況を果敢にリードした。背景には戦前から藤田五郎・庄司吉之助らが蓄積してきた研究力量があった。その麓を形成するかのように、六二年から福島県史編さん事業が開始され、多くの研究成果が生まれた。その系譜のうえに現在の福島自由民権大学も存在しているだろう。福島の〈地政学〉的な位置も無視できない。大石は「東京と福島というのは、えらく近かった〔中略〕福島は東京直通的で、中央の学界の動向と非常に密着しながらみんな勉強していた」と回想している。[35] つとに東北近代史研究の不振・不活発が指摘されてきたが、過度に一般化することは慎まなければならないだろう。

　第二は旺盛な共同研究と激烈な相互批判が、先導的な研究を生みだしていったことである。学問研究において見解の対立は当然のことであるにしても、羽鳥・大石論争の激烈さは凄まじいものがあった(36)。はたして現在の大学で同僚同士、研究室を近くにする者同士の学問的激突などあるのだろうか(37)。今日、国立大学、とくに地方の国立大学における人文社会系分野は統廃合の動きや「社会的要請」という名の妖怪を前にして大きな危機に直面しているが、福島高商・福島大学経済学部の学問的沸騰の歴史は、地方大学といえども、否、地方大学であればこそ、いかに現実（リアリティ）に直結した研究を進めることが可能だったか、狭い専門主義に陥らず、学問的バトルをくり返すことができたかということを教えてくれる。

　第三は羽鳥・大石論争が持っていた自由民権運動研究の国際化の可能性と困難性という問題である。この背景にも藤田五郎がいた。藤田が示した東北近代産業史研究の世界史的意義をふまえたとき、福島事件から拡大展開する世界史認識の可能性があった。しかし、論争に「日本的特性と限界」や「日本史の論理」などが登場してくることで、その芽が摘まれたように感じる。大石が『日本地方財行政史序説』において、これらの論点を割愛したことも、議論の中断を招いたといえよう。「日本的特性と限界」という個別性と「あらゆる国の近代化の過程で直面する中央集権と地方分権の調整の問題」という一般性を折り合わす議論が失われ、いわば自由民権運動研究の国際化は頓挫したのである(38)。

　この〈世界史としての自由民権運動〉をどうつかまえるかという点こそ、羽鳥・大石論争の本質であっただろう。大石の羽鳥批判論文は次のように結ばれている。


　　ともあれ、自由民権運動の地方自治確立の要求内容についてみる限り、この運動はまさに歴史の近代的進化の過程で推転する「下から」の道を、日本の近代化の過程で代位したと言うことができるのではなかろうか。それは、先進資本主義国との対抗のため「上から」の道が余りにも急激であったことと、思想の輸入によって意識のみが先走りしたことによって、「下から」の道が本来あるべき姿より先進しすぎた表現をとったことをも考慮に入れつつ、われわれはこのように結論したいのである。(二五七頁)

しかし、かかる認識こそ羽鳥は嫌悪し、苛立ったのである。先進資本主義国における地方自治要求とはいったい具体的に何なのか、日本の近代化と先進資本主義国の近代化の比較検討の尺度とはいったい具体的に何なのか、そもそも「先走り」的に近代ヨーロッパの思想や意識は導入されたのか、「先進しすぎた表現」など信じられるのか、という疑問だった。民権運動研究者はあまりに近代や先進国をアプリオリに設定(信仰)し過ぎている。羽鳥はこの点を徹底的に批判した。民権運動の指導者は「ヨーロッパの近代思想から多くの影響をうけていたのである。しかも、彼等の「精神」の根柢は何等の影響をうけることがなかつた」(『近世日本社会史研究』二九頁)し、「彼がいかに西欧自由主義思想に精通しようとも、彼が身につけた自由主義思想の一切は、所詮、「忠孝観念」を基準として、いわば前期的に歪曲されて理解されたものに過ぎなかつたのである」(同三〇頁)と。

これは乗り越えられるべき壁であっただろう。羽鳥と大石のみならず、当時も現在も自由民権運動を研究する者に求められる世界史的視界ではあるまいか。

第四は羽鳥の精神史研究が持っていた先駆性である。

一九五七年の『市民革命思想の展開』が明確に述べているように、羽鳥は反「反映論」の立場だった。これは一九六〇年代の色川大吉の精神史の方法論の先駆をなすものだったばかりでなく、哲学研究・社会思想史研究における「反映論」批判に先駆ける発言だった。管見ではマルクス主義における「反映論」を批判した先駆的作品は同年の中野徹三「マルクス主義美学の根本問題」(『思想』一二月号)である。[39]戦後マルクス主義思想の再検討にとっても、羽鳥の論考は欠かすことができないだろう。しかし、もとより、大石も単純な反映論の立場だったわけではない。『日本地方財行政史序説』「序章　課題と方法」において、「その構造的把握が地方財政問題を経済構造の単なる反映として、全く客観的な運動としてのみとらえるに止まるならば、すぐれて政治的すなわち主体的運動を通じてのみ問題化すべき財政問題の把握としては、やはり科学的な責務を充全に果したとは言い得ないであろう」（三頁）と方法論的立場を述べている。また大石が晩年の作品『日本近代史への視座』に収めた「自由民権百年と研究者の課題」（初出は一九八一年）で示した次のような「重要な問題提起[40]」は人間理解への提言として、きわめて魅力的にして重要であろう。

現在の研究にとってもっとも難しい問題は、〔中略〕かつて「昭和史論争」で問題とされた、生きた個々の人間をどのようにとらえるか、ということにかかっている。〔中略〕自由民権の研究史にそくして考えれば、一つには服部之總さんの指導―同盟論があるが、それも階層としての人間であるのにとどまる。それよりも検討に値いするのは、色川大吉さんの「群像」論であろう。私の理解では、それは、共通の場をもち、共通の理念で協同した運動主体がその後それぞれ異なった思想と行動の軌跡をえがく、そのような個々人を一定の人間類型としてとらえる方法であると思われる。〔中略〕私にとって問題関心となるのは、そのような類型としての人間を、経済過程や階層構成とどのようにかかわらせるか、ということである。（三五頁）

ここには色川をはさんで、羽鳥の精神史研究と大石の経済史研究との融合統一――つまり、藤田のなかにほのかに芽生えていた「経済史と精神史の関係」――が予想される。敗戦後の約一〇年間に福島で展開した自由民権運動をめぐる熱き論争は早期に終息したように見えるが、そこに孕まれていた学問的射程の価値はいくら強調しても強調し過ぎることはない。

今日、一見すると時代錯誤だが、その実、きわめてポスト・モダンな専制的・抑圧的な社会状況が生まれているなかで、「民衆的地盤の上での近代化を阻止している社会的諸条件が何であり、そうした諸条件を、基柢的に規定するものが何であるかを歴史的に追及してゆくことは歴史学に志す者が少くとも気にかけなければならないことではなかつたろうか」という羽鳥卓也の訴えに、はたしてわたしたちは十分応えられるだろうか。

注

(1) 色川大吉の方法論に対する筆者の批判的検討として、「民衆思想史と「生活過程」概念」(京都民科歴史部会『新しい歴史学のために』一九五、一九八九年)、「戦後歴史学と生活過程論」(『窓』三、一九九〇年)、「民衆思想史の意識論」(『歴史学研究』七四二、一九九九年)、「自由民権運動の地域性――色川大吉批判と「反民権家」再考」(『自由民権』二二、二〇〇九年)参照。色川精神史に関する最近の論究として、奥田宏司「社会的意識、「支配的思想」、国家の把握に関する小論――色川大吉氏の提起と下山三郎氏および藤田勇氏の史的唯物論の検討」(『立命館国際研究』二七－三、二〇一五年)がある。

(2) 栗原彬ほか編『ひとびとの精神史』全九巻(岩波書店、二〇一五～一六年)。

(3) 大石嘉一郎「近代福島地方史研究の回顧と展望」(同『日本近代史への視座』東京大学出版会、二〇〇三年、初出は一九九七年)。

(4) 金原左門「断ち切りがたい「惜別」の情」(大石先生追悼文集刊行会編『日本近代史研究の軌跡――大石嘉一郎の人と学問』日本経済評論社、二〇〇七年)。

(5) 以後の全国的研究動向については、国立歴史民俗博物館の「自由民権運動研究文献目録データベース」、東北地方の研究動向については本書第二章、および巻末の「東北自由民権運動文献目録」参照。

(6) 宮城県における自由民権運動研究史については、千葉昌弘「自由民権運動研究の課題と方法」(『自由民権』二八、二〇一五年)、および本書第二章の同「宮城県における自由民権運動の展開とその研究」参照。

(7) ワッパ事件に関しては本書第五章の三原容子「山形県庄内地域の自由民権運動――ワッパ事件と三島県政との関連を中心に」、福島・喜多方事件に関しては同じく第四章松崎稔「〈反民権〉の思想史――福島・喜多方事件再考のために」参照。福島地域の研究史については、前掲大石「近代福島地方史研究の回顧と展望」参照。

(8) 安在邦夫「福島・喜多方事件再考――同根複合事件・裁判から見た事件像」(高島千代・田﨑公司編著『自由民権〈激化〉の時代――運動・地域・語り』日本経済評論社、二〇一四年)。拙稿「書評 高島千代・田﨑公司編著『自由民権〈激化〉の時代』」(『歴史と経済』二三一、二〇一六年)参照。なお、福島・喜多方事件は長いあいだ「福島事件」と呼ばれてきたが、上記安在論文に従い、引用文以外、本稿では「福島・喜多方事件」と記す。

（9）東北経済研究所については、誉田宏「福島大学東北経済研究所の活動と地方史研究への貢献」（『福島大学地域研究』一一―三、二〇〇〇年）参照。

（10）大江志乃夫「大石嘉一郎　ラードの如き「人物」――経済史学界〝福島グループ〟の雄」（前掲大石先生追悼文集刊行会編『日本近代史研究の軌跡』）。

（11）山田舜「庄司吉之助教授の人と学問」（福島大学東北経済研究所『東北経済』五〇・五一、一九六九年）四九頁。

（12）『著作集』第一巻「日本近代産業の生成」、巻末「略歴」「著作目録」ほかより。

（13）福島での同僚だった小林昇は、この回において、戸谷敏之と出会ったことが藤田の「豪農」研究を推進したのではないかと述べている。著書『イギリス・ヨーマンの研究』（御茶の水書房、一九五一年）で知られる戸谷は、法政大学の小野武夫ゼミで研究テーマに「豪農」を与えられたが、その着手が困難であったため、大塚久雄ゼミに参加して、ヨーマン研究を開始したという。小林昇「回想――藤田五郎の学問的生涯」（『著作集』第五巻「近世経済史の研究」）、戸谷の部会参加は『社会経済史』会報で確認できる。

（14）福島高等商業学校研究調査課東北経済研究科編、東北地方社会経済史研究叢書第一輯（国立国会図書館近代デジタルコレクション）。

（15）河西英通『続・東北――異境と原境のあいだ』（中公新書、二〇〇七年）一四四〜一四六頁、および同「創られた〈東北〉――東北凶作と東北研究」（熊谷公男・柳原敏昭編『講座東北の歴史』第三巻「境界と自他の認識」清文堂出版、二〇一三年）参照。

（16）『封建社会の展開過程』（『著作集』第四巻）。大石嘉一郎は藤田の地帯区分論を受けつつ、「亜種地帯」の設定や県域内における三地帯検出などを開示し、「三地帯は、後進地帯がいずれ中間地帯に追いつき、あるいは中間地帯が間もなく先進地帯に追いつくというふうに、単に機械的な発展段階の差を意味しているのではなくて、三地帯が当時の変革期において構造的に関連しつつ、それぞれが類型として全機構的に位置づけられていることである」（九二頁）と相互のダイナミクスを描いた。大石『日本地方財行政史序説』第二章「自由民権期における経済発展と諸階級」（御茶の水書房、一九六一年）。

（17）前掲小林「回想」。

（18）大塚久雄「若き日の藤田五郎君のことなど」（『著作集』附録『藤田五郎の人と学問』）。

（19）前掲小林「回想」。

（20）一九五一年四月一八日付の草稿「東北型・近畿型「豪農」について」（『著作集』第五巻）。庄司吉之助「藤田さんからの手紙」

（前掲『藤田五郎の人と学問』）。

(21) 吉岡昭彦「藤田さんと死」（前掲『藤田五郎の人と学問』）。松尾章一編著『歴史家　服部之總』（日本経済評論社、二〇一六年）に収められている奈良本辰也宛服部書簡から、藤田に対する服部の想いが偲ばれる。服部「藤田五郎の死」（『歴史評論』四二、一九五三年）も参照。

(22) 東京大学社会科学研究所、松本達郎「藤田さんを偲びて」（『社会経済史学』一八－六、一九五三年）参照。

(23) 『著作集』第五巻の山田舜「解題」、および『著作集』第一巻、「序」参照。

(24) 第四章「『豪農』範疇の措定」を担当。『著作集』第三巻では割愛されている。羽鳥が同巻の解説を執筆しているが、その説明はない。

(25) 河西英通『近代日本の地域思想』（窓社、一九九六年）、同『東北――つくられた異境』（中公新書、二〇〇一年）、前掲『続・東北』参照。

(26) 前掲庄司「藤田さんからの手紙」。

(27) 『河野磐州伝』以降の叙述は、『日本地方財行政史序説』では割愛されている。

(28) 後年、東京大学社会科学研究所に転任した大石は、経済学部でゼミを持ち、思想史関係のテーマもとりあげている。阿部武司「東大経済学部大石ゼミの思い出」、谷口豊「私にとっての大石先生」（前掲『日本近代史研究の軌跡』）参照。

(29) 「解題　藤田教授と豪農の研究」は事前に『商学論集』（二二－二、一九五三年）に掲載。『著作集』第五巻では割愛されている。

(30) 大石嘉一郎「書評　藤田五郎著『近世経済史の研究』」（『商学論集』二二－五、一九五四年）。

(31) 松尾章一「自由民権運動期に於ける天皇論――自由党を中心として」（『法政史学』一二、一九五九年）八一頁。服部之總の羽鳥卓也批判については、「自由民権運動における豪農と中農――藤田五郎・下山三郎両君のために」（『服部之總著作集』第五巻、理論社、新装版一九六七年、および『服部之總全集』21、福村出版、一九七五年）参照。なお、服部は「羽鳥卓也、カリスマ的没理論のこわさ」とも記している（「服部メモ」、前掲『服部之總全集』21、二二九頁）。

(32) 鹿野政直『資本主義形成期の秩序意識』（筑摩書房、一九六九年）。

(33) 例えば、羽鳥卓也「幕末・維新期――寄生地主制成立を中心として」（『社会経済史学』二〇－四・五・六、一九五五年）。

(34) 唯一の例外が『著作集』第三巻「近世封建社会の構造」の解説執筆である。

(35) 「座談会　日本資本主義史研究の歩み――自由民権から戦後改革まで」（東京大学社会科学研究所『社会科学研究』三九－四、一九八七年）三四六頁。

（36）大石の激烈さは西洋史の橡川一朗への批判においても見られた。永瀬順弘「大石嘉一郎先生についての二つの思い出」（前掲『日本近代史研究の軌跡』）参照。

（37）当時の福島大学経済学部の内部論争については、宗田實「大石さんのこと」、学問的雰囲気の全体については、前掲金原「断ち切りがたい「惜別」の情」（いずれも前掲『日本近代史研究の軌跡』）参照。金原によれば、羽鳥は「いちゃもんつけ」型とされる。

（38）近年の国際化の動きとして、深谷克己編『民衆運動史5　世界史のなかの民衆運動』（青木書店、二〇〇〇年）参照。

（39）中野徹三については、『マルクス主義の現代的探求』（青木書店、一九七九年）、『生活過程論の射程』（窓社、一九八九年）参照。

（40）松尾章一「大石嘉一郎さんと服部之總」（前掲『日本近代史研究の軌跡』）。

# 第二章　宮城県における自由民権運動の展開とその研究

千葉昌弘

## はじめに――課題と方法

明治七年（一八七四）の「民撰議院設立建白書」の提出に端を発した自由民権運動は、国会開設・地租軽減・不平等条約の改正等の政治的要求を掲げて全国的規模で闘われた、わが国初の国民的政治運動とされる。

本章は、宮城県における自由民権運動の展開とその関連研究の動向を跡付けながら、その成果に学びつつも、残された今日的な自由民権運動の課題と方法を検討することを課題としている。

## 一　戦前・戦後における自由民権運動研究

自由民権運動の歴史的研究が本格的に開始されたのは戦後のことである。[1]もとより学問研究の自由が制約されていた戦前の一九三〇年代においても希有な研究が生まれていたことは看過すべきではない。具体的には、吉野作造らによる『明治文化全集』第五巻・自由民権篇の刊行があり、服部之總『明治維新史研究』（白揚社、一九三三年）、鈴木安蔵『日本憲政成立史』（学芸社、一九三三年）のほか平野義太郎らの自由民権研究が生まれている。吉野はすでに

「民本主義」を提唱し、「大正デモクラシー」をリードしていた。吉野は同『全集』の編集後記のなかで、「自由民権思想の学術的著訳」を復刻し「大正デモクラシー運動への当然の道筋を」自由民権運動における思想と運動のなかに見出そうとしたと述べている。また、平野は藩閥専制政府への対抗から勃興した自由民権運動をブルジョア民主主義運動の初期段階と評価した（『日本資本主義社会の機構』岩波書店、一九三四年、二一〇頁）。

戦前・戦中のかかる先駆的研究を継承するかたちで戦後の民権運動が本格化していった。

一九五〇年代から六〇年代にかけては、堀江英一・遠山茂樹『自由民権期の研究』（全四巻、有斐閣、一九五九年）、内藤正中『自由民権運動の研究――国会開設運動を中心として』（青木書店、一九六四年）、家永三郎『植木枝盛研究』（岩波書店、一九六〇年）、松永昌三『中江兆民――自由民権運動家・その足跡と思想』（柏書房、一九六七年）等、七〇年代から八〇年代にかけては、色川大吉の民衆史的、開拓的自由民権研究が生まれている。『民衆憲法の創造――埋もれた多摩の人脈』（江井秀雄・新井勝紘との共著、評論社、一九七〇年）、『明治の文化』（岩波書店、一九七〇年）等がその代表的な研究書であるが、色川にはこれらの研究書に先立って『明治精神史』（黄河書房、一九六四年）、『近代国家の出発（日本の歴史21）』（中央公論社、一九六六年）がある。民衆史・精神史・文化史に視点を据えた斬新な自由民権研究である。この視点は、『自由民権』（岩波新書、一九八一年）においても堅持されている。

これらの研究に励まされて、民権研究は一九八一年から八三年にかけての自由民権百年全国集会として結実する。三回（横浜・東京・高知）にわたる研究集会の報告内容は、『自由民権百年の記録――自由民権百年全国集会報告集』（自由民権百年全国集会実行委員会編、三省堂、一九八二年）、『自由民権運動と現代――自由民権百年第二回全国集会報告集』（自由民権百年全国集会実行委員会編、三省堂、一九八五年）、『自由は土佐の山間より』（土佐自由民権研究会編、三省堂、一九八九年）として公刊されている。集会に前後してピークを迎えた我が国近代の政治的・社会的民主主義の原点とされる自由民権運動の歴史に学ばねばならないという気運の高まりが研究意欲を醸成したものと考えられるが、八〇年代半ば以降急速に不振の時期を経過し、今日なおその不振の状況を脱出しえていない観がある（本書序章参照）。この時期、江村栄一による『自由民権革命の研究』（法政大学出版局、一九八四年）、寺崎修による『明治自由党の研究』上・下（慶應通信、一九八七年）等も刊行された。

近年においては、自由民権運動をわが国近代におけるデモクラシー運動と把握し、大正デモクラシー運動と連結させた近代史像を構築しようとする坂野潤治の『明治デモクラシー』（岩波新書、二〇〇五年）も刊行されているが、自由民権運動研究の低迷は明らかといわなければなるまい。『中江兆民全集』（松本三之介ほか編、全一七巻、岩波書店、一九八三～八六年）、『植木枝盛集』（家永三郎ほか編、全一〇巻、岩波書店、一九九〇～九一年）、『馬場辰猪全集』（西田長寿ほか編、全四巻、岩波書店、一九八七～八八年）等も編まれ、関連して、地方・地域・人物・事件等を限定した研究書・資料集・年報・会報等も数多く蓄積されている。

改めて戦前・戦後における自由民権運動研究の苦難の歴史に学び、現段階における研究上の到達点を確認するとともにその課題と方法を吟味し、自由民権研究の今日的課題を、わが国の近代史総体のなかで確認することが緊急に要請されているといえよう。

## 二　宮城県における自由民権運動の研究

宮城県における自由民権運動研究は戦前・戦後を通じて全国的な動向に比して極めて不振・低迷の状況を呈していたと断じなければならないであろう。(2) 戦前はもとより戦後においてなおかかる状況を打開するに至ってはいない。その事由の一端を、誤解を恐れずに述べるならば、在仙の大学に属する歴史研究者に近代史専攻の研究者がほぼ皆無であり、戦後になって大学の新たな誕生にもかかわらずなお「帝国大学令」（明治一九年〔一八八六〕）のもとでの「国家ノ須要ニ応ズル」学問の性格を克服しえず、官営の学問・研究の体質を戦後においても払拭しえずの状況が継続していたのではないかと解される。新制大学へと変革されたにもかかわらず、それらの大学における歴史研究は「歴史学」としてではなく「国史学」として存続していたという事情等もその理由の一端と考えられる。

したがって、戦後初期においては、関連研究はほぼ皆無であったといってよい。個人の研究はもとより『宮城県史』（全三五巻、一九五七〜八七年）、『仙台市史』（全一〇巻、一九五〇〜五六年）等をはじめ、県下の各市町村史、平重道監修・NHK仙台制作グループ『近代東北庶民の記録』（全二巻、日本放送協会、一九七三年）、豊田武編『東北の歴史』（全三巻、吉川弘文館、一九六七〜七九年）、安孫子麟『宮城県の百年』（山川出版社、一九九九年）等の通史の類も編まれているが、いずれも自由民権運動についてはー般的で簡略に記述するものが大半である。ただし、後に論ずるが、渡辺信夫編『宮城の研究』（全八巻、清文堂出版、一九八三〜八七年）は、第六巻・近代篇で、一九八〇年代に自由民権研究を活発に行っていた佐藤憲一によって宮城県の民権運動の展開が概説されている。以上のように、宮城県における民権運動研究は乏しいものだが、可能な限りその研究史を跡付けておきたい。

古田良一博士還暦記念会編『東北史の新研究』の巻末に掲載の丸井佳壽子「東北史関係主要文献目録」（一九一六〜五四年に刊行分を採録）によれば、古代から近世に至る民族・水運・文化・民家・酒造・鉱山・藩政等の論考が圧倒的多数を占める。先述の大学の事情を裏付ける結果とも思われる。上記目録に掲載の総点数四四〇点余りのうち、近世・近代は二〇〇点、うち自由民権運動関係は五本と寡少そのものであり、それも岩手・福島両県にとどまり、宮城県についていえば、青森・福島県を主要な研究対象とした同書の吉田勇の論稿「東北地方における自由民権運動」が、東北七州自由党に言及するなかでわずかに触れているにすぎない。なお、吉田は青森・東奥義塾出身の民権活動家や福島事件を事例としていわゆるブルジョア革命運動説に疑問の評価を呈している。

戦後の一九六〇年代に至るまで宮城における民権運動研究はほぼ空白の状況であったと断じてよいであろう。

宮城県における本格的な自由民権運動研究は、一九六〇年代後半から七〇年代に至って、森田敏彦（東北大学大学院生）によって開始された。「自由民権と大同団結」（『宮城県議会史』第一巻、一九六八年）、「自由民権運動の構造」

（中村吉治編『宮城県農民運動史』日本評論社、一九六八年）等がその代表的な研究成果である。森田の二本の論考によって、宮城県の民権運動の発足から大同団結に至る歴史的全貌がほぼ完全にカヴァーされている。『運動史』と『議会史』はともに一九六八年の発表であり、民権結社結成に始まり、前者は福島事件にとどまり（総四三頁）、後者は大同団結運動まで（総一〇四頁）の記述となっている。その差異をあえて述べるならば、地租改正・農地改革・農民運動等の流れのなかに民権運動を位置付けながら、民権運動指導層の知識人と農民層の現状理解や運動の一体化しえないギャップを指摘している点が前者の特徴として注目される。一方、後者は、民権運動史としては量的に十分でありながら、現実に成立した国会・地方議会と民権運動が展望したそれとの歴史的性格の違いを明確にすべきではなかったかと考える。以下に、森田の宮城県の民権運動に関連する論考をリストアップして、主要なものに限定して簡略な補足を加えておきたい。

①「宮城県における自由民権運動――東北民権派の組織形態」（『歴史』三五、東北大学文学部東北史学会、一九六七年）
②「自由民権運動と大同団結」（前掲『宮城県議会史』第一巻）
③「自由民権運動の構造」（前掲『宮城県農民運動史』）
④「宮城県の自由民権運動に関する新史料」（『歴史』四〇、東北大学文学部東北史学会、一九七一年）
⑤「明治初年、宮城県におけるハリストス正教会とその人々」（『宮城学院女子大学基督教文化研究所研究年報』六・七、一九七三年）
⑥「東北の自由民権」（『家庭と電気』二五〇、東北電力広報室、一九七七年）
⑦「東北七州自由党について」（『信州白樺』四四・四五・四六合併号、銀河書房、一九八一年）
⑧「福島事件と東北会」（『歴史評論』三九〇、一九八三年）

⑨「東北七州自由党の結成と憲法起草運動」(『歴史評論』四一五、一九八四年)

②③についてはすでに触れた。④は鶴鳴社分裂後に結成された本立社の「会議日誌」(明治一三年〔一八八〇〕三月)の翻刻であり、同社参加のメンバーが確認され、あわせて若生精一郎《わこうせいいちろう》の「国会開設哀願書」等の新発掘史料も紹介されて貴重である。⑤は宮城・仙台のハリストス正教会の布教活動と民権運動の人脈・思想的関係を、キリスト教の儒教的理解から説いたものでユニークである。⑦⑨は東北七州自由党の結成過程を論じたものである。

このように宮城県の自由民権運動の本格的研究は、森田敏彦によって開始されたといっても過言ではなく、しかも、研究開始当初、森田は大学院生であり、それまでの戦前から、一九六〇年代に至る自由民権運動を含めた近代史研究の二〇年余の空白の状況をどう理解するか、東北地方における戦後の人文・社会科学・歴史学研究のありようが問われてよいだろう。森田は主として大学・講座の外において研究を進めていたのである。私的なことながら筆者は森田とほぼ同期の院生であり、彼らと結成した学外・講座外の研究会が共同研究の場となっていたのである。すなわち、仙台近代史研究会(一九六四年)、仙台自由民権研究会(一九七一年)、宮城歴史科学研究会(一九七六年)等であり、森田・筆者のほか、森田武・庫山恒輔・田島昇らの院生と、逸見英夫・日向康らの在野の歴史研究者が常連のメンバーであった。自由民権百年全国集会(一九八一〜八三年)に対応した県内の研究会・学習会をリードしたのもこれらの研究会の同人メンバーである。

森田の研究を継承するかたちで宮城の民権運動研究を進めていったのは、仙台市博物館の学芸員だった佐藤憲一である。佐藤は一九七四年三月、仙台市博物館による「宮城の自由民権運動」展の開催に前後して関連の研究を精力的に進めている。森田の例にならい、佐藤の研究成果の一覧を以下に示しておこう。

①『「宮城の自由民権運動」史料集――本立社・進取社を中心に』仙台市博物館、一九七四年)

②「仙台の自由民権運動――その活動と思想」（『仙台市博物館年報』二、一九七五年）
③「郷土の民権家を追って」（『東北教育新聞』一・二、一九七五年）
④「宮城県の自由民権運動――郡村における景況について」（『国史談話会雑誌』一八、東北大学国史談話会、一九七六年）
⑤「自由民権運動期における仙台の民権家の国家構想――進取社々員を中心に」上（『仙台郷土研究』二一六、一九七八年）
⑥「自由民権運動期における仙台の民権家の国家構想――進取社々員を中心に」下（『仙台郷土研究』二一七、一九七八年）
⑦「仙台における明治二〇年代の自由民権思想――雑誌「通信演説」と「東北評論」から」（『仙台市博物館調査研究報告』一、一九八〇年）
⑧「（史料紹介）宮城県の自由民権運動に関する「新史料」」（『仙台市博物館調査研究報告』二、一九八一年）
⑨「進取社の私擬憲法草案に関する「新史料」――「国会期成同盟本部報」の記事から」（『仙台郷土研究』二二三、一九八二年）
⑩「宮城県の自由民権運動」（渡辺信夫編『宮城の研究』第六巻・近代篇、清文堂出版、一九八四年）

このうち、代表的な研究成果は、前記の「運動」展に寄せた解説と史料翻刻である①と⑩であろう。①②は、史料の翻刻・解説とともに、宮城の自由民権運動の展開の様相を簡略に概説したもので、添付の関連年表・図表も含めて貴重である。④の論考は郡部における民権運動の展開を追跡したもので、新史料により、その景況を検証した初の成果といえよう。⑤⑥は進取社メンバーによる国家構想の分析を試みた重厚な論文である。国会開設・憲法制定が具体化しつつあった政治状況のなかで、宮城では本立社と進取社とが路線の違いから別個に運動を進めていた。進取社は、佐藤時彦《さとうときよし》（当時仙台の外記丁小学校校長）・西大条規《にしおおえだただし》（同立町小学校校長）らの有力メンバーによって国会構想・憲法草案が練られつつあった。その思想的原理を「君民同治」・人民主権・一院制等に求めつつも、政府による欽定憲法制定の動向へ警戒を示していたことを紹介している。宮城の代表的結社の国会・憲法構想を明示した最初の論考といえよう。

これらに関連するものとしては、他に逸見英夫「新資料東北自由党綱領及党則」の史料紹介（『仙台郷土研究』二一三、一九七六年）、相沢源七「千葉卓三郎の生涯――民衆憲法の創造者」一～四（同前二一三～二一六、一九七六～七八年）、藤野雅巳「中江兆民の仏学塾と「仙台義会雑誌」」（『日本歴史』三七八、一九七九年）等があるが、特に庫山恒輔「明治十四年の東北七州自由党」（『秋田近代史研究』一四、一九六八年）を見落とすわけにはいかない。国会期成同盟第二回大会以降、東北各地の民権結社が、東北七州自由党を結成（明治一四年三月）する。同論文は、その過程で生じた思想と運動の路線の統一し難い差異と内部矛盾の複合を説いて鋭い。近年では、みやぎ女性史研究会編『みやぎの女性史』（河北新報総合サービス、一九九九年）所収の「社会活動と女性」、新版『仙台市史』通史編6・近代1（二〇〇八年）に掲載の「自由民権運動と仙台女子自由党」（第一〇章第三節三）および「自由民権運動高揚期の新聞・雑誌」（第三章第三節二）等も最新の宮城県の民権運動史研究の成果として加えておきたい。

いささか本章のテーマから距離があるが、林竹二『田中正造の生涯』（講談社現代新書、一九七六年）、日向康『果てなき旅』上・下（福音館日曜文庫、一九七八年）等も宮城県から生まれた民権運動関連の研究成果として明記しておきたい。林は田中正造が「明治十年代において民権運動に挺身する中で政治に発心した」（「政治と献身――田中正造研究」『思想の科学』一九六二年一一月号）と論じて、民権運動とのかかわりを述べている。自由民権期に生きた地方青年の一つの存在を検証する際に有効な史実を提供してくれる。日向の著書は、少年・少女向けの歴史小説のスタイルを採用しながらも厳密な史料吟味をふまえた歴史書である。ともに自由民権から足尾鉱山鉱毒事件に至る田中の国家権力との壮絶な闘いを「人民自治」の闘いとしてとらえているところに特徴がある。自由民権運動研究の通説を克服しようとした意図が看取される。林・日向共に上述した仙台近代史研究会・仙台自由民権研究会の中心的メンバーであったことも附記しておきたい。

以上、戦後における宮城県の自由民権運動研究の動向を関連文献・論文等の公刊・発表を跡付ける形で追跡したが、戦後初期の空白期を経過して一九六〇年代から八〇年代にかけて一時的な活況を呈し、八一年の自由民権百年記念集会前後にそのピークを迎えつつも、その後急速に低迷・不振に陥り、今日なおその状況が継続している。民権運動自体についてもいえることであるが、先進「西南地方」、対して後進「東北地方」という評価は民権運動研究においても該当することを認めざるをえないのである。色川大吉流に主張すれば、東北地方の民権運動は依然として「未発」の史実を多様に残存させているともいえるであろう。本書序章にもあるとおり、稲田雅洋・鶴巻孝雄・牧原憲夫らの研究により、自由民権運動を「民主主義の源流」ととらえる見方は、現在見直しを迫られている。では、戦後我々が曲がりなりにも享受した民主主義に、自由民権運動はまったく寄与するところがなかったのであろうか。そうではあるまい。たとえば、本立社の憲法草案では、「人民同等の権利」を重視する立場から「無制限選挙法」を採用している。これらが今日の基本的人権や普通選挙の基礎をなしていることは否定しえないであろう。その民主主義・基本的人権を標榜する日本国憲法が今や危機に瀕している。そういった文脈においても、自由民権運動研究の再興は、今切実に求められているのである。

## 三　宮城県における自由民権運動の展開

周知のように自由民権運動は、明治七年（一八七四）に、土佐の板垣退助らが「民撰議院設立建白書」を提出し、翌八年に全国の結社が国会開設を求めて愛国社を組織したことに端を発するが、やがて、当初の国会開設・地租軽減・不平等条約改正等を越えて地方自治・民費権限・産業振興等の地方・結社等の要求をも取り入れて運動は全国に

図 2-1　自由民権運動の結社分布（明治 11〜17 年）

原注：佐藤憲一「宮城県の自由民権運動——郡村における景況について」（『国史談話会雑誌』18、1976 年）によって作成した。
出所：河北新報社編『宮城県百科事典』1982 年、484 頁。

広がっていった(3)。愛国社を国会期成同盟と再組織して（明治一三年）、国会開設に総力を結集する。ところで、この全国的な民権運動の広がりに前後する時期に宮城県下においても民権結社が結成されている。まず、福島県の民権結社・石陽社・三師社の代表で、同県の民権運動のリーダーでもあった河野広中の呼び掛けに応じて、明治一一年（一八七八）秋に鶴鳴社が結成された。社長は箕浦勝人《みのうらかつんど》（福沢諭吉門下の官立宮城師範学校校長）、他に若生精一郎・村松亀一郎・首藤陸三らがその中心人物である。この鶴鳴社の結成に続いて県都仙台を拠点に類似の結社が結成されていく（図2－1）。時習社・断金社・本立社・進取社・喈々社等である。結社設立は県都から発して郡部へと拡大の一途をたどっていく。その数は、ピーク時の明治一四・一五年頃までに七〇余を数える（宮城県下の結社については表3－1「宮城県仙台および郡村結社一覧」を参照のこと）。

図 2-2　若生精一郎「国会開設哀願書」（明治 13 年 12 月）

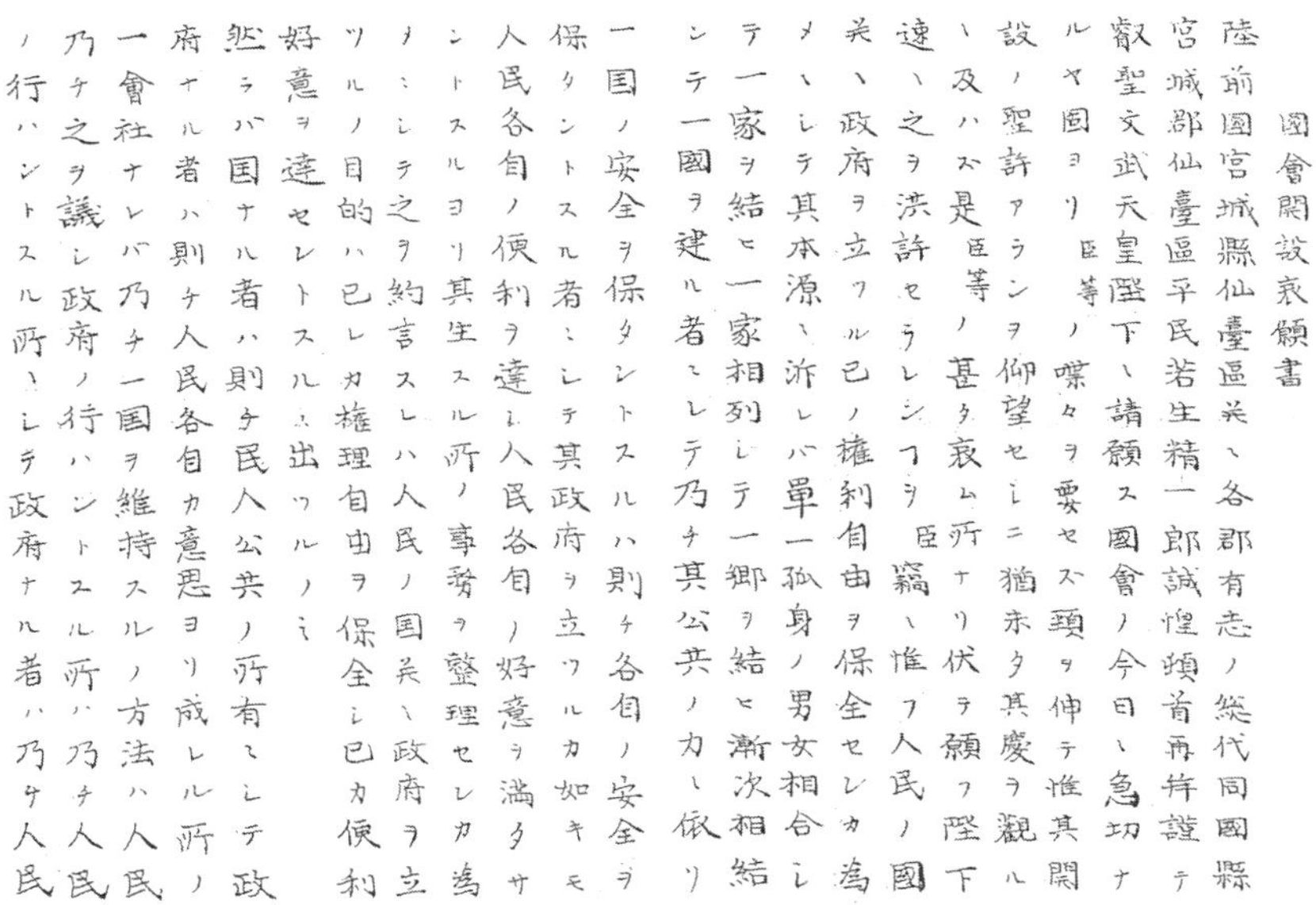

國會開設哀願書

陸前國宮城縣仙臺區并ニ各郡有志ノ總代同國縣宮城郡仙臺區平民若生精一郎誠惶頓首再拝謹テ叡聖文武天皇陛下ニ請願ス國會ノ今日ニ急切ナルヤ固ヨリ臣等ノ喋々ヲ要セス頸ヲ伸テ惟其開設ノ聖許アランヲ仰望セシニ猶未タ其慶ヲ観ルニ及ハス是臣等ノ甚タ哀ム所ナリ伏テ願フ陛下速ニ之ヲ洪許セラレンコヲ臣竊ニ惟フ人民ノ國家ニ政府ヲ立ツル己ノ権利自由ヲ保全セレカ為メニシテ其本源ニ溯レハ單一孤身ノ男女相合シテ一家ヲ結ヒ一家相列シテ一郷ヲ結ヒ漸次相結ンテ一國ヲ建ル者ニシテ乃チ其公共ノ力ニ依リ一国ノ安全ヲ保タントスルハ則チ各自ノ安全ヲ保タントスル者ニシテ其政府ヲ立ツルカ如キモ人民各自ノ便利ヲ達シ人民各自ノ好意ヲ満タサントスルヨリ其生スル所ノ事務ヲ整理セレカ為メニシテ之ヲ約言スレハ人民ノ国家ニ政府ヲ立ツルノ目的ハ己レカ権理自由ヲ保全シ己カ便利好意ヲ達セレトスルニ出ツルノミ

然ラハ国ナル者ハ則チ民人公共ノ所有ニシテ政府ナル者ハ則チ人民各自カ意思ヨリ成レル所ノ一會社ナレハ乃チ一国ヲ維持スルノ方法ハ人民乃チ之ヲ議シ政府ノ行ハントスル所ハ乃チ人民ノ行ハントスル所ニシテ政府ナル者ハ乃チ人民

出所：仙台市博物館所蔵。

宮城県下の民権運動に刺激を与えた河野は、東北各地の民権結社の連携を深めることの必要性を考えてしばしば宮城を訪問している。ついで、河野は明治一二年（一八七九）八月、土佐の立志社を訪れている。西南と東北の結合の重要性を考慮してのことである。宮城を含めた東北地方の結社による愛国社・国会期成同盟への参加をめぐる重要な助走であろう。仙台の鶴鳴社結成の直後、明治一一年末、東北有志会が結成され、仙台の鶴鳴社・本立社、福島の石陽社・三師社、山形酒田の尽性社、岩手盛岡の求我社、秋田の立志会、青森弘前の共同会等が参加している。さらに、明治一三年（一八八〇）三月に、大阪で開催の国会期成同盟第一回大会（第四回愛国社大会）に宮城県は村松亀一郎（本立社）を代表に一五六名が署名参加、同年一一月国会期成同盟第二回大会には若生精一郎（鶴鳴社）が、一三三〇名の署名を得て代表として参加している（図2－2）。この段階に至って、国会開設・憲法制定に向かっての政党結成・憲法草案作成へと運動を加速させていった。明治一四年（一八八一）三月、東北有志会は

### 表 2-1　政談演説会の頻度

| 明治 | 演題 認可 | 演題 不認可 | 演説 度数 | 演説 人数 | 解散 | 禁止 |
|---|---|---|---|---|---|---|
| 13年 | 72 | | 15 | 70 | | |
| 14年 | 89 | | 24 | 85 | 6 | 1 |
| 15年 | 51 | | 20 | 148 | 5 | 1 |
| 16年 | 51 | 19 | 7 | 41 | 3 | 2 |
| 17年 | 13 | | 2 | 10 | | |

原注：『宮城県統計書』（明治16、17年）より作成。
出所：森田敏彦「自由民権運動の構造」（中村吉治編『宮城県農民運動史』日本評論社、1968年）109、110頁。

### 表 2-2　演説会の頻度

| 明治 | 13年 | 14年 | 15年 | 16年 |
|---|---|---|---|---|
| 仙台区 | 2 | 22 | 24 | 10 |
| 柴田郡 | | 3 | | |
| 刈田郡 | | 2 | | |
| 伊具郡 | | 1 | 1 | |
| 亘理郡 | | 1 | | |
| 名取郡 | 1 | 1 | 1 | 1 |
| 宮城郡 | | 1 | | 2 |
| 黒川郡 | | | | |
| 加美郡 | | | | |
| 志田郡 | 2 | 3 | 1 | |
| 玉造郡 | | 2 | | |
| 遠田郡 | 3 | 4 | | 1 |
| 栗原郡 | | | 3 | 1 |
| 登米郡 | | 10 | 1 | |
| 桃生郡 | | 2 | 2 | 1 |
| 牡鹿郡 | | 4 | 4 | 2 |
| 本吉郡 | | | 1 | |
| 合計 | 8 | 56 | 38 | 18 |

原注：『宮城日報』（明治13年7～11月、明治14年7～9月）、『東北新報』（明治13年4月～15年5月）、『東北毎日新聞』（明治14年7～12月）、『陸羽日日新聞』（明治14年1月～15年12月）、『奥羽日日新聞』（明治16年）より作成。
出所：森田敏彦「自由民権運動の構造」（中村吉治編『宮城県農民運動史』日本評論社、1968年）109、110頁。

東北七州自由党を結成する。自由党結成の七ヶ月前のことである。

東北七州自由党は結成の直後から盛岡の求我社、仙台の進取社等で憲法草案起草の作業を開始している。全国的な民権結社と連携しつつ憲法制定運動への参加の道を模索していく。しかし、この段階に至って、県下の結社の間にその運動方針をめぐって亀裂が生じていった。愛国社に加盟して国会開設を主眼とする運動に専心する方向（本立社）と、あくまでも県下の結社の組織を強化して政府に対して国会開設を請願する方向（進取社）に分裂したのである。

明治一四年三月の東北有志会の結成後、宮城県の自由民権運動は、東北七州自由党・宮城自由党の結成、明治一五年五月の東北改進党の結成といった具合に、当初の主要な結社、本立社と進取社という二大結社を淵源として自由党と改進党とに分派するかたちで展開されていった。中央における自由党と改進党の二大政党を中心とした国会開設運動の展開とも対応する。

ところで、仙台では比較的早い段階から女子教育や婦人の参政権への関心が生まれていた。鶴鳴社の若生精一郎らが女子教育振興のためのカリキュラム、小学校への裁縫科設置を提案し実施していたこと、鶴鳴社主催の演説会において深間内基《ふかまうちもとい》（ミルの『男女同権論』の訳者）を招き「男女同権ノ説」を演説していたこと等はその一端である。仙台の成田うめが同志を組織して仙台女子自由党を結成していたこと（明治一六年三月）等の動向も看過しえない。とはいえ、明治一四～一五年頃をピークとして、宮城県における自由民権運動は急速に退潮を余儀なくされていった。福島事件・秋田事件等がその重要な契機となっていることは確かである。

ところで、宮城県の民権運動の展開を確認するうえで、結社による政談演説会開催頻度（表2－1、2－2）、その演説内容を分析すること、加えて結社による新聞・雑誌等の発行状況を追跡することも重要であることは贅言を要しまい。その概略のみ紹介しておきたい。

仙台を拠点とした鶴鳴社・時習社等の結社結成が盛んであった明治一一年から一二年に、仙台を拠点とした演説会開催が最初のピークに達し、本立社・進取社等が郡部へ分社を設置し郡部への運動の拡大・浸透を推進する明治一三年以降一五年にかけて、演説会は郡部へも拡大をみせて新たなるピークをむかえている。集会条例に抗しての勇猛果敢な挑戦の熱気をおぼえる。

結社による新聞・雑誌の動向も跡付けておこう。明治一一年一二月の結成前後の鶴鳴社の動向は、一般紙『仙台日日新聞』によって報道されたが、翌年の七月以降については若生が社長になった振々社から『宮城日報』が発刊され、県下の民権派新聞の先駆けとなった。後年、鶴鳴社が本立社と進取社とに分裂すると、『宮城日報』は本立社の機関紙としてスタート、一時の停刊期を経て再刊されて明治一四年まで発行を続けている。『宮城日報』の主筆高瀬真之介は鶴鳴社・本立社の有力メンバーであり、古川・石巻の地方紙『東北新報』(明治一三年)も発行している。鶴鳴社から分裂した進取社は、機関誌『進取雑誌』を発行する(明治一四年七月)。これは月刊誌である。政治・経済・国会・憲法・国民の自由と権利等について結社員の実名入り論文を掲載している。ほぼ同時期に刊行された『宮城政談雑誌』は、急進自由主義を唱えた結社・宮城政談社からの発行である。いずれも集会条例・新聞紙条例・讒謗律等、複合する民権運動弾圧の諸政策により、政談演説会の開催、新聞雑誌の発行が著しく制約され抑圧されざるをえない政治的状況下に置かれ、民権運動全体の退潮とともに活動を縮小し停止に至る。東北地方における自由民権運動の展開は、関東・西南地域における展開に比して明らかに後発に属する。しかし、民権運動の全国的拡大と浸透の程度を吟味するうえで不可避の多様な史実を提供する可能性が存する。加えていえば、政治的・経済的・社会文化的「後進」地域における民権運動のありようの歴史的知見を提供してくれるのではないかと考える。

## 四　宮城県における自由民権運動と教育の問題

宮城県における自由民権運動は、多くの現職の教員が参加していたことが一つの特徴である。(4) 官立宮城師範学校校長箕浦勝人と仙台・培根小学校訓導若生精一郎はともに宮城県下初の結社・鶴鳴社の主要なメンバーであった。社員三〇名、うち履歴の判明する二四名中、八名が現職教員である。民権運動に参加した宮城・仙台の代表的「民権教師」を列挙しておこう。箕浦・若生のほか、首藤陸三(県学課長兼師範学校校長)・中原雅郎(師範学校教員)・佐藤時彦(外記丁小学校教員)・白極誠一(培根小学校教員)らはいずれも鶴鳴社社員、真山寛(片平小学校教員、共同社社員)・白石時康(外記丁小学校教員)・首藤源吾(桃生小学校教員)らは進取社社員、小木将美(時習小学校教員)は時習社社員である。これらの結社のなかには鶴鳴社や時習社のように学校ぐるみで結社を組織するような例もみられたのである。

いずれにしても仙台の結社にとどまらず県下各地の結社の主要なメンバーは現職の教員であったことが確認される。仙台・郡部を問わず教員は、該地における希有な知識人・文化人であり、在地において指導的・啓蒙的役割が期待されていたといえよう。このような事実を知り、自由民権運動を教育・学習の側面から歴史的に検討してみたいというのが、私的な自由民権研究の一つの動機であった。全国各地の有力結社の多くが、結社・新聞等の活動と並行して学舎を設立していたことも私的関心を喚起した。土佐の立志社の立志学舎、福島・三春の石陽社の石陽館、長野・松本の奨匡社の奨匡学舎、岩手・盛岡の求我社の行余学舎等が代表的な民権学舎であり、政治・社会・歴史等を含めた自由民権思想の学習機関として大きな役割を果たしていたのである。残念ながら仙台では民権学舎は開設されておらず、法律学舎（代言人・法律家の養成）が開設されているのみである。

ところで、上述したように現職教員が多く結社に属し、国会開設等の民権運動に参加していたことを詳細にたどることはここでの課題を逸脱してしまう恐れがある。あくまでも彼らの教育活動の事跡に限定して検討することにしたい。

図 2-3　首藤陸三「教育上ニ付意見」
（明治 13 年 4 月 5 日提出）

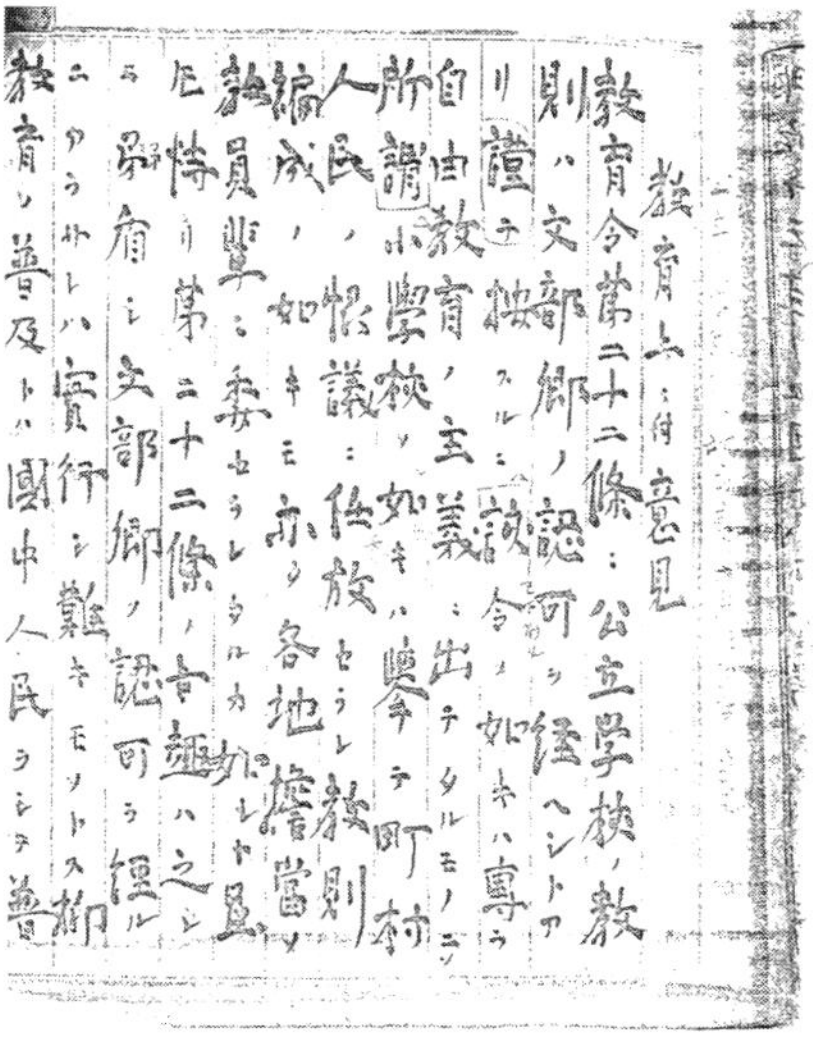

出所：「明治 13 年　官省上申綴　学務課」（宮城県公文書館所蔵）。

宮城師範学校校長箕浦勝人は、明治一二年（一八七九）一月、千葉師範学校校長那珂通世と連署して時の文部大輔田中不二麿に宛て「全国教育会議」の創設を建言している。国の教育政策の樹立にあたって地方当局の意思の反映を意図したものである。当時、福沢諭吉が「学事会議」の創設を提案し、田中が「教育国会」の構想を教育法令の改革案に挿入していた事情と重なる。いずれも教育自治のアイデア

図2-4　外記丁小学校「教育議会誌」（明治11～18年）

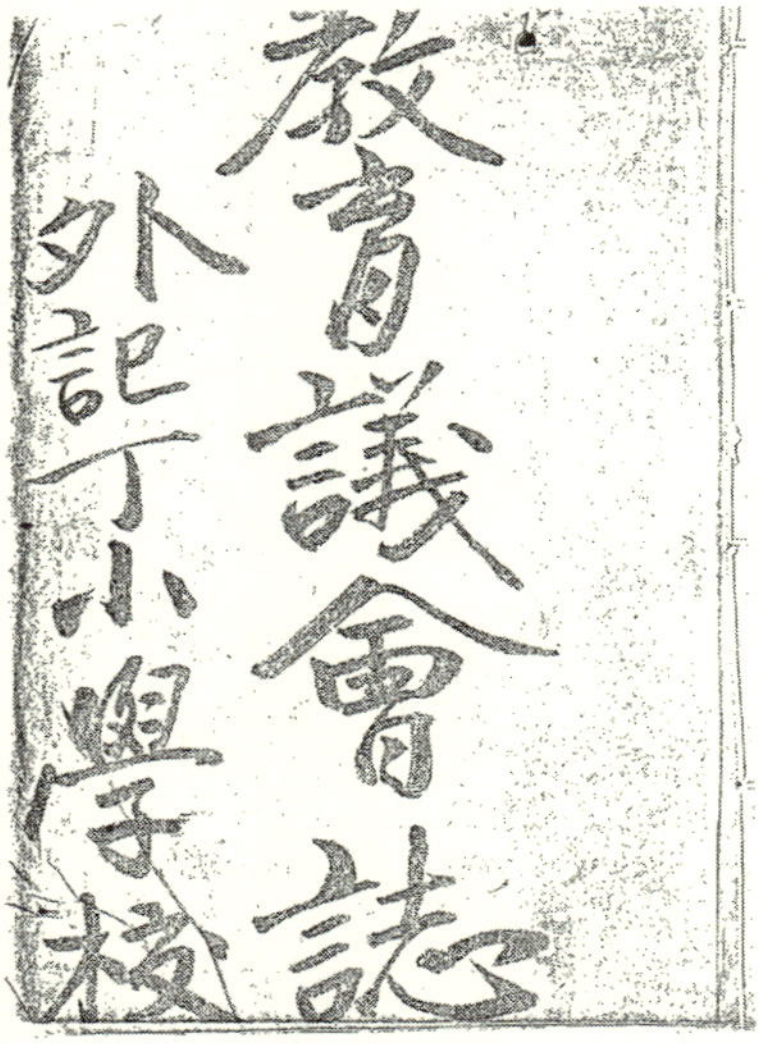


の具体化を意図した構想・提案である。箕浦の後任を務めた首藤陸三は、明治一三年（一八八〇）四月、時の県令松平正直に対して「教育上ニ付意見」（図2－3）と題する上申書を提出する。同文書によれば、教育の自由を説き、特に「教則」（カリキュラム）の地方学務当局による編制を主張する。そのうえに府県学務係主任によって構成される「教育会」を設置し、国家の教育上の一切の事件（事項）を議定する教育行政上のシステムを確立する必要性を訴えている。箕浦の提案内容ともほぼ一致する。こうした斬新な、国家の教育政策の変更を迫る主張・提案が、箕浦が師範学校校長を務め民権結社の発起人ないし中心メンバーとして活動していた時代においてなされていたことに注意する必要がある。時期は前後するが、外記丁小学校（現 仙台市上杉山通小学校）において明治一一年三月から同一八年一一月にかけて「教育議会」（図2－4）が開催されていたことも注目に値する。今日的にみれば一種の校中会議なのだが、当時教員であった佐藤時彦・真山寛・白石時康・窪田豊二郎らがいずれも民権結社に所属していたことから、教育自治の一つの実践とも評価しえよう。

　民権教師の教育事跡をさらに追跡しておこう。鶴鳴社を結成した若生精一郎の場合をみておきたい。当時培根小学校首席訓導（一般的には校長として扱われているが当時は未だ公式に校長職は存在しない）であった若生は、みずから勤務する小学校に貧困児童のための夜学を開設し、女子教育の振興のために裁縫科の開設を提案し実践している。当時の教育不振の状況に対応する適切な判断があったと考えられる。若生を引き継いだ矢野成文は、鶴鳴社・本立社に拠りながら東北地方初の幼稚園を開設している。「泰西教育者の発明」による幼稚園と開設の趣旨に記載されているが、フレーベルの幼稚園開設の事情をすでに入手していたことがうかがわれる。こうした教育活動と並行して結社活動・新聞発行・演説会等の民権運動をも活発に展開していることは改めて認識されてよい。こうした活動は数多確認されるにもかかわらず、過去も現在も自由民権運動研究史において比較的軽視されている。かつて色川大吉が、自由民権期の青年が熱心に政治や社会について学習していたことに注目し、それを研究することの重要性を指摘していたにもかかわらずである（前掲色川『自由民権』）。明治一〇年代以降、「国家のための教育」推進の体制が確立せんとするまさにその時期に、自由と民権の拡張を志向して戦った民権運動は、わが国初の国民教育運動といった側面を含んでいたのではないか。このような問題意識のもとで全国的な「自由民権運動と教育」の歴史的関係の解明を課題として研究を継続しているのだが、これは宮城県における自由民権研究の重要な一環をなすものと考えている。宮城県における自由民権運動の展開を、教育・教師・教育思想・青年の学習等の側面から考察しつつ、地域・民衆の課題と民権運動との関係において再検討を試みた。自由民権研究の今日的課題の提起になればと願う。

## 五　自由民権運動の地域（宮城・高知）への浸透と「教育会」の結成

宮城県における自由民権運動の展開の一つの特徴は、結社への参加者、政談演説会での演者、結社発行の新聞・雑誌への寄稿者のなかに数多くの教員および教育関係者が参加していたことであるとすでに指摘した。前節で略述した箕浦勝人の全国教育会議開催の建言、首藤陸三の府県学務係による教則編制のための教育会開催の提案、さらに外記丁小学校における教育議会の開催等は、いずれも民権運動に参加した教師らによって開催・主導されていたのである。

本節では、これらのその後の展開を追跡しておきたい(5)。教育議会を開催していた外記丁小学校教員の過半はその初期においては民権結社・鶴鳴社に属し、本立社（自由党系）と進取社（改進党系）に分裂後、進取社に属し民権運動を継続させていたメンバーである。

ところで、明治一三年（一八八〇）在京の仙台人によって仙台義会が結成されている。在仙の有為な青年・学生の上京・遊学を奨励したり、彼らに学資を貸与したりすることを目的とした組織である。同会は明治一六年一〇月、『仙台義会雑誌』を創刊している。荒井泰治・白石時康・佐藤郁次郎らが主要メンバーであるが、白石は外記丁小学校教員であり民権結社・進取社所属で、この他在仙の村松亀一郎・田代進四郎ら、白石とほぼ同様のキャリアを有している人物が会員として登録し、折々に同誌に寄稿している。仙台義会メンバーの多くは中江兆民の仏学塾に入門し、欧米の政治・経済・歴史等の書籍の翻訳を試み、同誌に随時掲載されている。たとえば、バルニー『各国交際の道徳』、ジュールダン『有神論』、イスシパック『万国公法』等である。教育については、ルソーの教育論の翻訳・紹介を行い、教育の自立・自治を説いている。民権運動をになった中江兆民や植木枝盛らに代表される「自由教育論」の系譜に属する主張と看取されうる。

また、在京の仙台義会とは基本的には組織を異にした組織、仙台教育議会が明治一六年九月に結成されている。育英・奨学を目的とした組織で、真山寛・佐藤時彦・窪田豊二郎らが主要なメンバーであるが、彼らは先述した外記丁小学校で開催の教育議会の主催者でもあり、進取社・本立社等、民権結社の有力メンバーでもある。この組織の主要メンバーが中心となって宮城県私立教育会が結成された。明治一七年（一八八四）一二月のことである。

明治一〇年代、宮城県を含め全国各地で学区取締・教員会・教則会議等、地域の教育課題を集約・協議するための会議・組織が生まれていたことは前節において触れたが、これらの学事・教育会議等は、それを統制しようとする国の施策を前にして、次第に全県レヴェルにおいて統一され、その初期において有していた自治・自立・自由等の性格を喪失し、同年代末には国家の教育政策を推進・補完する従属的機関・組織へと性格・役割を転じていく。宮城県私立教育会の結成はこうした全国的動向と対応してのことであるが、その主要メンバーの多くが自由民権運動に参加し続けていた教員・教育関係者であるという史実は特筆すべきである。この時期、全国的に教育界から自由民権の思想と運動はほぼ完全に排除されていたからである。この私立教育会の結成については『仙台義会雑誌』第三号（明治一八年〔一八八五〕一月）収録の記事において紹介され、宮城県の教育振興のために「教育の改良・書籍備付・学費補助」等の教育施策を支援する諸活動の推進が教育会結成の眼目とされている。芳賀真咲（県学務課長）・和久正辰（宮城師範学校校長）・真山寛（外記丁小学校校長）らが幹事である。真山は進取社・改進党系の民権運動活動家である。民権運動との関係を少なからず有したままでの教育会結成の事例は全国的にみて希有である。全国的な教育会の動向でいえば、明治一五年（一八八二）九月の大日本教育会の結成、二九年（一八九六）の帝国教育会の発足等の動向に誘引されてか、各地の教育会は全国的なそれに統合され、宮城県の教育会もこの動向に対応して明治二三（一八九〇）年七月、宮城県教育会が誕生してほどなくして全国的組織に組み込まれていく。

府県単位の教育会が全国的組織に統合されるのは明治二五年（一八九二）八月、全国組織日本教育会が誕生するに至ってである。すでに明治一〇年代後半以降の国家主義教育政策の展開に対応して、明治二九年（一八九六）一二月、日本教育会は国家教育社と合併して帝国教育会へと再編されていた。以降、全国の各県の教育会は帝国教育会の支部として加盟し、諸活動を全国的に推進する体制を確立するに至る。より明快な表現をすれば、国家の教育政策に追従する翼賛機構へと変貌を遂げていったということができよう。宮城県教育会もその一翼を担う活動を推進するほかはない。ともあれ確認しておきたいのは、宮城県教育会は、民権運動との思想的・組織的・人的関係を濃厚にして教育会を組織し、地域の教育を奨励・支援する活動を自治的・自立的に推進していたという史実である。こうした事例は全国的にも特異な事例であることを指摘しておきたい。

類似した事例を高知県の場合についてみておきたい。

高知県において全県統一の高知県教育会が結成されたのは明治二四年（一八九一）二月のことである。この教育会結成以前において各種の教育・学事会議等が開催されていたことは全国的状況と一致する。これらの動向とも関連して、明治一四年（一八八一）三月、高知教育会が結成されている。同会の規則によれば、「同志集合して教育の事項を講究し人文の拡張を図る」とある。教育問題に関する演説・討論会を開催し、その内容を機関誌『高知教育会誌』に掲載して県民の教育的理解を進める活動を推進した。高知教育会の開会式に臨んで幹事山本幸彦は「高知教育会は政事会社に非ざるも其の性質に於て相同しきものなり」と述べ、民権結社の諸活動との近似性を説いている。[6]

当然予想されうることであるが、この会の結成と活動は、当時の高知の自由民権運動の中心メンバーによってなされていたのである。同会の代表は土居通予で、幹事として山本幸彦・松村如蘭、その他、主要メンバーとして西森真太郎・溝淵幸雄・坂崎斌《さかざきさかん》らが名を連ねる。山本は、師範学校校長、松村は湯島の昌平黌、土佐藩校致道館を経て公立小学校の教員を務め、その後高知県師範学校校長となった人物である。両名ともに結社・立志社のメンバーで、後の自由党に属しており、坂崎は、立志社・愛国公党のメンバーで、『高知教育会誌』の編集長も務めている。高知教育会は、土佐の自由民権運動との直接的な人的関係のもとに発足したことが確認される。なお、立志社は、活発な民権運動を推進するとともに、立志学舎（明治七～一二年）や高知共立学校（明治一五～三三年）といった中等教育学校を創設し、青年教育の実践にあたっている。教育会結成の時期と重なる。

さて、その後の教育会の展開をたどっておこう。事情は不明だが、明治一五年早々にも解散し、教育共談会（明治一五年～）、教育談会（明治一七年～）等とその名称・組織を変更しつつ、明治二一年（一八八八）六月、新たな高知教育会が誕生し、明治二四年（一八九一）二月には、全県統一の高知県教育会が誕生している。会長には松村如蘭が就いている。民権運動弾圧政策が強化されているにもかかわらず民権的性格を完全に払拭しえない状況と解される。というのは、松村は小学校教員を経て高知師範学校校長となり、明治二一年以降では教育会会長に引き続いての就任である。立志学舎を継いだ高知共立学校の校長前任者は先に述べた山本幸彦である。松村は明治二一年以降、三四年（一九〇一）に至る期間、同校の運営委員を務めている。県教育会会長との兼任である。民権運動との関係が維持されていたことが推測される。この松村会長時代に県教育会の機関誌『高知教育会雑誌』編集主筆に、かつて民権結社獄洋社・立志社に所属、三大事件建白運動に参加した後、民権新聞『土陽新聞』主筆として活躍した安芸喜代香を迎えている。安芸は明治三〇年代に同会の会長に就任している。これまた民権的性格を継続した教育会の人的配置といえよう。高知県は、明治三〇年代に至るまで民権運動との組織・人的関係を維持していたことが確認される希有の地域である。

以上、「自由民権運動」と「教育」との関係性を問うという私的課題に対応すべく、明治前期における地方の自生的教育行政組織としての各種教育会議・学事会議が、教育会として次第に組織を整え、やがて国の教育政策を翼賛する機関・組織へとその目的と性格を転換していった歴史的経緯を、宮城県と高知県の事例を取り上げて検討した。両県の事例においてではあるが、明治前期の学事会・教育会は、その組織・思想・メンバー等から自由民権運動と密接な関係を有していたことがうかがわれ、民権運動から支援を得て成立・展開していったことが明らかとなった。民権運動の展開とわが国の教育発展過程とのあいだに有益な相互の連携・共同の関係が存在していた歴史的事実は重要である。

夥しい民権運動研究の蓄積にもかかわらず、萌芽的組織を含め教育会等はもとより、青少年の学習・テキスト・教育雑誌等学校教育に限定されえない国民教育の総体に深く分け入った研究は極めて乏しいといわなければならない現状である。民権運動研究の領域・地域等を拡大するためにも重要な研究テーマであると考えている。自由民権運動の教育性の究明ともいうべき研究の進展を希求してやまない。

## 付記

予期せぬことながら、二〇一五年末より体調を崩し通院による治療が続いている。したがって、当初に意図していた稿を断念し、二〇一四年一〇月二六日に東北大学片平キャンパスさくらホールで開催されたシンポジウム「宮城発・自由民権運動再考」（東北大学東北アジア研究センター上廣歴史資料学研究部門主催）での報告「宮城県の自由民権運動研究――その成果と課題」の内容を要約するかたちで本章をまとめざるをえなかった。私的な事情とはいえご理解いただきたく付記しておきたい。

## 注

（1）本節は基本的に以下の文献・目録等を参照した。
①鯨岡久編集・執筆『秩父事件100年・自由民権関係図書目録』（地方・小出版流通センター、一九八四年）
②自由民権百年全国集会実行委員会編『自由民権運動研究文献目録』（三省堂、一九八四年）
③自由民権資料研究会編『自由民権運動研究最新文献目録　八四～八七』（自由民権資料研究会、一九八七年）
④「自由民権運動　近代のはじまり」（『歴史公論』一九七六年一月号、雄山閣出版）
⑤「特集・自由民権運動百年」（『歴史公論』一九八一年九月号、雄山閣出版）
⑥「特集・自由民権運動」（『歴史学研究』五三五、一九八四年一一月）
⑦自由民権百年「会報」一～一七（一九八一～八五年。宮城県については「会報」七、一九八一年一一月号掲載の文献目録）。
この他、私蔵の文献論文等によって検討した。なお、戦前における研究については『明治文化全集』第五巻・自由民権篇（日本評論社、一九二七年）の巻末所収の「文献年表」、前掲③の「最新文献目録」巻末にある補遺「戦前」等が参考になる。

（2）当然のごとく県内大学、県・市等の図書館蔵書等の調査・検討を試みたが、全国的な民権運動の研究書は多数所蔵されているものの、宮城県に関する図書・文献は極めて少ない。関連研究者が少なく、研究の不活発な事情を反映した結果と思われる。
戦前・戦後初期については丸井佳壽子「東北史関係主要文献目録」（古田良一博士還暦記念会編『東北史の新研究』文理図書出版社、一九五五年）が唯一の目録で参考になる。戦後については渡辺信夫編『宮城の研究』第八巻・講座・文献目録・索引篇（清文堂出版、一九八七年）所収の渡辺信夫・吉岡一男・菅野恭彦・早坂要「文献目録」が最新の目録であり、その後については宮城県図書館の目録等を参照しつつ、併せて私蔵の関係図書を参照・整理してまとめた。多くの遺漏があるものと思われるが現状ではやむを得ない。

（3）本節は基本的には森田敏彦「自由民権運動の構造」（前掲中村『宮城県農民運動史』）、および佐藤憲一「宮城県の自由民権運動」（渡辺信夫編『宮城の研究』第六巻・近代篇、清文堂出版、一九八四年）等をベースに論述しているが、筆者なりの史観や私的研究の成果も随所に加筆している。本章の第三・四節において展開している史実とあわせて読解されることを希望する。

（4）本節は以下の筆者の著書・論文等によって、その要旨をまとめたものである。宮城に限定し、史実の解釈・評価は不十分だが、詳細は同書・論文をご参照いただければと願う。
①「自由民権期の教育運動」（『教育運動史研究』一三、一九七一年）
②「自由民権運動の教育史的意義に関する若干の考察――宮城県の場合を事例として」（『教育学研究』三九－一、一九七二年）

③「宮城県における自由民権運動と教育」（坂本忠芳・黒崎勲編『民研資料集』国民教育研究所、一九七三年）
④「明治国家の形成と教育運動の成立」（『教育運動史研究』一五、一九八一年）
⑤「自由民権運動と教育――研究成果と課題」（『信州白樺』四四・四五・四六合併号、一九八一年）
⑥『近代日本地域民衆教育成立過程の研究――近代学校の成立と自由民権運動の展開』梓出版社、一九九六年
⑦「近代教育成立期における教育の国家統制と教育自治の相克」（千葉・梅村佳代編『地域の教育の歴史』川島書店、二〇〇三年）
⑧「自由民権運動の展開と教育会の源流小考」（梶山雅史編『近代日本教育会史研究』学術出版会、二〇〇七年）

あわせて高知県に関する主要な論稿をも掲載しておきたい。筆者の関連研究の意図や課題認識の一端を理解するのに有益かと考えてのことである。

①「土佐民権派新聞教育関係記事目録稿Ⅰ・Ⅱ・Ⅲ」（共著、『高知大学教育学部報告』三四、三五、五二、一九八二、八三、九六年）
②「自由民権運動における自由教育論とその運動――土佐民権派の場合」（『教育学研究』五〇－三、一九八三年）
③『土佐の自由民権運動と教育』（土佐出版社、一九八七年）
④「土佐民権派の自由教育論と徳育政策批判」（『土佐史談』一七六、土佐史談会、一九八七年）
⑤「坂本直寛（南海男）における自由民権思想の形成――立志学舎における政治教育」（『高知大学教育学部報告　第一部』四三、一九九一年）
⑥「西原清東における自由民権思想の形成と学習・教育活動――立志学舎・出間勤学会・三春正道館等での学習と教育活動を中心として」（『高知大学教育学部報告　第一部』五三、一九九七年）
⑦「高知共立学校の研究（ノート）――自由民権運動の教育史的検討」（『海南史学』三五、高知海南史学会、一九九七年）

なお、近年における関連論文を列挙する。

①軽部勝一郎「自由民権期における近代学校成立過程の研究――岩手県遠野地方を事例として」（『日本の教育史学（教育史学会紀要）』四七、二〇〇四年）
②清水禎文「地方教育会の成立事情――群馬県における自由民権運動と教育関係者たち」（『東北大学大学院教育学研究科研究年

報』五五－一、二〇〇六年）
③山本和行『一九八〇年代宮城県における国家教育社――自由民権運動との連続／非連続に着目して』（『日本教育史研究』二八、日本教育史学会、二〇〇九年）
④黒崎勲「自由民権運動と教育」（辻本雅史監修、森川輝紀・増井三夫『公共性・ナショナリズムと教育（論集　現代日本の教育史5）』日本図書センター、一九九五年）

（5）教育会関連の最新の研究成果は、梶山雅史（岐阜女子大学教授）を代表とする科研費研究グループによる、二〇〇四年以降およそ一〇年に及ぶ研究に代表される。筆者もこのグループに参加しながら、宮城・岩手・高知等の地域を担当してきた。本節に関連する拙稿は以下の通りである。
①「自由民権運動と教育会の源流小考」（梶山編『近代日本教育会史研究』学術出版会、二〇〇七年）――岩手・宮城
②「東北地方における教育会の成立と展開」（同編『続・近代日本教育会史研究』学術出版会、二〇一〇年）――岩手
③「府県教育会雑誌の歴史的性格の検討」（同編『近現代日本教育会史研究』（仮）刊行未定）――岩手
④『土佐の自由民権運動と教育』（土佐出版社、一九八七年）――高知

（6）「高知教育会」の規則、および開会式の山本の発言は、高知県立図書館所蔵郷土資料マイクロフィルムによる。

# Ⅱ　各地における運動の展開

# 第三章　社会的弱者の民権運動――『朝野新聞』にみる宮城県の多彩な結社に注目して

新井勝紘

## はじめに――宮城県の民権運動の層の厚さと多様性

宮城県の自由民権運動については、これまでは仙台を中心とした本立社、進取社という大きな結社を核に展開し、次第に郡村部に浸透してきたと描かれてきた。すでに佐藤憲一による「宮城県の自由民権運動」（『宮城の研究』第六巻・近代篇、清文堂出版、一九八四年）や「自由民権運動とジャーナリズムの展開」（『仙台市史』通史編6・近代1、仙台市、二〇〇八年）などで、詳細な分析が行われている。「宮城県の自由民権運動」では一般的に低調だったといわれている宮城県の実態を、「地域に密着した多様な側面においても捉まえようとする視点に立つならば、宮城県内の運動は一概に低調だったとは言えないのではないか」（前掲佐藤論文、二八二頁）と結論付けている。

明治一一年（一八七八）の鶴鳴社を最初の結社として、仙台を中心に運動が展開し始めるが、次々と結社が誕生し、これまでは県内全体では八〇社の結社が確認されていた（『週刊朝日百科91　日本の歴史』近代1－①自由・民権・国権、朝日新聞社、二〇〇四年）。

本章では、民権運動の担い手をもう少し底辺にまでひろげることで見えてくる、多様かつ多彩な結社の活動をとらえてみたい。その視点で見ると、運動の内容と質も、政治的側面だけではなく、より広範囲な側面を照らすことになり、宮城県の民権運動の底の厚さと運動の多様性に少しでも近づくことができるのではないかとみている。そこから見えてくるものは、民権運動がどんな影響のもとで、地域の人々にとってはどのように受け止められ、どのように実践されていったかを明らかにすることにつながってくる。

また、宮城県下全体とはいえないが、特に仙台という都市に絞ってみてみると、身体にハンディキャップを持った人々、社会のなかでのマイノリティ、さまざまな差別を受けてきた人々などが積極的に民権運動にかかわっている実態が浮かび上がってきた。それは、これまでの宮城県の民権運動史からはあまり見えてこなかった側面でもあり、そうした幅広い層に運動が浸透していた実態は、民権運動の全国的な位置付けからいっても、先駆的かつ特筆すべき活動としてとらえることができ、新しい民権像といっても過言ではないだろう。

それはまた、「一山百文」という蔑視観、十把一絡げでくくられてきた狭隘な史観を乗り越え、東北はおろか全国的にも強くアッピールできる運動を展開していた歴史の証明にもつながる。

ただしこの分析は、主に、民権派新聞といわれた『朝野新聞』記事に依拠しながらの分析であることを、最初にお断りしておかなければならない（本文中、特にことわりがない記事は、すべて『朝野新聞』である）。この地域の研究では、こうした徹底した新聞記事の渉猟と分析も、これまであまりなされてこなかったという事情もあるが、やはり資料的な制約があることは最初に断っておく必要があるだろう。本来なら在地の資料との突き合わせが必要なことは、理解したうえでの分析と考察であることを確認しておきたい。

地域資料や個人蔵の資料などの追求、確認、分析が、決定的に足らないことを差し引いても、宮城県の自由民権運動研究になんらかの新しい民権像を提示することができたのではないかと考えている。さらに、結社数もこれまで確認されていた八〇社から一四一社と、六一社も増えたことの提示も、従来の宮城県の自由民権運動像の変容を迫ることにつながるのではないかと考えている。本章の終わりで、現在確認できた結社の一覧表を提示しておきたい。

## 一　「一山百文」視を乗り越えるための東北連合

『近事評論』第二七七号（明治一三年七月八日発行）では、「一山百文」という言い方で蔑視されている東北人に関する『東北新報』の記事を紹介しながら、この雑誌記者の論を交え「東北再ビ一山百文ト為ラントスル耶」という一つの論を展開している。近代東北のことを思考するときには、どうしても避けられない「一山百文」視の、まさに自由民権期の状況を読み取ることができると思われるので、少し長いが紹介したい。

東北再ビ一山百文ト為ラントスル耶

東北新報ニ曰ク、福岡県ノ某ハ遊歴ノ為メ出京セシガ、本月ハ東北各社ノ仙台ニ連合会ヲ開クト聞キ、去ラバ仙台ニ行キ実際ノ模様ヲ聞カント、其日限ノ切迫シタルヲ知リ、昼夜兼行ニテ仙台ニ来テ見レバ、連合会ドコロカ一人モ集ラス、本立社ノ歎息スルヲ聞ク許リナレバ、某ハ大ニ失望シ、何故ニ斯ノ如キ有様ナルヤト尋ネタルニ、皆ナ集会条例ヲ恐レテナリト言ヒシカバ、嗚呼東北ノ人ハ、腰抜ナル哉、区々タル条例ヲ恐レテ精神ヲ屈スル事ヤアルト、或人ニ語リタリト、吾人亦タ曾テ白川《ママ》以北一山百文ナル一題ヲ設ケ、東北人民ノ無気無力ナルヲ痛論シタルコトアリシガ、昨秋以来ハ案外ニ其気力ヲ活発爽快ナラシメ、或ハ政談演説ニ或ハ結社集会ニ吾人ノ耳朶ニ達スルノ報告ハ、殆ンド東北ノ面目ヲ一新セシガ如キ者アルヲ以テ、吾人ハ大ニ東北人士ノ其歩ヲ進メテ此域ニ達シタルヲ歎賞シタリキ、且ツ春来、東北連合会ヲ開クノ一報ハ、最モ是レ快事ト為シ、吾人ノ早ク其好結果ヲ見ンコトヲ期望セシ所ナリシニ、何ゾ図ラン、集会条例ハ怒雷一撃、吾人論者ノ頭上ニ堕落シ、東北人士ノ為メニ喪心落胆スル彼ガ如ク、其卑屈根性ヲ孕出スルノ、此極ニ至ルアラントハ、嗚呼東北人士ハ果シテ是レ真ニ一山百文耶、自棄自暴スル、又タ甚シト謂フベキナリ、然レトモ更ニ同紙上ヲ閲スルニ、亦タ東北諸君ヲ指シテ、一言ニ一山百文ト言フ可ラザル者アリ、宮城県会議員秋山峻氏ハ各議員ト議リテ檄文ヲ全国ニ馳セ、各府県会議員ヲ野州日光山ニ会シ、大ニ会議ヲ開キテ、国税ノ制限ヲ解キ、地方自治ノ道ヲ謀ラントスル企アリ、其議長増田某氏、同副議長遠藤某氏モ飽迄助力事ヲ謀ルベキヲ約シ、県地ノ事ハ両人負担シテ、周旋スベケレバ、秋山氏ハ各地ヲ奔走シ其事ヲ謀ルベシト言ヒ、両氏トモ非常ナ大憤発ナリト、抑モ秋山氏ノ期企スル論題タル也、地方ノ経済ヲ一変スルニ在リテ、其利害得失ノ如キ吾人ノ今此ニ輒ク言ヒ難キ所ナリ、然レトモ東北人中、猶ホ此大期望ヲ懐ク秋山、増田、遠藤諸氏ノ在ルアリ、而シテ本立社ノ如キ熱心又タ全力ヲ国家ニ尽ス所アラントスト、豈ニ東北人種ヲ以テ、一言ニ一山百文ナリト謂フベケンヤ、吾人ハ眼ヲ刮シテ東北諸君将来ノ事業ヲ観察シ、諸君ノ一言ハ千金ニ価スルト揚言シ得ルノ快時ニ逢ハンコトヲ楽ムナリ、東北諸君幸ニ吾人ノ直言ヲ喜諾スル所アレ（『近事評論』第二七七号、明治一三年七月八日）

要約すると次のようになるだろう。

東京に遊歴していた福岡県の某は、明治一三年（一八八〇）七月に東北の各民権結社が仙台に集まって、連合会を開くことを聞いていたので、直接そこに出向いて、その模様を見てみようと、昼夜を徹して駆け付けてみたところ、連合会どころか一人も集まらず、呼びかけた本立社も歎息するばかりだった。福岡県の某は大いに失望し、どうしてこんなありさまになっているのかと尋ねたところ、「皆ナ集会条例ヲ恐レ」たからだという。そこで某は「嗚呼、東北ノ人ハ腰抜ナル哉」と某人に語ったという。こんな条例に精神まで屈してしまったのかと。

私（『近事評論』社長の林正明か、編輯長の杉山重義と推定）もまたかつて、「白河以北一山百文」という題で、「東北人ノ民ノ無気無力」を痛論したことがあったが、昨明治一二年（一八七九）秋以来、「其気力ヲ活発爽快ナラシメ」、政談演説やら結社集会の報告を次々と聞くようになってきた。それは、これまでの「東北ノ面目ヲ一新」するような出来事で、一歩進めてこの域に達したことを歎賞している。こんな時、東北連合会の一報は快事ともいうべきことで、早くいい結果が出ることを期待したいところであったが、集会条例の一撃は大きく、「卑屈根性ヲ孕出《たれ》」し、その極に至ることになってしまった東北人への落胆も大きい。

本当に東北人は「真ニ一山百文」となり下がってしまったのか。その自棄自暴の姿は見るに耐えない。しかし、同じ『東北新報』であるが、「一言ニ一山百文ト言フ可カラ」ずという主張があることにも注目しなければならない。県議の秋山峻《あきやまたかし》は、同志の議員とはかり、全国に檄文を発している。そこには東北の各県議たちは、栃木の日光に集まり、そこで会議をおこし、「国税ノ制限ヲ解キ」、「地方自治ノ道」を謀ることを呼び掛けている。その考えに議長の増田繁幸、副議長の遠藤温が協力、助力を申し出、県の問題については、この二人でやるので、秋山は同志を集めるべく各地を奔走すべしと主張した。

その際、秋山が特に問題とするのは、「地方経済の一変」で、その「利害得失」は大きい。しかし今、東北人の中から、秋山、増田、遠藤の三人が現れた意味は大きい。こういう実態をみると、果たして東北人一般を一言で「一山百文」とくくってしまっていいのだろうか。吾々は東北の諸君の「将来ノ事業ヲ観察」して、君らの一言が「千金ニ価スル」といえるような快時に遭遇することを期待し、ぜひ私の直言を「喜諾」してほしい。

明治一三年の集会条例が、東北の自由民権運動に与えたダメージは大きい。その直前の明治一二年秋頃から、演説会や民権集会が県内各地で開催されるようになって、運動も上昇気流であったところに、軍人、警察官もさることながら、教員生徒の演説会などの政治集会への参加が禁止され、人を集めての集会には警察への事前の届と認可が必要となり、かつ「公安に害あり」と認めた場合は、即刻解散を命じることができるなど、民権側には厳しい条例となった。この条例が宮城県の自由民権運動の鼻っ柱をへし折ってしまったとでも言いたいのだろうか。「卑屈根性ヲ孕出ス」という表現で、再び「一山百文」の域に戻ってしまったのではないかと、大いに危惧しているのである。しかし、明治一一年に宮城県議になった秋山峻という救世主が現れる。議長の増田繁幸、副議長の遠藤温の三人がたちあがったことを高く評価し、期待するところが大きい。

東北連合会については、『仙台市史』（通史編6・近代1）によれば、明治一三年に仙台の本立社が呼びかけて、東北各地の民権結社代表が、仙台に集まって会合（二月一五日）を開いたことが契機となって結成されたもので、毎年六月に大会を開催することも決められていた。この年出された集会条例が東北連合会にも影響を与えたようで、六月一〇日に開かれる予定だった第二回大会は、メンバーの集まりが悪く、八月に延期された。『近事評論』の「東北再ビ一山百文ト為ラントスル耶」のなかの、福岡県の某がわざわざ出向いた連合会に、一人も集まってこなかったと歎息したのは、この会のことをさしている。結局、親睦会というかたちで開催されたようである。

条例が出されたことで、演説会は激減したが、国会期成同盟の方針を受けて、東北連合会は全国遊説のなかで、東北と北海道を分担して行動に移している。

前述の記事は、こうした動きと連動するものと見てもいいだろう。集会条例の弾圧にひるまず、東北の底力を示すことが、「一山百文」視をはね返すことになると、大いに期待をしているともいえる。

明治一三年のこの動きから、翌一四年の段階まではいくつかの経過を経て、一五年の一一月に再び、仙台において奥羽有志連合会が開催された。宮城県からは大立目謙吾と村松亀一郎が中心で、宮城、岩手、山形、福島の四県の代表が集結した。ここで東北連合は一つの大きな決断をしたのである。今後の運動の持ち方の問題で、東京の自由党本部と連動しながら進めるのがいいのか、それとも東北は独自な活動をするか、二者択一の決をとり、多数決で東北独立を決め、東北会開設に結びついた。

ここでは福島県の三浦篤次郎の発言に注目しておきたい。維新を成し遂げた西南人と東北人との比較である。どんな分野にしても「西南人ニ一歩ヲ譲」ってしまうが、その原因は、知力の不足ではなく、「気力ノ足ラサル」ことが一番の理由だという。気力不足を解決するには、まず東北が連合して、東京の板垣の統轄から脱し、「一党独立」していくことが大事だと訴えている。東北連合の再度の確認でもある。資料は、明治一五年のことであるが、やはり西南人と比較しての東北人を、同じ東北福島の三浦篤次郎が指摘している。

明治一五年（一八八二）一一月二日、仙台の国分町山崎平五郎方で、奥羽有志連合会が開催されたが、参加者は十数名で、宮城県からは、大立目謙吾、村松亀一郎らが参加している。この会の席上、福島県の三浦篤次郎が前述の「東北人と西南人」という発言をしたが、臨席していたと思われる探偵に記録されていた。それが、次の記事である。

□北ノ西南人ニ一歩ヲ譲ル者アリ、商ト云ヒ工ト云ヒ農ト云ヒ士ト云へ（ヒ）、一モ西南人ノ驥尾《きび》ニ付セサル者ナシ、其知力ノ足ラスシテ、然ルニ非ラス、其気力ノ足ラサルニ由ル、其気力ノ不足源ヲ推セハ、唯タ結合ノナキノミ、故ニ今ノ計ヲ為ス、宜敷東京板垣本部ノ統轄ヲ脱シ、一党独立ノ者ヲ東北ニ設立スルニ如カス（「始末探偵書」『福島県史』第一一巻・資料編6・近代資料1、四二三頁）

□東北地方民心の萎靡して振ハざるを慨嘆し、之を振暢せしめんが為め、此程、仙台に集会されたる有志輩ハ、同地の松村（村松ママ）、三浦（虎彦）、大立目等の十余氏と、岩手の鈴木舎定、山形の重野謙次郎、酒田の森藤右衛門、斎藤保、福島の田母野秀顕、安積戦、松本宮次、渡邉久蔵、米沢の鑪某、平野某（亨吉）、三浦某の諸氏にして、本月一日より国分町山崎平五郎方の楼上に於て、種々討議の末、東北会を開設する事、仙台に事務所を設置する事、来十六年四月、山形に会合する事、一大新聞を発兌する事等の数件と、別に有志者より内閣諸公に建白する事を議定し、去る八日にハ東北懇親会を開き、岩手等より参会せし諸氏ハ、十日の早朝何れも帰途に就きたりとぞ（明治一五年一一月一七日）

## 二　際立つ視覚障がい者達の運動

全国各地に自由民権結社が誕生し、学習会や演説会、読書会、討論会、懇親会などが行われるようになってきた一八七〇年代から八〇年代（明治二～一三年）にかけて、全国的な自由民権運動のなかで、視覚に障がいを持って生きてきたマイノリティの人々は、どんな地域で、どのようにしてこの運動に参加するようになり、そこでは彼らはどんな主張をし、どんな活動を展開したのだろうか。また、社会的にはどのような受け止められ方をされていたのか、はたして社会的なその反応はどうだったのだろうか。それはまた、視覚障がい者達だけにとどまらず、社会的な弱者といえる人々、マイノリティ、あるいは長いあいだ、地域社会の中で公然と差別されてきた人々はどうかかわることができたのだろうか。

これまでの自由民権運動史のなかでは、障がい者と自由民権運動の関係の解明は、なかなかその実態を把握することが少なく、全国的にもごく僅かな事例にとどまっていたといえるだろう。

視覚障がい者ということでいえば、神奈川県平塚出身の府川謙斎の活動が、先行研究によって明らかになっている。とくに木下密運編『自由民権運動と府川謙斎――ある盲人民権家の生涯』（法蔵館、二〇〇六年）は、府川という人物に光を当て、関連資料とともに詳細に紹介している。七歳のときに天然痘によって失明した謙斎が、針治療を修業しながら学問への関心を高め、失明から二〇年後の明治一四年に、民権運動が盛んだった神奈川県で演説をはじめて行うところから、自由党入党、湘南地域を中心とした演説活動、中島信行との交流、高知行、植木枝盛との対面、按摩業をしながらの民権運動への積極的参加、三重県に移住など、四二年間の生涯に光が当てられた。「身体的ハンディを乗り越えて健常者に勝るともおとらない熱烈な自由民権活動を行っており、当時の多くの運動家と比較しても高く評価することができる」（五五頁）とされ、民権運動のなかで、視覚障がい者の活動が「決して、奇異なものではない」一人の実証人として位置付けられている。しかし筆者は、謙斎が自由民権運動になぜ身を投じたかなどの問題も含めて「今後に残された課題も多く存在」していると結んでもいる。

この分野での研究の状況は人物の掘り起こしも含めて、取り組むべき課題もまだまだ多いといえるだろう。そこで、ここでは主に宮城県仙台という地域に限定しての動きではあるが、新聞というメディアにとりあげられた記事を通して、視覚障がい者と自由民権運動という視点から、その組織的運動の実態に少しでも迫ってみたいと思う。すでに拙稿「自由民権と近代社会」（新井勝紘編『自由民権と近代社会』吉川弘文館、二〇〇三年）や、同「視覚障害者・女性・侠客・車夫の民権運動」（『隣人』一八、草志会、二〇〇四年）などで、新聞資料等を使って紹介したことがあるが、改めて関連する新聞記事の紹介を兼ねて、再度整理して考察してみたい。

　宮城県の実態については、中川正人が東北地域で発行した新聞から、関連記事を抽出しながら最新の研究成果「明治前期の仙台における視覚障害者」（『東北学院大学東北文化研究所紀要』47、二〇一五年一二月）を発表しているので、その成果も参考にしながら、政治活動に絞ってその活動の軌跡をたどることにする。

　仙台の視覚障がい者が最初に動き出すのは、前述の中川論文によれば、明治一二年（一八七九）前後であったという。『東北新報』の「按摩演説を聞く」（明治一四年一月二三日）という記事には、「元寺小路の平壽元、大町五丁目の白木正圓といふ両人の按摩は、二、三年前、鶴鳴社が初て演説会を開きし頃より、本立社、進取社の演説は勿論、仙台にて開場する毎に、一会《（ママ）》として欠席したることなく、毎会《（ママ）》早くより詰かけて、余念なく傍聴する由」とある。平と白木の二人が、まず最初に関心をもち、明治一一年仙台で創立された鶴鳴社が開いた最初の演説会から参加しはじめ、宮城県下の草創期の民権結社である本立社や進取社の演説会にも欠かさず参加していたという。また同論文では、『陸羽日日新聞』の明治一五年一二月二三日の記事「盲人政談演説会」を紹介している。それによると、明治一五年一二月一七日に、藤沢勉が会主となって、東一番町の大新亭で開催した盲人政談演説会は、五人の障がい者が弁士となって、堂々たる演説会を開いていることがわかる。

　前述の白木は「已《や》ムヲ得ザル時ハ指令ヲ俟《ま》タズ」、平は「心外ニ出ル勿レ」という題で演説し、さらに菅野元禮は「専制政府ノ防害《（ママ）》ハ自然ノ防害ニアラズ」、本野正英は「地方官ノ注意ヲ望ム」、大川新和は「東北ノ震ハサルヲ憂フ」であった。こうした演題は、「民権派の政談演説会や討論会に参加するなかで学びとった知識にもとづいていた」と中川はみている。同じ新聞記事のなかに、「風の吹く日も、雨め《（ママ）》降る夜も厭はす、飽かす始終一日の如く傍聴なし居り」していた彼ら障がい者たちの姿を伝え、こんな熱心に聞いてくれるならと、弁士の方から「傍聴無料」にすると言い出したという。最後に「盲目の演説は我仙台を以て嚆矢《こうし》と為しと自負」している。全国的に見て、この事例が最初だったかどうかは確認できないが、少なくとも、個人の力だけではなく、複数かつ組織的な形での視覚障がい者達の活動は先駆的だったのではないかと思われる。東北民権運動史にとっても、特筆すべき歴史を刻んでいたといえる。

実は、この演説会は順調にかつ平安に開催されたわけではなかった。次の『朝野新聞』記事を見てほしい。

①政談演説の流行ハ日に月に盛んにして、今や盲目社会にまで及び、仙台地方の盲人平、大川、白木、菅野等の諸氏ハ、今十五日を以て政談演説会を開かんとて、其の届書の手続等を同地の奥宮某に問合せたるに、同氏ハ大に之を称賛し、懇ろに其方法を指示したりとの報あり、目明きの人ハ勉めざるべけんや（明治一五年一二月一五日）

②東北自由新聞社の奥宮庸人氏ハ、近来仙台にて、頻りに政談演説をなし、且彼の盲人政談青年討論会を賛成し、其周旋を為し居たるが、若松の事起るを聞き、頻りに歎息せられしより、警察吏の嫌疑を受け、竟に捕吏の為めに縛せらるべき模様ありければ、同氏ハ一時何処にか潜伏し、両三日ハ行方知れずとの事なりしが、此六七日前、何れよりか出来たり、自ら同地の警察署に出頭し、署長に面会して何か尋問に及びたる趣なれども、其問答ハ未だ詳かならずとの報あり（明治一六年一月二四日）

まず、演説会開催の手続きについて、東北自由新聞社の記者である奥宮庸人（栃木県出身、民権派ジャーナリスト）に相談し、奥宮の手ほどきを受けながら開催手続きをしているのである。ちなみに奥宮は、前述の新聞記事（②）にあるように、警察署からマークされている民権家で、いくつかの条例違反ということで捕縛されてもいる。明治一五年（一八八二）一一月の福島・喜多方事件とのかかわりで嫌疑をうけてもいる急進派でもある。

③仙台にて盲人の政談演説会をなすとのことハ、過日記載せしが、又鈴木田正雄、下村孤村等の諸氏ハ人情演説、倉長恕、大塚某等諸氏ハ風教演説を催すに付、右盲人演説を併せ、之を同地の三演説といふとかや（明治一五年一二月二〇日）

また、仙台では彼ら「盲人演説」は、同じく東北自由新聞記者の鈴木田正雄《すずきたまさお》や宮城日報記者の下村孤村の「人情演説」、東北自由新聞記者の倉長恕《くらながじょ》の「風教演説」とをあわせて三演説ともいわれていたという。新聞を武器にして活動していた言論人や民権派ジャーナリストらの演説と肩を並べて評価されていることがわかる。明治一五年から一六年にかけて、視覚障がい者達の運動は加速していき、レベルも高いものだったともいえよう。

④往きに記載せし宮城県仙台の盲人政談演説会ハ、聴衆場に満ち頗る盛会にて、殊に拍手喝采を得たるハ、菅野元禮氏なりしが、同氏ハ専制政府の妨害ハ自然の妨害に非ずといふ演題にて、其演壇に上るや聴衆に向ひ、迂生ハ演題を述るに先ちて聴衆諸君の注意を請ふ者あり、陸羽日々新聞にて吾輩の当会を開くことを聞き、去十四日発兌の雑報に、如何に新奇を競ふ世なれバとて、盲人までが云々と記載せしが、コハ洋犬が人の真似をするとか、獮猴《さる》が演戯をする等を評するなら、此の語を下すも可ならん。吾輩が政談演説会を開けバとて、斯る評語を下だすハ甚だ不当なり、演説ハ目を以てする者に非ず、吾輩盲人と雖ども脳漿有り、耳有り、舌有り、三千五百万同胞中の一人なれバ、国民たるの分を尽さんと欲して、聊か胸中蓄ふる所の政事思想を吐露せんとするものなるに、盲人なりとて之を嗤笑するの理あらんや、自由改進の志ある者を誹謗するハ帝政党の常なれど、然るとハ卑劣千万の見識と申すべし、諸君願くハ吾輩を度外視する勿れ、十分に自由改進の思想を吐露せん云云と述べたる由、同地よりの報道有り（明治一五年一二月二七日）

演説会当日に演者の菅野元禮の発言を紹介しているが、これがまた鋭い内容であることに驚く。菅野は「専制政府の妨害ハ自然の妨害に非ず」という演題であったが、演説に入る前に、『陸羽日々新聞』の雑報欄に掲載された「如何に新奇を競ふ世なれバとて、盲人までが」との内容に触れて、洋犬が人真似をするとか、猿が演戯するとかなら、我慢できるが、私たち視覚障がい者は洋犬でも猿でもない。私たちが演説してはいけない理由はないのではないか。あまりにも不当な評価ではないのか。私たちは視覚に障がいをかかえてはいるが、「脳漿有り、耳有り、舌有り、三千五百万同胞中の一人」なのだ。一人の国民として「国民たるの分を尽さんと欲して、聊か胸中蓄ふる所の政事思想を吐露せんと」してはいけないのか。「盲人」だからといって「嗤笑するの理」などあるはずはない、「卑劣千万の見識」といわざるをえないと、堂々たる反論を展開している。「願くハ、吾輩を度外視する勿れ」といって、「自由改進の思想」を吐露したという。菅野の発言には、少しもひるんだ様子はない。この菅野が、視覚障がい者の民権運動の牽引車となるのはいうまでもない。

間もなく、視覚障がい者達は結社を結ぶことになる。

⑤又同地よりの報に、嚮《さ》き頃、政談演説会を催して其名を博したる菅野、本野、白木外数名の盲人諸氏が、今度広く同志を募り、東北盲目党と云ふを組織し、盛んに政談演説会を催さんとて、目下尽力中なり、又当地にてハ若松事件の起りしより、自由党員と云へバ其筋より嫌疑を受くる趣にて、迂闊に集合談話も出来ぬ位なれバ、同党員申合せ、暫く演説会を開かぬ事に決せり云々（明治一六年一月二六日）

⑥去月廿七日、仙台ハ汪々館に於て、青年弁に盲人諸氏が催されたる演説会に於て、盲人菅野元禮氏が何者か身命を保護するといふ題にて、神道家遠藤信道の説教にハ、我日本ハ八百萬神の存す国なり〔後略〕（明治一六年二月

七日）

明治一六年（一八八三）一月に、ついに東北盲目党なる組織が発足する。名称もストレートであるし、仙台や宮城という地域をこえて、あえて広域の組織であることを意識して東北盲目党としたのであろう。この党が正式に発足したのかどうかは確認できていないが、少なくとも彼らは自分たちの党組織結成に熱い思いをもって行動していたことがわかる。この党を核にして積極的に演説会を展開しようとしたが、民権運動弾圧の波は次第に強まっていった。特に明治一五年の改正集会条例は厳しいもので、演説会や集会の開催条件は一層厳格になり、民権運動はかなりのダメージを蒙る状況となった。

⑦〔前略〕先頃盲目政談演説会を催したる盲人菅野元禮氏も、翌九日、捕縛拘引せられたる由、右ハ村松氏に係る嫌疑に因ると云へど如何にや（明治一六年二月一六日）

⑧彼の盲人にて演説をなし、官吏侮辱の廉を以て拘引されたる宮城県仙台区裏門通国分町の按摩菅野元禮氏（二十七年）ハ、此程、同地軽罪裁判所に於て、刑法第百四十一条により、重禁錮三月、罰金十円に処せられたり、扨て同氏が公判を受けて法廷を出る折り、裁判官某の問ハる、様、其方ハ如何なる見込にて、政談演説を為し、や、目明ならバ、国会開設に至り議員にも成るべきなれど、其方の如き廃疾にてハ議員にもなられず、然るに今度の如く罪科に罹るハ、実に益なきことならずや、其方満期放免の後、再び政談演説に従事するの意ハ、よもあるまじ、如何にやとのことに、同氏ハ否とよ、仮ひ盲人にても智識あり、財産あり、望名あれバ、国会議員となるハ難きに非ざるべし、英国のホウセット氏ハ盲人なれども、智識名望財産あるが故に、国会議員となる而巳ならず、現在の政府に於て、駅逓総官の重職を奉ずるに非ずや、又政談演説を為して罪を政府に得るハ、固より拙者の好

む所に非ず、然れども国家の為めに直言を開陳して罪を法廷に得るハ、敢て辞する所に非ずと滔々陳弁されたりと云ふ（明治一六年三月七日）

⑨前号に記したる仙台の盲人菅野元禮氏ハ、彼の裁判に服せず、上告せし由（明治一六年三月九日）

⑩宮城県仙台にて盲目演説会を開きし頃の弁士・平元和氏ハ、友人菅野元禮氏が演説の為めに重禁錮罰金の処刑を受けしを痛く悲み、菅野の放免の日に盛宴を開き厚く饗応して、其鬱悶を慰めんと毎日家業の按摩に精出し得る所の金銭を幾分宛、或る方へ預けて貯ふるを見て、同地の有志者ハ深く感じ、若干金つゞ《ママ》醵出して、其資を助くることになりしかバ、元和氏ハ大に喜び、益す励み居るとの事〔後略〕（明治一六年三月二九日）

⑪又同地立町の佐藤定吉と云ふ按摩ハ、去月廿日の夜、途中同行のものと演説会の話をなし、果てハ、警察吏の事に渉りしを、後ろより来たりし巡査が聞咎め、一応説諭されしも、お手前などの知りし事でハない抔、言ひ募りて更に服せざるより、遂に拘引取調べの末、罰金二円二十五銭、申付られたりと報あり（明治一六年三月二九日）

明治一六年二月八日、菅野元禮（二七歳）は盲目政談演説会を開催して演説をしたが、その内容が「官吏侮辱」にあたるとして、捕縛拘引される。仙台の軽罪裁判所で公判を受け、刑法第一四一条により、重禁錮三ヶ月、罰金一〇円が課せられるが、菅野はそれに服せず、上告してたたかう姿勢をみせた。仙台の裁判所を出る時に、菅野と裁判官との会話記録（⑧）が掲載されている。その場面を再現してみよう。

裁判官いわく。君はどのような見込みをもって、政談演説をしているのか。健常者ならば国会開設の暁には議員になって活動の場を得ることができるが、視覚障がい者は、議員になることもできず、今度のように罪科に罹ると、実に益なきこととなる。満期を迎えての出所後は、よもやまた政談演説をするようなことはないだろうね。君はどう思っているのか。

菅野はこれに対して次のように答えたという。開口一番は「否」である。たとえ視覚障がいをもっていても、智識もあり、財産もあり、名望もあれば、私が国会議員になれないことはない。イギリスのフォーセットは、視覚障がい者ではあるけれど、智識も財産も名望もあるので、国会議員となり、今や逓信相にもなっている例を挙げ、政談演説を実行して罪に問われるのは、自分は好まないが、かといって、国家のために直言を開陳して、罪を受けることは、「敢て辞する所に非ず」と明言している。裁判官を前に堂々とわたりあい、少しもひいてはいない。

この時、菅野は自由民権家としての自負をすでに持ち合わせているし、ここまで政治的成長を遂げた証拠ともいえる言動とみることができる。

一方、菅野の仲間である平は、菅野の放免の日に、彼を迎える宴を開き、刑務所での鬱悶を慰めるために、家業の按摩業に精を出し、稼ぎの幾分かを貯蓄し、同地の有志者にも呼びかけて若干カンパしてもらって、資金獲得の賛同を得たという。

⑪の資料は、按摩業の佐藤定春（新聞記事では定吉となっているが、定春と推測した）が、明治一五年二月二〇日に仙台の立町で開催された演説会に参加した帰り道の話である。

同行者とその日の演説会や臨席していた警察吏の事を話していたら、尾行してきたと思われる巡査が、いきなり聞きとがめ、尋問を受けたという。巡査の一方的な説諭があったが、「お手前などの知りし事でハない！」と突っぱね反発したところ、結局取り調べをうけることになり、罰金二円二五銭の言渡しを受けたという。

ここでは直接、巡査とのやりとりが展開されたが、佐藤も負けてはいない。このように、この時点での視覚障がい者達は、権力を握った人物が高圧的に対峙してきても、無力ではない。正々堂々と応酬し、結果的には拘束されたり、罰金を払わされたりすることになったが、精神的には敗北していない。視覚に障がいを持った弱者という一般的なくくりでは解けない現実がある。権力に負けない精神力をもつ複数の視覚障がい者たちの存在を確認することができる。すでにこの時点で、「社会的弱者の民権運動」と位置付けることが可能なのではないか。

菅野は、判決に不服で上告したが、その後の裁判については、経過も含めて確認されていない。出獄したのは、次の記事にあるように、三ヶ月の満期を経た同年六月になってからである。

官吏侮辱罪で三ヶ月の禁錮処分を受けて出獄してきた菅野を、仲間たちは政談演説会で迎えるというのも、いかに彼らの意思が強いかを示している（⑫）。

⑫仙台通信　東北群盲党員菅野元禮ハ仙台区大町の汪々館にて、学術演説の際、臨監の警吏を侮辱せしとて、去る二月廿七日、重禁錮三ヶ月、罰金十円に処せられたるも、此ほど満期放免になりしかバ、同党員平元和、佐藤定春等数名申合せ、近々、躑躅岡の梅林亭に於て盛宴を開き、当地の自由改進党の人々を招待し、盛に政談演説を催し、幽囚中の鬱悶を慰めんとて、目下頻りに周旋中なり（明治一六年六月八日）

明治一六年（一八八三）になると、資料⑬にあるように、東北盲目党に続いて新しい結社・仙台群盲共同会を発足させている。毎月数回集会し、民権拡張の方法を講談する組織である。明確に民権拡張という言葉を使っているところに注目すべきである。

また、資料⑭は、新聞購読集会所ともいうべき施設の設置を計画している。視覚障がい者達みずからが発起人となって、宮城県下の新聞と東京で発行されている新聞や雑誌を共同で購入し、できるだけ新しい情報を仕入れようと読み人を雇って代読してもらう場である。

この施設も、実際に完成し機能したかどうかの確認はとれないが、彼らが新しい智識の吸収にはひたすら貪欲であることがわかる。

⑬彼の盲目演説会の会員ハ、今度仙台群盲共同会といふを設け、毎月数回集会し、民権拡張の策を講談する由なり
（明治一六年四月五日）

⑭貴重の光陰を無益に消費する怠惰者の奨励にもと、茲にものする新聞ハ宮城県仙台にて按摩を家業とする平元和、白木正圓、佐藤定春等数名の盲人が発起者となり、同志を募り、県下の各新聞ハ勿論、東京の諸新聞雑誌を購求し、人を雇ひて之を講読させ、静に聴聞せバ、目こそ見えね、精神にハ替りなけれバ、大に智識を開達し、国に報ゆるの一助ともならんとて、此比其集会所の設立に尽力最中なりと感ずべきことともなり（明治一六年五月九日）

⑮宮城通信〔前略〕東北群盲党員佐藤定春其他数名ハ仙台にて、東北群盲懇親会を催し、政談演説を為さんと相談し居ると聞く（明治一六年六月三日）

同年一一月になると、次の記事が出てくる。

⑯宮城県仙台の按摩業盲人菅野元禮、平元和、佐藤定春等数名の発企にて、盲人計り同志申合せ、盲人学術会と云ふを設け、夫々の学士を聘し、毎日和漢洋の経史及法律の講義、または諸新聞雑誌の講議《（ママ）》を乞ひ、聴聞せんと目下尽力中なりといふ（明治一六年一一月三〇日）

この資料⑯にあるように、盲人学術会という名称の組織が企画され動き出している。メンバーには、菅野、平、佐

藤らが名を連ねている。学士の招聘、和漢の経史、法律の講義、新聞雑誌の講義などの実践を目的とした組織で、五月に報道された新聞購読集会所とは異なるものかどうかは不明である。この盲人学術会の活動の実態も、現在のところこれ以上はわかっていない。

さらに、前掲の中川正人の調査によれば、同年一二月一五日に、仙台区内の盲人たち一同が、按摩料金の値下がりについて協議をはじめたことが、『奥羽日日新聞』(明治一六年一二月八日)の掲載記事で明らかになったという。そして、しばらくは地元の新聞記事にも報道されず、再び動きが出てきたのが、明治一七年一〇月以降であるという。中川も「その間の経緯は不明」としている。ここでは、中川の研究に依拠して、その後の流れを簡単に見ておきたい。まず明治一七年(一八八四)一〇月に「仙台盲人和睦会」なる名称の会が動き出している。中川は「盲人にして猥りに政談演説等をなし或ひは喧嘩口論等をなすなどを互いに禁じ」(『奥羽日日新聞』明治一六年一〇月八日)という趣旨の報道に対して、これまでの活動の自己批判に動いているとみている。さらに、同じ新聞の同年一一月一四日には、親睦会は「同業にして同憂に沈めるものの親和せん事」に勉めるのが、この会の趣旨である報道を紹介している。さらに、一二月一日付の『奥羽日日新聞』を紹介し、和睦会の流れをくむと思われる仙台区木町通に設立された盲人談話会について、「今より務て学術を修」める会にして、月に七回、研究会を開くことにしたという。

この『奥羽日日新聞』と同じ内容の記事が、『東京横浜毎日新聞』にも記載されているので、紹介しておく。

⑱仙台の木町通りに盲人談話会といへるあり、是迄毎月三四回づゝ《ママ》盲人相会して親睦を謀り、且つ按摩針医等の営業上に付、便益を議し居たるが、不図此ごろの新聞紙上に、今度、英国駅逓総監フォーセット氏の訃音ありしを聞き、尚ほ氏は盲目にして経済学の博士たりとのことに、同会員平、白木、菅野の三盲人を始め、一同奮発心を起し、今まよりは勉めて学術を修め、以て外国に耻ざらん様にと盟約し、来一月より更らに募金して、教員を聘し、毎月七回研究会を催ふし、専ら業務の外に歴史経済等の科を学ぶことに決したりといふ、此会能く東洋のフ

ォーセットを出すや否や、その辺ハ受合ひ難けれど、兎に角感心の事共なり。（明治一七年一二月五日）

こうした動きを指して、中川の結論は、「政治活動に積極的に取り組んでいた菅野元禮、白木正圓らは、視覚障害者の一部から違和感をもたれ受け入れられない状況にあったこと、それに気づいた菅野らが、政治活動から離れる姿勢をとり、生活に辛苦している同業者の相互扶助と、情報交換や話し合いを通して、ともに課題解決に専念することを表明して、和解（和睦）し合」うために、盲人談話会が組織されたとしている。

ただ、私には、視覚障がい者達がこれまで積み上げてきた路線を全く捨てて、政治活動からの決定的な離脱宣言をしたとは断定できない。全国に先駆けて積極的に活動を展開してきた仙台の視覚障がい者たちの、政治談議を避けて、ひたすら研究会を重ねるという姿に変身してしまったかのような外向きの動きは、政府の言論弾圧が厳しくなって、結社などを通しての政治活動そのものが実施しづらくなった状況と重なっていることを考えてみなければならないと思う。私には完全に離脱したとはどうしても思えないのである。全国をみれば、表看板は研究会と名をかえて、あるいはカモフラージュして、実質中身は政談を行う結社の例もあるので、ここでは結論は避けたい。

## 三　視聴覚障がい児教育への先駆的な取り組み

菅野が幽閉されていた明治一六年（一八八三）三月から六月までのあいだ、視覚障がい者達はもう一つ重要な行動をしていた。仙台訓盲院設立への取り組みである。

詳細については、拙稿「視覚障害者・女性・侠客・車夫の民権運動」を見ていただきたいが、京都と東京ではじまった子どもたちへの障がい児教育（盲唖院と訓盲院）の分野でも、政治活動を展開していた視覚障がい者たちがその影響を強くうけて動き出していたのである。かつて『宮城県教育百年史』第一巻（一九七六年）では、仙台で彼らが動き出すのは、明治三〇年代であるとしているが、それより一五年以上も前に、先駆的な取り組みが行われていた。中川が明らかにした『奥羽日日新聞』にも、同様な記事が掲載されている。次の記事を見てほしい。

□其志可感　当仙台区内盲人四五名は、楽善叢誌第五号に、東京築地訓盲院の生徒が和歌を詠じたりと云へる雑報を、人の読しを聞しとかにて、何れも学問の要用なる事ハ、一日も欠べからず、何れか致して当地へ訓盲院の如きものを設立なさんと、頻りに奔走し居るとは、奇特の心懸なり（明治一六年五月一二日）

□仙台の平元和等数名の盲人ハ、此程、東京築地の訓盲院の生徒の詠たる和歌を聞いて、学問の効の大なるを悟り、何れも感激の余り、同心協力して仙台訓盲院を設立せんと、目下頻りに計画中なり（明治一六年五月二五日）

仙台訓盲院の担い手・平元和が、この地域の視覚障がい者たちの政治的運動の創始者メンバーの一人であることや、東北群盲党員であることからしても、彼らのなかでは、福祉教育への積極的な姿勢は、地域の民権運動が果たす重要な役割と認識されていたことが推測される。先駆的な東京築地の訓盲院の活動実績と、そこの生徒が詠んだ和歌を、読んで聞かされて感激したことから、できるだけ早く仙台にも訓盲院の設立をと、動き出しているのである。『朝野新聞』（明治一六年四月二五日）では、築地訓盲院の視覚・聴覚障がい児たちのことについて、「唖生徒」「盲生徒」の「四人ハ非常の勉強により、大に上達し、最はや作文、算術、詩歌等、立派に出来るといふ、感心の事どもなり」と報道されている。健常児たちに少しも負けていない障がい児の姿を知り、大いに刺激を受けたのではないか。障がい児たちの和歌がどんな内容かは記録されていないが、レベルの高い和歌だったのではないだろうか。

視覚障がい児の教育についても、中川は、明治一八年（一八八五）七月、仙台区土樋の熊澤素行という人物の名義で、盲人学校（盲目院）設立届書が出されて、県がそれを認可していることに触れている。資金調達にも積極的に取り組み、設置場所も決まり、一〇月には仮事務所が設置され、正式名称は「宮城共立盲目院」と公表されたという（中川前掲論文）。さらにこの一連の動きには賛同者が六〇余名もおり、募金も予想以上にはかどったということが、『奥羽日日新聞』（明治一九年四〜一〇月）の記事で紹介されている。一部の人たちだけが動いたからできる教育機関ではない。活動が社会的にも認知されてはじめて設置可能となることを考えると、この地域にはすでに、草の根にまで認知されていたことが推測される。こういう状況に到達できたのもまた、明治一六年以来、コツコツと積み上げてきた先駆者たちの活動があったからではないかと思われる。

## 四　旧藩俊秀への奨学金制度の確立

次に見るのは、造士会あるいは造士義会に関する記事である。最初の造士会は明治一四年（一八八一）一二月ということから、民権運動の最盛期に構想された組織であることがわかる。宮城県出身で向学心に燃える若き学徒へ奨学金を出して、東京に送り出そうというものである。

『東京横浜毎日新聞』（明治一五年一月一四日）では、仙台造士義会という名称になっているが、同じ組織であろう。会員の名前は、富田鐵之助以下、一〇人の名前を見てもわかるとおり、旧仙台藩の学問を支えてきた錚々たるメンバーが名を連ねている。

藩主の伊達家や県令も賛成していることから、旧仙台藩所属メンバーの、総意を受けての組織的な事業である。代表メンバーの名前は、『朝野新聞』記事と同じであるが、「其他四十余名の有志者」とあるので、五〇名近い会員が支えたといえる。基金はすでに「六千六百三十四円」に及んでいるという。また義会開設の趣旨書も掲載されている。明治二三年の国会開設をにらんで、今から優秀な少年たちに実力をつけさせるためには、大学や専門学校に通わせ、高等教育を受けさせる必要があるという。

□造士会

今度、旧仙台藩人・富田鐵之助、佐和正、石川良信、鈴木大亮、岡千仞、竹内寿貞、熱海貞爾、横尾東作、松浦玉圃、高橋七三郎、大槻文彦等、諸氏の協議にて、旧藩俊秀の少年へ学資を給し、大学を始め、諸専門学校に就学せしめんと、資金を募りしに、伊達家並宮城県令も賛成ありて、目下集金、既に一万円に至り、尚ほ旧藩士民ハ必ず此□《不明》挙を賛成して加入あるべければ、追々盛大に至るべしとの事なり、来る廿三年国会開設の　聖勅もあれバ、少年輩をして其の智識を発達せしむるが方今の要務なれバとて、右の同盟を称して造士会といふ

（明治一四年一二月二八日）

□造士義会

抑人才教育ノ国家ニ必須ナル、茲ニ之ヲ贅言スルヲ俟タス、然ルニ、世上俊秀年少ノ後来ニ望アル者モ、家貧ニシテ学資給セズ志ヲ抱クモ、遂ニ其材ヲ達スル能ハズ、猶苗ニシテ秀テズ、秀テ、実ラザル如キ者、毎ニ多キヲ見ル、而シテ吾人郷国ノ如キ其憾殊ニ甚シ、今ヤ封建ノ制、廃セラレ、全国ノ人親疎アル無シト謂フト雖トモ、邇キハ遠キヨリ急ニス可キハ、情勢ノ已ム可ラサル所ナリ、是ニ於テ我輩相議シ、同郷子弟ノ東京ニ遊学スル者ヲ扶助センコトヲ謀ル、規則略成ル、乃チ命シテ造士義会ト云フ、抑方今　聖明上ニ在リ、治教日ニ新ニ、外ハ万国ト対峙シ、智識ヲ競ヒ、富強ヲ争フ、況ンヤ頃日、詔ヲ降シテ国会開設ノ期ヲ諭サル、天下ノ人才ニ急ナル前古未タ曽テ今日ヨリ甚シキハアラス、焉ソ更ニ望ヲ後進子弟ニ属セサルヲ得ンヤ、是我輩此会ヲ創設スルノ大旨ナリ〔後略〕（『東京横浜毎日新聞』明治一五年一月一四日）

また、これとは異なる組織であるが、同じように貸費生を東京に送り出す動きがあった。紹介しておこう。

宮城県通信

当県伊具、亘理両郡の小川汶亭、西牧廣氏等の改進党数名が協力して、文運の隆盛を計らんが為め、今度私立学校を設け、青年子弟に和漢経史及法律算術等を無謝儀にて教授し、優等の者を選び、貸費生として東京へ出し、勉学なさしめんと、頻りに計画中なり、（明治一六年六月三日）

伊具郡と亘理郡の改進党員が、私立学校を創設して、郡内で向学心に燃える優等な青年に給付金を出して東京に送り出すというのである。どの程度、何人位など、詳細な点はまだ不明のところが多いが、わざわざ私学校を設立して基礎的知識を身につけさせたうえで、そのなかから優秀な人材を東京に出そうというのである。この実績がどの程度のものだったかについても、現時点では明らかにできていない。

## 五　仙台の女性たちの先駆的取り組み

視覚障がい者達が全国に先駆けて運動を展開していた、ほぼ同じ頃、仙台では女性たちが目覚めて民権運動に参画してきていた。まず、次の『朝野新聞』記事にある女性の民権の動きは、全国的にも特筆すべき運動といえる。

①宮城県仙台の女子十数名申合せ、近日に仙台区東一番町大新亭に於て、女子政談演説会を催す由、又同地の筆商一同申合せ、同所宮町浄圓坊に於て筆の共進会を開くとて、目下計画中の由（明治一六年二月一七日）

②宮城県仙台にて清元を以て有名なる成田梅女（四十六）といふハ、自由主義を恋慕し、同党員のために厚く世話

する由なるが、今度同志と謀り、仙台女子自由党と云ふを組織し、毎月二回宛雑誌を発行せんとて、目下計画中なり、右事務所ハ同区大町の汪々館内へ仮設し、編輯方ハ専ら旧東北自由新聞の奥宮庸人氏へ依頼し、梅女も時々筆を執る筈なりと、同地より報あり（明治一六年三月一四日）

③当地元櫓町一番地の成田梅女ハ、今度自宅を公同館と名づけ、自由改進両党員の漫遊者に限り、旅宿所に供せんとて、近々修繕を加へ、且つ東京の各新聞を購求して観覧に供ふる由（明治一六年六月二二日）

④〔前略〕又同区の加藤綾子女を始め、数名の女流が申合せ、今度女子政談社と云ふを設け、政治学弁に演説を研究するとて尽力中（明治一六年六月二三日）

⑤宮城県柴田郡大河原駅の多田ミキ子、櫻川クニ子等数名の女子ハ、自由主義に熱心なるが、今度同志と相謀り、女子自由館と云ふを設け、法律及演説を研究し、又ハ新聞雑誌を講読する事を企て、頻りに計画中の処、賛成者も続々あるよし〔後略〕（明治一六年八月四日）

⑥国家の為に尽力して、不幸にも中途にして鬼籍に上りたる愛国憂世の人士ハ、吾人其功績を称賛すべきハ勿論の事なれど、茲に最も感心すべきハ、宮城県仙台の神宮教会所の女信徒にて、此の信徒四千余人申合せ、去る十九、廿日の両日を以て、同教会所に於て、東北地方の自由民権の魁とも称すべき故若生精一郎氏の為めに、招魂祭を執行し、説教倭芸能狂言等をも催されたりと云ふ、又、同地の岩淵、宮田等の有志輩ハ同氏の為めに、記念碑を建立せんと、専ら尽力中の趣（明治一六年一一月二二日）

⑦宮城県下遠田郡の佐和クラ子、多田ヤス子等数名の女子が申合せ、女子社会の風俗を矯正せむとて、今度女子教育会と云ふを設け、毎月一回づゝ教育上必要の演説会を催し、女子に限り無料にて聴聞せしむる由

（明治一七年一〇月二四日）

①は、明治一六年二月に、仙台の女子十数名が主となって、女子政談演説会を開催しようとしているとの記事である。明治一五年の集会条例改正で、ますます演説会や政治集会が開催しづらくなっている最中に、仙台では女性たちが立ち上がった。②は同年三月には、清元の師匠の成田うめという四六歳の女性が、同志とはかって、仙台女子自由党結成に動いた。事務所は大町の汪々館内に仮設し、さらに毎月二回、雑誌を発行するという。当時の四六歳といえば、地域の中でもそれなりに位置付けられる年齢であろう。「自由主義を恋慕し、同党員のため厚く世話」をしていたその彼女が、発起人となって動き出したら、同調者がかなり現れたということだろう。雑誌の編集は、旧東北自由新聞記者だった奥宮庸人に依頼している。

また、③の記事は、成田が自宅を「公同館」と名付け、民権家の宿泊施設に提供もしていることを伝えている。招聘した弁士らの宿泊に供するためで、民権派ジャーナリスト達ともより接近することができただろう。また、新聞や雑誌を共同で見るために新聞縦覧所の役割を果せるような改装も計画している。

さらに女性の動きは成田ばかりではない。ほぼ同じ頃、同じ仙台の加藤綾子は数名の同志を集め、政治学や演説研究のための女子政談社設立に尽力していた（④）。同じ仙台の成田の行動に刺激をうけたのかもしれない。

さらに宮城県の郡村部にも影響がおよび、少し遅いが明治一八年に、柴田郡大河原町の多田ミキ子と櫻川クニ子らが、女子自由館設立に動いている（⑤）。そこでもまた法律と演説の研究をすすめ、新聞雑誌の購読の場を設けることが計画されている。

また、⑥の記事にあるように、「東北地方の自由民権の魁」ともいわれている若生精一郎（宮城県の民権結社、鶴鳴

社や本立社などを創設、国会期成同盟第二回大会に代表として参加）が、前年の明治一五年に三五歳で夭折したことをうけて、その慰霊を込めての招魂祭を、神宮教会所の女信徒たち四〇〇〇人が中心になって、二日間にわたって開いているることが伝えられている。若生への思いが、これだけの数の女性の気持ちを動かした。また遠田郡の女子が、風俗矯正のための女子教育会を結成し、演説会開催に動き出している（7）。自由民権の裾野が広がっていた証拠だろう。演説と法律の研究、雑誌の編集と発行、定例的な集会開催、新聞雑誌の購読と縦覧、宿泊施設など、男性結社顔負けの活動といえよう。仙台を核にした女性の民権運動は、まだ新聞資料の範囲を出ていないので、これ以上の実態は把握できないが、全国レベルで見ても、相当活発な活動だったといえるのではないだろうか。

女性と自由民権という視点では、全国的には福田英子、岸田（中島）俊子など、リーダー格の存在とその活動歴は広く知られているし、地域の女性の動きも、鹿児島婦女同盟党、岡山女子懇親会、静岡の遠陽婦女自由党、豊橋婦女協会、神奈川の愛甲婦女協会などの活動が知られており、研究も先行しているが、東北の地の仙台でのこうした動きは、まだそのなかに位置付けられたとはいえない段階で、これからの研究の課題でもある。

## 六　芸妓・娼妓への民権運動の浸透

また、全国的にみて、女性の民権という視点では、芸妓や娼妓にも注目しておかなければならない。これについては、すでに拙稿で触れたことがある（前掲「自由民権と近代社会」、「視覚障害者・女性・侠客・車夫の民権運動」）。ここでは仙台や宮城の動きではないが、同じ『朝野新聞』に注目すべき内容の記事（山梨の動き）があるので、紹介しておきたい。

まず、山梨の増山町（現 甲府市）の状況。近世では甲州街道の宿場に柳町宿があったが、明治になって増山に新柳遊郭ができる。増山といえば遊郭というイメージがあった時代の芸妓や娼妓の動きを、この記事は伝えている。

芸妓・娼妓――自由娼妓

山梨県立憲党員にて旧峡中新報の編輯人なりし野中眞氏ハ、曩に演説の為め、重禁錮一年に処せられたるが、其の以前、馴染たる増山町の貸座敷の娼妓雲井（廿六年）ハ、深く同氏の身の上を案じわづらひ、日々差入れもの怠りなく、又同氏の親元へも、自から尋ねゆき、種々慰めなどするハ、親身も及バぬ程なれバ、其心バえの優しさを感ぜざるもの無しとの事、此雲井ハ平生自由主義を主張し、杯酌の間にも政談をなし、またハ人物を評するなど、尋常の娼妓にハあらずとて、訪ひ来る客も夥しく、廓中にて、自由娼妓と呼バるゝ由、自由の風潮によるとハ言ひながら、また泥中の蓮とやいはん（明治一六年六月三日）

『峡中新報』の編集人だった野中眞は、演説会での発言が集会条例にでも触れたのだろう、重禁錮一年という刑に処せられたが、前々から馴染みの増山の貸座敷の娼妓・雲井という女性が、野中の身を案じ、いろいろ世話をしたという。おそらく甲府監獄署に収監されたのだろうが、その監獄へ日々の差し入れをし、野中の親元へもわざわざ訪ねていき、「親身も及バぬ程」の慰めを行ったとある。雲井の心の優しさに感動しないものはないともいう。ここで野中と娼妓の関係までは明確ではないが、懇ろの関係だったことは推測される。

問題はこのあとの記事である。彼女は「平生自由主義を主張し、杯酌の間にも政談をな」す有名な存在だったという。いわゆる尋常の娼妓とは異なるというのだ。評判を聞いて雲井を尋ねてくる客も多くいたとあるので、野中もまたその一人であったかもしれない。新柳遊郭では「自由娼妓」とも呼ばれており、まさに「泥中の蓮」のような存在だったともいう。この遊郭には二二もの楼があったといわれているが、芸妓・娼妓がどれだけいたのかはわからない。しかし、雲井のような存在が特殊な例ではないことが、次の記事からもわかる。京都八坂新地の遊郭にいる種吉という老妓の例である。

□芸妓自由講

西京八坂新地の老妓種吉ハ今度同志の者と申合せ、芸妓自由講といひ、毎月一人何程かの貯蓄金をなし、月々又ハ隔月に懇親会を催ほし、其都度一二名の弁士を迎へて、真面目な演説を聴かんとの目論見中なりとぞ（明治一六年四月二八日）

種吉は「芸妓自由講」という講を同志と組織して、毎月一人いくばくかの貯蓄を継続し、その資金で、毎月か隔月に懇親会を開催し、弁士も招聘して演説会を開催しているのである。芸妓自由講とはいいながら五〇名も組織し、その目的は懇親会や演説会開催ということなので、民権結社の活動と同じである。芸妓たちの結社といえるだろう。

また、次の記事は、東北の秋田の娼妓のことである。

この記事の冒頭には、静岡の絃妓社会にもその影響が波及し、浜松で誕生した遠陽婦女自由党総理の中野いとや、前述した芸妓自由講などに触れ、未だ娼妓社会までには及んでいないといいながら、秋田の遊廓の話に続けている。秋田市下米町というところに遊郭が設置されたのは、幕末から明治にかけてといわれているが、明治一〇年代の米町の遊郭で、こんな話が残っているのである。

□芸娼妓と自由民権

自由改進の風潮一たび静岡の絃妓社会に波及せしより、続て遠州に遠陽婦女自由党の起るあり、西京に芸妓自由講の設立ありしも、未だ娼妓社会に及バざりしが、我秋田米町（遊郭）の娼妓等ハ、同地に演説会のある毎に、多人数紅粉隊をなし、傍聴に出掛けてヒヤ〳〵、ノウ〳〵と呼立てる由にて、常に遊客に対し何亭へ出席になる誰某ハ妾等と同主義なれバ彼所の演説に出る、誰某ハ流石頑固の老人丈け敬神主義にて云ふ事が可笑しい、又誰ハ金貰ひ流儀のお世事計で面白くないなど、喋々と宴席にて人物を品評し、旦那お前さんハ改進か自由か、又ハ吏権かね抔と問ひかけ、若し曖昧な返答をなせバ、旦那ハ無主義で往けませんなど笑ふにハ、如何にも閉口と、同地の登楼好きな粋客より御投書（明治一六年五月二日）

この地で演説会があると、娼妓たちが隊をなして参加してくるというのである。そして演説を聞きながらお決まりの「ヒヤ〳〵、ノウ〳〵」と反応し、遊郭で遊ぶ客に、今度何々亭で演説をする某は、自分と同じ主義だから彼のところに演説を聞きに行くとか、演説会に参加している某は頑固老人なので敬神主義を主張し、言っていることが可笑しいとか、あるいは金目的の参加者の話はお世辞ばかりで面白くないとか、かなり核心を衝く評をしているという。宴会などでも、その場にいる旦那衆に向かって、あなたは改進党支持者か自由党支持者か、あるいは吏党かなどと問い、曖昧な返事しか返ってこない者には、「旦那ハ無主義で往けません」と笑って返すという。どっちつかずの人間への人物評はきびしい。遊郭によく通う旦那衆にとっても、いかにも閉口する娼妓だというのである。

新聞記事だけなので多少茶化した表現になっており、その意味ではどれだけ真実の話かはわからないが、いずれにしても、芸妓や娼妓にとっても、民権運動は他人事の話ではないことがいえる。まさに自分たちの問題として受け止められている。

それでは宮城県仙台の遊廓では、どうだったろうか。明治一〇年代では、軍の組織の一つである仙台鎮台の場所を意識して、遊廓は国分町から常盤町に移転した。芸妓・娼妓の動きについては、現在のところ確認できてはいない。しかし、視覚障がい者たちが先陣を切って動いていることを考えると、仙台の芸妓や娼妓たちにも、山梨、京都、秋田の例にみるような動きがあったとしてもおかしくない。可能性としては大いにあるのではないかと思われる。

ましてや、女性の民権運動への関心がひときわ高い地域で、前述したように、女子政談演説会、仙台女子自由党、女子政談社などが続々誕生し、具体的な活動を展開していた地域であるので、影響を受けていたことが十分考えられるのである。
次の記事を見てほしい。その可能性が十分垣間見える。

□仙台平権会
〔前略〕有志者数名の発企にて、仙台平権会と云ふを同所向山の植木亭に開くとの事なるが、同会は官員、教員、諸商人、職人、芸娼妓迄も相会し、親睦を表して宴会を開くとの事なれバ、当日ハ定めて誰彼の別なく、権利を平均したる懇親の席にして、自由に快楽を尽すなるべし（明治一六年一一月四日）

明治一六年（一八八三）一一月、仙台平権会という組織が、向山の植木亭で親睦を兼ねた宴会を開くという。この会には、官員、教員、諸商人、職人、芸娼妓なども相会すると記されている。「権利を平均する」という意味で平権会の名称がつけられたが、全国で二〇〇〇余社を数える自由民権結社の名称からみると、「平権」という名称は、差別を受けていた被差別民たちが結社するときにつけた名称が多い。ここでは、役所の職員も、学校の教員も、商人も、さまざまな職人も、ましてや芸妓や娼妓に至るまで「誰彼の別なく」、参加できる親睦会であるという触れ込みである。仙台での民権運動が、幅広い層を巻き込んで高揚した明治一六年に、このような会が開催されているところをみると、仙台の芸妓や娼妓も、かなりの影響を受けていたことが推測される。仙台平権会がその後、どのような活動を展開したのか、いつまで続いたのかなど、いまのところ何も証明する資料は確認できていないが、今後新聞資料なども含めて、芸妓娼妓の動きに注目しておく必要があるだろう。

全国の動きの中で、もう一つ女性の動きを伝える京都の記事を紹介しておこう。

□去る二日、京都四条《(ママ)》北の劇場に於て、女子大演説会を開きたりしが、従来京都府下にて女子演説会ハ甚だ稀なることなれバ、聴衆ハ山をなし　後れ来たる者ハ舞台に上る程にて、実に盛会なりしかど、元来女子ハ音声の低きものなるに、聴衆ハ囂々と噪き立しにぞ、半途にして演壇を下るものもありける、然るに感心なるハ、本年漸く八年一ヶ月なる太刀フヂ子といふ童女の演説にて、初め壇上に登る時ハ、人々如何あらんとあやぶみしが（人も亦花の如きもの歟）といふ演題を掲げ、また里なれぬ黄鳥の谷の戸出でし風情にて、皆さんよ、私ハ花で、名のある大和国吉野の者なるが、其の吉野ハ田舎にて、実に何にもかも不自由なる処なれど、其名の今に落ぬハ、桜花のあるが故なり、国には都鄙の別あれど、花には都鄙の別なし、人も亦之と同じく、只賢愚の別ハあれども、学業に従事して才知を磨きさへすれバ、何程山奥の田舎に蟄居するも、随分人を呼付け使ふことの出来るなり、即ち吉野の花を人の見んとて来るに同じきなり、故に人の勉むべきハ吉野の花の如く、心の花を咲せなバ、自から人望の附きて、我求めずして人来て我用をなすものなりと、弁舌最とも爽やかに演じたるにぞ、聴衆ハ皆々感嘆して止まざりしと云ふ（明治一六年一〇月九日）

また、女児が出てきたことから、一方の少年らは、この時期どう動いたのだろうか。少年たちが自由民権にあこがれる例は、これまでにいくつか紹介されている。ここで一つだけ新聞資料を紹介しておきたい。

□自由党に同盟したる島根県松江の少年が、去る九日、同地天神社内にて催したる演説会ハ、聴衆充満して頗る盛況にてありしと、又彼の全国周遊者渡辺洪基氏が、去る六日、松江へ到着されしと聞くや否や、右の少年輩ハ直ちに同氏の旅館へ往き、時事を談じ、又ハ廟堂の情況を尋ねしに、同氏ハ足下等の言ハるゝ所ハ固より、同意なり、且つ予も前に官海に居たれど、官海ハ時事を知るに極めて不便なるにより、之れを辞して斯く周遊を始めたるなりと語られし由〔後略〕（明治一四年一二月一七日）

島根県松江のある少年は、村の天神社で行われた演説会が、会場を埋め尽さんばかりの聴衆を集めて盛況だったことと、全国を周遊している渡辺洪基が松江に来たことを知ると、早速、渡辺の宿舎を訪ね、事を談じたという。また、廟堂の様子を尋ねたところ、渡辺は、自分も前には役所にいたけれど、そこでは現実の社会や時事を知ることができないので、こうして全国行脚していると、少年たちに語りかけたという。この発言に松江の少年がどれだけ心を揺さぶられたことか。とりわけ感受性の強い少年たちのことである。強い刺激と影響を受けたことが推測される。少年の心に自由民権が点火される一つの例だろう。全国各地で少年や青年たちが、自由民権運動へのめり込んでいく例はいくつも見ることができる。

## 七　車夫と侠客《きょうかく》たちの決起

明治一六年八月二一日の『朝野新聞』に次のような記事が掲載されている。仙台にいる侠客が、新しい動きを起していた。

□仙台侠客会
宮城よりの報に、仙台区新河原町の菱田御代蔵、近木常右衛門氏等の発起にて、仙台侠客会と云ふを設けんと、目下計画中なり。右ハ民権の振暢を目的となし、弱きを扶け強を挫き、又ハ貧民にして民刑事訴訟の為め困却し居る者ある時ハ、無料にて代言及び弁護等をせんとの事なる由（明治一六年八月二一日）

ここでもまた、侠客と呼ばれた人々が、新しく民権の列に加わって来たことが報道されている。仙台南部の広瀬川に沿った地域が河原町であるが、そこに住む菱田と近木なる二人の侠客も、仙台の民権運動にこれまで登場したことはない人物だろう。そもそも侠客とは、近世社会の中にあって、普段は何もしないが、いざというときには庶民の味方になって権力に立ち向かってくれる、村社会にあっては十分にその存在感を示していた人々といわれている。会津小鉄、国定忠治、清水次郎長らの名が思い浮かぶが、明治になっては、どのような位置にいたのだろうか。近代における侠客について十分に知りえていないが、自由民権期に再登場する。この新聞記事にあるように、「弱きを扶け、強を挫」くのがまさに侠客であったわけであるので、仙台という地域社会にあって、「民権の振暢」を目的とし、さらに困窮者が民事や刑事事件に巻き込まれた場合に、無料で代言および弁護などを手伝うということからみると、近代においても侠客は地域社会では欠かせない存在となっていたと思われる。

発起人の菱田と近木の二人は、はたして代言人の資格を持ち合わせていたのだろうか。それとも代言人を紹介するということなのかどうかまでは、把握できていないが、いずれにしても法知識にうとい民衆にとっては、頼れる結社だったに違いない。次々と発布施行される近代法や条例などによって、民衆が被告人となって裁判に持ち込まれるケースが増えてきたなかで、全国の民権結社のなかには、同じように訴訟のサポートを前面に出した結社がいくつも現れるようになっていた。そうした現実の社会状況が背景にあるのだろう。しかし侠客みずからが主役となってはたらいた結社が、仙台地域に誕生していたことは特筆に価する。

次に人力車などを挽くことを商売にしていた車夫が結成した結社の記事を見てみよう。

□宮城車夫協和会

東京車夫懇親会の影響が宮城県下に及びしものか、同県仙台の車夫斎藤次郎、菱沼良平等数名の発企にて、広く同志を募り、宮城車夫協和会と云ふを設け、毎月数回演説或ハ親睦会を開き、旧弊を一洗し、仮令車を挽くにもせよ、人間の道を弁へて、文明の民たるに愧ぢざる様、致すべしとて、目下尽力中の由（明治一六年七月一一日）

まず最初に、東京での車夫の動きに影響を受けたのではないかというとらえ方をしている。東京での動きとなると、柳田泉の「明治十五年・車會党始末」（『講演』第六三九号、東京講演会、一九四六年）によれば、自由党闘士の奥宮健之、小林樟雄、新井章吾、斎藤壬生雄、富松正安などと、駿河台の車夫・三浦亀吉らが連携して、明治一五年（一八八二）一〇月四日に、神田の明神山で示威と懇親会を兼ねた人力車夫懇親会を開いている。神田での懇親会の当日は三〇〇余名の車夫が集まったともいわれているが、そうした車夫の動きに強い刺激を受けたのではないか。このときに車夫の三浦亀吉が読んだ「吾党車夫諸君の親睦を祝するの文」（『絵入自由新聞』明治一五年一〇月七日）には、「〔前略〕我儕車夫と雖ども、又皆同等の人間たり、已に同等の人間たる上は、随て同等の思想なかるべからず、故に我儕が此の尊とぶべきの生命を全ふし、此の重ずべきの財産を肥し、他人の為に我が持て生れし処の自由の権利を傷つけられ、或は妨げらるる事なかるべきなり〔後略〕」とあり、人間の平等と天賦人権思想に目覚めた車夫の姿が見えている。前述の柳田によれば、この動きはまた同時に、車夫を先導して不穏の空気をつくるという自由党の別の意図があったともいわれているが、車夫自身は、これを契機に演説会出席を継続し、次第に力をつけるようになったことが、新聞記事からうかがえる。同年一〇月二〇日の懇親会には車夫だけではなく、消防夫も巻き込んでいる。ここでは、「凡そ四十名許も集まりし、中には席上演説を為す者もありて、目下の務め、将来の計抔を談じ、殊に有益なるを感じた」（『自由新聞』明治一五年一〇月二二日）との報道があるように、懇親会を重ねるごとに、車夫たちの成長がみられる。

ともかく、仙台の車夫・斎藤次郎と菱沼良平らが、月数回の演説会や親睦会を開いて自立的な学習運動に取り組み始めた。宮城車夫協和会という名称で、「旧弊を一洗し」「文明の民」たらんと努力しようと呼び掛けている。記事中にある、たとえ車夫という身分であっても「人間の道を弁《わきま》へて」進もうという言葉に、強い意志の表明と、前述の人力車夫懇親会の影響を感じとることができる。自由党の意図がどうあろうと、車夫のあいだでは民権意識の高揚が芽生えてきている証拠ではないか。

## 八　産業結社・スポーツ結社の登場

次の記事から産業結社・スポーツ結社ともいえるものを見てみよう。

①宮城県仙台の市川、北村の両氏外数名が、広く同志と申合せ、農工講談会を設け、毎月一、二回会議を開き、農工の進歩を計画するとの事、又、大堀、石部等の諸氏ハ槍術社と云ふを設け、該術の再興を図る由にて、大仏前の旧仙台義塾を修繕し、右の道場に充るといふ（明治一六年一一月九日）

②宮城県仙台の佐藤、岩淵、山田、萱場等数十名の壮年輩ハ近近の内、仙台区榴ヶ岡に於て志士綱引会と云ふを催す由、右ハ会員を紅白の二組に分け、其色の旗幕を瓢し、太鼓を合図に一同出で来りて大綱を引合ひ、勝敗を決する仕組なりと、又牡鹿郡の改進自由両党の人々の催す政党旗奪ハ、双方紅色の絹へ白字に其党名を染め抜きたる旗一旒を建て、之を奪ひ、雌雄を決して楽むとの事（明治一六年九月二〇日）

③宮城県仙台にてハ近来某社々々と結社するもの、殊に多き様なるが、今度有志者数名が申合せ、仙台尚武社と云ふを設け、古今の武道を研究して節操を守り勇気を養ひ、一朝事ある日にハ率先して国難に赴くべしとのことにて、目下其規則の編製中なり、曩にハ宮城県撃剣社の設けあり、今又仙台尚武社の企あり、同地の武道隆盛に赴くをト知すべし、又此程同地の改進、自由党の人々協力して主義拡張の為め、一の集会所を設け、無料にて同地の少年子弟に演説及び学事を研究せしむる計画あり〔後略〕（明治一六年七月一三日）

①は、民権結社ではないが、宮城県内の農業、工業の振興と進歩のための、いわば産業結社である。毎月一、二回の会議が設定されている。また、槍術社というのは、すたれてしまった槍術を再興させるための結社で、スポーツ結社ともいえる。

②は、仙台の壮年たちが担い手となって、会員を紅白の二組にわけ、太鼓の音を合図に大綱を引きあって勝負を決するというイベントである。民権運動のイベントのなかに、演説会や討論会と並んで、運動会を開催する例が知られているが、政治運動の中核を担っている「壮士」が主役の一大イベントととらえていい。また、郡部の牡鹿郡では、改進党と自由党が、紅白に分かれて旗を奪いあう競技が行われている。これもいわばスポーツ結社である。政党名を紅白に染め抜きした旗を立てて、お互いに奪いあい、「雌雄を決」するまで継続するという。勝ち負けをはっきりとつけることを目的の一つとする高い意識がうかがえる。中途半端な決着は意味がない。自分たちが入れ込んでいる自由民権運動を、一つの闘い、勝負として位置付けることが、勝ち意識を醸成させることにつながる意味で、運動会は民権運動の意志を高揚させるためには大事なイベントの一つである。社会のなかで運動会が広まる原点ともいう。

③は、スポーツ結社と名付けてもいい結社である。武道全般にかかわる仙台尚武社、剣術を中心に青年たちが心身を鍛えていこうとする宮城県撃剣社であるが、民権運動のなかには、文武両道を目指した結社も複数も見られるが、この結社もその例とみていいだろう。

## 九　仙台鎮台兵の民権運動への積極的対応

明治六年（一八七三）に徴兵令が施行されてからは、専門の兵士というよりは徴兵された、いわば農民兵士たちが軍隊の柱となった。そして、西南戦争では、九州まで動員されて実戦を経験させられることになったし、戦死する兵士も数多く出た。戦後、軍隊生活や待遇をめぐって、兵士のあいだにも不平不満が鬱屈することになる。明治一一年

（一八七八）八月に近衛砲兵隊兵士が東京鎮台兵たちを巻き込んで起こした竹橋事件は、その象徴的な事件となった。蜂起した兵士の意識のなかには自由民権思想が底流にあったともいわれている。

兵士と自由民権という視点では、一九九四年に落合弘樹が「明治前期の陸軍兵士と自由民権」（京都大学『人文学報』七四）で論じた成果がある。そこでは、大阪鎮台に所属する歩兵伍長の松村弁次郎（神奈川県出身）、同じく大阪鎮台の輜重兵伍長の中西元次郎、東京鎮台兵の歩兵伍長の小原弥惣八の三人の活動を分析して、「少なくとも三人の伍長によって活発な国会開設運動が行われた事実は、運動の裾野の広がりを示す格好の材料」だとしている。また、その背景には「在野における潮流とは別に、当時の陸軍下士の置かれた境遇が密接に関連した」ともいう。そして、「民権運動の全国的展開を基礎としながらも、佐幕側の地に育った平民という彼らの出自と、当時の陸軍下士が抱いた処遇への不平が根底で影響しあい、（中略）、民権運動の波長に連動して営門を乗り越えた」と結論付けている。最後に仙台鎮台兵の動きにも触れ、『自由党史』にある「東北的大動乱の陰謀と仙台鎮台兵」に論をすすめ、明治一五年一一月の福島事件後に茨城、栃木、宮城、秋田、福島の有志のあいだに広まり、結局未遂に終わった仙台鎮台襲撃と政府転覆計画をとりあげ、そうした動きの背景にある仙台鎮台と自由党の関係についても、「仙台鎮台では、以前から軍人と自由党員との関係が取り沙汰されていたようである」と指摘している。

明治一六年（一八八三）三月には、陸軍省から仙台鎮台に対して「其台士官カ兵卒ノ内、政談演説場ニ於テ拘留セラル、趣、右実否、電報ニテ即答アルベシ」と再三問い合せがあったことを紹介している。鎮台司令長官はその都度、何もなしと答えているが、はたして、仙台鎮台の実態はどうだったろうか。次の新聞資料を見ていただきたい。

①仙台よりの報に、当鎮台の下士官八十余名が、昨年十二月の末、当地の躑躅岡の梅林亭にて忘年会を開きたるとき、政談演説をなしたりとて、川村中佐の告発により、軍法会議に於て取調中の処、去月廿四日、伍長栗尾完氏ハ演説の折り、上官を罵詈したる科に付、軽禁錮一ヶ年に処せられ、軍曹中村忠八、同藤田源吉、伍長鵜飼英哉

の三氏ハ、証拠不充分なるを以て、免訴の旨、申渡されたり〔後略〕（明治一六年五月五日）

②仙台鎮台の下士官幷に兵卒、凡そ八十余名が申合せ、去月四日、同地躑躅が岡の梅林亭にて、新年宴会を催したる時、政談演説を為したる事が発覚し、或ハ自由党へ同盟し居る嫌疑もあるとかにて、此の程、右の中、七名程捕縛せられ、昨今軍法会議所に於て取調べ中なりとかいふ、又其の席の演題ハ頗ぶる過激なるものゝ由云々、日々新聞に記載せり（明治一六年二月八日）

明治一五年一二月に仙台鎮台兵の下士官や兵卒など八〇余名が忘年会を開いたが、その席で政談演説を行ったということで、軍法会議にかけられて取り調べを受け、その処分が決まったという報道がある（①）。処分決定まで約四、五ヶ月もかかっていることも気になるが、「上官を罵詈した」との罪で、軽禁錮一ヶ年を言い渡された軍曹二名と伍長一名が名前入りで報道されている。この処分が出ていない最中に開かれた新年会で、またもや政談演説を挙行し、同じように捕縛された兵士が七名もいるというのが、②の記事である。それも演題が「過激なるもの」だったという。

このような状況を見ると、鎮台兵は、少しも処分を恐れておらず、さらに当局からすれば過激ともいえる演題で、舌鋒鋭い演説を実施したのではないかと思われる。仙台鎮台兵の民権意識の盛り上がりをみることができる。上記の陸軍省からの問い合わせは、まさに明治一六年の新年会での政談演説のあとのことであった。

次の記事は、同年七月二九日の浅草井生村楼で開催された政談演説会の状況を伝えている。東京鎮台兵のなかにも、明治一六年という段階でもなお、政談演説会に身分を詐称しても参加する兵士が存在していたわけで、兵士のあいだに民権がそれなりに浸透していたことがいえるだろう。見つかれば処罰を受けることを承知の上での行動とみることができる。

③東京鎮台工兵第一大隊第二中隊工兵一等卒花岡紋次郎ハ、神田区錦町一丁目一番地田中幸一郎方寄留平民花岡紋次郎と称し、去七月廿九日、井生村楼の政談演説会に入場せし科に依り、去る一日、東京鎮台軍法会議に於て集会条例第七条第十四条に照し、罰金三円、又身分を詐称せし科ハ、明治十四年第七十二号公布に依り、罰金三円に処せられたり（明治一六年九月四日）

## 一〇　帝政党および松平県令との闘争

自由民権派の自由党や改進党と対抗する党として、御用政党なる帝政党が全国で結成され、反民権の動きを示すが、仙台においての帝政党の動きはどうだったろうか。裏返してみれば、仙台の民権運動は、こうした政党および反民権論者ともたたかわねばならなかったということである。

①仙台にて曽て第一等の頑固家と呼ばるゝ沼澤與三郎、松本重雄、首藤健輔、白津直道の四人が、今度陸羽帝政党を組織せんと頻りに党員募集に奔走すれど、応ずる者稀れなりしが、県会議員某の改進主義なるを知らでありしか、右の四人揃って某の許に往き、助力して給ハれと泣き付きたれバ、某ハ其ハ（ママ）案外の御頼みなり、拙者ハ然る御党派の御世話ハ致し兼ぬれバ、拙者よりハ或る神主どのにでも御相談ありて然るべしとの返答に、四名は案に相違し狐鼠〳〵と立帰りたり、其後誰れ一人相手になるものなきを以て、殆ど困却し居る処へ、近頃東京より其筋の依頼を受けて帰県せし県下一番の大旦那が、此四名を引出し、帝政党組織委員を申付けしかバ、四名ハ天にも上る心地し大に喜びて、私共今日より死に至るまでの栄ハ、偏に閣下の賜ものなりとて、謹んで御受け仕りたりとの報あり（明治一六年一月一三日）

②仙台帝政党のことハ前号にも記したるが、同党組織委員沼澤某ハ親類より意見を蒙り、足下等の如き世間の様子も知らず、殊に帝政党なんぞと称し、今の世に昔流儀を主張するハ甚だ心得違なりと説かれ、大に悔悟の体にて、然らバ右委員ハ辞すべきかと云ひしを、彼の大旦那が聞いて大に驚かられ、去る六日の夜、同氏の宅に赴かれ、帝政党ハ国家の為め王室の為め組織するものなれバ、君の如く忠義に深き着実の君子ならでハ成就すまじ、且此の組織の果して盛大となるときハ、勤王の功、之れより大なるハなし、聞く近来頻りに足下に説き、委員の職を解かしめんとするものありと、是必ず軽躁者の遊説ならん、足下必らず之れに迷ハされ給ふこと勿れ、授産金の下付も遠からざるべしとのお諭しに、沼澤ハ感涙を流し、決して委員をバ辞し申さず候と御請をなし、其後ハ委員ハ心得違といふ説諭を受るも、拙翁ハ大旦那より御談じの趣もあれバとて、固く拒絶する由、再報あり

（明治一六年一月一八日）

②については、大まかにいって次のようなことだろう。

仙台帝政党員の組織委員の沼澤の話で、親せきなどからこの自由民権運動の時代に、「昔流儀」を主張するなど、あまりにも「心得違」ではないかと批判された。そういう状況のときに、東京から帰ってきた某旦那が、帝政党は国家のため、王室のために組織するもので、君のような「忠義深い」人でないと成就しない。なかには帝政党などやめた方がいいと言ってくるものもあるかもしれないが、それは「軽操者の遊説」なので、そんなものに惑わされないでほしいといわれた。沼澤は感涙し、これからは委員を辞することなど決してしないと約束したという。

③仙台よりの報に宮城県牡鹿郡石ノ巻、渡ノ波両所の改進自由の有志者が、近頃同県内へ帝政党、勤王党抔と云へる者の現出したるを見て、痛く歎息し、仙台其他各郡村の同志者と該党撲滅の方法を協議せんと、目下尽力中なり、〔中略〕当地の帝政、勤王の両党員が申合せ、団結して陸羽新報と云ふ新紙を発行する計画中の由なるが、

首尾能く出来るか、如何と人々評しあへり云々（明治一六年一月二〇日）

この記事から、明治一六年一月、帝政党と民権派が鋭く対立し、民権派にとっては撲滅しなければならない存在となったことが報道されている。また、同時に帝政・勤王両党が申し合わせをして発行しようとした新聞が『陸羽新報』であることも判明した。

④仙台帝政党の事ハ屡バ記載したるが、爰に驚入ったる奇奇妙々の一報といふハ、同党組織委員沼澤、松本、首藤、白津四氏ハ、曩に都合ありとて其組織取消の広告を出しゝも、尚ほ党員募集に奔走したる甲斐ありて、頃日、同地に名高き頑固儒者の石澤某（七十二）が同盟せしかバ、四氏ハ大に喜び、先生御加入の上ハ、早速党則を編製すべしと其事を依頼せしに、先生ハ起草委員となり、一週間計りも熟考し頓《やが》て編製せし、其の箇条ハ

一　吾党ハ旧仙台家臣ニ限リ団結スル者トス

一　吾党ハ武士ノ道ヲ重ジテ、異国ノ主義ニ靡カズ、以テ皇国ヲ保護スルヲ要スベシ

一　吾党ハ聖人ノ道ヲ拡張シテ、異端学者ヲ排除スルヲ旨トスベシ

とありければ、流石の党員も是れでハ封建時代の攘夷主義とでもいふべく、些《ち》と頑固の様に思ハるれバ、今少く区域を広め、何とか修正の仕様もあるべしといひしに、先生ハ慨然として嘆息しつゝ、其の修正論の甚だ不可なる旨を弁じけるより大議論となりしといふが、如何に決したりしやと、同地より申越しのまゝを記しぬ

（明治一六年一月二三日）

④については、次のようなことだろう。

帝政党組織委員の四名は都合あって、その組織取消の広告を出すが、党員募集は継続していた。そこへ、同地の有

名な石澤某（儒者の石澤浚平か）が参加してくるようになり、党則を早速編製しなければと、石澤は党則原案を作成してきた。それによれば、一、会員は旧仙台藩家臣であること。二、武士道を重んじ、異国主義に流されず、皇国の保護を目指すこと、三、聖人の道を拡張し、それ以外の異端学者は排除することが提案された。さすがにこの党則は「封建時代の攘夷主義」とでもいえるもので、党員側からも反発があり、修正を申し入れた。それでも石澤は引き下がらなかったので、同じ党員と大議論になっているという。帝政党内でどのように決着したかはわからない。

⑤仙台帝政党組織請負人等ハ、同地向山の植木亭に集会して評議を尽し、我々共ハ已に半年ほども奮発して党員を募集すれど、一人も加入する者なきハ慨嘆に堪へず、此分にてハ、何時まで費用をかけ尽力するも、無益なれバ、先づ新聞でも発行して主義を拡張しつゝ募集するに若かず、就てハ保護金下付の儀を其筋へ出願すべしとて、目今願書起草中の由（明治一六年四月五日）

⑤では、ここ半年ほど党員募集してきたが、加入者ナシという結果に終わった。この状態を続けていても、埒が明かないので、ここで機関新聞（③にあるように『陸羽新聞』か）を発行して、自分たちの主義主張を、少しでも広めようと動き出したという報道である。相変わらず、帝政党への県民の反応は鈍いことが読みとれる。

⑥また同地にて帝政党を組織したる人々ハ、此程更に協議して某氏の許へ行き、御存知の通り拙者共ハ帝政党組織の為め、数月間尽力し、已に盛大に赴く有様なりしかバ、今一層奮発致し度存ずるなり、夫れにハ幾許の入費も掛るベキに、予て閣下の御話しに保護金とて、容易に御下付になるべき者に非ずとの事なれバ、詮方なく更に右入費を弁ずる工夫を致さざるを得ず、就てハ閣下ハ二百円、其他ハ其割合にて出金の御取計を歎願仕るとて、奉加帳を差出しけれバ、某氏も大に当惑され此返答ハ、追て致すべしと云ハれしとか（明治一六年七月一日）

⑥では、⑤で報道されたように新聞発行計画の三ヶ月後、さらに同志たちが協議し、ここ数ヶ月尽力し、ようやく「盛大ニ赴ク有様」になってきたと伝えている。さらに一層奮発させるために、一定の資金が必要ということになり、同志として加わってもらった某氏に、二〇〇円の拠出を頼みに行く。その要望にたいして、某氏もさすがにそう簡単には首肯しなかったが、いずれ返答するという。少し脈があるということか。

⑦仙台よりの書中に当地二三名の帝政党員ハ結党のことに付、奥羽地方の同党員と約し、仙台に於て会議を開くことに決議し、先頃郵便を以て広く同党員へ書面を送りたるに、福島県須賀川の党員二名、山形県鶴ケ岡の党員一名のみハ、臨会の趣きを申し越したれど、其他ハ如何なる事情にや、皆郵税先払をもて謝絶の返答したるより、当地の党員ハ大に当惑し居る様子、其胸中左こそと思ひやらる云々と有り、実に然るにや（明治一六年八月一二日）

⑦では、翌八月には遂に結党会議を開くことを決めたという。福島県須賀川から二名、山形県鶴岡から一名の参加申し込みがあったが、その他の地方からは不参加の返事があり、仙台の党員は当惑しているという。

⑧頑固連なりとて、何つまでも頑固たるものにも非らざるべし、宮城県仙台の佐藤敬人、石澤裕也等の数名ハ、日頃無類の頑固連と目せられ、殆んど世人の交際を絶ちし程の人物なりしに、同地人民の旧習を脱し、開明に赴くを見て、近来頻に発見せし処ありし様子にて、斯る昭代に生れながら、安閑として日を送るべきにあらず、我が神州の元気を海外に迄も発揚せんとて、宮城神州党と云へるを団結し、大に進取の計画をなし居るといふ

（明治一六年八月二一日）

⑨宮城県下仙台の旧帝政党組織委員の一人たる沼沢與三郎翁ハ此程より、大に時事に感激せられしとかにて、一の建議書を其筋へ奉呈せんと熱心し居らる丶趣なるが〔後略〕（明治一六年一二月二五日）

⑧では、帝政党とは別に、無類の頑固連といわれている仙台在住の佐藤敬人、石澤裕也（石澤浚平の息・成裕か）が、仙台の人々が「人民の旧習を脱し、開明に赴く」姿を見て、何を感じたのか、「神州の元気を海外に迄も発揚」しようと、今度「宮城神州党」なる組織を立ち上げ、「大いに進取の計画」を立てているという。進取の計画やこの組織のその後の実態はまったく不明であるが、活発な民権派の動きに呼応して、新たな動きが仙台で誕生していたことも、注目しておきたい。また⑨は、軍人は洋服より甲冑着用をとの内容で、新聞では時代錯誤とみている。

最後に当時の宮城県令・松平正直の言動にも注目しておく必要がある。『近事評論』に掲載された二つの記事を紹介しておく。

①「宮城県令松平正直君ガ板垣退助君ヲ狂人ナリト評シタルヲ論ス」

〔前略〕宮城県令松平君ハ板垣ヲ評シ、之ヲ県会議員某等ニ語テ曰ク、嗚呼、板垣ノ人望地ニ堕チタリ、彼ハ一時、国家ノ柱石トナリ、人望モ少ナカラザリシガ、今日狂人ノ如キ挙動アルヲ見テ、人望頓ニ地ニ堕チ、亦タ板垣ヲ以テ、従前ノ板垣視スルモノナシ、足下等モ無暗ニ民権〳〵ト騒ギ立テ、亦タ人望ヲ失フ勿レ云々〔後略〕

（第二七一号、明治一三年六月八日）

②「宮城県令松平君ノ所論ニ驚ク」

〔前略〕宮城県令松平氏ハ人ニ遭フ毎ニ曰ク、国会ヲ開設シ、民権ヲ振張セント欲スルハ、君上ニ抵抗スル者ニシテ、之ヲ我国ニ唱フルハ、甚タ宜カラズ、尤モ是レ罪人タリ、決シテ之ヲ唱フルナカレト。〔中略〕今、国会ヲ起サント欲スル者ヲ指シテ、之ヲ罪人ト云フ不当モ又甚シ矣。〔中略〕今日ノ国会ヲ唱フル者ハ、古昔ノ弊習ヲ踏マザランコトヲ、冀望スレバナリ。豈ニ其レ之ヲ罪人ナリト謂フベケンヤ。今日ニ当リテハ非国会論者コソ、恐クハ罪人ナラン。〔後略〕（第二八〇号、明治一三年七月二三日）

①の記事は、松平県令が、自由民権運動のリーダーとして活躍する姿を評して、板垣も遂に「狂人」になってしまったかと嘆いていることと、県議らには「民権、民権」などと騒ぎ立てることのないように忠告しているという。また②の記事は松平県令は、人に会うたびに、国会開設や民権拡張などを主張する連中を指して、これこそ「君上ニ抵抗スル者」で、その意味で「罪人」だと、厳しく弾劾しているという。それに対して、『近事評論』の記者は、自由民権が叫ばれている社会では、松平のような「非国会論者」こそ「罪人」ではないかと反論しているのである。

この二つの記事から、反民権県令の一人として松平正直を記憶しておく必要があるだろう。

福島県令などを歴任した三島通庸の例（県会と激しく対立し、福島事件につながる）を持ち出すまでもないが、宮城県および仙台の民権派にとっては、対立する側の先頭にいたのが県令と認識せざるをえない状況だった。まったく話が通じない県令として、ことあるたびに対立することになったのではないだろうか。明治藩閥政府だけではなく、地元にあってはまず、県令の動きに神経をすり減らすことになり、運動を展開するうえで、どんなにかやりづらかったろうかと推測される。

## 一一　宮城県内に誕生した結社一覧

最後に、県内の結社一覧表を示す（表3－1）。これまでは前掲『週刊朝日百科91　日本の歴史』のなかで新井作成の「おもな民権結社・政社一覧」で、宮城県は結社数八〇という数字でまとめていた。この数は、全国では七番目に多かった。それが、今回一四一社と、一挙に六一社も増加した。この数になると、高知（二三四社）、東京（一五〇社）、神奈川（一四二社）につぐ、四番目になり、全国のなかでも、民権運動の一大拠点地ということができる。それも、前述したような社会的弱者をまきこんだ特色ある運動を展開できたことを特記したい。

この一四一という数も、現段階で確認できた結社で、研究や掘り起こしが進めば、さらに増加することが予測されることを確認しておきたい。この多様性のある結社とその数のレベルアップを支えたのは、宮城県内の自由民権運動の裾野の広さと担い手の層の厚さがあったからである。ただ、ここでは、増加分の結社の総体は把握できたが、個々の結社の運動の実態をつかむまでは到達していない。まだまだ掘り起こしと実証が不足していることを認識し、今後の研究課題としておく。

## 表 3-1　宮城県仙台および郡村結社一覧

| | 結社名 | 所在地 | 発足年月日（明治） | 備　考（主なメンバー、活動内容、会員数など） |
|---|---|---|---|---|
| 1 | 先進社 | 刈田郡白石 | 14 年 10 月 | 上西国八、刈田一郡の団結、400 人 |
| 2 | 民権義塾 | 〃 | 14 年 12 月 | 壮士養成 |
| 3 | 養生社 | 〃　滑津 | 不明 | 安藤与一郎、小笠原友吉、文学・弁論研究 |
| 4 | 研究社 | 〃　小原 | 15 年 6 月 | 月 3 回法律輪講、学術演説討論 |
| 5 | 本立社分社 | 伊具郡角田 | 13 年 | 仙台本立社の分社 |
| 6 | 聞天社 | 〃 | 15 年 10 月 | 政談学術の演説討論会、毎月 4 回 |
| 7 | 東北青年会 | 〃 | 15 年秋 | 『東北青年自由誌』発行 |
| 8 | 改進党一銭社 | 伊具・亘理郡 | 16 年 7 月 | 毎月 1 銭ずつ積立、党員共済 |
| 9 | 交友社 | 柴田郡船岡 | 15 年春 | 毎土曜日演説討論会、40 人 |
| 10 | 大日本新暦党 | 〃　大河原村 | 16 年 4 月 | 新暦主義、民権拡張・自由改進主義 |
| 11 | 雷名社 | 名取郡前田村 | 16 年 9 月 | 柿沼五郎左衛門ほか、学術知識交換会 |
| 12 | 宮城郡親睦談話会 | 宮城郡岩切村 | 15 年 5 月 | 農業・商業・教育・衛生などの演説討論 |
| 13 | 屈伸社 | 〃　七ヶ浜 | 16 年 4 月 | 鈴木某の発起、学術組織 |
| 14 | 吉岡進取社 | 黒川郡吉岡 | 14 年 | 佐藤一治、菅野英吉、仙台進取社の分社 |
| 15 | 自由演説会 | 〃　粕川村 | 15 年 1 月 | 政治思想養成のための月 1 回の演説会 |
| 16 | 共同講談会 | 〃　三ヶ内村 | 15 年 3 月 | 黒川・加美両郡の団結、4、50 人 |
| 17 | 好夜会 | 〃 | 15 年 12 月 | 夜間読書会、弁論稽古、3、40 人 |
| 18 | 耕心会 | 〃　大平・土橋 | 15 年 12 月 | 毎夜農工商に関する演説討論、壮年 50 人 |
| 19 | 先憂社 | 〃　吉岡 | 15 年 | 毎土曜日学術政談演説会 |
| 20 | 信友社 | 志田郡古川 | 12 年 5 月 | 社主は清野盛、法律研究 |
| 21 | 青藍社 | 〃 | 13 年 1 月 | 社長は富士留吉、学術研究 |
| 22 | 協同社 | 〃 | 14 年 | |
| 23 | 古川自由党 | 〃 | 15 年 2 月 | 毎月 15 日会合、政談演説、60 人 |
| 24 | 政党雑話会 | 〃 | 16 年 5 月 | |
| 25 | 涌谷自由党 | 遠田郡涌谷 | 14 年 | 長谷新一郎、狩野橾、木村謙佐ら |
| 26 | 女子教育会 | 〃 | 17 年 10 月 | 佐和クラ子、多田ヤス子、女子風俗矯正、月 1 回の演説会 |
| 27 | 中新田進取社 | 加美郡中新田 | 14 年ヵ | 仙台進取社の分社 |
| 28 | 中新田演説社 | 〃 | 15 年 2 月 | 毎月 1 回演説会、旧進取社員が中心 |
| 29 | 栗原郡親睦会 | 栗原郡築館 | 14 年 | 毎月 1 回演説討論、70 余人 |
| 30 | 伊豆野青年団 | 〃　伊豆野 | 14 年 | 今野権三郎、白鳥常松ら、50 人ほど |
| 31 | 時習社 | 〃　高清水 | 15 年 | 佐藤、真田、津谷川ほか、30 ～ 40 人 |
| 32 | 学術演説討論会 | 〃　駒崎 | 16 年 4 月 | 学校生徒、83 人 |
| 33 | 沢辺義会 | 〃 | 21 年 10 月 | 沢来太郎、公利公益・知識の研磨 |
| 34 | 栗原協会 | 〃 | 22 年 | 沢が会長 |
| 35 | 佐沼進取社 | 登米郡佐沼 | 14 年 2 月 | 仙台進取社の分社、法律研究、数十人 |

| | | | | |
|---|---|---|---|---|
| 36 | 佐沼公愛会 | 登米郡佐沼 | 14年10月 | 今野一英、亘理隆胤、1,000人<br>立憲改進党（東京）へ入党 |
| 37 | 佐沼改進党 | 〃 | 15年 | 会員は500余人 |
| 38 | 吉田進取社 | 登米郡吉田 | 14年9月 | 社長は春日玄達、仙台進取社の分社 |
| 39 | 一志社 | 〃　赤生津 | 14年9月 | 社長は島原太、法律研究、毎月例会 |
| 40 | 交誼社 | 〃　米谷 | 14年 | 社長は大場勘兵衛、38、9人、中老年者中心 |
| 41 | 米谷公愛会 | 〃 | 14年11月 | 登米公愛会の支会、7、80人 |
| 42 | 自来社 | 〃 | 不明 | 毎土曜日演説・討論・講義、村内青年50人 |
| 43 | 学術研究会 | 〃 | 17年 | 青年、50人 |
| 44 | 登米青年会 | 〃　登米 | 14年 | 毎月第1・3日曜日演説討論、150余人 |
| 45 | 登米公愛会 | 〃　北方 | 14年11月 | |
| 46 | 東北社 | 〃 | 16年1月 | 学術・弁論研究、青年中心 |
| 47 | 天民社 | 〃 | 17年12月 | 早川純一、北田正ほか5人 |
| 48 | 東北青年協会 | 〃 | 不明 | |
| 49 | 愛国倶楽部 | 〃 | | |
| 50 | 寺崎進取社 | 桃生郡寺崎 | 13年9月 | 社長は勝又熊之介、仙台進取社の分社 |
| 51 | 共進社 | 〃　小野 | 14年6月 | 法律研究・政談演説、新聞購求展覧 |
| 52 | 赤井進取社 | 〃　赤井 | 14年7月 | 仙台進取社の分社、学術研究、22人 |
| 53 | 共興社 | 〃　広渕 | 15年2月 | 社長は角張直之助、民権拡張、1,000人ほど |
| 54 | 求伸社 | 〃　野蒜 | 15年 | 社長は剣持作秀、演説討論、夜学会 |
| 55 | 交究社 | 〃　大須浜 | 不明 | 阿部源之助、阿部寅次郎ほか、学術研究 |
| 56 | 郷愛社 | 牡鹿郡石巻 | 15年2月 | 毎月2回演説会 |
| 57 | 大成社 | 〃 | 15年5月 | 学術・権利の拡張、毎月2回演説会 |
| 58 | 亦説社（会ヵ） | 〃 | 15年5月 | 経済研究と演説、自由貿易主義 |
| 59 | 石巻改進党 | 〃 | 16年2月 | |
| 60 | 改進党公同館 | 〃 | 16年5月 | 書籍新聞雑誌設置 |
| 61 | 精理会（社ヵ） | 〃 | 16年 | 毎日曜日刑法研究、研法会と改称、30人 |
| 62 | 傍聴同盟社（会ヵ） | 〃　渡ノ波 | 16年1月 | 弁士招聘、毎月2回講談会、30人 |
| 63 | 大日本東北共盛社 | 本吉郡気仙沼 | 14年 | 小山槌次郎、（東北共栄社と同じヵ） |
| 64 | 啓蒙社（会ヵ） | 〃　柳津 | 14年 | 新聞購読、演説討論、立権会と改称、30人 |
| 65 | 立憲会 | 〃 | 15年3月 | 立権会カ |
| 66 | 志津川進取社 | 〃　志津川 | 13年 | 富沢某、仙台進取社の分社 |
| 67 | 興奥親睦会 | 登米・本吉・桃生・牡鹿の四郡 | 16年11月 | 会員の交誼、地方人心の振起、春秋2回開会 |
| 68 | 大日本自由民権入谷村山内総兵衛壮年学校 | 〃　入谷 | 17年12月 | 山内総兵衛、学校 |
| 69 | 鶴鳴社 | 仙台 | 11年10月 | 箕浦勝人、立花良次、高瀬真之介、24人 |
| 70 | 喈々社 | 〃 | 11年12月 | 小学校教員中心、若生精一郎、白極誠一 |
| 71 | 時習社 | 〃 | 11年12月 | 小学校教員、拠点は時習小学校、15人 |

| | | | | |
|---|---|---|---|---|
| 72 | 精法社 | 仙台 | 11年12月 | 深間内基、田代進四郎ほか |
| 73 | 法律研究会 | 〃 | 11年ヵ | 岩崎総十郎 |
| 74 | 断金社 | 〃 | 12年 | 喈々社と時習社の合同200人 |
| 75 | 文明社 | | 12年 | 民権銀行設立、養児院、棄児院なども設立 |
| 76 | 本立社 | 仙台 | 13年2月 | 国会開設運動に取り組む、66人 |
| 77 | 東北連合会 | 〃 | 13年2月 | 東北各地の結社の連合 |
| 78 | 進取社 | 〃 | 13年3月 | ハリストス正教徒中心、1,032人 |
| 79 | 仙台青年会 | 〃 | 13年 | 15年秋に東北青年会、同年11月に仙台青年党と改称 |
| 80 | 東北共愛社 | 〃 | 13年7月 | 増田繁幸 |
| 81 | 東北有志会 | 〃 | 14年3月 | 本立社が中心 |
| 82 | 東北七州自由党 | 〃 | 14年3月 | 社会改良、国民同権、立憲政体 |
| 83 | 宮城共成社 | 〃 | 14年4月19日 | |
| 84 | 青年会 | 〃 | 14年春頃 | 本立社・進取社の青年、のちに改称 |
| 85 | 宮城政談社 | 〃 | 14年11月 | 佐藤亀久太郎、『宮城政談雑誌』発行 |
| 86 | 民権義塾 | 〃 | 14年12月 | 壮士創出、書籍器械買入 |
| 87 | 共同社 | 〃 | 14年 | 本立・鶴鳴・時習・喈々の4社合併 |
| 88 | 宮城（東北）自由党 | 〃 | 15年1月 | 増田、松岡、村松ら、私学校・党派新聞 |
| 89 | 宮城政談演説会 | 〃 | 15年1月 | 東一番丁大新亭 |
| 90 | 仙台義塾 | 〃 | 15年2月 | 仙台有志者結合 |
| 91 | 東北改進党 | 〃 | 15年4月 | 遠藤温、首藤陸三、石辺大三郎 |
| 92 | 東北議政会 | 〃 | 15年 | メンバーは12人程度 |
| 93 | 仙台嚶鳴社 | 〃 | 不明 | |
| 94 | 仙台女子自由党 | 〃 | 16年3月 | 清元の師匠成田うめ、毎月2回雑誌発行 |
| 95 | 一応社 | | 不明 | |
| 96 | 耕心社 | | 不明 | |
| 97 | 宮城政社 | | 不明 | |
| 98 | 公道館（会ヵ） | | 不明 | |
| 99 | 腕力党 | | 不明 | |
| 100 | 任心社 | | 15年 | 腕力党を改名、漢洋学と撃剣の鍛練 |
| 101 | 仙台少年会 | 仙台 | 15年11月 | 石塚三五郎、雪野香右衛門ほか |
| 102 | 仙台青年党 | | 15年11月 | 東北青年会を改称 |
| 103 | 東北会 | 仙台 | 15年11月 | 国分町山崎平五郎方の楼上<br>16年4月には新聞発行、建白書提出 |
| 104 | 仙台改進党 | 〃 | 15年12月 | 党長は増田繁幸、幹事遠藤温、熱海孫一郎、石部大三郎、党員1,000人、東一番町 |
| 105 | 盲人政談青年討論会 | 〃 | 16年1月 | 視覚障がい者たち |
| 106 | 東北盲目党 | 〃 | 16年1月 | 菅野、本野、白木ほか、政談演説会を開催 |
| 107 | 仙台鎮台政談演説会 | 〃 | 16年2月 | 鎮台兵 |
| 108 | 仙台女子政談演説会 | 〃 | 16年2月 | 女子のみ |

| | | | | |
|---|---|---|---|---|
| 109 | 東北頴才書画会 | 〃 | 16年4月 | |
| 110 | 仙台群盲共同会 | 仙台 | 16年4月 | 月数回、民権拡張 |
| 111 | 仙台訓盲院 | 〃 | 16年5月 | 平元和 |
| 112 | 新聞雑誌購読所 | 〃 | 16年5月 | 県下の富人 |
| 113 | 共同衛生会 | 〃 | 16年6月 | |
| 114 | 工商社 | 〃 | 16年6月 | 本町通の大工、掛金、疾病災難時の救済 |
| 115 | 女子政談社 | 〃 | 16年6月 | 加藤綾子、政治学と演説研究 |
| 116 | 東北群盲懇談会 | 〃 | 16年6月 | 視覚障がい者たち |
| 117 | 東北群盲党 | 〃 | 16年6月 | 視覚障がい者たち |
| 118 | 公同館 | 〃 | 16年6月 | 成田うめ、仙台元櫓町一番に設置 |
| 119 | 宮城車夫協和会 | 〃 | 16年7月 | 仙台の車夫、毎月数回演説会 |
| 120 | 宮城撃剣社 | 〃 | 16年7月 | 改進・自由党との協力、集会所設置 |
| 121 | 通信館 | 〃 | 16年7月 | 岩淵仙之助、谷口長吉、500人 |
| 122 | 宮城侠客会 | 〃 | 16年8月 | 菱田御代蔵、近木常右衛門<br>民権拡張、貧民救済 |
| 123 | 農工講談会 | 〃 | 16年11月 | 市川、北村、月1～2回、農工の進歩を図る |
| 124 | 仙台平権会 | 〃 | 16年11月 | 官吏、教員、諸商人、職人、芸娼妓 |
| 125 | 仙台平民党 | 〃 | 17年8月16日 | 鈴木一可、高橋定則、生江孝七郎 |
| 126 | 宮城県平民懇親会 | 〃 | 18年1月 | 桑原常之、富田幸一 |
| 127 | 東北義会 | 〃 | 19年4月 | 毎月5月、東北各県加輪番で大会 |
| 128 | 仙台有志会 | 〃 | 19年12月 | 富田、山田、政治事項の論談、演説会開催 |
| 129 | 抱一会（館） | 〃 | 20年10月 | 増田繁幸が館長、村松亀一郎、藤沢幾之助、岩崎総十郎 |
| 130 | 仙台評議会 | 〃 | 〃 | 草刈親明、倉長恕ら |
| 131 | 同志会 | 〃 | 22年 | |
| 132 | 中心会 | 〃 | 22年 | |
| 133 | 協成会 | 〃 | 22年 | |
| 134 | 宮城独立党 | 〃 | 22年11月 | 代言人の集まり |
| 135 | 適世独立党 | 〃 | 22年11月 | 村松亀一郎、藤沢幾太郎 |
| 136 | 東北政友会 | 〃 | 22年11月 | 遠藤温、佐藤運宜、大中至正主義 |
| 137 | 仙南倶楽部 | | 〃 | |
| 138 | 公同館 | | 〃 | |
| 139 | 大同倶楽部 | | 〃 | |
| 140 | 自治評議会 | | 〃 | |
| 141 | 同進倶楽部 | | 23年9月 | |

注：本表は佐藤憲一「宮城県の自由民権運動――郷村における景況について」（『国史談話会雑誌』第18号、1976年）掲載の「郡村の民権組織」表を基礎として、『仙台市史』（通史編6・近代1、2008年）の第三章「自由民権運動とジャーナリズムの展開」によって、新しく確認された結社を補充した。参考文献は主に『朝野新聞』であるが、その他『東京横浜毎日新聞』、『政談雑誌』、日野欽二郎『宮城県国会議員候補者列伝』（知足社、1890年）など。

## おわりに

この論稿は、これまでの研究ではあまり触れられてこなかった視点で、宮城県の民権運動、特に仙台を中心とした地域民権運動の把握と新しい結社の確認につとめたが、今回は諸般の事情でどうしても触れられなかった分野がある。ここで箇条書きで整理しておくとともに、私の今後の課題とし、研究の深化を目指したいと考えている。

①明治一〇年代末頃から、日本を脱出してアメリカ西海岸に渡り、オークランドやサンフランシスコの湾岸地域の在米民権運動にかかわった、宮城県人の仕事とその評価。特に菅原伝、松岡辰三郎、亘理篤治、桜田孝治郎、高橋五郎ら、宮城県出身の在米民権家のさらなる調査。

②五日市憲法草案起草者の千葉卓三郎（仙台藩士族）とその周辺にいた宮城県人（永沼織之允、竹内寿貞、伊東道友、稲部彦亮、白鳥恒松など）の思想と行動の分析。

③在京の宮城県人たちの動きの把握、特に『仙台義会雑誌』（持主兼印刷人・荒井泰治、編輯人・油井守郎、創刊は明治一七年一〇月一九日）を発行していた仙台義会（神田美土代町三丁目四番地の顕才新誌社内）の活動の分析。

④宮城県の民権運動で、本立社とともに基幹的な担い手であった進取社と、その社員であるハリストス正教徒たちの民権運動の実態把握。

⑤新しく確認できた結社の実証的な研究。

⑥地元のメディアに報道された宮城県並びに仙台地域の運動実態把握。

※本章中の新聞史料の引用は各紙原本、および東京大学法学部明治新聞雑誌文庫編『朝野新聞』縮刷版（ぺりかん社、一九八一～一九八四年）、『東京横浜毎日新聞』復刻版（不二出版、一九九〇～一九九二年）によった。

# 第四章　〈反民権〉の思想史——福島・喜多方事件再考のために

松崎　稔

## はじめに

東北の自由民権運動研究において圧倒的な研究量を誇るのは、間違いなく福島県である[1]。その福島県の民権運動で焦点の一つとされるのが、明治一五年（一八八二）に会津三方道路開鑿をめぐり起きた喜多方事件である。会津三方道路は、若松町を起点に北に県令三島通庸の前任地山形県、南に後任地栃木県、西には開港場新潟へとつながる道路で、その開鑿は三島県令が国庫下付金を求めつつ行った一大インフラ事業であった。その路線決定や代夫賃徴収などをめぐって耶麻郡を中心とする農民たちが反発、耶麻郡の自由党員たちがその指導にあたり裁判闘争をめざしたが、自由党員の相次ぐ逮捕に抗議するため喜多方警察署に結集した農民たちが警官と衝突し、それをきっかけに県内自由党員の一斉検挙が行われた。従来の研究はこの喜多方事件について、〈豪農（耶麻郡中心）＝自由党（民権）〉を会津地方の民意を反映したもの、それに対する〈会津士族（若松町）＝帝政党（反民権）〉を三島県令の民意を無視した県政への同調者・協力者と理解する二項対立の構図で描いてきた感が強い[2]。町野主水・辰野宗治ら会津士族＝帝政党員が、宇田成一・小島忠八・田母野秀顕の三人の自由党員の宿泊する旅館に押しかけ、彼らに暴行を加えた清水屋事件（明治一五年）は、その構図を象徴的にあらわすとされてきた[3]。

しかし、自由党員に開鑿反対運動の指導を求めたのは耶麻郡の農民を中心とする人々であり、会津地方全域に反対運動が展開したわけではない。また、会津六郡連合会の議員となった自由党員たちも、耶麻郡の農民たちの反対に直面するまで、道路開鑿に賛同する立場をとっており、当初、民権家と耶麻郡の農民たちのあいだには道路開鑿をめぐって異なる考え方があった[4]。ただし、服部之總[5]・下山三郎[6]が、指導にあたった民権家と農民たちの関係を〈指導―同盟関係〉ととらえたように、従来の研究でも民権家と農民の立場を同一と理解していたわけではない。特に宇田成一の手記「道路開鑿事件顛末書」[7]により両者の立場の違いは確認されていたし、安丸良夫[8]・稲田雅洋[9]・鶴巻孝雄[10]・牧原憲夫[11]らによる民衆の自律性を重視する研究成果は、喜多方事件にも応用できる可能性がある。従来の喜多方事件研究は、この課題に充分に向き合えていなかったといえよう。

また、会津士族は帝政党結成へと動くが、会津士族のなかには三島県政下で雇用されていた者も多くいたため、三島県政に服従し同調していると見られてきた。ただし、当時の会津士族は、戊辰戦争での敗北以来「賊軍」の汚名や困窮と向き合いながら、明治新政府の打ち出す近代国家日本の形成の論理の外に置かれる危機感を抱えて生きざるをえない状況にいた。また、会津地方の人々は、若松町を中心に戦後経済復興という大きな課題をも背負っていた。以上をふまえると、喜多方事件に象徴される会津地方の自由民権運動は、従来の二項対立という単純化した構図では説明できない、多様な関係のなかで起こったものとして描き直されるべきだろう。

本章は、二項対立の構造を越えた喜多方事件、ひいては会津地方における自由民権運動の置かれた状況を理解するための一つのステップとして、豪農層を中心とする自由党とは対立的立場をとった会津士族の行動とその論理を描き直そうとするものである[12]。そのためにはまず、耶麻郡を中心とする自由民権研究と現若松市域を中心とする近代史研究は、それぞれどのように展開し、関係しあってきたのかを確認しておく必要があろう。そのうえで第一に、明治初年から民権期に至る約一五年間に会津士族に注がれた視線など、彼らの置かれた状況と、それがもたらす豪農中心の会津地方の自由党員と会津士族との対抗関係の内実を確認したい。そして、第二に、会津士族がめざした「賊軍」雪冤に向けた活動の展開を明らかにしたい。また、戊辰戦争まで為政者の立場にいた彼らには、彼らの地域行政・地域振興のビジョンがあったはずであり、第三の課題はそれを明らかにすることにある。第二・第三の課題については、堀幸一郎の成果[13]を参考にしつつ、会津帝政党の主要メンバーの一人だった辰野宗治が持主となり、喜多方事件の翌年にあたる明治一六年（一八八三）に刊行された『会陽雑誌』を材料にして分析することになる。

## 一　会津地方における戦後の研究状況

### 1　田中悟による近代「会津武士」理解――『会津という神話』を手がかりに

本章の目的は、先述のように、喜多方事件の二項対立の構図を克服する第一歩として、自由民権運動と対立する立場をとる会津士族が、民権家たちとどのような対抗関係にあったのか、その内実を探ることである。そのためにはまず、当時の会津士族がどのような状況下に置かれていたのかを把握する必要がある。さらに、二項対立による理解を生んだ戦後の会津地方の状況もあわせて把握する必要がある。そこで注目したいのが、戊辰戦争の旧会津藩戦死者への「賊軍」評価と会津地方の人々がどのように向き合ってきたのかという観点から、その変遷を明治初年から現代までを通して考察した田中悟『会津という神話――〈二つの戦後〉をめぐる〈死者の政治学〉[14]』である。田中の会津アイデンティティ形成の経緯に関する整理を参考に、検討を進めていこう。

田中は、同書第三章「近代会津アイデンティティの系譜」で、「近代における「会津武士」とは誰か」という課題を設定し、「賊軍」雪冤と「会津武士」アイデンティティの変質とその論理を五段階に時期区分して整理している（二〇四～二二五頁）。

①「「賊軍」という初期設定【戊辰戦争～明治前期】」における「会津武士」は、旧会津藩士に限られたもので、非

士族にとっては「遠い存在」とする（一〇五頁）。そして彼らを、「戊辰戦争を生き残り、明治を生きるほかな」く、「近代国家によって排除された戦死者たちとどのように関わるか、という問題を抱えることになった」者と位置付ける（一〇七頁）。つまり、旧会津藩士には、「賊軍」雪冤という固有の課題があったということになろう。

②「「雪冤勤皇」路線の台頭【明治後期〜大正期】」では、「佐幕派の立場からなされた著述」が明治二〇年代から見え始め、明治三〇年代には旧会津藩士による維新史が編まれ、「雪冤勤皇」型の明治維新観が台頭してきたとする（一〇八〜一一〇頁）。そしてその背景に、明治四一年（一九〇八）の仙台第一三師団管下歩兵第六五聯隊の若松入営の影響を見る。

③「謳歌される「我が世の春」【昭和前期】」には、昭和三年（一九二八）の秩父宮と松平節子の結婚、昭和一二年（一九三七）の徳富蘇峰講演「維新史における会津」により、「賊軍」から「模範」への転換が行われ、「会津武士」は称賛の対象へと大きく転換したとする。そして戦時期には、白虎隊のエピソードが象徴的に美談とされるなかで、「「会津人」イコール「会津武士」」の意識が形成されたとする（一二一頁）。この背景には、歩兵第六五聯隊が駐屯していた若松は軍都化が進んでおり、「会津武士」アイデンティティは、徳富蘇峰の論理とともに総動員体制のニーズに合致したものとなっていた、との事情があったという。会津在住者・出身者全体に「会津武士」アイデンティティが広がり、「会津武士」第二層が形成されたのもこのころからとする（一〇六頁）。

④「軍都から観光都市へ【敗戦後の一〇年】」では、アジア太平洋戦争の敗戦（「会津武士」にとって二度目の敗戦）により、第三期に創り上げられた「賊軍」から「模範」へと転化した論理が瓦解し、若松の軍都から観光都市への転換をめざすが、その際に「第二の敗戦」経験を忘却することで「第一の敗戦」（戊辰戦争）を想起するという選択をした、とする。

⑤「「観光史学」の成立【昭和後期】」には、司馬遼太郎「王城の護衛者」（『別冊文芸春秋』九三、一九六五年）の影響もあり、「悲劇の会津」イメージが創出されるとともに、郷土史家、市商工観光部長の宮崎《みやざき》十《と》三八《みはち》のリードにより、

行政が地域の歴史を観光資源として活用しようとする「観光史学」という歴史観が成立したという。そして、その副産物として、虐げられた会津イメージや反薩長イメージが固定化したとする。

田中の整理に従えば、今回の分析対象となる会津地方の民権期（明治一〇年代）は、第一期にあたり、旧会津藩士は「賊軍」雪冤という固有の課題を抱えていたが、その課題は会津在住者に共有されていなかった、ということになる。また、民権研究が飛躍的に進む時期でもある会津地方の戦後は、第四期から第五期にあたり、会津若松市を中心に歴史観光都市化がめざされ、「軍都若松」の忘却を前提とした「悲劇の会津」という歴史イメージが定着していく時期でもあった、ということになる。

## 2　会津若松の「観光史学」と喜多方の民権研究

会津若松における「観光史学」は、田中書が詳細に分析しているので、民権研究とのかかわりでのみ触れておきたい。「観光史学」の牽引者宮崎十三八はその著書『会津地名・人名散歩』[15]で、「町野主水は無頼か」との見出しをたてて清水屋事件の首謀者となる会津士族町野主水に触れ、「自由民権研究家が、いわば河野広中派の立場から小説風に書いたためであろう。戊辰戦争で善戦して生き残り、阿弥陀寺に一千数百の戦死者の遺体を葬るのに中心となった町野主水という典型的な会津武士が、そんな一方的に無茶なことをする筈はないのである」と記している。実証された史実である清水屋事件における会津士族の横暴を、「小説風に書いたため」として目を背け、「筈はない」と自分の思いを優先させる語り口には違和感を感じざるをえないが、これが会津士族＝〝規範に生きる人々〟との評価を前提にし、悲劇の会津イメージを創り上げる「観光史学」の論理の一端だといえよう。

一方、戦後歴史学のなかで民権研究が重要な位置を占めていたことは周知の事実であるが、先述のように、研究を牽引した大石嘉一郎・庄司吉之助は、自由民権運動に民主主義や住民自治の要素を見出し、またそれを求める人々の情熱への強い信頼をもっていた。それに対し、赤城弘は「百年を経た現在でも、地方自治の尊重を求めて起ちあがった人々の願い」との表現に象徴されるように大石・庄司に同調しつつ、その願いは「日常生活のなかに、それが芽をふいて時折り顔を出」してくるもので、「喜多方事件は、連綿として喜多方市民の心のなかに生きている」とする。[16]喜多方市における自由民権顕彰運動のリーダーでもあった赤城には、郷土喜多方における自治の歴史の発見・顕彰という論理が色濃くある。しかし、民権研究者の著作から、「観光史学」への言及はほぼない。

では、会津若松市に住み、民権研究に共感する立場に身を置き女性史研究を進めてきた郷土史家はどうだろうか。中村としは、戦後にも続く白虎隊賛美に違和感を懐き、「子ども達の未来は会津若松の将来につながっている。無批判に白虎隊美化の風潮の中に子ども達を追い込むのは、戦前の教育環境に逆戻りするようだ」と指摘し、「それほど遠くない過去に、敗戦を二度も経験した会津が、悲劇とか怨念等の感情で処理するのでなく、その歴史の重みを生かせるかどうか、人間の英智を信じたいと思う」と訴える。[17]これは、会津若松市在住の研究者が抱える「観光史学」に対する痛烈な批判といえよう。

戦争へと突き進んだ戦前の歴史への批判精神を強くもち、〝民主主義の魁〟を求めて戦後歴史学の〝花形〟として研究が進められた民権研究と、軍都だったという事実を意図的に忘却して歴史観光都市化を進めた会津の「観光史学」とのあいだには、大きな隔たりがあったといえよう。しかも、その隔たりはそもそも同じ土俵に立ち議論することすらないほど大きかった。そのため、自由民権研究自体から「観光史学」を批判する声が発せられることはほとんどなかった。民権研究の「観光史学」に対する嫌悪感や違和感は、それに言及する価値すら見出さなかった、ともいえるだろう。そして、中村としが展開する白虎隊賛美への批判は、民権研究の文脈から発せられたものというよりは、女性近代史に携わる女性活動家の発言として理解すべきなのだろう。問題は、両者のあいだにある大きな隔たりが、結果として会津士族にとっての民権期を充分に検討する機会を奪い、会津地方における民権期の状況理解を単純化させてきたという事実である。

## 二　会津士族の困窮、会津士族へのまなざし

### 1　会津士族の困窮情況

夫の会津が天下の雄藩を以て称せらるゝに拘らず、其亡ぶるに方つて国に殉ずる者、僅かに五千の士族に過ぎずして、農商工の庶民は皆な荷担して逃避せし状を目撃し、深く感ずる所あり、憂国の至情自から禁ずる能はず、因て以為らく、会津は天下屈指の雄藩なり、若し上下心を一にし、戮力以て藩国に尽さば、僅かに五千未満の我が官兵豈容易く之を降すを得んや。而かも斯の如く庶民難を避けて遁散し、毫も累世の君恩に酬ゆるの概なく、君国の滅亡を見て風馬牛の感を為す所以のものは、果して何の故ぞ。蓋し上下隔離、互に其楽を倶にせざるが為なり。既に楽を倶にせず、曷んぞ其苦を倶にせしむることを得んや。(18)

これは、明治元年の東北戦争を東山道先鋒総督府参謀として経験した板垣退助の、会津戦争時の感慨を紹介した『自由党史』のなかでもよく知られる部分である。板垣は、会津戦争で必死に戦っていたのは五〇〇〇人程度の会津藩士のみで、農工商の領民は荷物を担いで逃避していた。会津藩ほどの雄藩が「上下心を一にし」て、全力で戦えば、五〇〇〇に満たない自分たちがたやすく勝利を収めることはなかった。これは「上下隔離、互に其楽を倶にせざるが為」である、という。そして、この体験と感慨がみずからを自由民権運動へと向かわせたとする。つまり、板垣の眼には、当時の会津地方には、会津藩（士）と領民（農工商）とのあいだに精神的乖離がある、と写ったのである。(19)

戊辰戦争に敗北した会津藩士は、若松近郊へ仮住まいしてその後帰農する者、(20)藩主とともに斗南藩へ移住する者などにわかれるが、廃藩置県後には邏卒・巡査などの仕事を求め上京する者、会津に帰る者などがいた。一部の旧会津

藩士は官吏として登用されるが、ほとんどの者は困窮を余儀なくされた。

明治七年（一八七四）一〇月二八日付の報道書には、若松県の概況が以下のように報告されている。

> 日支和戦ノコト方今焦眉ノ形勢ト雖トモ当県静□（謐カ）ニ御座候最モ当節諸方無頼ノ窮士族へ救助トヤラヲ口実トシ金ヲ貸スナド、称シ其実ハ同盟結衆ニテ謀首ハ土人ナルヨシ孰レ原由ハ御地ニアリ旧土藩ト米沢藩トハ縁故ニテ当節置賜ニハ此徒ニ結フ輩モ有ルヘシトノ風説アリ何等ノ趣意ナルヤ突留タル確説ニハ無之ト雖トモ万一不逞ノ徒此先ノ形勢ニ依テ佐賀ノ如キ暴挙ヲ謀ル徒ニテハ無之哉尤当節ハ種々想像説モ有之乍併当県貫属ニ於テハ兼テ方向モ定リ嫌疑無之候得共窮士ノ事故右辺ノ事当県令沢氏篤ク注目セラレ候御地ニテモ右等ノ風説アリテ御注意御暗合ニモ候ハ、乍御面倒為心得御報所希候老婆心ヨリ嫌疑ヲ生シ御参考迄呈左筆置而已下略[21]

台湾出兵で「焦眉ノ形勢」であるにもかかわらず若松県は落ち着いている。ただし、「諸方無頼ノ窮士族」に対して「救助」を口実に金を貸すといいつつ、その実は「同盟結衆」を謀る者がいるが、その首謀者は土佐人のようである。この動向を、佐賀の乱のような「暴挙ヲ謀ル徒」によるものではないか、とする噂も流れている。若松県の行政も方向が定まり、このような嫌疑はないが、「窮士ノ事故」「県令沢氏篤ク注目」している、との内容である。ここで確認しておきたいのは、会津士族は「無頼ノ窮士族」と見られ、それゆえ県令の沢簡徳《さわかんとく》も動向を注視しているという事実である。

翌年二月の報道書には次のようにある。

> 前略方今流説不少煩念仕候然ルニ当地ニ於テハ党論ノ魁首ニナルヘキ人物モ無之昨年来屡其辺ノ儀教諭モ有之貫属ノ方向モ確定表面

朝旨ノ発令無之而ハ動カザルノ素志ニ有之聊御嫌疑筋無之乍併他県比類ナキ無禄ノ士族戊辰年来諸処浮浪壱銭ノ資本金モナク活計ノ目途無之客年示（爾）来米価貴ク益困難相極メ就中夜分物貰ヒ等ノ破廉□（恥カ）ニモ可及為体憫然ノ至ト雖トモ上ニ於テハ天下一般ノ窮民ト御見傚シ特別ノ御詮議モ無之乍併目下難忍次第ニテ所分方県官ノ困却迄ニ御座候尤壮年輩数多御地ニ寄留巡査兵隊等ニ登用相成居渠等モ方向一ニ帰シ候趣ニ候得共兎角人心ハ時ノ勢ヒニ乗シ候事ニテ精神モ反覆イタシ候得ハ諺ニ云足本ノ鳥党派相立候テハ不相済事ニ付其辺御注意有之度且予メ可嘆ハ御地同盟社其他県々ニ何社ノ結衆果シテ議論沸騰ノ巣窟ナルヘシ近来新聞紙上ヘ行政上ヲ非議シ或ハ喋々僻論ヲ表シ却テ天下ノ人心ヲ惑シ不逞ノ党ヲ誘引ナスニ至リ傍ラ今日不穏ノ況情ヲ醸スナルヘシ慨然ノ至ニ御座候右不取敢及貴報候云云(22)

この報告者の目には、若松県には「党論ノ魁首ニナルヘキ人物」もなく「嫌疑筋無之」としつつも、会津士族を「他県比類ナキ無禄ノ士族」とし、戊辰戦争以来「諸処浮浪」し、「壱銭ノ資本金モナク活計ノ目途」も立たないうえ、米価の高騰によりますます「困難相極メ」、なかには「夜分物貰ヒ等」をする者もいて「憫然ノ至」と映っている。これは、会津地方の特殊事情であるにもかかわらず、政府は「天下一般ノ窮民」と同様に位置付け、「特別ノ御詮議」もないために忍びがたい状況にある、としている。会津士族が極度の窮乏にあえいでいる様子が理解できよう。また、壮年輩の多くは東京に寄留し、巡査・兵隊等に登用されているが、東京は「同盟社其他県々ニ何社ノ結衆」して「議論沸騰ノ巣窟」となっており、最近は「新聞紙上ヘ行政上ヲ非議シ」たり「喋々僻論ヲ表シ」て「天下ノ人心ヲ惑」わし、「不逞ノ党ヲ誘引」していて、「不穏ノ況情ヲ醸」している。「人心ハ時ノ勢ヒニ乗シ」るものなので、彼らが党派を組織したりすることには注意すべきだ、としている。(23)

明治九年（一八七六）二月、野州（栃木県）佐野の源左衛門が見聞した若松県の近況が『東京日日新聞』に報道されている。(24)そこで描かれる会津地方は、「人民は頑固」「商売は不景気」で、生活水準は低く社会全体が閉塞状況にあり、「士族は都て無禄なれば活計に困る者ばかり」と、会津士族の窮乏ぶりも伝えられる。さらに注目すべきは、「官員をば総て官軍様と唱ふ是は戊辰ノ兵役よりの通語なり」との記述である。当時、若松に住む人々は、県吏を「官軍様」と呼んでおり、それは戊辰戦争以来の通語だというのである。県吏＝「官軍様」に対するものとして想起されるのは、会津士族＝「賊軍」ということになる。戊辰戦争後の若松町民は、会津士族を「賊軍」ととらえていたとみることができよう。会津士族からすれば、みずからを「賊軍」視して追い込んでいたのは、明治政府だけではなく、自分たちが統治してきた会津の人々でもあったということになる。

自由民権運動が、国会開設運動を軸に全国的に盛り上がりを見せはじめた明治一三年（一八八〇）頃の若松の景況が『朝野新聞』に掲載されている。そこには、「若松にては何者か毎夜二十名許りも市中を廻り物もらひに均しき業をなすもの有り之れを夜吠《やほえ》と名づく或は旧会藩士の困窮する者ならんとの事」[25]とある。明治八年二月の報告書にも夜な夜な物貰いをする会津士族の存在が報告されていたが、五年を経過しても状況は打開されておらず、そのような人々を「夜吠」と呼ぶようになっていた。困窮にあえぐ会津士族のありようは、会津の人々に共有された日常の風景と化していたと考えてよいだろう。

## 2　豪農層の政治的成長と会津士族へのまなざし

明治八年（一八七五）に福島県令に就任した山吉盛典は、大蔵卿大隈重信の財政政策に基づく産業振興を福島県で実践し、県内の農商の育成を計った。喜多方で結成された愛身社は、国会期成同盟に代表者を派遣していることもあり、政治運動としての自由民権運動の文脈で評価されることが多いが、田崎公司は山吉県政の産業振興政策に同調し結成された結社と位置付ける[26]。

そもそも、西南戦争後は極度にインフレが進んでいたため、豪農商は総じて経済的に成長する傾向にあった。若松町は戊辰戦争からの復興が焦眉の課題だったが、明治一〇年代半ばにはかなり復興も進んでいたようである[27]。

豪農層は、各村の戸長や県会議員など、直接地方行政に関わるポストに就き始めていた。しかも、会津の特殊事情として、従来治者の立場にいた士族は離散し、困窮にあえぎ、一部を除き行政の表舞台から遠のいていた。耶麻郡やその周辺の豪農層が立憲思想や自由・自治・進取といった価値観を重視した自由民権運動に惹かれたのは、このような社会状況と無関係ではないだろう。産業振興結社として組織された愛身社は、国会開設運動に加わり、政治性を強めるようになる。さらに、愛身社の国会開設運動に飽き足らない人々が先憂党を組織、より積極的に国会開設運動にかかわる。その結果、先憂党が主導権を握りつつ自由党会津部が組織されることになった(28)。豪農層は明治一〇年代に入り政治的・経済的に大きく成長していたのである。

明治一五年（一八八二）一月、三島通庸が福島県令に就任する。三島は、郡長・警察署長をはじめ、多くのポストに会津士族と自身と同郷の鹿児島県士族をバランスよく任命、配置してゆく。一方、士族授産金を獲得するとともに、日新館（旧会津藩校）再興の資金援助も行い、同年六月には日新館を本部とする日本立憲帝政党（会津帝政党）の結成も助成し、会津士族救済に力点を置いた県行政を展開する。会津士族の思惑については後述するとして、ここではこのような状況下で自由党員の豪農層は会津士族にどのようなまなざしを向けていたのかを見ておきたい。

遠藤庄象は、同年五月五日に書かれた自由党会津部当番各位宛の書簡で、「我党ハ社会ヲ善良ニシ四海平当（等）均一ノ権利ヲ全フセンコトヲ望ムハ素ヨリ論ヲ竢タツ」との前提に立ち、「政事思想ヲ普及セシメ」る傍ら「国益タルヘキ起業ニ眼光ヲソ、」ぎ、「会社ヲ設立シ党務ノ為ニ勢力ヲ増殖」すべきであると主張する(29)。自由党会津部の前身愛身社が産業振興を目的とした結社だったとする田﨑の指摘を念頭に置けばそれほど不思議な主張ではないが、注目すべきは、続いて記された「勧農起業ヲ現出シテ貧生死族ヲ固撫センコトヲ望ム」との表現である。「貧生死族」とは、〝貧しく生きる死んだも同然の士族〟というような意味だろう。つまり遠藤は、困窮する会津士族を勧業事業によって救うことを求めており、会津士族への同情を見せるのだが、その一方で「貧生死族」という侮蔑的な表現を用いているのである。一週間後の五月一二日に出された三浦信六の自由党本部宛書簡では、三島県令が「会津士族ノ無録（禄）ナルヲ潤察」して「二十万ノ起業金ヲ政府ニ請求」しようとしていることについて、「喪家ノ犬ニ似タリシ士族共」と言い捨てるような表現をしており、ここにも会津士族への冷ややかなまなざしが読み取れる。(30)

また、同年六月一一日に詠まれた帝政党結成風刺のチョボクレには、「オイラモ明治ノ始メニ痩死族カ復古ノ帰国ノトテグツ〳〵シテ居ルウチニ尾猿沢ノ後棒担ニ成タカラコンナ熟食《ウマキメシ》モ喰ヘル様ニナツタノサ」、「痩セ飢卒腹カ空《ヘツタ》ロウ」、「善キ談事モ出来ナイノサー其ハ天性《テイセイ》党ト称スルノサー」といった表現がある。(31)「痩死族」「痩セ飢卒」として会津士族の困窮ぶりを冷笑し、さらには「善キ談事モ出来ナイ」「天性《テイセイ》党」と帝政党の言論力をも見下した表現が用いられている。

明治一五年（一八八二）五月二九日、日本立憲帝政党結成に向けた親睦会が七日町山田楼で開かれるが、そこに同席した自由党賛同者の会津士族笹原辰太郎・山崎又三郎がそのときの模様を自由党の三浦信六と原平蔵に書簡(32)で報せている。そのなかで笹原・山崎は、親睦会での議論について、「自由勝手ノ主義目的」による「小児ノ談話会」であり、「笑止抱腹止マ」ないもので、「六チヤ六チヤ《無茶無茶》」の会だと評している。この会には自由党員の佐治幸平も同席していたようで、佐治からも三浦信六宛に書簡(33)が届いている。佐治は、帝政党の辰野宗治が「至極ノ吶弁ヲ以テ前後不揃ノ開会ノ旨趣ヲ演説」したとか、「良心モ慚ル所アルト見エ漸進若シクハ保守トハ不申候」と、民権論の時代的正当性を前提に会津士族の帝政党結成を見下した姿勢をとっている。さらに若松警察署署長の中条辰頼が帝政党への加盟と尽力を依頼してきたことに対し、「奇怪奇怪果シテ何ノ意ソ敢テ我輩ニ無礼ヲ加ル一ニ此ニ至ル可憎又可笑」と冷笑しつつ憤慨する。

以上のように、自由党員が会津士族を揶揄する際には、必ずといっていいほど「貧生」「痩」「死族」といった表現が用いられ、会津士族＝困窮という連想が定着したといえよう。そして彼らが組織しようとしている帝政党についても、否定的表現が並ぶ。自由党員たちは、立憲主義や自由主義を社会の進歩上必然ととらえ、地域社会でそれを担うべき存在が自分たちであるとの自負があり、会津士族のめざすものを保守主義とし、その旧態然としたありようを蔑むように見ていたのである。

## 三　『会陽雑誌』にみる会津士族・若松の課題

前節で若松県の官吏が「官軍様」と呼ばれていたこと、対する会津士族が明治初年からの困窮とそれによる侮蔑的視線を浴びていたことに触れた。田中悟が指摘するように、会津士族が「賊軍」の汚名を雪《すす》ぐことを課題としていたのであれば、非士族がそれを課題とせずにいたことは、会津士族にとって深刻な事態だったといえよう。会津士族と非士族とのあいだには、同郷人でありながらアイデンティティが共有されていない状況にあったのである。自由民権運動に奔走する豪農層とのあいだには、それに加えて政治理念の感情的対立があった。では、はたして、会津士族の政治的ビジョンは、自由党員のいうような取るに足らないものだったのであろうか。自由党員の評価にとらわれることなく、確認する必要があろう。

### 1　会津帝政党の結成とその論理

先述のように、明治一五年（一八八二）五月二九日、若松町七日町山田楼で会津士族らによって親睦会が開かれ、日本立憲帝政党の結成方針が確認される。それから一ヶ月あまり経た六月三〇日、町野主水(34)・原田種竜(35)・諏訪伊助(36)（代印香坂留彦(37)）の三名を総代として、「日本立憲帝政党主旨」と「綱領」（四ヶ条）を添付して、結党届(38)が三島県令宛に提出された。

「日本立憲帝政党主旨」は、まず近年の民権論の流行により、「各府県下政党ヲ組織スルモノ」が多く、政党を大別すると「急進」と「漸進」にわかれるが、急進は「詭激軽躁ニ陥」り、漸進は「怠惰萎靡ニ流」れる弊害があり、なかでも「過激ノ急進党ハ禍ヲ社会ニ貽ス」ことは論じるまでもなく、「内乱ヲ醸成シ国安ヲ妨害スルノ恐」があるとする。民権論と政党結成という時流から切り出し、なかでも急進的政党の危険性を主張し、「国体ヲ維持」するのは「国民ノ心力ヲ尊　王愛国ノ一点ニ帰宿セシムル」ためであり、「自由ノ理ヲ誤解シテ国会開設ノ期限ヲ遅シトスルモノ」を非難する。そのうえで、立憲政体樹立の「聖勅ヲ遵奉」するため帝政党を結成するのであり、「各自心身ヲ犠牲」にして「国民ノ本分ヲ尽」して「皇祚ヲ無窮ニ護持」することを心から願うとし、「彼ノ国会ニ熱躁シ共和ヲ呼称シテ社会ノ秩序ヲ壊」そうとする政党（自由党）との違いを明確に打ち出している。さらに「綱領」では、「王室ヲ尊ヒ社会ノ安寧ヲ保チ国権ヲ伸暢スル」（第一条）、「急進ニ馳セス守旧ニ流レス社会ノ秩序ヲ紊乱」しない（第二条）、国会開設の「聖詔ヲ遵奉シテ其準備ヲ」する（第三条）の目的を掲げ、これらの「主義目的ヲ同フシテ社会ノ改良ヲ図ル」（第四条）とする。

しかし、この届での結党は認められなかった。六月三日に「集会条例」が改正されたために、八月五日になって呼び出しがあり、尋問に対しての答弁書提出が求められた。尋問は三点だったようで、答弁は三ヶ条からなる。[39]まず、改めて結党の主旨が確認されている。これは、「急進ニ馳セス守旧ニ流レス　尊王愛国ノ一点ニ基キ大中至正ノ道ヲ守リ以テ社会ノ改良ヲ計ル」ことを目的としている、というもので、「主旨」「綱領」のままの内容である。次の「集会条例ヲ遵奉シ政談論議ヲ為ス」も、誓約に近い内容である。この二ヶ条は念押し以上の意味はないのだろうが、次の三ヶ条目が問題だった。政党団結の届を出した後、賛同者は「四千五百余名ニ及」んでいるが、「名簿及ヒ諸規則会社等」は「未タ全ク整備」していないので、確定次第届け出ると答えている。つまり、名簿や規則などの提出を求められたが、結成から二ヶ月が過ぎるも、規則の制定すらできておらず、それら一式の提出が結党の認可の前提とされたのである。

これをうけて名簿と規則が作成され、二ヶ月半程経った一〇月二一日、二人の幹事辰野宗治・町野主水の名で結党届が再提出された。[40]その際、届には「日本立憲帝政党綱領」（全一一条）と「党員名簿」として役員の名簿（常議員二二名、幹事三名）が添付された。

この届は、若松警察署署長代理の富田善吾から三島県令に進達されるが、その際富田は「敢テ条例ニ抵触スル廉モ発見セズ直ニ認可」すべきとの見通しを述べた伺書を提出している。しかし、富田の見通しに反し、一〇月三一日付で常議員の「深田仲栄外数名ノ原籍身分氏名年齢等詳記無之」ことを理由に認可は留保され、至急取り調べることを課した同警察署署長宛に照会文書が出されている。これに対し、理由は定かではないが、同署長からの取り調べ結果の提出はなかったようで、翌年五月二三日付で再度至急取り調べを求めると同時に、党員中に官吏が含まれていると不都合があるので除名すべきこと、山口千代蔵は改進党にも加盟しているので、こちらも住所・経歴等詳細を取り調べ至急報告することを指示する通達が出されている[41]。

これまで、三島県令は日新館の再興とともに会津士族に帝政党を結成させて、自由党を弾圧させたが、帝政党の届を正式に受理しない方針に転換したとされてきた。しかし、以上の経過を見る限り、帝政党側が充分に政党としての体裁をとれていなかったこと、提出した書類に多くの不備があったことも、認可されなかった理由と考えられよう。

そして、その間に自由党側は、「若松地方へ弥自由党本部ヲ設クル趣ナリ是ハ帝政党ニ争ヒヲ引起スノ策ナル由[42]」と報告されるような動きも見せていた。自由党はその直後、喜多方事件により党員が一斉検挙される。一方、帝政党は認可の見通しが立たない状況に追い込まれており、北会津郡長の大河平隆綱《おこひらたかつな》と町野主水が福島県庁に出向き、「若松帝政党維持之方法不相立現今之有様ニ打過キ候トキハ遂ニ解散スルノ外無之場合ニ立至」ると訴え、「政府ヨリ特別ニ維持費トシテ金三万円拝借」できないか、と申し出ている[43]。

さて、帝政党の「主旨」で雄弁に語られているのは自由党批判であり、「主旨」「綱領」を通して、みずからの政治的立場について深みのある論理を提示できていない。また、「規則」には、役員や大小二種類の会議に関する規定、入退会の手続などが定められているのみで、目的達成のための具体的な活動がなんら示されていない。ここから、主義や思想に基づいての結合というよりは、自由党への敵意が結党の原動力だったことは間違いないだろう。帝政党を結成しようとした会津士族たちが、三島県令の自由党弾圧方針のもとで大きな動きをしたことは、これまでの研究成果で充分に論証されており、今さら紹介する必要はないだろうが、一点だけ言及しておきたい。会津自由党の応援のために会津入りしていた福島自由党の佐藤清から無名館（福島自由党本部）への報告には、巡査や郡吏と口論した日の夜、「狗盗余ヲ打」とうとして「福島ノシャグマ」と叫んだとある。[44] 襲われた本人は、その理由を「毛ノ長キ故カ」と推測しているが、果たしてそうか。「シャグマ」（＝赤熊）をかぶるのは、戊辰戦争時の土佐藩の出で立ちである。そして、会津戦争で新政府軍を統率したのが、土佐藩の板垣退助だったことを考えると、赤熊→土佐藩→板垣退助→自由党という連想をしていたのではないか。

彼らには、経済的に成長した豪農層が自由民権思想と自由党を背景に政治的にも発言力と行動力をつけ、会津士族を凌駕しようとしている状況、「賊軍」雪冤という課題を非士族と共有できないでいる状況への危機感があった。それが会津戦争時の土佐＝板垣退助への怨念と結びつき、自由党に対する敵意となっていたのではないか。[45]

## 2 「賊軍」雪冤の実践、日新館の再興——『会陽雑誌』にみる会津士族固有の課題

喜多方事件により一定の目的を達成した会津士族にとって、容易に認可を得られない帝政党の維持は、それほど重要な問題ではなくなっていた。そもそも、自由民権思想をもとに政治的に成長し、経済的・政治的に優位に立ち始めた豪農層への会津士族の憤りと対抗心が帝政党結党の背景にはあるが、それ以上の政治的主張が前提にある政党ではなかったことは先に確認した。反自由党（≒反豪農層）、会津士族の復権（≒「賊軍」雪冤）に重きを置いた政党だったといってよいだろう。その意味では、当面の〝敵〟に大打撃を与えた今、帝政党を存続させる共通の課題は失われていたともいえよう。『会陽雑誌』が創刊された明治一六年（一八八三）八月一九日は、まさにそのような時期だった。同年一二月三〇日の第一九号を最後に休刊、そのまま再刊されることはなかった短命の雑誌ではあるが、会津士族の理論的指導者ともいえる辰野宗治[46]を持主兼印刷人、中川寅次郎[47]を編輯人に据え、論説などの記事の打ち出す論理により、会津士族を主導する役割を担ったとみてよいだろう。[48]

まず、『会陽雑誌』は会津地方をどのように位置付け、報じたのかを確認していこう。第一号の冒頭に掲載された「緒言」[49]は、「奥羽ノ都会タル我若松」にこれまで新聞・雑誌の発兑がなかったことを問題視することから始まる。そして会津地方の時事・要報・教育・殖産・農工・商売の景況や孝子・節婦の美談を紹介することで、「内外ノ事情ヲ察シ地方ノ現況ヲ詳カニスルノ針線」とし、人々の「気象ヲ振作シ節義ヲ涵養セシメ」ることを目的としていた。彼らにとって若松は、「奥羽ノ都会」なのである。ここからは、「会陽」という表現に象徴される会津アイデンティティの内実として、会津の中心としての若松アイデンティティを強く抱えている様子が読み取れよう。そしてこの「緒言」からは、自由党会津部では遂げられなかった雑誌刊行を実現させ、会津地方をリードしようとする意気込みもうかがえる。

会陽野生の寄書「会陽論」[50]は、地形・気候などの風土、それに伴う特産物、神代以来の歴史から会津地方を描いている。そして歴史の叙述は戊辰戦争へと及ぶ。

> 慶応戊辰ノ年ニ至リ該城官兵ノ攻囲ヲ受ケ千軍万馬ノ蹂躙ニ罹ルト雖モ当時上国ノ事情壅蔽シテ通セス城ニ背キ一ヲ借リ死アリテ二ナシ畢竟朴直鷙猂ノ臣子ガ世々主従タルノ義ヲ重ンシ孤城ヲ枕ニシテ国難ニ殉セントスル団結力ニ由テ死守スルコト三十日今日ヨリ此挙ヲ顧レハ政治社会ノ大革命ニ際会シタルモ若シ当時ニシテ此事ナカリセバ今日急運ノ開化文明ヲ招来スルコト能ハザルベシ所謂天雨アリテ地固マルモノ日本国家ノ為メニ却テ慶スベキニ似タリ

「朴直鷙猂ノ臣子」が「主従タルノ義ヲ重ンシ孤城ヲ枕ニシテ国難ニ殉セントスル団結力ニ由テ死守スルコト三十日」と、「賊軍」としての汚名を雪げずにいる戊辰戦争で戦死した会津藩士の選択・行動を美徳として讃える。その一方で戊辰戦争を「政治社会ノ大革命」と位置付け、戊辰戦争があったからこそ「今日急運ノ開化文明ヲ招来」できたとする。そして、そこでの会津藩の役割・行動を、「地固マル」ために必要な「天雨」と評して明治政府建設への貢献を主張することで正当化し、「日本国家ノ為」には「却テ慶スベキニ似タリ」とまでいう。

このような論理の背景には、すでに会津士族が官吏や警察官など明治政府内でのポジションを得始めていたことに加え、西南戦争では警視庁の巡査として多くの者が従軍し、戦死者は政府の慰霊対象となった事情があり、彼らはそこに「賊軍」雪冤について一縷の望みを見出していた。そして、明治一六年（一八八三）は、西南戦争から六年、つまり戦死者の七回忌にあたる年だった。戦死者の招魂祭は、一〇月九日に七日町の阿弥陀寺の遙拝所で予定されていたが、「墳墓《ふんぼ》を修繕《しゅうぜん》し戊辰の戦死者の霊《みたま》をも合せて一大招魂祭を施行せん」(52)との理由で「廿三日に延期《えんき》」され営まれた(51)。会主中条辰頼は次の挨拶をしている。

> 維レ明治十六年十月廿三日某等謹ンテ清酌庶羞ノ奠ヲ奉シ西南戦死者及ヒ戊辰戦死者ノ諸霊ヲ祭ル嗚呼西南ノ変起ルヤ吾郷ノ壮士奮テ徴募ニ応スルモノ千余名王ノ愾スル所ニ敵シテ身命ヲ顧ミス植木ニ決闘シ熊本ニ殊戦シ屍ヲ原野ニ埋ムルモノ佐川内村ノ諸子以下凡百有余名其功ノ烈ナル国史ニ徴シテ明ナリ嗚呼戊辰ノ役ニ際シ我旧藩ノ士君命ヲ重ンシ恩義ニ感シ伏見ニ北越ニ白川ニ若松ニ間関苦戦遂ニ命ヲ投ケシモノ殆ント四千余名是レ皆藩黌（即日新館）ニ出入シ其教育ニ薫陶セル諸士ニシテ亦其知ル所其学フ所ヲ履メリト謂ツヘシ然ラハ則諸士ノ精霊終ニ此土ニ聚マルヘキハ固ヨリ其ノ所ナリ某等不肖西南戊辰ノ役ニ従事スト雖トモ徒ニ驥尾ニ追随シ寸切（功）ナキヲ愧ルノ遑アラス復タ何ノ顔セ有テ諸士ノ霊ニ対せ（ママ）ンヤ然リト雖トモ今回発起有志者ノ推ス所トナリテ敢テ辞スル能ハス苟シクモ会主ノ任ヲ受ケ阿弥陀寺墳塋ヲ修補スルアリテ臨時祭典ヲ執行シ以テ諸士在天ノ霊ヲ慰セントス尚クハ神魂髣髴トシテ降リ笑テ之レヲ饗センコトヲ(53)

中条は、佐川官兵衛・内村直義ら西南戦争の戦死者について「其功ノ烈ナル国史ニ徴シテ明ナリ」とし、戊辰戦争戦死者については「君命ヲ重ンシ恩義ニ感シ」と義を貫いた行動と評し、明治政府との政治的対立構造には触れないことで、「賊軍」イメージを遠ざけた挨拶をしている。ちなみにこの招魂祭には、政治的配慮からか旧藩主松平容保は若松に戻っているにもかかわらず参列せず、容保の六男で六歳の松平恒雄と七男で四歳の松平保男が参列している。

この招魂祭に先行して、白河口での会津藩戦死者を祀り、記念碑を建立しようとする呼びかけが二ヶ月ほど前から行われていた[54]。「賊軍」雪冤の動きはすでに始動していたのである。さらに、松平容保が会津に転居する計画も具体化し、御薬園に居館が新築されようとしていた[55]。

中条の挨拶に話を戻すと、この挨拶で注目すべきは、戊辰戦争での戦死者四〇〇〇余名が「皆藩黌（即日新館）ニ出入シ其教育ニ薫陶セル諸士」であると強調していることである。日新館が三島県令の援助もあり再興されたことは周知の事実だが、その第一期式が盛大に催されたのが二ヶ月ほど前の八月二六日だった[56]。さらに、九月三〇日には、日新館生徒一〇〇余名により、飯盛山にある白虎隊の墓域拡張工事が行われるという、日新館再興を象徴的に意識付ける慰霊行動があった。一一月には石版画による白虎隊一六士自刃図「忠臣義士」五〇〇部の注文販売が始められ、鎮台や小学校からの注文が多いと報じられている[57]。ちなみに、この図の題字「忠臣義士」は、松平容保の揮毫で、その言葉に説得力を加えている[58]。

この時期は、駅逓総監野村靖が若松訪問時に日新館の題字を揮毫したり[59]、参議伊藤博文・農商務大輔品川弥二郎一行が視察のため若松滞在中に日新館を訪問したりと[60]、会津士族にとって、「賊軍」雪冤がかない、明治政府が敷いた近代化のレールに乗る足がかりとなったと思わせる出来事が続いた。

以上のように、『会陽雑誌』が発行されていた明治一六年（一八八三）八月から一二月は、会津士族にとって「賊軍」雪冤という積年の課題の実現に向けて大きな進展があった時期だった。松平容保の御薬園への転居、日新館の再興など、会津士族のアイデンティティにとって重要な意味をもつ出来事とあいまっていたことも、重要だった。『会陽雑誌』は、短命の雑誌だったが、こういった会津士族の置かれた状況の変化を報道するという大きな役割を担ったのである。

## 3 『会陽雑誌』の描く近代化——地域経済の振興を中心に

では、辰野宗治らが描いていた会津地方近代化のビジョンはどのようなものだったのか。従来、自由党員への横暴による低評価も影響し、彼らの政治的・経済的ビジョンは分析の対象とされることは少なかった。ここでは、彼らが三島県政に協力して自由党の方針と対抗しつつ、めざした会津地方の近代化のビジョンがどのようなものだったのかを、『会陽雑誌』に掲載された会津三方道路開鑿事業を軸とした地域経済振興策にかかわる「寄書」（論説記事）を中心に検討してみたい。

前掲の会陽野生「会陽論」は、以下のように続いている。

我士民明治ノ昭代ニ浴沢シテ無禄ノ窮路ニ陥リタレド業已ニ就産自営ノ途ニ孜々トシテ現ニ飢餓ノ者ヲ見ズ独立不羈ノ士タルニ庶ク又天府ノ美国タルヲ覚知シ衰ヘタルノ農産ヲ振作シ廃レタル工産ヲ挽回シテ力作不撓ノ民タルニ庶シ故ニ士ハ従前ノ士ニアラス民ハ従前ノ民ニアラス四方ノ峻路ハ鑿開シテ車馬絡繹タル垣道トナリ湖上一葉ノ扁舟ハ化シテ汽船トナリ山間鬱蒼ノ雲霧ハ晴レテ瑞靄トナリ耳目一新恰モ桃李ノ春陽ニ遭逢シタルカ如シ(61)

まず、「就産」により「無禄ノ窮路」を脱して「独立不羈ノ士」としての自信を取り戻した会津士族と、「農産ヲ振作シ」「工産ヲ挽回」した「力作不撓ノ民」を、「士ハ従前ノ士ニアラス民ハ従前ノ民ニアラス」とする。そして、「四方ノ峻路ハ鑿開シテ車馬絡繹タル垣道トナリ」というように、ここには、交通の便益が図られたことで、四方を山に囲まれた会津地方の「鬱蒼ノ雲霧ハ晴レ」るとの宣言がある。つまり、経済的復活を遂げる会津士族、農業・工業の挽回を図る民、そしてインフラ整備により会津地方は活性化するというのである。このビジョンは、『会陽雑誌』

に終始一貫しており、会津太郎「漆木ノ枯萎ヲ嘆ス」（第二号）、同「市場論」（第四号）、若松二郎「勧業共進会ノ催シアランコトヲ望ム」（第六号）、会津太郎「漆器陶器ノ画風ヲ改良スベシ」（第八号）、吉野龍雄「職工学校ノ設立ヲ望ム」（第九号）、小倉貞「会陽百年ノ物産ハ何ゾ」（第一一号）、東洋山人「若松商估ノ方向如何」（第一三号）、天縦学人「貨幣ノ効用ヲ論ス」（第一三・一四号）、潤洲学人「会津振起策」（第一八号）、一器迂士「機械ハ文明ノ脚足」（第一九号）と、産業・経済に関する論説が寄書の約半数にのぼる。

ここでは、本論に直接かかわる道路開鑿に関して言及している部分を見ていきたい。まず、若松二郎「勧業共進会ノ催シアランコトヲ望ム」[62]では、次のように語られる。

> 気運茲ニ回シ会陽三方道路開鑿ノ挙アリ民間多少ノ苦情ナキニ非サルモ此挙タルヤ旱天ノ驟雨饑餓ノ一餐ト云フベク将ニ枯レントセシ物産モ是ヨリ生キ将ニ斃レントセシ工業モ是ヨリ興ラントス余輩ハ会陽百年ノ為メ喜バサルヲ得サルナリ然リト雖トモ今日会陽人民ニ在リテハ道路開鑿ノ負担決シテ軽キニアラス余輩モ亦其容易ナラサルヲ知ル兼テ又凡ソ事ハ眼前ニ局促セス永遠ニ考察シ利害ハ直接ノ得失ノミヲ以テ算スベカラス間接ノ損益オ（ヲ）モ合セテ計ルベキコトヲ知ラサルベカラス今ヤ三方道路開鑿ノ為メ間接ニ生スル所ノ利益ハ唯タ会陽全体ノ大計ニ算入スベキノミナラス引キテ社会ニモ其利益ヲ与フルコト少カラサルナリ

三方道路開鑿計画に「旱天ノ驟雨饑餓ノ一餐」「将ニ枯レントセシ物産モ是ヨリ生キ将ニ斃レントセシ工業モ是ヨリ興ラントス」との評価を与え、会津地方の経済再建にとって千載一遇の好機ととらえている。一方、開鑿事業に苦情があることは認め、「会陽人民ニ在リテハ道路開鑿ノ負担決シテ軽キニアラス余輩モ亦其容易ナラサルヲ知ル」としつつも、眼前の負担と将来的な利益とを比較し、後者の利益を重視すべきであり、前者を重視するのは「会陽全体ノ大計」を判断できていない考え方であると批判する。

東洋山人「若松商估ノ方向如何」[63]では、三方道路開鑿による運搬日数の削減効果を具体的に示し、「実ニ若松商買（売カ）社会ニ一変動ヲ与フルノ時」であるとして、「苟モ遠見アルノ商估ハ宜シク之カ備ヘナカルベカラサルノ日ナリト思ハル、ナリ」と訴え、「若松ノ資本者タリシ大商ハ如何ナル準備アルヤ」と問いかける。

一方、道路開鑿事業に協力的な人物は、その行為を美談として紹介する。例えば、道路開鑿代夫賃を明治一七年（一八八四）四月まで「皆納」したうえで、寄付金まで出しているという南会津郡の状況を紹介し、郡長・郡吏・戸長へ県庁から賞与が下賜されたことを報じたり[64]、道路寄付金の件で人々を呼び集めて「修路費《しうろひ》に対《たい》し我々か義務《きむ》のある所を懇々《こん〳〵》説諭《せつゆ》」し、生活が困難で義務に堪えられない者へは「自ら私財《しさい》を与へて寄附」させた大関佐平を、「今世《こんせい》に稀なる慈恵《しけい》の人」として讃えている[65]。このような道路開鑿協力者を讃える記事には、反対運動を展開してその実現に非協力的な態度をとる自由党員や耶麻郡の農民たちを、暗に批判する意図があると読むべきであろう。

ただし、会津士族にとって商業・経済といった分野は、理念は語れてもそれ以上踏み込める分野ではない。彼らがもう一つ重視したのが、地域秩序を創り上げる理念や規範、その基となる教育である。若松二郎は寄書「宜シク活学問ヲ修ムルノ法ヲ設クベシ」[66]で、「今ヤ世人往々事物ノ皮想（相カ）ニ馳セ空理ヲ解テ実利ヲ務ムル者稀ナリ」と慨嘆しつつ、書物に頼るのではなく、実社会そのものから学ぶ「活学問」の必要を説く。「社会ヲ文明ニ進歩」させるのも、「興業殖産ヲ盛ニシ国ヲ富マシ兵ヲ強」くするのも学問であり、条約改正が成功しないのも、国会ができないのも学問がないためだとし、学問には「通力自在ノ大能力」があるというのである。これも裏を返せば、自由党員は「事物ノ皮想（相カ）ニ馳セ空理ヲ解テ」おり、彼らの思想・知識は紙上のものでしかないとの批判が込められているのであろう。若松二郎は寄書「文明ノ基趾ハ小学教育ニ在リ」[67]でも、「今ヤ世人カ熱心狂奔シテ談論スル政治ノ如キハ文明組織中ノ一部分ノミ」であり、「縦令ヒ政体カ如何ニ善良無欠ナレハトテ自他百般ノ芸術事体挙ラサレハ決シテ文明ナリト云フベカラス」と指摘する。これも明らかに自由党の活動を意識的に批判したものであろう。そして、この背景には、日新館の再興が軌道に乗り、「活学問」を提供できるとの自信があるのであろう。

この経済振興論と教育論は、教育による地域発展の基礎構築を重視しているという意味で密接な関係にある。そして、彼らの経済振興論・教育論の背景には、紙上での学問しか身につけていない（「活学問」が身についていない）自由党員には、会津地方の近代化や経済復興を見通す能力はないとし、それを見通すことのできるのは我々であるという自負がある。会津各郡の教育状況を紹介する記事が掲載されるなか、自由党の地盤だった耶麻郡だけは教育水準の低い地として紹介されているのもそのためであろう(68)。

ここで、会津三方道路開鑿から喜多方事件に至る過程で、道路開鑿反対運動の指導者となった自由党員と、賛成し推進した会津士族との関係を再度整理しておこう。当初開かれた会津六郡連合会では、自由党員も会津士族も道路開鑿には賛同していた。つまり、道路開鑿がもたらす経済効果への期待は、両者に共通するものだった。しかし、さかのぼっての代夫賃徴収や決定路線への不満も絡んで、耶麻郡を中心とする農民たちは強く反発した。このとき耶麻郡を地盤としていた自由党員たちは、民意と真摯に向き合うことを最優先して考えを改め、天賦人権論に基づいて権利恢復運動へと進んでいった。辰野ら会津士族は、その天賦人権論に代表される自由党員の依拠する思想を紙上の学問とし、眼前の社会と向き合っていないと批判したのである。そして会津三方道路開鑿が会津地方の復興にとっていかに重要かを理解できない自由党、理解できる我々との立場をとった。とすると、会津士族は、単に三島県令に従属して自由党弾圧に奔走したのではなく、むしろ三島県令に協力することで、その権力を利用し会津復興のきっかけとなる会津三方道路の実現をめざしたとも考えられる。言い換えれば、三島県令と会津士族のあいだには相互に利用し合おうとする関係が存在していたともいえよう。

## おわりに

会津士族は、「賊軍」の汚名と困窮という苦境のなかで新たな時代を生きざるをえない状況に身を置いていた。一方、新たに地方行政の場で力を発揮し始めたのが豪農層で、彼らは自由民権思想に共感し自由党員となるが、時折会津士族に対して侮蔑的態度を見せる。その状況に堪えつつ、会津士族は明治一〇年代を生きていたのである。『自由党史』では、戊辰戦争時の板垣退助の眼に映った会津藩と民意との乖離が象徴的に描かれているが、両者の乖離は、明治に入って立場が変わることで〈ねじれ〉を生みつつ、より顕著になっていた。この状況で、「賊軍」雪冤と困窮からの脱出は、会津士族固有の、そして焦眉の課題となっていたのである。

三島県政の時代は、会津士族にとって課題克服のための好機だった。三島は山形県令時代から会津士族を雇用しており、福島県令に着任してからはさらに多くの会津士族を雇用した。それだけでなく、士族就産事業や日新館の再興などにも補助金を用意する一方で、自由党との対決姿勢を明確にしていた。会津士族はこの好機を利用して会津地方における政治的復活をめざしたのである。その焦点となったのが、清水屋事件であり、会津三方道路をめぐって起こった喜多方事件だった。

清水屋事件は、会津士族の横暴ぶりが際立つ事件だが、その背景に自由党員も含めた人々の侮蔑的視線に晒され続けた者がもつ鬱屈した思いがあったことは間違いない。さらに、自由党の総理が板垣退助だったことも、会津士族の反発を生んだと考えるべきであろう。福島から応援に来ていた自由党員佐藤清が「福島ノシャグマ」とののしられて襲われたことは、自由党―板垣―土佐―赤熊という連想に基づく怨念ともいえる感情があったことを物語っている。我々は戦後に強調されるようになった会津の〝反薩長〟というイメージにとらわれ、三島に近づく会津士族の態度に疑念をもちがちだが、当時の会津士族にとってはむしろ、板垣＝土佐への憎しみの方が上回っていた可能性も念頭に置かれるべきであろう。

会津三方道路については前述のように、自由党員の六郡連合会議員も開鑿に賛同していた。しかし、自由党員は、耶麻郡を中心とする人々の反発に直面して、その民意を尊重しようと態度を変えたのである。その結果、会津士族と自由党員はこの問題で真っ向から対立することになるが、自由党員は民意や眼前の人々の苦境からの救出に重きを置き、会津士族は将来の会津地方の経済的再興に重きを置いた。そして、自由党員は自由民権思想に自分たちの判断の根拠を求めて三島県政や会津士族の判断を非難し、会津士族は自由党員の判断を大局を読むことのできない浅はかな考えとして非難したのである。

喜多方事件で会津の自由党員が大量検挙されたのち、会津士族は日本立憲帝政党の結成がなかなか認められず、あきらめることになる。このことで会津士族の活動も閉塞化していったと考えられがちだったが、自由党が壊滅的打撃を受けた時点で、帝政党の認可は会津士族にとって重要ではなくなっていた。明治一六年（一八八三）には、西南戦争戦没者の七回忌にあわせて会津戦争戦没者の招魂祭を実現するとともに、日新館の再興とあいまって白虎隊の顕彰も行われるようになった。「賊軍」雪冤にむけての大きな一歩を踏み出すことができたのである。

また、長年会津地方で為政者として生きてきた彼らには、彼らなりの地方行政や地域振興のビジョンがあった。会津士族たちによって喜多方事件の翌年に創刊された『会陽雑誌』には、「賊軍」雪冤のニュースとともに、自分たちの地域行政や振興のビジョンを提示する役割があったといえよう。

さて、本章が分析の対象としたのは、自由民権運動と対峙した会津士族である。これまでの民権研究は、会津士族と三島県政を〈権力〉側という枠内に収めて同一視し、弾圧される民権運動・農民に対してマジョリティの立場にあると位置付けたうえで、その横暴ぶりを否定的に評価し、その一方で、民権運動の側に歴史的正当性を与えてきた。

しかし、田中悟が指摘するように、日本の近代国家形成の論理において、会津士族は戊辰戦争における「賊軍」としての汚名と困窮に堪えながら生きざるをえない状況にあった。むしろ、マイノリティに追い込まれていたのは会津士族の方だったといえよう。一方、民権運動は、明治政府＝三島県令に弾圧されつつも、近代化が進む社会において否定しきれない文明論的必然を武器にした運動であり、論理的にはマジョリティの立場にあったともいえる。それを背景とする民権家の自信は、時に会津士族への侮蔑的視線となって現れた。会津士族にとってみれば、以前は領民として自分たちの支配下にいた豪農たちが、みずからを「賊軍」に陥れた象徴的存在である板垣退助を総理とする自由党に入党し、自分たちに侮蔑的態度を見せることは、許容できるものではなかったであろう。会津士族の自由党員への敵意には、板垣退助に対する怨念も複雑に絡んでいた。会津士族は、このような状況下に政府＝三島県政へ反発する姿勢を強め始めた自由党と対抗する関係に立ち、政府＝県政に同調することで、自分たちのマイノリティとしての立場を克服してマジョリティの位置への転換をねらったのである。

つまり、戊辰戦争に敗れ「賊軍」となった会津士族は、日本近代化の論理上最もマイノリティの立場に追いやられ、それまでの領民とのあいだには〈ねじれ〉が生じた。そして、明治一〇年代前半に形成された会津士族＝マイノリティ、自由党員＝マジョリティという関係の打開をめざした会津士族は、三島県政と結びつき、「賊軍」の汚名を雪ぐことで日本近代化におけるマジョリティへの転換を試みたのである。その意味で、清水屋事件・喜多方事件は、この日本の近代化が創り出したマイノリティとマジョリティの〈ねじれ〉現象が生んだ事件だったといえよう。

注

（1）　羽鳥卓也「民権運動家の「精神」——福島事件史序論」（『商学論集』二〇—三、一九五一年）、下山三郎「福島事件小論」（『歴史学研究』一八六・一八七、一九五五年）、大石嘉一郎『日本地方行財政史序説』（御茶の水書房、一九六一年）、安在邦夫『立憲改進党の活動と思想』（校倉書房、一九九二年）、高橋哲夫『福島民権家列伝』（福島民報社、一九六七年）、同『福島事件』（三一書房、一九七〇年）、庄司吉之助『福島自由民権運動史——その政治思想と経済的背景』（歴史春秋社、一九八二年）に代表される多くの成果がある（羽鳥・大石らの成果については、本書第一章河西論文を参照のこと）。また史料集としては、庄司吉之助編『日本政社政党発達史——福島県自由民権運動史料を中心として』（御茶の水書房、一九五九年）、『福島県史』第一一巻、資料編六・近代資料1（一九六四年）、『喜多方市史』第六巻（中）近代資料編Ｖ、自由民権運動（一九九六年）などが刊行されている。

（2）　たとえば、福島県の民権研究を理論的に牽引してきた大石嘉一郎は、「権力的な地域開発は、〔中略〕何よりも国家的利益を優先させ、その地域の人民の意思を無視して、特に負担だけを押し付けるのですから、長い目でみたその地域の産業と住民生活の発展にとってマイナスの面をもっているわけです」（「自由民権運動の今日的意義」〔喜多方歴史研究協議会『自由民権運動の今日的意義——喜多方事件九八周年国会開設請願一〇〇周年記念集会巡検報告書』一九八一年〕二〇頁）と語り、実証研究で牽引してきた庄司吉之助は、「喜多方事件は、福島事件のように政党活動と啓蒙運動と共に、会津地方の自治体確立を主体的に運動を展開したということで特徴をもっている」、「三方道路開鑿の県の上からの命令や、封建時代の賦役労働に等しい代夫賃徴収の仕方は、会津民衆の血を湧き立たせ、ついに権利回復を揚げ、特別成規をつくり、村民自らの防衛に立ちあがらせた」(「喜多方事件百周年記念に際して」〔自由民権運動福島・喜多方事件百周年記念事業推進委員会『喜多方事件百年』一九八二年〕六頁)と評している。

近年の福島・喜多方事件についての研究成果としては、安在邦夫「福島・喜多方事件再考――同根複合事件・裁判から見た事件像」(高島千代・田﨑公司編『自由民権〈激化〉の時代――運動・地域・語り』日本経済評論社、二〇一四年)がある。これは裁判史料の再検討を提起したものだが、福島・喜多方事件を「自由党撲滅・帝政党の育成・会津三方道路の開鑿を使命とする県令三島通庸の施政・姿勢と、福島自由民権派・県民の対立が激化し、内乱罪・兇徒聚衆罪など重罪犯として多くの運動関係者が逮捕・裁判に付された事件」と把握し(一二一頁)、「構成する三つの事件、すなわち、議案毎号否決事件・会津三方道路開鑿事件・無名館血判盟約事件と、各裁判に通底しているのは、官憲の執拗な自由民権運動弾圧という姿勢である。その意味では、福島・喜多方事件は同根の複合事件と把握できる」とするが(一四一頁)、ここで指摘される複合性は、事件にかかわった人々の多様性を指しているのではなく、あくまでも複数の事件の複合事件として福島・喜多方事件を描き出しており、二項対立の構図自体に対して再検討の必要性を指摘しているわけではない。

(3) 喜多方での研究活動・顕彰運動を牽引した赤城弘は、清水屋事件について「(帝政党は――引用者)諏訪伊助、町野主水、辰野宗治らを中心に、日新館を根城にし、三島県令の士族授産金、道路補助費の恩典をうけながら会津自由党いじめの先兵になっていく。三方道路起工式の夜、栄町清水屋に投宿していた宇田成一、小島忠八、福島自由党員田母野秀顕を襲い宇田らを負傷せしめ、道路開さくに反対をしないとの誓書をとる」と説明したうえで、「会津帝政党の所業は、人民の怨嗟の的になった」とする(「喜多方の自由民権運動」〔前掲『喜多方事件百年』〕一二三頁)。

(4) 堀幸一郎「『會陽雑誌』の時代と人々」上・下(『会津若松市史研究』七・八、二〇〇五・〇六年)。

(5) 服部之總『明治の革命』(日本評論社、一九五〇年)。

(6) 前掲下山論文。

(7) 前掲『喜多方市史』第六巻(中)、五八六～六六一頁。

(8) 安丸良夫「民衆運動における近代」(深谷克己・安丸良夫編『日本近代思想大系二一　民衆運動』岩波書店、一九八九年)。

(9) 稲田雅洋『日本近代社会成立期の民衆運動――困民党研究序説』(筑摩書房、一九九〇年)。

(10) 鶴巻孝雄『近代化と伝統的民衆世界――転換期の民衆運動とその思想』(東京大学出版会、一九九二年)。

(11) 牧原憲夫『客分と国民のあいだ――近代民衆の政治意識』(吉川弘文館、一九九八年)など。
(12) 会津士族の研究には、高橋哲夫が戊辰戦争以後の士族たちの足跡を統計的分析とともに、個々の履歴を紹介しながら分析した労作『会津の士族――福島県における士族の動向』(歴史春秋社、一九八〇年)がある。また、中沢剛「日本立憲帝政党の一年――幻に終った会津若松の政党」(『民衆史研究』四、会津民衆史研究会、一九八〇年)は、日本立憲帝政党(会津帝政党)を中心とした会津士族の動向をまとめている。
(13)『会陽雑誌』は、国立国会図書館と会津若松市立会津図書館に所蔵されているが、同誌を扱った研究成果は、管見の限り前掲堀論文のみである。堀論文は『会陽雑誌』を多角的に分析した力作であるというだけでなく、本論が問題視する会津士族の思想分析の必要性を問題提起している点でも、多くを学んでいる。
(14) 田中悟『会津という神話――〈二つの戦後〉をめぐる〈死者の政治学〉』(ミネルヴァ書房、二〇一〇年)。
(15) 宮崎十三八『会津地名・人名散歩』(歴史春秋社、一九八九年)一七二~一七三頁。なお、町野については注34を参照。
(16) 赤城弘「喜多方の自由民権運動」(前掲『喜多方事件百年』)三八頁。
(17) 中村とし『会津の近代史を考える』(会津若松近代史研究所、一九九三年)二二・四〇頁。中村は、会津若松在住の会津女性近代史研究者で、福島自由民権大学の会員でもあり、「風間ハルと「先憂党」」や「渡部鼎の「婦人束髪会」」とその仲間たち」などの成果がある(同書所収)。
(18) 板垣退助監修、宇田友猪・和田三郎編『自由党史』上(五車楼、一九一〇年)六頁。句読点は史料のまま。
(19)『自由党史』は、立憲政友会が組織される際、旧自由党系の流れをくむ政治家・活動家のなかにある不満を解消し、アイデンティティを維持する目的で編纂することが決められたが、実際の叙述は板垣退助を中心とする土佐派の活動の正当化に傾いている。つまり、会津戦争についてのこのくだりは、後の福島事件についての記述とのかかわりで、敵対する会津士族像を描くための布石としての効果が意識されていた可能性は多分にあるだろう。それでも、まったくの創作ではないからこそ、『自由党史』はこの板垣の感慨を冒頭に印象的に記したのだろう。『自由党史』の記載はあながち間違いではないらしく、会津若松市内には実際に家財道具を持ち出して郊外へと逃げたと語り継がれている家もある。
(20) この点については、酒井淳「戊辰戦争直後の藩士家族の仮住まい」(『歴史春秋』三八、一九九三年、のちに酒井淳『会津の歴史と民俗――新しい地域史のために』上、酒井淳著作刊行会、二〇〇三年所収)に詳しい。
(21)「若松県ヨリ信報書之抜萃」(明治七年一一月、国立国会図書館憲政資料室所蔵「三条家文書」五八―一五)。
(22)「若松県ヨリ信報書之写」(明治八年二月、「三条家文書」五八―一二)。

(23) 明治九年（一八七六）一〇月の思案橋事件など、旧会津藩士による反乱が予見どおり起きたことを考えると、この報告者の観察力はある程度信頼してよいだろう。

(24) 「若松県近況」（『東京日日新聞』第一二四五号、明治九年二月五日「雑報」欄）。

(25) 『朝野新聞』第一八九七号、明治一三年一月一一日「雑報」欄。

(26) 田﨑公司「内務省段階＝大隈財政期の「農商」育成振興政策――福島県の事例を中心として」（『福大史学』六〇・六一合併号、一九九六年）。

(27) 明治一六年（一八八三）の情報ではあるが、『会陽雑誌』第七号（明治一六年九月三〇日）には、参議伊藤博文とともに若松を視察した西園寺公望の「戊辰の際軍に従ひ若松に来り兵燹《へいせん》に罹《かゝ》り修羅《しゅら》の場と化せし惨状《さんじょう》を見て帰京するの時は将来亦市街を為すへきかを疑《うたか》ひしに今や当地に来り若松市街の壮観隆盛《そうくわんゆうせい》なるに驚けり」との談話が紹介されている。

(28) この経緯については、拙稿「会津地方民権結社・政党の結成――全国的国会開設運動への連携」（『中央史学』二一、一九九八年）、「地域結社と演説・討論――明治一〇年代前半会津地方を事例に」（安在邦夫・田﨑公司編『自由民権の再発見』日本経済評論社、二〇〇六年）を参照。

(29) 遠藤庄象の自由党会津部当番各位宛書簡（明治一五年五月五日、前掲『喜多方市史』第六巻（中）、九〇頁）。『喜多方市史』では、本章が「貧生死族」とした箇所を「貧生配族〔属〕」、「竢タツ」を「竢タツ」、「眼光」ヲ「眼先」と解読しているが、誤読と思われる。

(30) 三浦信六の自由党本部宛書簡（明治一五年五月一二日、前掲『福島県史』第一一巻、一三一頁）。

(31) 帝政党結成風刺のチョボクレ（明治一五年六月一一日、同前、三四五頁）。

(32) 笹原辰太郎・山崎又三郎の三浦信六・原平蔵宛書簡（同前、二五九頁）。この書簡には日付が記されていないが、明治一五年（一八八二）五月二九日の会津士族の帝政党結成に向けた親睦会について報じた書簡だということを考えれば、同年五月末から六月初旬と推定ができる。

(33) 佐治幸平の三浦信六宛書簡（明治一五年六月一六日、同前、二六一～二六二頁）。

(34) 町野主水は、天保一〇年一一月二五日（一八三九年一二月三〇日）生まれ。第一節で触れたとおり、会津戦争直後に会津藩戦死者の埋葬に尽力した人物で、そのときの苦労は聞き取り記録「明治戊辰殉難者之霊奉祀ノ由来」（宮崎十三八編『会津戊辰戦争史料集』新人物往来社、一九九一年）に詳しい。清水屋事件首謀者の一人でもある。諏訪伊助らと会津士族の就産に尽力した。大正一二年（一九二三）没。

(35) 原田種竜は、慶応四年(一八六八)八月に家老となり戊辰戦争を戦った。その後については詳細不明。
(36) 諏訪伊助は、天保三年(一八三二)五月生まれ。鳥羽伏見の戦い直前に会津藩家老となる。町野主水らと士族就産事業に尽力した。明治一七年(一八八四)には北会津郡長となる。明治三二年(一八九九)没。
(37) 香坂留彦については詳細は不明だが、若松新町に居住し、明治一五年(一八八二)四月二三日に自由党員も参加した若松大町融通寺で開かれた政談演説会では、「政党論」という題で演説している。
(38) 日本立憲帝政党結成の「御届」(明治一五年五月三〇日、前掲『福島県史』第一一巻、三四六頁)。
(39) 日本立憲帝政党結党届尋問に付「答弁書」(明治一五年八月五日、同前、五〇二頁)。
(40) 日本立憲帝政党結党の「御届」(明治一五年一〇月二一日、同前、五〇二~五〇四頁)。
(41) 日本立憲帝政党結成届につき通牒案(明治一六年五月二三日、同前、五〇四頁)。
(42) 田中章の村上書記官宛探偵報告書(明治一五年一一月二二日、同前、六一六頁)。
(43) 日本立憲帝政党への対応策指示を求める村上楯朝の三島通庸宛書簡(明治一五年〔末か〕、同前、五〇五頁)。
(44) 佐藤清より無名館への報告書簡か(明治一五年一一月、同前、五〇一頁)。
(45) 本書第三章新井論文第一節にも、福島県の三浦篤次郎は、東北連合が提案されたとき、東京の板垣退助から独立すべきであると主張したことが紹介されている。三浦は須賀川出身で士族でもないが、この主張についても、同様の感情があった可能性を含め、再検討の必要があろう。
(46) 辰野宗治は嘉永三年(一八五〇)一二月生まれ。若松県吏、北会津郡役所書記等を歴任し、明治一五年(一八八二)三月会津六郡連合会議員、福島県会議員となる。県会では議案毎号否決事件で反対の立場をとる。清水屋事件の首謀者の一人であり、日本立憲帝政党幹事でもある。詳細は前掲堀論文を参照。
(47) 中川寅次郎は、明治一七年(一八八四)一〇月一三日に営まれた白虎隊一七回忌辰祭で発起人となるなど、「賊軍」雪冤に奔走し、日新館の副学監も務めることとなる。
(48) 前掲堀論文(下)では、辰野・香坂が京都で開催された帝政党の全国大会的性格の西京同志大懇親会に出席したことで、党活動の新たな課題を抱えて帰郷し、それが『会陽雑誌』の創刊という「施策の実践」になったとするが、帝政党自体はその後も目立った活動をしていない。『会陽雑誌』は、帝政党としての課題のためではなく、会津士族たちの課題克服の新たな実践として考える必要があるのではないか。
(49) 『会陽雑誌』第一号、明治一六年八月一九日。

(50)　同前。
(51)　「墳墓修理並招魂祭」(『会陽雑誌』第八号、明治一六年一〇月七日)。
(52)　中条辰頼は、嘉永六年一月四日(一八五三年二月一一日)生まれ。警視庁に勤めていたが、明治一五年(一八八二)二月二〇日付で若松警察署署長となる。翌年二月には副典獄を兼ね、若松監獄支所の管理も担った。
(53)　「阿弥陀寺招魂祭」(『会陽雑誌』第一一号、明治一六年一〇月二八日)。
(54)　「記念碑建立」(『会陽雑誌』第三号、明治一六年九月二日)、「記念碑建立綱領」(『会陽雑誌』第四号、明治一六年九月九日)。実際に記念碑が建立されたのは、一七回忌にあたる翌明治一七年(一八八四)で、篆額は松平容保が揮毫している。
(55)　「奇特者」(前掲『会陽雑誌』第八号)では、諏訪伊助・町野主水を中心に進む松平容保の居館建設、「旧藩主来着」(『会陽雑誌』第九号、明治一六年一〇月一四日)では容保の会津到着、「転居」(『会陽雑誌』第一六号、明治一六年一二月九日)では居館の落成と容保の転居が報じられている。
(56)　「日新館第一期式」(前掲『会陽雑誌』第三号)。
(57)　「石版画」(『会陽雑誌』第一二号、明治一六年一一月四日)、「十六士自刃の石版画」(『会陽雑誌』第一三号、明治一六年一一月一八日)、「十六勇士石画の注文」(『会陽雑誌』第一五号、明治一六年一二月二日)。
(58)　この銅版画は、福島県立博物館『戊辰戦争といま 企画展展示解説図録』(二〇〇四年)三八頁に解説付きで掲載されている(現物は町田市立国際版画美術館所蔵)。
(59)　「駅逓総監巡視」(『会陽雑誌』第二号、明治一六年八月二六日)。
(60)　「参議枉駕」「揮毫」(前掲『会陽雑誌』第七号)。伊藤一行の巡視に関する記事は、同号に他にも掲載されている。
(61)　前掲『会陽雑誌』第一号。
(62)　『会陽雑誌』第六号、明治一六年九月二三日。
(63)　前掲『会陽雑誌』第一三号。
(64)　「郡吏賞与」(前掲『会陽雑誌』第八号)。
(65)　「大関佐平氏」(『会陽雑誌』第一九号、明治一六年一二月三〇日)。
(66)　前掲『会陽雑誌』第七号。
(67)　前掲『会陽雑誌』第一二号。
(68)　「耶麻郡通信」(前掲『会陽雑誌』第四号)。

# 第五章　山形県庄内地域の自由民権運動——ワッパ事件と三島県政との関連を中心に

三原容子

## はじめに

明治一三年（一八八〇）に刊行された「明治民権家合鏡[1]」という番付がある。全国各地の「民権家」一五〇余名の名が並ぶなか、山形県出身者は酒田の森藤右衛門ただ一人で、しかも最上段に名が挙がっている。ワッパ事件[2]の判決二年後の発行であり、現代の「佐倉宗五郎」として知名度が高かったのだから、彼が番付に入ったことに不思議はない。このように百数十年前にはよく知られていた森であるが、その後まもなく、ごく少数の歴史研究者を除いて、地域の人々の記憶から消えてしまった。

ワッパ事件関係者を顕彰する地元の活動は二一世紀に入ってから始まった。一万数千人の農民たちの名誉回復を図るワッパ騒動義民顕彰の碑が二〇〇九年に建立され、二〇一二年には指導者である森藤右衛門の顕彰碑も建てられた[3]。

筆者は森藤右衛門顕彰碑の撰文を依頼され、専門分野外であることを顧みず無謀にも引き受け、次のような文を作成した（原文のスペースを句読点に変更）。

森藤右衛門は天保一三年（一八四二）三月二八日、酒田本町三十六人衆唐仁屋に生まれ、明治維新後に学而館の句読師、町の重職を務めた。庄内の農民によるワッパ騒動が起こるや、元老院や司法省を動かし、県官の非を認める判決を勝ち取り、自由民権家として全国にその名が知られた。尽性社結成や両羽新報創刊などに活躍したが、明治一八年九月一六日県会議員在任中山形で客死、享年四四。公正な政治の実現のために身命を賭して闘った功績を後世に伝えるため、生誕一七〇年の今年、酒田県庁があったこの地に碑を建てる。

石に刻まれるという重圧もあって、撰文の過程で先行研究にできる限り目を通し、後世の批判に耐える最大公約数をまとめたのだが、強い不満が残った。ワッパ事件の前にも後にも活躍したことを表したかったものの、目にした一次史料はごくわずかで、それ以上に、時代背景も含めて十分に理解するレベルまで到達しないままの急ぎ仕事だったからである。特に県会議員であった証拠（一次史料）を見つけられなかったのは、先人の研究を信頼してのこととはいえ、後味が悪かった。

長く大正期以降を専門としてきた筆者が明治初期の地域史にかかわったきっかけは、「公益」をめぐる議論だった。庄内地方を「公益のふるさと」と呼ぶ山形県等のキャンペーンで使用された歴史事例の誤りを指摘するなかで、「御《ご》家禄派《かろくは》」と呼ばれる旧庄内藩の士族集団が近代以後もなお旧藩主を中心に政治や経済や思想に力をもち続けてきたという特殊事情が浮かび上がり、それについて二〇〇七年に一文をまとめた。[4] 大きな事件があったにもかかわらず「自由民権百年」が盛り上がらず、その関係者に対する否定的な見方が存続していたことについては、この特殊事情によって説明がつく。撰文の依頼は、こうしてワッパ事件に触れてきた筆者に対する期待によるものだったろうが、特殊事情を指摘することと明治初期の歴史を研究することは別であって、撰文作業をするなかで、みずからの知識の不十分さを痛感することが多かった。大正期以降と明治初期では制度も史料も勝手が違うのである。

東北大学東北アジア研究センター上廣歴史資料学研究部門が主催する共同研究「東北の自由民権運動」の研究会への参加は、我が身を追い込むためであったといっても過言ではない。改めて庄内の自由民権運動関係史料を集中的に調べる機会をいただいた。史料が欠けている部分が非常に多いうえに、時間的な制約のために手を尽くせないまま本稿をまとめることになったが、現在のところ碑文の訂正を要する箇所が生じていないのが幸いである。

本章では、森藤右衛門を軸として、一八七〇年代から八〇年代の庄内の自由民権運動の流れを全体的にとらえることをめざした。森はワッパ事件解決の過程で自由民権運動に参加し、事件解決後は県内外の民権家と交流しつつ活発な運動を展開した。従来の研究ではあまり意識されてこなかった三島県政との関係や、東北の自由民権運動との関係、庄内の特殊事情との関係についても触れていきたい。

以下、ワッパ事件の概略と森とのかかわり、明治一一年（一八七九）から一四年（一八八一）にかけての森の地域での活動、尽性社と庄内自由党、県内・東北地方の運動との関係の順序でみていく。最後に三島県政後の県会議員森藤右衛門の姿を確認し、彼の死後の庄内の状況について通説を再検証したい。

庄内の自由民権運動関係の先行研究としては、日塔哲之と佐藤孝らによって一次史料を使った丁寧な研究がなされ、主に一九八四年刊行の『山形県史』第四巻・近現代編上にまとめられている。そこで使用された史料には筆者が今回確認できなかったものもあり、史料の未整理状態がうかがわれる。ワッパ事件に関しては佐藤誠朗の『ワッパ騒動と自由民権』があるが、タイトルとは異なって「自由民権」についてあまり触れられていない。今回はなるべく元の史料にあたるように努め、自由党機関紙『自由新聞（復刻版）』、『両羽新報』、『両羽日日新聞』、『荘内新聞』、『出羽新聞』、『山形新聞』、『山形大同新聞』、『山形自由新聞』、『山形県史』資料編一九・近現代史料一、『酒田市史史料篇』第八集・社会篇等の史料に加えて、『山形県紳士鑑』や『山形県荘内実業家伝』等の人名辞典を利用した(5)。作業の過程で諸書に収められた史料の全体像を提示するハンドブックの作成が必要であると改めて痛感した。

なお、「庄内」とは山形県の日本海側の地域名である。最上川の北が「川北」（飽海郡）、南が「川南」（東西の田川郡）と呼ばれてきた。幕藩時代の酒井家領や天領等が戊辰戦争後に新政府直轄地（主に酒田）と大泉藩（旧庄内藩）等にわけて統治された後、明治四年（一八七一）一一月から全域が酒田県（初期の酒田県と区別してしばしば「第二次酒田県」と呼ばれる）となり、四年後に県庁を移転して鶴岡県、明治九年に内陸の地域と合せて現在と同じ範囲の山形県となった。

引用文については、変体仮名を現代の仮名に、旧字は新字に直し、候文には仮名を入れ、適宜句読点を入れた。〔　〕内はすべて三原による。□は判読不能の文字である。

## 一　ワッパ事件から自由民権運動へ

### 1　ワッパ事件と森藤右衛門

河西英通は本書第一章第一節で、東北地方の自由民権運動研究史上、山形県関係の研究は比較的多数発表されていることを指摘している。これはワッパ事件の存在と無関係ではない。山形県戦後最初の民権関連論文も、「自由民権」を付した初出論文も、ワッパ事件関係であった(6)。ごく簡単に事件の経緯をまとめると次のようである。

明治四年（一八七一）一一月に庄内は第二次酒田県となったが、県令は不在のまま、引き続き旧家老の松平親懐《まつだいらちかよし》や旧中老の菅実秀《すげさねひで》が実権をもち、旧藩体制そのままの統治が行われた。初代酒田県令三島通庸が任命されるのは三年後、ワッパ事件激化の後のことであった。

酒田県政は新政策を恣意的に実行した。学制を無視するなど、基本的に旧藩時代のままの統治を続けた。多くの農民が立ち上がった最大の理由は、中央政府が金納（石代納）を認めた後も金納を認めず、現物納を強制したことである。折しも米価が高騰していたことから、県は農民に米で税を納めさせ、中央政府には金で上納することにより巨額の利鞘を得た。また、旧藩時代の高率の雑税と村入用が、廃止されることなく取り立てられ、その使途について疑念がもたれた。士族の生活援助のための松ヶ岡開墾に公費が使われ、強制的な徴用がなされたことも大きな問題であった。

すでに明治六年（一八七三）、県に対して批判的な士族が司法省へ訴状を提出していた。訴えを受けた司法省権中判事の早川景矩が酒田県に派遣され取り調べが行われ、翌年四月に県官に処分を申し渡したが、内容は手ぬるく、県の方針が変わることはなかった[7]。

明治六年末には片貝村の鈴木弥右衛門が石代納を願い出たが、県は認めず家屋敷を取り壊す始末で、石代納を願った各地の農民は逮捕されていく。県を相手にしても正論が通らないことを知った士族や農民たちは東京の内務省に嘆願する道を選んだ。藩当局の支援のもとで転封反対を嘆願した天保年間（一八三〇～四三年）の転封反対一揆の成功経験が、まだ記憶に新しかったことだろう。明治七年七月に内務少丞松平正直が派遣され、投獄されていた農民らを出獄させたうえで説諭を加え裁定を下した。石代納許可は得られたが、二年間の過納分は返還不要とされるなど、農民らにとって納得のいくものではなく、雑税に関して曖昧な部分が多かった。

松平正直の裁定のなかに、村関係の雑税は肝煎や戸長に直接掛け合えという言葉があった。これ以降、農民は県に過納分の返還を求めるとともに、組費・村費の出納の実態を明らかにするよう肝煎や戸長に要求する闘いを開始する。農民の利益に沿って米を換金する「石代会社」の構想が発表され、雑税と村入費にかかわる闘争はいっそう盛り上がり、各地で集会が開かれ、圧力に耐えられず辞職願を提出する戸長も出てきた。

県は明治七年（一八七四）九月一一日から指導者逮捕と農民集団弾圧の強硬策に出た。多数の逮捕者で酒田の牢獄はあふれ、農民たちは釈放運動を展開し、酒田まで押しかけようとした。参加した村は川南一円に広がり、人数は一万数千名といわれる。その際に出動したのは、松ヶ岡開墾を名目に酒田県の軍事力として機能していた士族部隊である。

この頃酒田の商人である森藤右衛門は上京し、以後は東京と酒田を行き来しつつ左院へ、内務省へ、後には元老院へと粘り強く建白を繰り返した。

明治六年一二月、三島通庸が酒田県令に任命され、学制の実施や土木事業、郡村改革などの新政策を開始したが、ワッパ事件に関しては従来の松平・菅体制と方針を同じくしていた。期待を裏切られた森は三島県政批判を含めた訴願運動を続けた。その結果、内務省から林茂平が酒田に出張して調査したものの、成果を挙げることはできなかった。

さらに明治八年（一八七五）の秋、元老院の沼間守一書記官が鶴岡に派遣され取り調べを行い、ワッパ事件の原因が旧態依然たる酒田県政にあることを明らかにした。ついに司法省は明治八年に判事の児島惟謙を鶴岡に派遣して臨時の法廷を開廷した。児島判事は県官十数名の処分を除く判決は帰京後に裁決すると申し渡して帰っていった。判決は西南戦争終結まで、菅実秀と関係の深い西郷隆盛の動きをにらんで棚上げとなり、明治一一年、県官の非を認める農民側一部勝訴という結果となった。すでに自由民権運動の関係者のあいだで事件が知られていたため、森藤右衛門の働きによって農民側が勝ったと全国に報じられた。

さて、酒田の有力商人である森藤右衛門はなぜワッパ事件にかかわったのだろうか。戊辰戦争では従者を連れて商人部隊に加わり、直轄地であった酒田民政局時代に開設された学而館の句読師を務めた経歴の持ち主である森は、明治四年に酒田町の副戸長に任命された(8)。家業の傍ら行政の一端にかかわることで、早くから酒田県の政治状況に強い関心をもっていたのではないかと推測される。

明治六年一月、大蔵大輔井上馨から酒田県参事に宛てた「探索書ノ真偽ニ付答弁有度旨内書(9)」には、第二次酒田県が旧態依然たる統治状況であることについて県に問いただすなかに、森が副戸長を辞めてから酒田町の戸長野附彰常が跋扈している件、新田目村の松本清治が農民の分際で学問することを役人から咎められた件、幕末の改革派弾圧事件である丁卯の大獄（大山庄大夫一件）の関係者が獄につながれたままである件、鳥海時雨郎、松沢与五郎ら、遊佐や平田の有力者が献金を強要されている件など、疑念がもたれた約二〇件が列挙されている。松本、鳥海、松沢は、後に森とともに闘う人物である。早い時期から森を含む地域ネットワークが作られ、情報の共有がなされていた可能性がある。また、「探索書」には、『日新真事誌』等にこれらの問題が掲載されていると書かれていて、異常な状態であることがさらに広く知られていたことと推測される[10]。

## 2　森の建白活動

森の建白活動はまず左院から始まった。各史料集やワッパ騒動義民顕彰会『大地動く――蘇る農魂』の「ワッパ騒動年譜」等、今なお記述がまちまちで未整理であるが、ここでは森の「元老院エ差出セシ証据書類目録[11]」によって記す。左院に対して、明治七年（一八七四）一〇月九日に「県治ノ儀ニ付建白」を、同年一一月二九日に「県官黜陟ノ儀ニ付建白」を提出し、翌年一月一七日には三島県令宛の上言書、同月二四日には内務省の林茂平宛で上言書を提出したらしい。

二つの左院宛建白を佐藤昌明が現代文に直したものの一部を次に挙げる[12]。すでに自由民権の思想を体得していることが用語からわかる。

全国で酒田県だけが他県と異なり、当該の県役人は皆、地元の士族で、その士族を選ぶにも賢不肖を問わず、ただ旧藩の序列によっている。そのため旧習を一掃するのが大変難しくなっている。政府の指令があっても隠蔽し、指令が届いても実行しない。あるいは独断で妄りに力で抑えようとする。そのために民は疑いを抱き不平が起き、常に安心できない。その悪習は日々増していき、終に忍耐できないほどになっている。

広く人材を登用し諸県に配任してこそ旧習を一掃し秕政を正す。酒田県の今の官吏を転じ、別に適切な人材を選んで世を安んじ開明、進歩することを当県の上下の民は希望している。私は県官を敵視し、下の民に味方するのではない。何万人もの苦しみを見るに忍びないからだ。微力な人間が大事を訴えるのは罪だが、国家に報いるための心と思って憐れみご配慮いただければ、感泣の至りにたえない。誠に恐れ多いことだが建白する。

明治維新の変革、廃藩置県の実行で旧弊を一掃した。次に必要なのは人民に『自主自由の権利』が与えられ、抑制しないことである。これからは新しい知識を世界に求めるべきだ。万国の政治を学び、よりよい仕組みを選べば日本の国造りの基礎ができる。そのために必要なのは政府が、まず人民に『自主自由の権利』を与え保証することにある。そうすれば国民みんなが感涙し、仁を仰ぐことであろう。

三島県令への上言書では、県官の罪状を箇条書きにしている。これも佐藤昌明の現代文訳を引用する。[13]

朝廷が民に与えるのは自主自由の権利であり、少しも抑制することなく公平に偏り無く行うものである。県官たる者は朝廷の徳恩を広め、一人の民もそこから外してはならない。ところが酒田県の参事松平親懐、権参事菅実秀らは、私利私欲に走り、力で民を押えた。

〔以下、列記された一五カ条の罪状の一部を挙げると―引用者〕

①石代納許可を農家に知らせず、かつ請求した農民の動きを弾圧した。
②石代納不履行により十数万円の不当な利益を得た。
③農民の雑税廃止運動を弾圧した。
④税収納の際、「異量ノ枡」を用いた。
⑤捕縛された農民に親戚らが衣食を差し入れたいというのを、獄吏が拒んだ。
⑥芸者や遊女の解放、人身売買厳禁の公布を阻み、実行もしなかった。
⑦松ヶ岡開墾で、名目は士族のためなのに民を使役し物品を課し、士族や農民の怨みを買った。
⑧旧藩兵を解体しない。

⑨県参事が、賞罰与奪の権利を私した。
⑩県官が、他人の書簡を開封している。

左院は動かず、三島県令にも無視された。内務省の林茂平はわざわざ酒田で調査してくれたはずだが、その結果について内務省に尋ねたら、元老院に提出せよとのことだった[14]。そこで、五月からは建白の提出先が元老院に変更され、四回の建言が行われた[15]。

元老院への提出について『河野磐州伝』には、明治八年（一八七五）七月の地方官会議の折のこととして、次のように書かれている。河野広中と森藤右衛門の縁にかかわるので紹介したい。

六月二〇日から始まった地方官会議で、最も重要な民会に関する件が討議されないままに日数が過ぎるのを懸念した河野広中ら傍聴人たちは建言書を提出する。「七月六日、島根、酒田、岡山、岐阜、千葉、熊谷、高知、広島、足柄、筑摩、栃木等の各県より上京した傍聴人と共に銀座の幸福安全社に会し、左の建言書を提出した[16]」。議場からは斥けられたが元老院に建白書として提出し、会議を三日間延長して民会案を討議させることができた。このとき、傍聴人によって「傍聴人合同会議」を開き、与論喚起、立憲政体建設の目的を遂げようと図った。河野はそのときの賛成者で、すぐれた人物五名を挙げているが、このなかに森の名が見える[17]。加えて、森一名だけが特筆されていた。

森藤右衛門の如きは、朝夕予の旅館に来て、杯を交はしながら意見を上下して居た。森は今宗五郎と言はれた程の人物で、当時其の県が重税を課し、人民が非常に困難して居るのを見兼ね、慨然として起ち、誅求に泣ける人民を救ふべく、元老院に県の暴政を訴へ、之を糺さんとして居た。予は少なからず森の運動に同情し、『寧ろ元老院副議長後藤象二郎に会つて、実際の有様を取調べて貰ふては何うか』と勧めた事がある。森は予の勧めの如くしたので、元老院は沼間守一を遣はし、之を取調べた。斯様な事で森の運動が着々効を奏し、人民は其の暴政より救はれたのであつた。此の頃より森とは深く提携し、自由民権の為めに、大に尽瘁することを約し、予が東北の結合を策するに至つて、率先して策応し、非常に働いて呉れた。(18)(傍線は引用者)。

ちなみに、『河野磐州伝』には「明治八年夏地方官会議の時撮影」のキャプション入りで、影山正博、河野広中、森藤右衛門三名の写真が掲載されている。

『郵便報知新聞』には森が「過日副議長後藤公に書牘を呈し、猶又去る一八日元老院に出頭して模様を伺たるに……天にも上る思を為し」とあるので、おそらく河野の回想通りに実行したのだろう。(19)

その後元老院では書記官沼間守一を鶴岡に派遣し、明治八年(一八七五)一〇月一三日から一一月六日まで、県官や特権商人らに対してきびしい取り調べを行った。このとき、三島県令をはじめとする酒田県県官や司法省、内務省、太政大臣の三条実美から沼間の取り調べに対して執拗な妨害行為があったことが、七月から一二月までの「伺」や「照会」、「回答」のやり取りからうかがわれる。(20)このときの元老院(副議長が後藤象二郎)はきっぱりと筋を通すかたちで取り調べを完了し、森の建白の内容に間違いがないことを確認した。明治九年一月の元老院日誌には、「藤右衛門申立之通県官不正之筋有之上明瞭ナリ」と書かれている。(21)

## 3　沼間守一の来鶴以降のワッパ事件

先述のとおり、沼間による取り調べが元となり、翌明治九年(一八七六)四月に、鶴岡に設けられた臨時出張裁判所で児島惟謙判事による裁判が行われ、二年後に判決が出る。(22)森藤右衛門らは、何度か判決を催促したものの、西郷とつながる菅実秀らの動きを睨んで判決が遅れた模様である。また、森たちの訴えのうち、数項目は途中で取り下げられ、完全勝利にはほど遠い判決であった。ワッパ事件の指導的士族たちが戦線離脱するなど、さまざまな事情が関係しての妥協だったのだろう。

森藤右衛門のワッパ事件に関する活動は、元老院に訴えて、それが効を奏することによってほぼ一山越えた。すでに森藤右衛門は以前の彼とは違い、有名な民権家となっていた。

ところで、地方官会議の傍聴人が連名で建白を提出したことについて、先述の『河野磐州伝』の記述では、河野広中が中心であったような印象を抱くが、明治一八年（一八八五）当時の『郵便報知新聞』では以下で紹介するように少々様子が異なっている。直前の五月の元老院宛建白書は森の署名入りで『東京日日新聞』に投稿されていて[23]、その後もたびたび『郵便報知新聞』に森の名前が登場し知名度が上がっていたせいであろうか。

すなわち、「一昨六日（七月六日）地方官会議の諸県傍聴人数名幸福安全社に会合し各其志を述たる中に千葉の柴田源六、〔中略〕の人々等が」と名を連ね、民会を開くの一項について議論するよう求めたと書いた末尾は、「慷慨淋漓の中悲憤を帯て之を談する者は酒田の森藤右衛門なり[24]」となっている。また七月一二日には、「一昨十日朝、諸県傍聴人酒田県の森藤右衛門、磐前の河野広中、影山正博、〔中略〕が輩二十五名連署して民会議員を公選するを欲するの議を元老院に奉りしに[25]」と、森の名が筆頭に出てくる。

判決が出た明治一一年には、『郵便報知新聞』は「森氏訴訟の判決下る」との見出しのもと原告勝訴を報じ[26]、『大坂日報』は「森藤右衛門カ詞訟ノ判決」と題して「佐倉宗吾郎ノ二代目ト綽号セラシホドナル、有名ノ民権家森藤右衛門[27]」と森を讃えた。森藤右衛門は、この頃にはすでに番付に掲載されるような有名な民権家となっていた。

## 二　三島県政との闘い

明治一二年（一八七九）から明治一四年（一八八一）にかけての森藤右衛門の酒田における活躍ぶりは今日残された史料を見るだけでもめざましいものがある。そのなかで、明治一二年の「民情上申書」と明治一四年の「戸長撰挙ニ付伺」、同年の「飽海郡長更撰ノ檄文」を取り上げて、状況をうかがいたい。

## 1　民情上申書の提出

明治一一年（一八七八）一一月、山形県令三島通庸は県内一一郡の郡長を任命した。酒田町を含む飽海郡には薩摩藩出身で酒田県で権大属をつとめていた貴島宰輔が任命された。貴島郡長は三島の意を受けて、架橋費用の寄附強制、郡役所などの建築費用の負担強制など、飽海郡住民にとって納得のいかない施策を強引に進めた。

「民情上申書」(28)は、明治一二年一一月、二年後に予定される天皇巡幸を前に視察に来た侍補の佐佐木高行に酒田町周辺の五五ヶ村の惣代が提出して実情を訴えたものである。

学制が廃止となって教育令が出て「聖主此民ニ与フルニ自主自由ノ権ヲ以テセラル、ハ学事旺盛ノ基礎ト流涕感戴罷リ在リ候処」、このたび郡役所が飽海郡を東西南北の四部に区分し、一部ごとに学務委員を一名置き、八～一〇円の月給と定め、二五日に選挙するとの達が、選挙日間近の二日前にあった。そこで「衆挙ツテ失望驚愕仕り候」。人口と地価金に大きな偏りがある選挙区分では「郷村ノ人民ハ市街人民ノ奴隷トナルノ恐レアリ」、酒田市街には「高楼雲間ニ聳へ」る立派な琢成学校があり、郷村では「借家借寺ニテ外粧学校ノ体ヲ為サ、ルノ微薄ナル」状況である。「今ヤ我カ五十五ヶ村ノ人民徒ラニ郡吏輩ニ圧制セラル、処トナリ、上聖主ノ徳恩ニ浴スルヲ得ス、下人民固有ノ権ヲ伸ル能ハサル」と訴えている。ちなみに、三島県令は着任後、酒田には琢成学校、鶴岡には朝暘学校と、二つの立派な学校を建設していた。

さらに「箇条書ヲ以末尾ニ陳列」して県政を以下のように批判する。

第一条　「地券証印嬴余金」の割戻しがされないでいる。

第二条　ワッパ事件の判決が出たのに被告の県庁が人民へ償却すべき金の一部を返さない。

第三条　前条の金を返してもらうために代理人を立てようとする者に対して恐喝圧制がある。

第四条　郡の庁舎の修繕費は地方税から出すべきところを郷村人民の献金という名義で実際は課出させている。

第五条　最上川への架橋の経費に裁判で戻ってくる金を当てようとして村々を巡回「叱咤圧制ノ厳説」をし、承諾しない者を召喚拘留している、政府の勧倹指示によれば架橋は停止すべきなのに差し出した献金も返ってこない[29]。

五五ヶ村の惣代は代理の森を除いて五八名（一村複数名の村があり、一名複数村の惣代もいる）、森藤右衛門は二村の惣代代理である。三島県令と郡長の圧制の中身を表現し、これだけの署名者を集めたことに注目したい。

## 2　「戸長選挙ニ付伺」と「飽海郡長更撰ノ檄文」

明治一四年（一八八一）六月一七日、「戸長選挙ニ付伺」が貴島郡長宛に提出された[30]。「酒田町森藤右衛門　外一千二百有余名連署」とあり、肩書きや住所なしで男性の名前がずらりと並んだ史料である。森は「二百廿五名代人」で、他にも数名「代理」がいるが、森が中心となって提出されたことは明らかである。

五月七日の戸長選挙の際に、旧用係一六名は戸長に公選されるには不都合があるとの意向が郡から示されたが、その理由を問う暇もないままに投票が行われたところ、旧用係の高橋直勝が当選して新任戸長となった。選挙後、旧用係は役場の係に採用できないとの達が下ったが、なぜ旧用係が適任ではないのかの理由は、やはり明らかにはしてもらえなかった。そこで、理由を明示していただきたい、と訴えたのがこの伺である。なお、高橋は森とともに自由民権運動を進めてきた同志の一人である。森が代表者となって一二〇〇名以上の署名を集めて活動していることに注目したい。

同じ頃、『両羽新報』に「飽海郡長更撰ノ檄文[31]」が掲載された。『両羽新報』の社長は森藤右衛門であり、森または同志によって書かれた檄文である。「郡長貴島宰輔ノ不法十一ヶ条」を挙げて、三島の任命によらずに郡長を公選することを願う内容である。

一、酒田中学校資本金について、「全町村聯合会」決議の結果、上申書を出したら郡長の独断で却下された。
二、郡長の専断で旧大区々務所を売却した。
三、勧業試験場を郡共有とすべきなのに勝手に名義を書き換えた。
四、中学校用材を勝手に売却した。
五、鳴鶴学校敷地の地券状を書き換えたうえに渡辺作左衛門に売却した。
六、堤防費用金の計算が間違っていたとして五名の営業を差し止めた。
七、町名復旧の県令宛願書を県令に進達しない。
八、町名復旧願いにかかわる酒田人民総代のうち無罪の者を求刑、拘留した。
九、旧用係一六名は戸長になれないと達した。
一〇、郡長によって選ばれた現在の用係に対し、任職した新任戸長に従わなくてもよいと指令した。
一一、千二百数十名が酒田町戸長公選に際して伺い書を出したのに、「無届集会ニ応ゼサルモノ過半ナルヲ以テ」という理由で、さらに戸長を郡長による特選とした。(32)

貴島郡長が息のかかった者を戸長に置こうと目論んだにもかかわらず、森の同志である高橋直勝が当選してしまった。高橋新戸長の指示は郡長の意によって実行されない。こうした町政の混乱のなか、翌七月二四日に再び戸長選挙が行われた。その結果、有権者二〇〇〇余名、投票数一六〇〇余票の酒田町で、森藤右衛門が一四七〇を超える票を獲得した。この後しばらく森は「酒田町戸長」の肩書きを使用する。

三島県令と貴島郡長は森戸長を認めようとはしない。言いがかりをつけて戸長辞令書を返上させようとする。森はそれをはねのける。そしてあと半月で天皇一行が庄内に入るという九月九日に戸長選挙がまたもや行われるのである。結果は開票途中ですでに明らかで、森が半数以上の票を得る見込みとなった。しかし、郡長は開票作業中止を指令し、選挙は無効とされたのである。結局、天皇の巡幸時に酒田町の戸長は空席となり、旧亀ヶ崎城下である鵜渡川原村の戸長が酒田戸長を兼任するという異例の事態となった。

なおこの天皇巡幸について、森の『両羽新報』は、巡幸は「人民の困苦迷惑相成らざる様取計儀肝要に候事」と「沿道地方官心得書」に書かれているにもかかわらず「御巡幸の趣意に背く所」がある、もっと国家有益の事業に金を使おうとの論説を掲載している(33)。

### 3　飽海郡連合会

以上で見たような三島県令と貴島郡長の強硬なやり方は、その分だけ住民の反感を引き起こし、団結を促進する結果となったようである。日塔哲之は「七九年十二月から開かれた飽海郡町村連合会は、ことあるごとに貴島郡長と対立していた(34)」と書いているが、自由民権家森藤右衛門の活躍が必要とされる舞台であった。明治一四年（一八八一）の「飽海郡全町村会日誌」と表紙に書かれた三月二二日から四月六日分の議事録があり、明治一五年三月二四日付『両羽新報』と明治一六年一〇月一七日付『山形新聞』でも若干の報告が見られるが、森は飽海郡町村連合会の幹事で立案委員であり、飽海郡のリーダーとして先頭に立って活躍している様子が見てとれる。

## 三　政党組織と新聞発行

### 1　尽性社と庄内自由党

森藤右衛門といえば尽性社である。中央政界まで名が聞こえた民権結社であった。いつごろどのように結成されたのか。

『河野磐州伝』本文によれば、明治一三年（一八八〇）四月の「国会ヲ開設スル允可ヲ上願スル書」の河野広中の肩書きは、「山形県羽後飽海郡酒田町尽性社幹事森藤右衛門及び福島県岩代耶麻郡喜多方村愛身社委員遠藤直喜代理」とある。(35) つまり、この時点ですでに「尽性社」の名を使っていたということになる。ただし、四月八日の日付が見える写真には「山形県羽後国飽海郡酒田町森藤右衛門」とあって「尽性社」の文字はなく、(36) その事情は不明である。

さらに早い時期の年代が挙がっている史料が、松本清治が明治一二年に「尽性社ノ社長トナリテ」とある「故松本清治翁ノ略履歴」である。(37) 松本が亡くなった明治三一年（一八九八）頃に書かれたと推定されるので、これも確かではない。

『酒田市史史料篇』第八集・社会篇には、他に尽性社関係の史料がいくつか収められている。その一つが「尽性社条例」である。(38) 入社金が一円であること、女子の入社も認めていること、「自立ノ権利ヲ正シ同心勉力国家ニ篤志ヲ尽シ度」といった文言のある誓約書などが三〇条にわたって書かれている。年代は不詳である。

また、「親睦講仕方書」(39) という年代不詳の史料には「尽性社資金ニ寄付」とあり、また甲部員兼事務担理人が菅井吉次郎、小野寺順太、森藤右衛門、鳥海時雨郎、松本清治、佐藤安蔵、土岐田友信、調査委員が小野寺加茂助、田中農夫蔵、松沢與五太、石垣兵太、石垣兵三郎とあるところから、この講が尽性社関係の団体であることは確実である。

確実な年代が書かれた史料としては明治一四年一月八日調べの「尽性社資金出納取調書」がある。(40) そこに「明治十三年四月卅日調立」とあるので、明治一三年四月あたりが尽性社正式発足の時期であろうか。「親睦講ヨリ請取不足、改メテ貸シ」とあるので、「親睦講」もほぼ同じ時期か。

明治一六年（一八八三）から明治一七年にかけての尽性社については、詳しい「緊急事務控」(41) がある。後述するように新聞も発行していた尽性社の最盛期である。森社長宅での送別会や株主会議、活字の注文などの記録もみられる。

「庄内自由党」の存続期間に関しても不明な部分が多い。全国的な政党である自由党の機関紙『自由新聞』第一号（明治一五年六月二五日）に「庄内自由党は、兼て世間の人も知らるゝ通り、明治の佐倉惣五郎と評判ある森藤右衛門氏及び外数名の有志者の首唱にて、自由党員に多く加盟したる由。其人々は事《ママ》に豪農代言人県会議員にて、皆な耐忍勇為の志士なれば、日を追て愈強大に赴くは期して待つべしとの通信」とある。これが正確な記事であるならば、明治一五年六月には存在したことになり、尽性社と併存関係にあったことになる。

気になるのは「自由党加盟人名簿[42]」である。「仮世話人」として清水斎記、森藤右衛門、鷲田義則、斎藤保、長岡為勝の五名、その他に二木栄松、斎藤千里、小野寺順太、長浜藤四郎、松本清治、松沢與五太、鳥海時雨郎、高橋直勝、小野寺加茂助ら、合計四四名の氏名が挙がっている。そのなかに「五月四日出町伝蔵楼ニ於テ集会、加盟人壱名ヨリ壱円ツヽ」、「五月十七日、日和山下伝蔵ニ於テ決議」とあるが、これは先述の「尽性社資金出納取調書」の「日和山下伝蔵ニ於テ会議右同断」と符合する可能性がある。もしそうであれば自由党の存在が明治一三年まで遡ることになる。尽性社と庄内自由党の関係については今後の研究を待ちたい。

『山形県史』第四巻・近現代編上によれば明治一五年一一月一九日に庄内自由党結党の旗あげ演説会（酒田今町の劇場）があり、森、清水、桜田憲章、佐々木忠《ママ》一、吉沢定典、斎藤千里らが演説した[43]。明治一六年二月には庄内自由党が正式に結成され、仮事務所は酒田本町七丁目、鳥海、森、清水が理事、斎藤保、佐々木忠《ママ》一が幹事、小野寺順太、高橋、長浜藤四郎、長岡為松、二木栄松、菅井総左衛門が常議員であったという。同年七月二八日には、庄内自由党の演説会が酒田今町の劇場で四〇〇名の聴衆を集めたという。

庄内自由党解党に関しては明確である。明治一五年一〇月一七日の『山形新聞』に「庄内自由党並ニ東英社ノ解散」の見出しで、「我カ山形県ノ如キ政党ノ分子ニハ甚タ富メリト雖トモ、未タ結合シテ一大団衆ヲ為スモノハ庄内自由党ヲ除クノ外絶テ他物アリトシモ覚エス」と紹介したうえで、一〇月一二日に解党を決めたとある。もう一つの有力な民権結社である東英社は「管内ニ一大団結ヲ計ル」ため解散。同日の別の記事で、一二日の庄内自由党の会議は会員わずかに六名であったと伝えられている。後述するように、一〇月一六日に酒田で開かれた「第二回山形有志懇親会」で全県的な政党である北辰党の結成が決まった。庄内自由党と東英社の解党・解散はその前段階であったろう。

## 2 『両羽日報』『両羽日日新聞』『荘内新聞』の発行

森たちが発行した『両羽日報』の創刊号（未見）は明治一四年（一八八一）四月一五日の発行であった(44)。先に照会した「尽性社資金出納取調書」には、「新聞活字及器械注文ノ指金《ママ》ナリ」として四〇〇円という金額が出てくる(45)。新聞関係の状況については、先述した明治一六～一七年の「緊急事務控」でうかがうことができる。一部を紹介する。


一月四日より『両羽新報』を発兌、夜に新年宴会、編輯長交代の届書と願を提出する。

二月七日、投書の内容に関して編輯長齋藤棨治が告発され、弁言人とともに出頭する。

二月八日、新聞発行停止と未配達分の発売差し止めの達があり編輯局を閉じる。

二月九日、発行停止のため編集局員と職工を解雇、森宅で送別会。夜一〇時過ぎまで。

二月一〇日、齋藤保と清水齋記の両名で『両羽日々新聞』の発行を上願。

二月一九日、森宅で株主会議、一五名の参加者〔全員の氏名あり〕。『両羽新報』発行禁止で『両羽日々新聞』と改名すること、株金増加のために各株主が努力することを決定する。

二月二六日から三月六日まで、森が株主募集のため東西田川郡を回る。

三月八日、仮編輯長齋藤棨治に対して重禁錮七ヶ月、罰金二〇円の宣告、「喫驚々々」。

四月一八日、森宅で一五名が集会する〔全員の氏名あり〕。社長と幹事と取締兼会計監督〔二名〕を公選することにし、それぞれ森、高橋直勝、清水齋記と齋藤保に決まる。

四月末、五月初めの二回、新聞発行願の書類が不備とのことで山形に飛脚を差し立てる。

五月一八日、『両羽日々新聞』の発兌願を保証金三五〇円とともに差し出す。

七月一三日、新聞発行が許可される。

七月一七日、第一号発行。摺り立てが九九九枚、午後宴会を催す。

九月五日、編輯人の菅原秀俊が今後一年間県内で政事を論じることを禁じられ、編輯人は持主を兼ねて齋藤保と届け出る。

九月二九日、新聞改題を聞き届けたとの書類が届く。

一〇月一日、『荘内新聞』と改題する。

一一月二日、八月二六日に掲載した記事のために告訴された件で、齋藤保、菅原秀俊、齋藤千里への重禁錮一ヶ月、罰金七円の審判が出る。

一二月二四日に廃業届を出す（二一日の第一〇八号まで発行）。

明治一七年三月五日、齋藤千里、斎藤與一郎、大井通明の三名にそれぞれ軽禁錮一ヶ年と罰金一五〇円、器械没収の言い渡しがある。

六月一二日、上告書が帰着し、三名を森社長、齋藤保、高橋直勝が鵜渡川原村まで見送りに行く。同日、器械一切を裁判所書記に引き渡す。


日刊紙（『両羽日日新聞』は隔日刊で始まり、八月一六日から日刊）の発行に非常な精力と費用を要したのみならず、筆禍事件による禁錮刑と罰金刑にしばしば見舞われた状況がよくわかる。明治一五年三月一日の『両羽新報』にも仮編輯長の松本房治郎が酒田軽罪裁判所で重禁錮罰金刑を受け、その後満期出獄し、しばし休息をとることになったという記事があり、明治一六年が特別に厳しかったとは考えがたい。

## 3　演説会等の開催

明治一二年（一八七九）の『山形新聞』に、自由民権派の一人である狩川の石川養貞が、人々に考えを伝えるのには新聞雑誌と演説会が有効であると投稿し、実際に夜学校や「発蒙演説会」を開くために尽力している記事が見え、[46]また見込みとして酒田に新聞縦覧所を建設すると報じられている。[47]

明治一五年から『両羽新報』（一六年から『両羽日々新聞』）紙上にはしばしば演説会の広告や、報告記事が掲載される。興味深いことに、明治一六年七月二八日の「政談大演説討論会」については、五日前の広告では「政談大演説討論会　傍聴料六銭」と書かれていた。出席予定の弁士は、齋藤千里、大木保吉、菅原秀俊、高橋直勝、齋藤保、加藤信敏、森藤右衛門、佐々木思一、藤田秀雄、大井通明、鷲田義則である。[48]ところが四日後の新聞広告では「傍聴無料」となっている。[49]どんな事情で変更したのだろう。

このときの模様は八月七日付の『自由新聞』に「庄内志士之奮起」と題して掲載された。「同地方なる両羽日々新聞の社員等が去る廿八日政談大演説会を酒田に開かれしが、弁士は森藤右衛門、大井通明、（中略）の諸氏等凡そ十余名、皆な活発なる雄弁を振はれ最と壮快なりしが、右演説畢りて後ち討論会を開かれ、弁難駁撃されしは実に美事なる盛会にぞありし由。又た藤田秀雄、大井通明の両氏が発起にて、近々中自由運動会を催し旗奪ひ等を試みらるゝといえり」。同年七月三一日の『両羽日日新聞』によれば聴衆の数はおよそ四〇〇名とのことである。

明治一六年八月六日付と八日付の『両羽日日新聞』広告によれば、「興羽政談演説討論会」が八月一一日の午後七時から酒田の伝馬町（現　日吉町二丁目）富岡彦次郎宅であり、弁士は藤田秀雄、加藤信敏、菅原秀俊、大木保吉、齋藤千里、大井通明、鷲田義則、桑原弓之輔、橋本包、他数名であるという。全期間の新聞を丁寧に調べていけば、まだ見つかることであろう。

ところで、森とともに弁士として登場する大井通明は、この頃『日本全国新聞記者評判記』という本を出している。[50]

そこには、森藤右衛門について次のように書かれている。同時代の資料として興味深いので紹介しておく。

文章　筆を操るに甚た巧みならす
議論　理論精明ならすと雖も民権を主張せると余り能く慷慨悲憤ノ議論を起し鬼神を慟哭せしむ
学芸　漢洋の両学何れも深く通せすと雖も法律学に於ては実に其蘊奥を究め得たるか如し
弁舌　能弁の方に近きか如きも之を試むる事希れなり
性質　大胆不敵の豪物にして加ふるに忍耐力に富み其志の一たひ到る所石金も亦透るか如し
実務　其務に老練し立ところに弁理せさるはなし

## 四　県内・東北の自由民権運動との関係

### 1　山形有志懇親会

庄内の運動関係者が県内の民権家とともに開催する「山形県同志懇親会」（二回目は「有志懇親会」）が明治一六年（一八八三）に二回開かれた。

第一回は同年五月二五日に上山で、以後は毎年四月と一〇月、米沢・山形・酒田で順次開催することに決まった。第二回は同年一〇月二七日、酒田での開催である。

酒田での第二回懇親会の様子を一一月一五日付『自由新聞』が報じている。それによると参加者は「客員」を合せて六六名、鳥海時雨郎を仮会長に選んだ。「同氏は会議に先立ちて本会を開きし原因を述べ、別に問題とてもあらざれば各会員には其の所思を述べられ度旨を告げられたり」と議論に入る。「或は本会を以て単に政党の集合と為さんとの説を発するものあり、或は単に政党の結合となさば公然政党に加名《ママ》する能はざる資格の人もありて、此等は却て間接に我党を賛成するにも拘らず倶に親むことを得ざるべし。然れども本会は一の懇親会とのみなさば甚だ漠然として主義も亦随て同一ならず。到底愉快に懇親する能はざるに至るべしと云ふあり」と会の性格や政党結成について話し合われた末、「遂に此懇親会は其侭之れを継続し、其会員中より各方面の協議を遂げて政党員を組織し、即ち自由改進の主義を抱持せらる丶人は本籍寄留を問はず其党員たるを許し、又単に懇親会員たるの人も隠然此主義に賛成を表すべしとの事に可決し党名を北辰党と称し、委員を選んで其の綱領等を起草せしめ、党員名簿は来る卅日迄に編制して十二月一日に之を山形警察署へ届出ることになり」という。この記事を見る限り、切羽詰まった目前の困難な問題があるというわけではないようである。

## 2　東北七州自由党の組織

森藤右衛門が自由民権運動にかかわる際に重要な契機となったのが河野広中との出会いであり、河野もまた、森を高く評価していることは先に紹介したとおりである。河野は東北の団結を目指し東奔西走していたために、明治一二年大阪での愛国社第二回大会に参加できなかったという。『河野磐州伝』ではその前年の次のようなエピソードが語られている。

明治一一年（一八七八）末、仙台での東北の有志会の折（森も参加）、宴会の場で西南戦争出征時の戦勝を誇り、戊辰の復讐をしたと語る人がいたため、河野は次のように激しく述べて周囲を驚かせたという。

斯くの如きは決して東北人として誇るに足らざる事、自由民権の首唱となり公議政体建設運動の先駆となり、明治維新の皇謨に翼賛し、五箇条御誓文の大旨を徹底することこそ、真に東北人の誇りなる事。東北人は、往昔自治の民として、自主独立の精神に富んで居たが、漸次卑屈の俗と為り、今や士気萎靡して振はず、所謂る一山百文を以て蔑視せらるゝに至れる事を述べ、今日、発奮興起して自由民権運動の先駆となるにあらざれば、永く西南の支配下に立たねばならぬ。[51]

河野の東北人に対する熱い思いが迸る場面である。

また、愛国社大会（国会期成同盟大会）の翌日というから明治一三年一一月二七日だろうか、東京の愛国社支社楼上で、河野、森ら一四名が評議して、翌年三月に「東北有志大会」を仙台で開くことを申し合せた。議決された東北有志会の旨趣にも「仮規則」にも、特に東北の組織らしい文言は入っていないが、『河野磐州伝』によれば同会は「東北の有志が奮起結合して、自由党の中心的勢力となり其の精神骨髄となりて、立憲政体建設の上に貢献し、新時代に馳駆せねばならぬ」という抱負から結成されたとのことである。[52]

予定された三月の大会には山形からは一人も参加がなかったが、東北七州自由党が結成され、「盟約」と「中合規則」が採択された。盛岡で開かれるはずの第二回大会は、日程を遅らせて仙台で開催したが、三県の七名しか集らなかった。

森田敏彦は論文「東北七州自由党について」[53]で、こうした結集の悪さの要因を二点挙げているが、一つは秋田事件であり、もう一つは明治天皇の東北・北海道巡幸であるという。「東北の民権家で天皇巡幸に冷静な批判的態度を示したのは、求我社の鈴木舎定ぐらいであろう」と書いているが、酒田の尽性社の場合は「天皇奉迎の準備に熱狂」にほど遠い批判的な態度であったことは先述したとおりである。

森田は「その後の東北七州自由党の動向は不明」として事実上消滅したと書いているが、明治一五年（一八八二）の『自由新聞』紙上に森藤右衛門と関連する東北七州自由党の記事を見つけたので、紹介したい。一一月九日付で、「東北七州自由党の連合会は去る一日より宮城県仙台にて開かれしが、岩手県よりは鈴木舎定氏、山形県よりは森藤右衛門、齋藤保の二氏、秋田県よりは武田忠太郎、宮城県よりは三浦虎彦、村松亀一郎、大立目謙吾の三氏が出会せられ、既に議定せし箇条は一大雑誌を発行する事、時事を建議する事、主義拡張の方法を定る事、来十六年四月酒田に大会議を開く事等の四件にして目下猶ほ其他の事項を論議中なりといふ」と書かれている。喜多方事件直前の時期で、福島県からの参加はなかったようである。

さらに明治一六年八月二七日には、「東北会」の名称の会合が山形市で開かれた。『山形新聞』にはいくつかの記事が掲載されたが、各県からの参加者があり、庄内からの参加もあった。開催前の二七日付で「東北会」と題して今回の開催に至るまでの経緯が説明されているが、その内容から「東北会」は東北七州自由党と同一視してよいものと考える。翌一七年一一月一五日の『山形新聞』には、一〇〇余名だったと報告されている。

明治一八年五月には「東北七州懇親会」が秋田で開かれ、五月二九日付『自由新聞』に議決された四ヶ条が載った。この会合には山形から森と山下千代雄が委員となっている（山下については本書第七章友田論文を参照）。

一東北七州懇親会は従前の如く存し置き明治十八年五月青森県に於て開会すること
一東北七州懇親会は汎く自由主義の者相会し交際親睦するものとす
一本年六七月の交に於て石川県金沢に開設する北陸七州懇親会並に八九月の交に於て大坂《ママ》に開設する自由党の関東関西大懇親会には各地方の適宜に任せ委員を派出せしむること
一本年より尚ほ各地方の適宜に任せ関東関西各県の有志者に親密なる交際を通ぜん為め委員を派出せしむること

森の死後、明治二〇年代になってからも、秋田の「東北七州大会」の記事があり（明治二三年七月二五日）、山形県からは丸山督、駒林広運、佐藤里治が参加したとある。明治二四年七月には板垣退助・河野広中の来訪にあわせて「奥州七州会」が弘前で開催されると『山形自由新聞』にある。河野広中の持論であった「東北の団結」は、東北政党の結成には至らなかったものの、別のかたちで長く存続していったということだろう。今後の解明を待ちたい

（「東北有志会」、「東北七州自由党」については、本書第二章千葉論文もあわせて読んでいただきたい）。

## 五　嵐のあと――三島離任後の山形

明治一五年（一八八二）一月二五日、三島は山形県令在職のまま福島県令兼任となった。兼任時代の同年七月一日付の『自由新聞』は、「山形県の景況」として「三島通庸氏が福島県令を兼しより、専ら該地にのみ在て、山形県下の事は碌々世話を焼ざるを人民は却て大に嬉悦ゐる容子」と報じている。七月一三日には福島県令専任となる。山形県民にとっては住民の声を聴こうとしない暴政が過ぎたのである。

三島は配下を連れて福島県に移った。明治一五年七月二一日付の『自由新聞』には、福島県で「三島県令臨県以来政談演説会の盛に至りしことは誠に驚く可き程にて、前県令山吉氏の在職中は萎靡として振はざる地方も政治思想の一日も忽諸に付す可らざるを悟り之が培養に従事する者続々踵を回らさず現出し来れり。而して政治上についての演説には一会（ママ）たりとも中止解散を命ぜられざる地方なきは亦奇と云べし」と、自由民権運動が活発化したと報じている。山形県での経験を活かしつつ、さらに強圧的な県政を進めていき、河野広中はまもなく福島事件で検挙されることになるのだが、この記事に誤りがないならば、反対せねばならない事態が生じて初めて政治意識が活性化するものなのだろうか。

なお本書第四章松崎論文で会津の状況として、士族が「賊軍」として困窮や悲哀を味わっているところへ三島県令の士族救済策実施があり、士族が県令の施策に対して協力的になると指摘されているが、庄内の場合は、三島着任以前に士族中心の県政があり、着任後も優遇策が継続された点で、両者の経緯には違いがあることが興味深い。

## 1 県会議員としての森藤右衛門

明治一二年(一八七九)六月六日付の『山形新聞』に、「県会についての所論」と題して、県会議員の人物評が掲載されている。森が議員ではなかった時代である。飽海郡の議員について見ると、五十嵐多蔵を「起立専務」とし、東田川郡でも佐藤太郎左衛門と富樫多右衛門は「起立専門」、齋藤吉内は出場なし。西田川郡でも太田徳左衛門と本間八右衛門が「起立専門」である。賛否を問われたときに「起立」するだけの議員と指摘されているのである。

森藤右衛門は『山形県議会歴代議員名鑑』によれば、明治一七年五月の県会議員改選時に当選、同年六月常置委員改選に当選したとある。[54]その時代の新聞史料は欠落が多いが、残っている物を見る限り、森が登場しない記事がないほどに頻繁に登場し、「起立」専門の議員とはほど遠い。当時の新聞は地元の政治状況を伝えることを主要な役割としていて政治記事の占める割合が多いので、森の活発な議員活動は多くの読者に読まれたことだろう。

森が県会議員のなかから選ばれた「常置委員」とは何か。明治一八年(一八八五)三月一九日付の『出羽新聞』に、「常置委員の夜会」と題して、「常置委員の職務は県会の開会に際したるを以て非常に繁忙のよしにて、四五日以前よりは毎夜午后十二時頃まで夜会を開らき県会へ報告の意見を定めらるゝ由」とあるように、また明治一七年一〇月二三日付の同紙に、常置委員(重野謙次郎、駒林広運、佐藤里治)が置賜へ出張し、常置委員の森が三郡連合勧業会開催のため山形から「本日帰郡」したと報じられたように、議会開催中以外にも現地調査や議案の検討などを行う多忙な役割だったようで、府県制の時代に参事会員となる。

さらに、明治一八年一月二〇日付『出羽新聞』の、鉄道敷設を計画し、可能ならば酒田まで敷設することを決めた会合についての記事で、出席者のなかに常置委員「諸氏」の名前が挙がっていることにみられるように、議会以外でも出番が多かったであろうことが推測される。

## 2　板垣退助・河野広中の来訪

森病死六年後の明治二四年（一八九一）、板垣退助と河野広中ら、自由党の一行が東北・北海道を巡遊し、その間、六月三〇日から七月一〇日まで山形県内を回った。鶴岡へは七月八日、酒田は一〇日という日程で、『山形自由新聞』は来訪が決まった頃から秋田県へ入るまで、大きな紙面を割いて報道した。連日大盛況であった。数十名で出迎え、関係者も人力車を利用するため車列が延々と続き、宴会あり、演説会あり、そして次の会場関係者も加わっての懇親会あり、一行が去る際はまた大勢で見送るのである。

酒田の場合、一〇〇台以上の車が使われた。懇親会は飽海郡議事堂を会場に五〇〇名規模で三回も行われた。翌日の演説会は米山座で三〇〇〇人の聴衆で超満員だったという。

酒田での懇親会の際に、「発起人諸氏の意匠にて自由の二字に亀を金にて絵（ママ）書きし盃を用ひられしに、伯（板垣）及び河野氏には疾く自由万歳を意味せしを認められ大ひに賞揚されし末、四五個を要求して齎らされたり」というエピソードがある[55]。また、多数の人力車が必要になったことに関連して次のような話も紹介されている。一行が主として利用した人力社の社主富樫喜惣治は「実直にして侠気の質」で、酒田から秋田へ向かう際の車代として酒田―湯野田間、人力二人挽で一円三〇銭ずつで引き受けたところ、高値を要求した者がいた。喜惣治は大いに怒り「仮令人力社会の如き賤業とは云へ自由党総理たる板垣伯一行を送迎せる有志者に対して不等の賃銭を貪るとは実に相済まざる次第なりとて、各人力社を奔走して懇々説廻りしに何れも其説に服し、（中略）翌日乗客に返付せり」という[56]。二つのエピソードから、板垣と河野の巡遊は、自由民権家や聴衆以外にも多数の人を巻き込む大イベントであったことがうかがえる（地域は異なるが、車夫と民権運動とのかかわりについては本書第三章新井論文を参照）。

一行は森藤右衛門の墓参に酒田の大信寺を訪れた（七月一五日付『山形自由新聞』）。ただし板垣は微恙あって「代参を立てらる、やも知れず」と報じられている。

おそらくその際に話し合ったのであろう。七月二二日『山形自由新聞』に「故森藤右衛門氏の建碑趣意書」の全文が掲載された。明治二四年時点での森評価がうかがえるので、長くなるが引用する。

故森藤右衛門建碑趣意書

回顧すれば明治革新の際百事草創一大乾坤を開き、殺気漸く跡を斂めて旭光瞳々四辺に普く紀綱已に張りて皇威正に賑ひ、廃藩置県の制行はれて庶政総て緒に就き万民各々堵に安んず。然るに地方僻陬の境俄然風色を変へ、陰雲暗澹として光明を蔽ひ、日色常に朦朧たり。然り而して尚ほ封建の余弊を受けて奸吏威権を逞うし、名を賦税に籍りて暴歛飽くなし。務めて言路を壅閉して、巧みに治績を弥縫す。此時に方り上意下に達せざるを以て聖意の優渥なるを体奉する能はず。又下情上に通ぜざれば何に由てか此塗炭の惨苦を訴ふるを得ん。唯だ冤を呑みて号哭し正に是れ励精図治の忝きを知らざれば、衆民徒らに旧都の春を唄ふ又宜なりと云ふ可きなり。於是乎、決然袂を払ひ起て吾郷数拾万の同胞に代り一身を犠牲に供し太政官庁及び元老院の門前に拝泣して具さに奸吏暴戻の状と民生塗炭の惨況とを縷陳哀訴せしものは誰ぞ、故森藤右衛門君即ち其人なり。

君の事に茲に従ひしより、幾多の辛酸を嘗め艱難を経て家産を蕩尽するも顧みず、譏毀交も至るも敢て意となさず、直□勇往書を大政府に上りて建白し、或は顕要貴紳を叩いて其実情を吐露面陳し、当時其建白の書新聞紙に記載せられて之を全国に伝播せり。而して政府君の言を採り請を容れ、遂に其素望を完うし地方民生始めて蘇息するを得たり。誰か海嶽無量の　聖恩を感戴し君が忠奮義使（ママ）を愛慕せざる者あらんや。嗚呼社会の変遷と人事の進歩は日に月に速度を加へ、代議の制度は府県会町村会等に発表し、立憲の政体は明治十四年国会開設の大期を定めらるゝに於て其実を見、自主自由の輝光日に新にして吾人全く参政の大権を付与せらるゝに至る。爾来君は自由の木鐸を表示して社会の大勢に当り兼て地方の振起を謀る、実に十有余年一日の如し。而して明治十八年九月十六日君県会常置委員の職に在て溘然簀を易へて逝けり矣噫。

今や市町村制の発布ありて、各自地方自治の制度に沐浴し尋で帝国議会の開設を見る。今此の幸運に遭遇して十数年の既往を回想し、君が太政庁官の門前に哀訴せる当時の境遇を追懐すれば、果して如何の感情をか惹き起すべきに、実に霄壌懸隔の想をなさゞるを得ず。故に吾輩等首唱となり碑を建て不朽に勒し、以て聊か紀念の□を表せんと欲す。冀くは同感の士義捐の多少を論ぜず奮て吾輩等の微志を賛同あらんことを。

明治廿四年七月

故森藤右衛門君紀念碑建立首唱人

鳥海時雨郎、齋藤　保、高橋直勝、菅井吉次郎、松本謙吉、清水齋記

賛成員

板垣退助、河野広中

## 3　体制批判と勧業

三島が去った後の山形県では「庄内自由党」が結成され、「山形県同志懇親会」の開催がなされるなどの活動が続くが、県政の変化があり、また民権家が次々に県会という表舞台に上がっていき、闘争の熱い雰囲気は急速に失われていった。

さて、『山形県議会八十年史』Ⅰ　明治篇は、森ら尽性社の運動はまもなく解体して急進派の飽海協会と穏健派の飽海農談会（後に有恒会と改称）の二つにわかれたとしている[57]。また、「森藤右エ門や鳥海時雨郎等の動きが、余りにも急進的であつたことから、尽性社の組織の中にあつて、それを批判的に眺めた穏健派がいたことが、解体の直接的な原因となつたのではあるまいか」と推測をめぐらせる。そして、初代の本間光訓以後代々の会長による穏健な会風が受け容れられ、「とくに明治二四（一九〇一）年の郡制施行にあたつては、地主層から特例によつて多くの議員が輩出したので、有恒会の勢力は断然飽海郡内に卓越することとなつた」とする。ただし、「勧業は尽性社当時からの

伝統で、その目的はやはり高次なもので、庄内自由党の革新的行動的言行に対するブレーキの役割をも果し、あくまで経済第一義をモットーとしたもの」ともある。

尽性社の分裂と見れば、誰がどちらに入ったのかの色分けをしたくなるが、はたしてそういう経過だったのであろうか。

尽性社において勧業は発足当時からの目標であった。森藤右衛門は商人であり、経済活動重視の志向があったことに何の不思議もない。明治一五年の『両羽新報』第二〇〇号発刊を祝う投稿で「人智ノ開達シ物産ヲ興隆ニセント欲セハ顧フニ見聞ヲ広クスルニアルノミ、森氏夙ニコ、ニ見ル所アリ。大ニ同志ヲ募リ去ル明治十四年四月ヲ以テ新聞紙ヲ発兌」と評価されている。新聞紙上にはしばしば庄内三郡連合勧業会に関する記事が見られるが、たとえば、明治一七年一〇月二四日開催の三郡連合勧業会報告記事では、当選会員のリストに、森や鳥海時雨郎、高橋直勝らが名を連ね、[58]庄内改良米資金の積立取扱のための委員一郡三名ずつを投票で選んだ際には、飽海郡から鳥海、森、高橋が選ばれている。

しかしながら、「急進」と「穏健」の二派を対比する考え方には同意できない。飽海農談会の隠健路線は、酒田の繁栄と、圧倒的で安定した支配体制の確立により、県が強引な政策を進める必要が全くなくなったことによるものではないだろうか。

港町酒田の繁栄を象徴する有力商人の「不敬」行為（「相馬屋事件」）が明治二六年（一八九三）に起こったが、それ以前から酒田の繁昌はしばしば報じられていた。たとえば、明治一三年五月二一日付『山形新聞』の「酒田港近況」では、新たに酒田中学校が造築され、郡役所も営繕の最中で、本町《ほんちょう》には第七十二銀行があり、その他、「人力車、街中に三百輛有」、牛乳屋、料理屋、茶屋、貸座席など賑わいを見せている様子が書かれている。

幕藩時代に基礎が築かれた酒田本間家の経済力は、明治維新以後さらに強大なものとなっていき、本家の本間光輝を中心に、支配力は揺るぎないものとなっていった。小作をするならば本間家の土地でと願う農民たちが多かったことがよく知られているが、圧倒的な保有土地面積に加えて、支配機構の整備が進んだ結果、庄内、特に飽海郡では、温情ある地主の振る舞いを可能にしていた。後に各地で小作争議が起こった際も、本間家は事前事後に円満な解決策を選ぶことができた。表立った反対は、本間家中興の祖である本間光丘を祭神とする「光丘神社」創立に対して大正一一年（一九二二）に池田正之輔らが起こした反対運動くらいではないだろうか。

本間光輝は学校、郡役所、警察署の建設、困窮した人々への施与等、地元への経済的な貢献がめざましく、さらに国防費など国への献納も抜群である。酒田の困窮者はしばしば施与を受け、また仕事を与えられ、恩義を感じたことと想像される。明治二二年（一八八九）には酒田町長となった。後に町長となる池田藤八郎も本間一族である。酒田の財政は本間家の盛んな時代には戦後まで困ることがなかったとの話は今日でも聞かれる。

明治二四年六月九日付の『山形大同新聞』に次のような記事がある。六月一日から始まった飽海郡会で議長や議長代理、その他の委員の選挙が行われた。その際、「有恒会派にては去る四日、本間家別荘に於て懇親会を開き、何にか秘密□（にカ）協議を遂げたる由、又同派議員中少しく不案心の懸念あ□（るカ）議員四五名を酒田本町二ノ丁なる本間家に属する或る空屋に拘留否な滞留せしめ、弁当を運び参事会員互選の結了する迄付添人否な護衛人を付して議事堂へ往復せしめざる計画ある」と。

また同年暮れ、本間光美（光輝の父）は薩摩出身の海軍軍人川村純義に書翰で、次のように情勢を知らせた。「当飽海郡之如キハ……不残自由派ニ有之候」であったが、ようやく少し状況が変わってきたものの「当地方ハ一体自由派勢力有之様ニ相考申候」。その翌年正月には、副島種臣の民党批判（「此等ノ勢ヒ増長セハ皇国ハ日日ニ衰頽ノ地位ニ趨キ」）の来信に対して、鶴岡の御家禄派の指導を仰いだうえで、「忠直之人ヲ議員へ選挙候儀ハ私共ニも素ヨリ企望罷在候ニ付尊諭ニ従注意可仕候」と返信している。[59] 強大な経済力を持つ本間家が政治に関心を持ち動いていたことの意味は小さくない。

では、鶴岡を中心とする川南ではどうだったろうか。酒田の隆盛とは逆に、明治期前半の鶴岡は衰頽の状況が見られたようである。

明治一二年一月三一日付『山形新聞』には、裁判所が酒田に移ったことによって鶴岡が寂しくなった一方で、秩禄公債の利息を消費する士族のお蔭で料理屋などがにぎわっているると報じられたが、概して衰頽傾向にあったようである。士族の開墾した後田山（松ヶ岡）が、明治一六年六月三日付『山形新聞』では「又旧の荒地となり、雑草のみ繁茂し居る」と報じられ、明治一八年二月六日付『出羽新聞』には「庄内士族の困窮」として、「産業を持たざるのみならず、明治初年にて大概家禄を奉還したるが故に、目今に至りその困り様も一方ならず、中にも飢渇旦夕に迫るものも少なからざるよし」と窮状が具体的に記されている。『凌霜史　松ヶ岡開墾場百二十年の歩み』でもこの時代については、「開墾士の大部分が脱退したため、労力は極端に不足し、桑園の荒廃は進み、同十（一八七七）年頃には二十万貫（七五〇トン）を超えた収葉量も同十五（一七八二）年は僅かに三万七千貫（一四〇トン）であったと云う」[60]と率直に書いている。

鶴岡の状況が変化していったのは森の死後のことである。明治二三年、私立荘内中学校を設立するなど啓蒙的政策を推進した西田川郡長江夏喜蔵が追い払われた。御家禄派の反感を買い排斥運動がなされたからである。明治三二年（一八九九）には鶴岡の朝暘小学校の実権を御家禄派が手にし、その功績によって手腕を認められた林茂政は町長に抜擢され、昭和二年（一九二七）まで長く政権の座を保持することとなった。さらに明治三四年、町会議員の選挙では御家禄派は猛運動を行った。「暴力をもって有権者を威かつし、若し従ざれば暴行を加ふるを辞せなかった」、「後田開墾隊の旧荘内士族百数十名は命令一下鶴岡に殺到し、自由党系の候補者の住宅に押しかけ弾圧を加へたから、自由党の候補者も斯様な暴力団と抗争するは大人気なしと観念し、候補を断念するものもあったので、御家禄派は町会に大多数を占め、完全に町会を左右する実権を把握することに至った」[61]という勢いだった。

御家禄派は、旧来のシステムを巧みに利用しつつ、明治一一年（一八七八）に第六十七国立銀行と第七十二国立銀行を、明治二〇年（一八八七）に松岡製糸場を、明治二六年（一八九三）に酒田米穀取引所と付属米券倉庫（山居倉庫）を設立、次々に経済界に進出していった。[62]

政治力と経済力の両方を手にし、論語学習によって士族たちの思想的・精神的な団結が図られるようになっていった。松ヶ岡で少年を対象とする素読指導が始まったのは明治一八年、来庄中の副島種臣が庄内独特の学問を「庄内学」と名付けたのは明治二四年、学問所として活用される酒井家邸内の文会堂が新築されたのは明治二五年であった。[63]

御家禄派の力は強大であったが、すべての人間が従ったわけではなかった。御家禄派から疎まれたことで有名なのは、鶴岡近辺の農業、商業、工業の発展に多大の功績があった平田安吉（明治二九年病没）である。よほど嫌われていたとみえ、明治三一年（一八九八）に頌徳碑を建てようとした際に、士族たちの反対で建立地を移転させられたり除幕式を断念せざるをえなかったりしたことがよく知られている。[64] おそらく平田安吉一人ではなく、自由民権運動関係者や、彼らに共感を抱く気骨がある人々が鶴岡にも多数存在していたのではないかと推測される。

『山形県荘内実業家伝』から数名を拾うと、「曾ては酒造業者とし平田系の自由派員として政治を論評し其関する甚だ大なりし」[65] という中村作右衛門、元役場吏員で「安吉氏が執事として大に安吉氏を助け平田家の内政を治むる所ありき」[66] という伊藤謙吉、大和村村長、県会議員として活躍し、一時は阿部孫左衛門、阿部徳治、石川養貞、日向三右衛門、阿部美務、佐藤祐太郎（衆議院・貴族院議員の佐藤信古の父）、大館藤兵衛、五十嵐九兵衛らと「大に自由民権の説を唱へ東田川郡の八分は皆自由派の勢力範囲なりし」だった相馬俊雄、彼らを陰から静かに応援していた元北海道開拓大判官松本十郎の影響力にも注目したい。

キリスト者の影響もあるのではないだろうか。倉長恕は明治二一年（一八八八）六月から明治二三年三月まで鶴岡の荘内教会の初代牧師を務めた。民権運動家として活動した後にキリスト教の世界に入っていった人物で、本書第三章新井論文にも登場している。また鶴岡に設立された私立荘内中学校の初代校長藤生金六も、群馬県で尽節社の活動にかかわった人物である。鶴岡の地で民権運動経験者がどのような人間関係を築いていたのか興味深い。御家禄派に反感を抱いて日々を過ごす「鶴岡ルンペン」[67] のことも気にかかる。国粋主義者でキリスト教嫌いとして知られる荘内中学校二代目校長俣野時中自身が、御家禄派の支配を嫌って鶴岡から飛び出した人であった(68)。

さらに明治三三年発行の『山形県紳士鑑』に掲載された人物のなかから、庄内の自由党関係者として少なくとも四名の名も挙げなくてはならないだろう。松嶺町長の小田篤敬、県会議員で「県下進歩派の有力家」の岡田是行、平田安吉の子である平田吉郎、自由党の衆議院議員や県会議長を歴任した駒林広運である。今後の究明が待たれる。

## おわりに——今後の課題

以上、ワッパ事件を機に自由民権運動へ身を投じた庄内の森藤右衛門を軸に、なるべく一次史料の利用に努めつつ、地域内外での活動の推移を見てきた。

有名なワッパ事件の後、圧倒的多数の人々の支持を得た地域活動が続いた。森らの粘り強い行動の背後には、自分たちの権利を蹂躙されて憤る地域の人々の応援があったのである。なんらかの行動を起こさない限り、現状を打開できないという危機感を伴い、まさしく「闘い」という様相を呈していた。やがて三島県令が福島に移ると、三島時代の土木費支出の後始末が残るものの、山形県下の空気はややゆるんで切迫感が薄れていくような印象がある。

三島の土木事業自体は、反対する人々はいなかった。その強引な手段が反発を呼んだのである（この点、本書第四章松崎論文で、福島の自由党員たちが当初三島の三方道路開鑿に賛同していたにもかかわらず、会津の民衆の反対論に触発されて反対に転じたと指摘されているのは興味深い）。農業や商業、運輸などの産業を盛んにすることにも、批判はなかった。「勧業」は庄内の有力者たちも含めて広く共有されたテーマだった。

三島が去った後、庄内の酒田では本間家の力が強大となっていき、鶴岡では御家禄派の支配が確立していく。そうなると三島県令時代とは別の問題が生じてくる。政治的にも経済的にも強い者に対抗するには相当な気骨を必要とする。まだ仮説の段階であるが、その気骨を持ち続けた者たちの一団が自由民権運動の系譜に連なっているのではないだろうか。新聞雑誌史料やくずし字を活字化した史料の整理と利用もまだ進んでいない。今後は全体像が見えるようなかたちにまとめ、また書簡等の一次史料の残存状況や所蔵状況についても調査・確認することが早急に必要である。今回改めてその必要性を痛感した。本稿は、今後さらに研究を進める過程での中間報告として受け止めていただきたい。

注

（1）『明治文化全集』第六巻・自由民権篇下巻（日本評論社、一九九二年）裏見返し。

（2）顕彰会は「ワッパ騒動」の名称を用いてきた。本稿では佐藤昌明『庄内ワッパ事件』（歴史春秋出版、二〇一五年）の問題提起を受けて、「ワッパ事件」を用いる。解決の暁には「ワッパ」（曲げ木の弁当箱）一杯の金が返ってくるところから付けられた名称である。

（3）詳細はワッパ騒動義民顕彰会『大地動く――蘇る農魂』（東北出版企画、二〇一〇年）、森藤右衛門顕彰会『自由の魁森藤右衛門――森藤右衛門顕彰活動記録』（森藤右衛門を顕彰する会、二〇一三年）参照。

（4）三原容子「公益考（二）――庄内地域史の取扱いについて」（『東北公益文科大学総合研究論集』一二、二〇〇七年）、同「公益考（三）――公益に関する題材の検討」（同前一四、二〇〇八年）。

（5）参考文献として、本文や他の注で挙げたものも含め、主に次のようなものを利用した。年代順に挙げると、『東京日日新聞』『郵便報知新聞』『朝野新聞』明治八年、『飽海郡全町村会日誌』明治一四年（出版社不詳、日塔哲之蔵）、『両羽新報』『両羽日日新聞』『荘内新聞』明治一四～一七年、『山形新聞』『出羽新聞』『山形大同新聞』『山形自由新聞』『山形新聞』明治一一～二四年、有泉亀二郎編纂『山形県紳士鑑』（山形県紳士鑑編纂所、明治三三年）、高田可恒編輯『山形県荘内実業家伝』（実業之荘内社、明治四二年）、『鶴岡市史』中巻（一九七五年）、工藤定雄編集『酒田市史史料篇』第八集・社会篇（一九八一年）、佐藤誠朗『ワッパ騒動と自由民権』（校倉書房、一九八一年）、『ワッパ騒動史料集』下巻（一九八二年）、自由党機関紙『復刻自由新聞』（全五巻、三一書房、一九七二年）、『明治文化全集』第六巻・自由民権篇下巻（日本評論社、一九九二年）。

（6）佐藤善夫「ワッパ騒動の経過と其の思想的性格」（『ものがたり山形県社会運動史』寒河江町民主組織促進会、一九四六年）、および服部之總「自由民権と封建貢租――ワッパ事件概説」（『思索』九、思索社、一九四八年）。

(7)前掲『酒田市史史料篇』第八集・社会篇、七〇六〜七三〇頁に多くの史料が収められている。
(8)『酒田市史 改訂版』下巻(一九九五年)一六〇頁。酒田町関係史料の「野附文書」(『山形県史』資料篇一二・酒田県政史料、一九七〇年)には、森藤右衛門の名前が散見される。
(9)『山形県史』資料編一九・近現代史料一(一九七八年)一〇三一〜一〇三五頁。
(10)『日新真事誌』第二九四号(明治六年四月二八日)の土屋直温の自殺報道のことか。
(11)前掲『酒田市史史料篇』第八集・社会篇、七七四頁。
(12)前掲佐藤昌明書、一一〇〜一一三頁。
(13)同前、一一七〜二二九頁。原文は前掲『山形県史』資料編一九・近現代史料一、一〇七一〜一〇七五頁など。
(14)森の「判決前手続書」(前掲『酒田市史史料篇』第八集・社会篇、七七七頁)による。
(15)「四回」は森の「判決前手続書」(同前、七七八頁)による。
(16)『河野磐州伝』上巻(大正一二年、河野磐州伝刊行会)二〇六頁。
(17)同前、二〇九頁。
(18)同前、二二四頁。
(19)『郵便報知新聞』明治八年七月二六日付(前掲『ワッパ騒動史料集』下巻、二九九頁)。
(20)前掲『山形県史』資料編一九・近現代史料一、一〇七五〜一〇七八頁。
(21)同前、一〇七九頁。
(22)原田光三郎『護法の巨人――児島惟謙と其時代』(一九四〇年)の一〇五〜一〇七頁には、放置されていた事件を取り上げようとする児島惟謙の熱意が大久保利通を動かして鶴岡の臨時裁判開廷につながったと書かれている。
(23)『東京日日新聞』明治八年五月二三日付。
(24)『郵便報知新聞』明治八年七月八日付。
(25)『郵便報知新聞』明治八年七月一二日付。
(26)『郵便報知新聞』明治一一年六月六日付(前掲『ワッパ騒動史料集』下巻、三〇〇頁)。
(27)『大坂日報』明治一一年六月九日付(同前、三〇三頁)。
(28)前掲『酒田市史史料篇』第八集・社会篇、七八〇〜七八四頁。
(29)同前、八七七〜八七八頁。

(30)「戸長選挙ニ付伺」は前掲『山形県史』資料編一九・近現代史料一、一一三六頁では、署名者のリストが掲載されていない。前掲『酒田市史史料篇』第八集・社会篇、八三九～八四五頁には全員の氏名がある。
(31) 前掲『山形県史』資料編一九・近現代史料一、一一三三～一一三四頁。前掲『酒田市史史料篇』第八集・社会篇では八九〇～八九一頁。
(32)「檄文」に書かれた「酒田中学校問題」と「酒田町名復旧問題」については、前掲『山形県史』第四巻・近現代編上、二四八～二四九頁、および二五二～二五三頁を参照。
(33)「明治天皇巡幸に関する両羽新報論調」明治一四年七月二九日付（前掲『山形県史』資料編一九・近現代史料一、一一三四～一一三五頁）。
(34) 前掲『山形県史』第四巻・近現代編下、二四七頁。
(35) 前掲『河野磐州伝』上巻、三四五頁。
(36) 同前、三四三頁。
(37) 前掲『酒田市史史料篇』第八集・社会篇、八八四頁。
(38) 同前、八七八～八八二頁。
(39) 同前、八五六～八六〇頁。
(40) 同前、八二六～八二八頁。
(41) 同前、八二八～八三六頁。
(42) 同前、八六六～八六七頁。
(43) 前掲『山形県史』第四巻・近現代編上、二九二～二九三頁。
(44)『両羽日報』第二〇〇号（一八八二年一月二二日）による。
(45) 前掲『酒田市史史料篇』第八集・社会篇、八二七頁。
(46)『山形新聞』明治二二年六月六日・一〇日付。
(47)『山形新聞』明治二二年六月二〇日付。
(48)『両羽日々新聞』明治一六年七月二三日付。
(49)『両羽日々新聞』明治一六年七月二七日付。
(50) 大井通明『日本全国新聞記者評判記　全』（明治一五年、師岡国〔変了閣蔵版〕）六五～六六頁。

(51) 前掲『河野磐州伝』上巻、二八六〜二八八頁。
(52) 同前、三八一頁。
(53) 森田敏彦「東北七州自由党について」(宮坂栄一編集『信州白樺』第四四・四五・四六合併号、銀河書房、一九八一年)。
(54) 『山形県議会歴代議員名鑑』(一九七三年、山形県議会) 四八七頁。
(55) 「亀の盃」『山形自由新聞』明治二四年七月一九日付。
(56) 「人力社会の遺業」『山形自由新聞』明治二四年七月一九日付。
(57) 『山形県議会八十年史』I 明治篇 (一九六一年) 三六六〜三七〇頁。
(58) 『出羽新聞』明治一七年一〇月二六日付。
(59) 『酒田市史史料篇』第五集・経済篇上 (本間家文書) (一九七一年) 九二三〜九二五頁。
(60) 武山省三編著『凌霜史――松ヶ岡開墾場百二十年の歩み』(一九九七年、松ヶ岡開墾場) 三三〇頁。
(61) 前掲『鶴岡市史』中巻、四九五〜四九七頁。
(62) 長谷部弘・渋谷隆一・森武麿『金屋・風間創業二二〇年史』(風間史料会、二〇〇〇年)。同著者による『資本主義の発展と地方財閥――荘内風間家の研究』(現代史料出版、二〇〇〇年) と内容はほとんど同じである。
(63) 前掲『凌霜史――松ヶ岡開墾場百二十年の歩み』五四二〜五四三頁。
(64) 前掲『鶴岡市史』中巻、四八九〜四九一頁。
(65) 高田可恒編輯・発行『山形県荘内実業家伝』(実業之荘内社、一九〇九年) 二頁。
(66) 同前、四七頁。
(67) 「鶴岡ルンペン」とは「学問し盛りの多数の青年を、空しく筋肉労働に心身を腐らせるような青年指導方針を非とし、今後の時勢に早くも眼を開いた一団」のことである。(日本基督教団荘内教会『鶴岡の荘内教会宣教物語』二〇〇八年、六三八頁)。
(68) 保野の妻はワッパ事件の指導者の一人金井允釐の娘である (長島保『保野時中伝』保野景昭出版、一九八七年、六頁)。

# Ⅲ　運動の背景とその後

# 第六章　明治初期のハリストス正教会と政治的活動――南部地域における動向を中心に

山下須美礼

## はじめに

キリスト教の一教派である東方正教は、日本には幕末にロシア領事館が設置された函館を窓口に、ロシアから流入した。その領事館付司祭として来日したのが、日本への布教の志を抱いたロシア人宣教師ニコライである。幕末維新の混乱期に、このニコライのもとを訪れた数人の旧仙台藩士族が洗礼を受け、伝教者として郷里に派遣されたことにより、旧仙台藩領周辺において東方正教の最初の伝教が開始された。その後伝教は、函館と仙台を結ぶ往来沿いにあたる北東北の太平洋側に展開され、そこでは明治初期の短期間に、多数の信徒が獲得され、多くの教会が成立した。それらの教会をハリストス正教会と総称する。これらの地域は、旧仙台藩領・一関藩領に加え、南部地域と称される旧盛岡藩領と八戸藩領に相当し、現在の青森・秋田・岩手・宮城の四県にまたがる。旧仙台藩士族を中心とする伝教者によって進められた初期の伝教は、伝教者と同等の漢文の素養を持ち、旧藩以来の人的ネットワークに連なるそれぞれの土地の士族たちに対して強く訴えかけるものであり、当初の信徒のほとんどは士族層で占められる結果となった。なおかつ、旧仙台藩、旧盛岡藩、旧八戸藩とも、幕末まで地方知行制を採用しており、伝教を受容した士族の多くは、みずから給地を持つ地方知行給人の立場にあった。さらにこれらの藩は、戊辰戦争における敗北を経験しており、それら戊辰敗北藩の地方知行給人を中心とする士族層で、東方正教を受容したという共通項でくくられる人々を、ここでは「士族ハリステアニン」(ロシア語でクリスチャンの意)と位置付ける。

この士族ハリステアニンのなかに、いわゆる自由民権運動に密接にかかわった人物が存在したことは、これまでもたびたび言及されてきた。なかでも「五日市憲法」起草者の千葉卓三郎[1]や、仙台で『講習余誌』を発刊するなどの啓蒙的活動を行った小野荘五郎[2]などが名高い。また南部地域においては、八戸周辺での馬産農民による税をめぐる紛争である八戸産馬紛擾事件や、西南戦争に乗じた反政府的蜂起計画とされた真田太古事件などに、士族ハリステアニンが深くかかわっていたことが指摘されてきた。明治初期の旧仙台藩領を中心とした急激な東方正教の拡大と、ハリステアニンたちの政治的活動への関与は、その後の当該地域における思想展開にも少なからざる影響を与えたことは、本書第八章の後藤論文でも言及されているとおりである。その根源としての明治初期のハリストス正教会において、ハリステアニンたちが政治的活動に関与していく土壌がどのように形成されたのかを考えることは、自由民権運動の研究を深化させるうえでも重要な視点であろう。このことをふまえて、本章では主に南部地域を取り上げ、自由民権運動と連なるいくつかの動向を、東方正教の展開とのかかわりという観点から、改めてとらえ直すことを目的とする。

その視角の一つとして着目するのは、東方正教を受容した士族ハリステアニンたちの在地における立場と、人的ネットワークのありようである。初期の士族ハリステアニンらの多くは、信仰を受容すると同時に伝教者として活動することになったが、彼らの在地における地方知行給人としての立場は、伝教者としての活動をどのように規定したのであろうか。またそのことは、地域社会における東方正教の受容そのものにどのような影響を与えたのであろうか。

それに加えて、東方正教の伝教者、もしくは信徒として生きようとする士族ハリステアニンたちが、地域の政治的・社会的問題に、どのような経緯をたどって関心を寄せていくことになるのか、という点についても検討を行う必要がある。そこにはハリステアニンとして生きることがどのようにかかわってくるのか。内在的な要因とともに、ハリステアニンを取り巻く環境からも、その点を明らかにしていきたい。

さらには、ハリステアニンたちの自由民権運動へのかかわり、政治的活動は、ハリストス正教会のなかでどのような評価がなされていたのか、またそのような活動が東方正教の伝教にどのような影響を与えたのかについても検討を行い、南部地域を事例に、明治初期の東方正教と自由民権運動との関係の一端を明らかにしていく。

## 一　三戸のハリステアニンと自由民権運動

### 1　南部地域への伝教の展開と「反正証」

江戸時代における盛岡藩領に八戸藩領を加えた広大な範囲を指す南部地域、なかでも盛岡以北に相当する三戸郡・二戸郡周辺は、明治初期の東方正教の展開について検討する際にも、またはハリステアニンと自由民権運動とのかかわりについて考察する際にも、避けては通れない重要な地域である。三戸（現 青森県三戸郡三戸町）や八戸（現 青森県八戸市）における東方正教の展開、そして自由民権運動にかかわる諸相は、拙稿も含め、これまでもさまざまな先行研究で取り上げられ、明らかにされてきた（3）。ここではそれらの成果について、ハリストス正教会と自由民権運動、双方の動向の連動性という観点から改めて整理し、概観していきたい。

函館のニコライのもとに集い、東方正教を受容した旧仙台藩士族らは、その後すぐに伝教者として自分たちの故郷である旧仙台藩領に派遣され、東方正教の伝教に携わった。そのため、明治初年においては、函館と仙台、そして宣教師ニコライが居を移した東京が、東方正教の拠点として機能することになる。その函館と仙台の中間に位置する南部地域には、多くのハリステアニンが往来することとなり、その結果、必然的に南部地域での伝教も行われるようになった。正教会が後に編集した教会史である『日本正教伝道誌』には、「イヲアン酒井は、昨年（明治六年―引用者）の十二月を以て、八戸地方の伝道を命ぜられ、既に函館を去りて、南部地方に至り、八戸・福岡・三戸間に在りて、福音を伝へ居りし」[4]とあり、明治六年（一八七三）末には八戸や三戸、福岡（現 岩手県二戸市）といった盛岡以北の南部地域の町々で、伝教が行われていたことがわかる。

しかしながら、そのような東方正教の伝教の拡大は、支配側にとっては看過できない事態と受け止められ、警戒が強められた。明治六年一二月一三日、青森県第一七中学区取締北村礼次郎と松尾紋左衛門の二名は、青森県五戸支庁書記の吉田茂に対して、「異教」者の取り締まりを上申している。これに関する一連の文書によると、この「異教」者とは「東京ニコライ門人」を指しており、南部地域における東方正教の伝教は、緒についたばかりであったにもかかわらず、警戒を喚起するほどの存在となっていたことがわかる。[5]調査を委任された学区取締の北村と松尾が、同月一六日付で提出した報告書には、一二月中三戸には「ニコライ門人」の仙台士族「大嶋」が伝教者として滞在していたが、すでに盛岡に出立したこと、彼のもとで「社中」となった者が一二名いること、そのうち三戸の八名、斗南の一名は「反正証」[6]の提出を約束したが、ほかの三名は函館教会へ「入社」したため、「反正証」は提出しないと述べたことが記されている。以下はその一二名の氏名が記された箇所である。

記

去十二月中三戸滞留の教員
　先生仙台士族　　大嶋
東京ニコライ門人
十二月廿四日出立盛岡へ趣社中反正証差出し候者
　三戸　　佐藤連之助
　連之助長男　　佐藤良平
岩手県士族三戸寄留　川村甚之丞

三戸　諏訪内源司
同　松尾五三郎
同　近田蘭平
同　松尾五兵衛
同　小野和助
同　佐藤九郎八
〆九人
函館教会へ入社証書不出者
三戸　宮喜代太
同　江刺家其太
甚之丞長男　川村定次郎
右之通御座候、証書之儀ハ太田長官名当ニて十二月廿日請取、其節出張野上某官員へ差上申候也(7)

ここに名前を連ねる人々と、それを取り締まった学区取締とは、どのような人物であったのであろうか。このなかでまず注目すべきは、川村甚之丞である。三戸給人という立場の盛岡藩士であった川村は、川村正吉とも称し、ペートルという聖名を持つ三戸のハリストス正教会の創設者の一人であった。佐藤一九七六年論文によると、(8)盛岡ハリストス正教会所蔵の『三戸聖母守護会記録』には、川村が明治三年（一八七〇）八月二七日にアナトリイ司祭から洗礼を受けたことが記されているという。また同じく三戸のハリステアニンであった太田弘三による後年の記録にも、「抑当三戸教会ハ去ル明治三年八月廿七日へ《ママ》ートル川村正吉氏ノ創立ニシテ大ニ尽シ《ママ》処アリタル」(9)と記されていることから、三戸への東方正教流入の道は、日本における正教会の展開全体のなかでも非常に早い段階で、この川村によって拓かれていたということがわかる。

一方で、同じ明治三年、盛岡藩では報恩講事件と呼ばれる事件が起こっている。盛岡藩は、戊辰戦争時の処分として旧仙台藩領白石（現 宮城県白石市）への減転封が言い渡されるが、藩内の強い反対により、七〇万両を上納する条件で盛岡に留まることが許された。もっとも、それは逼迫する藩財政には過重な負担であった。ゆえに、それを少しでも補うために講を組み、利潤の一部を藩主に献じようと多くの藩士が結集するに至った。もっとも、その動きは反政府的な非合法の結社であると見なされ、弾圧が加えられたのである。後述する「真田太古事件」に関する公文書に、この報恩講事件についての言及がある。

> 戊辰ノ年奥羽諸藩鎮定後、盛岡士族杉田斉宮、桂勘七郎、手柄一八等数名、同士ヲ結合シ報恩講ト称ス、蓋シ国家ノ事アルヲ待チ、戊辰ノ恥ヲ雪カント欲スルニ在リ、乃チ三戸ニ在テハ川村甚之丞其巨魁ナリトス、[10]

ここでは、この報恩講事件の三戸における首謀者は川村甚之丞であったと記されている。加えて、この事件より以前の川村の動向についても、先述の太田弘三によってまとめられた記述から確認しておきたい。

> 明治元年凶歉種籾欠乏各村農民の困苦見るに忍びざるものあり、先生（川村甚之丞―引用者）之れを憂ひ、太田弘三氏に謀り、資金を調達して真田大《（ママ）》古を随ひ三人相携ひ沼宮内に至り、八角伝之進を説き、籾百俵を得て帰る、而して上郷村を始め各村に分配して農民を救済[11]〔後略〕

ここに記されているのは、明治元年（一八六八）の飢饉に際し、農民救済の活動に中心となって奔走する川村の姿である。このときの行動をふまえ、佐藤一九七六年論文では報恩講事件も単に藩財政の補完だけを目的としたのではなく、民衆の経済的困窮の打開をも意図していたのではないかということが指摘されており[12]、明治初年の川村の活動の根底には、民政に対する眼差しを見出すことができる。同時に、明治元年の種籾欠乏に対する奔走では、後述する真田太古事件の首謀者とされる真田太古と行動をともにしていたことが判明し、この二人が旧知の間柄であったことを確認しておく必要がある。

東方正教に近づき、「反正証」を提出した人物として、川村甚之丞の次に名前を連ねている諏訪内源司についても、その人物像を明らかにしておきたい。やはり盛岡藩三戸給人の一人であった諏訪内は、盛岡で江幡五郎《えばたごろう》（後の那珂通高）のもとで漢学を修めた後、慶応元年（一八六五）に盛岡藩によって三戸代官所内に開かれた藩士のための学問所である為憲場で、句読師を務めた[13]。明治初年には三戸小学校の教員となり、その後も図書館の前身となる三戸書籍縦覧所の開設にかかわるなど、三戸地域の教育を中心で担う立場にあった[14]。諏訪内は教員の職にあった明治七年（一八七四）一二月に、太政官に宛てて建白書を提出している。台湾出兵に際し、諏訪内をはじめとする三戸在住の六名が義勇兵を志願し、願書を提出したにもかかわらず、提出時にはすでに日清間に和議が成立しており、希望が叶わなかったことが建白書提出の動機であった。今回のことは青森県庁の怠慢が原因であり、再びこのようなことが起こらないよう、「東僻陋習ノ人民」を「文明開化ノ域ニ進」ませるためにも、「民撰議院ヲ設立スルヨリ善良ナルモノハアルヘカラス」と、諏訪内は建白書のなかで主張している[15]。

一方、川村や諏訪内に「反正証」を提出させた、学区取締の北村礼次郎と松尾紋左衛門はどのような人物であったのであろうか。

そもそも学区取締とは、明治六年施行の学制に規定された制度で、学校の設立や経費確保、就学事務や就学監督までをその業務とし、地方長官によって、その土地の名望ある人物が任命されていた。資産があり、その地域で発言力をもつ人物が官選のかたちをとって、地方行政の末端に位置付けられたのである。松尾は盛岡藩三戸給人の一人で、盛岡に出て江幡五郎らに学んだ後帰郷し、諏訪内と同様、為憲場で句読師に就いていた[16]。松尾家は代々地域の子弟教育に従事し、松紋塾という私塾を慶応二年（一八六六）まで開いていたことから、そちらでも教鞭を執っていたと考えられる。[17] 北村は、田中館甲子太郎とも称し、やはり三戸給人の一人であったが、二戸福岡給人の団体である会輔社の名簿にその名前が見出されるという。[18] 二戸福岡では、安政五年（一八五八）に呑香稲荷神社神官の小保内孫陸らによって、二戸福岡給人の教育組織として会輔社が結成され、孫陸の後は、盛岡で江帾五郎に師事した孫陸の息子である小保内定身によって運営されていた。文久三年（一八六三）には、図書館の役割を果たす「稲荷文庫」を開設し、二〇〇〇冊を超える蔵書は、会輔社社員だけではなく、周囲の村の人々、さらには九戸や三戸、田名部、鹿角地方など、盛岡藩領内各地からの訪問者に利用され、知の拠点としての役割を果たしていた。北村は三戸給人でありながら、なんらかの事情で隣接する二戸福岡通の給人たちの集団の一員となり、彼らとの強い結びつきを有していたのである。

先に川村の説明で引用した真田太古事件における公文書には、次のような一文が続く。

三戸元給人（南部利恭家来）百五六十名ノ内党派二ニアリ、其一ハ北村礼次郎、諏訪源司《ママ》等ニテ常ニ正義ヲ唱へ、其一ハ川村甚之丞、江釣子宮司等ニテ動スレハ轍不軌ヲ図ラントス、[19]

ここでは、学区取締となる北村と、東方正教の「反正証」を記し、後に建白書を提出する諏訪内は「体制派」、そして三戸で最初のハリステアニンとなり、報恩講事件やこの後の真田太古事件にかかわっていく川村らは「反体制派」という位置付けがなされている。三戸給人として同じ立場にある彼らは、地域社会の民政や教育に対して共通の責任や問題意識をもち、その時々の課題に応じて、協力したり対立したりという関係性を積み重ねてきた。そのような状況のなかで、ひときわ大きな分岐の一つとなったのが、東方正教の受容という問題であったと考えられる。当初、体制側と受け止められていた諏訪内は、東方正教の流入をきっかけの一つとして、川村らとの親交が深まるなか、建白書というかたちで政府に意思表明するような変化を、自身のなかに引き起こしていったことが考えられる。

明治三年に川村甚之丞が洗礼を受け、明治六年に「反正証」の提出を迫られるという取り締まりにあった後の三戸における教会の詳細は、明らかにしえない部分が多いが、明治九年（一八七六）七月の教会の記録には、「三戸教会ハ宜キ景況ナリ[20]」と記されていることから、同年一〇月に成立する八戸の教会に先駆け、三戸では教会組織が着々と整えられていたということがわかる。三戸聖母教会と名乗るこの教会は、明治一〇年（一八七七）には信徒数が七〇名にものぼったことが判明し[21]、「反正証」を提出した後も、熱心に活動を行う信徒のまとまりが存続していたことがうかがえる。

## 2　真田太古事件とハリステアニン

明治一〇年（一八七七）、青森県三戸郡において、真田太古事件と称される事件が発生した。事件当時、首謀者の真田は神官で代言業も営んでいたという。同年に起こった、西郷隆盛を中心とする鹿児島の士族の蜂起に連動した反政府的な計画や行動は全国で確認できるが[22]、この真田太古事件も、これまでその動きの一つとしてとらえられてきた。

真田は修験者の父のもとに生まれ、明治五年（一八七二）に上京すると、民権家の矢野駿男や宮崎八郎、杉田定一らと親交をもち、その日記に政府の外交や教育、民政政策、さらには政府高官の不正に対する痛烈な批判を書き連ねるようになったという[23]。明治九年（一八七六）、旧会津藩斗南士族の永岡久茂による「思案橋事件」が起こる。これは同年に起った萩の乱に呼応した反政府的蜂起とされ、真田は在京中、この永岡と行動をともにしていた[24]。三戸郡は多くの旧会津藩士が移住した土地であり、永岡との関係は、上京前からのものとも考えられる。

真田太古事件には、三戸のハリステアニンであるペートル川村甚之丞も共謀者の一人としてかかわっている。前項で述べたように、川村と真田は少なくとも明治初年にはすでに親交があり、ともに農民救済のために奔走し、なおかつその主導権は川村が握っていた。

真田太古事件に深くかかわる人物として、小田為綱を挙げる必要がある[25]。小田は藩政期には野田通宇部村（現　岩手県久慈市）と野田村（現 岩手県九戸郡野田村）に給地を得ていた盛岡藩野田給人で、江戸の昌平黌に学び、盛岡藩の藩校作人館で教授を務めた。明治六年（一八七三）には「三陸開拓上言」を政府に提出し、原野の開拓や米塩会所の設置、士族らの開墾を建言したほか、明治一三年（一八八〇）には民権論的な私擬憲法と位置付けられる「憲法草稿評林」を作成するなど、みずからの政治思想に基づいた活動を行った人物である。

小田為綱と真田太古は、明治五年にはすでに面識があった(26)。また小田は、明治九年頃より士族銀行を設立しようと岩手県令島惟精に働きかけていたが、事件の後、これを引き継ぎ、明治一一年（一八七八）に第九十国立銀行の設立にこぎ着けたのは、三戸のハリステアニンであった原祐知であった。以上によって、事件以前から小田は、川村をはじめとする三戸の正教会関係者とも面識があったと考えられる。

西郷隆盛らが決起したとの情報を受け、それに応じて蜂起しようとした真田に対し、小田はその直接的な行動には反対の立場を表明した。また逆に、西郷を討つ側につくことにも反対した。そこで真田は、小田にその思うところを記すよう求め、その結果書かれたのが、次の「檄文」と呼ばれる一文である。

> 何ニ由テ此怪事ヲ為シ（ママ）顧フニ必ス朝廷ノ有司天下ノ大計ヲ誤リ万世ノ大憂ヲ招クノ事有ニ憤懣過激ノ余ニ出テシナルヘシ、嘗テ聞ク外国交際ハ往々彼ノ鼻息ヲ仰キ彼簇制ヲ受ケ五港ノ互市ハ年々ニ数千万損耗有テ一塵土ノ利益ナリ広太（ママ）ノ交換ハ険ヲ開テ冦ヲ招クモノニシテ貢租ノ苛刻ハ己レノ肉ヲ喫テ其身ヲ斃ニ庶幾シ苟モ愛国ノ心有モノ誰カ痛哭流涕長大息ヲ為サ（ママ）（不平ト言ハン）、是レ或ハ隆盛ノ興ル所以ナル歟(27)、

小田はこのなかで西郷の決起の理由を、政治の中枢を握る「有司」らへの批判、なかでも対外貿易による経済損失や、樺太（「広太」）・千島交換条約にともなう北方への危機感、そして民衆に対する過酷な地租の賦課、という点にあると推測している。しかしこれらは、西郷の思いを推測するかたちをとった小田の主張であるとも受け止めること

ができる。真田は、西郷の決起に呼応して事を起こしたととらえられてきたが、真田自身は、西郷蜂起の鎮圧は難しいとの見通しをもっており、その結果、西郷軍の勝利となれば「戊辰ノ恥辱」はそそがれず「奥羽ノ人民」は「九州ノ奴隷」になってしまうと述べていることが指摘されている[28]。批判されるべき政府の不正を糾弾して戦いを挑んだ西郷軍が勝利して戦争が終息することになれば、勝利した西郷ら西南の士族たちは今以上に圧倒的な勝利者として位置付けられ、戊辰の戦いで地に落ちた奥羽の地位はさらに決定的なものとなり、その再浮上の機会は永久に失われてしまうとの危機感が、真田の蜂起計画最大の動機となったものと考えられる。

奥羽の地、もしくは自分たちの土地に対する思いは、先述の川村や諏訪内の行動の根底にも同様に存在していた。川村の功績をまとめた一文のなかで、太田弘三は次のように記している。

藩主白石転封に際し、三戸以北は津軽越中守取締となりたるを奮慨し、馬に鞭ち野辺地に至り、飯田記代七、沿道七戸野辺地弘志・五戸円子左右見を説き、陳情書を調製し、各町村総代人百二十余名連署捺印して奥羽鎮撫使に提出す、津軽藩取締を解き、黒羽藩の取締に変更したるは先生（川村甚之丞―引用者）の力多きに依る[29]。

ここには、盛岡藩領であった三戸周辺地域が、維新以降、弘前藩の管轄下に置かれると決定されたことに対し、川村が中心となって抵抗の姿勢を示したことが描写されている。戊辰戦争では敵方として戦火を交え、なおかつ積年のわだかまりのある津軽弘前藩の風下に立つことなど、川村たちにはどうしても受け容れられないことであった。

諏訪内源司も、太政官に提出した建白書のなかで「曾テ岩手県ノ士族ト共ニ旧南部藩ノ籍ヲ辱シメシ者ナレハ其好ミヲ陳シ戊辰ノ恥辱ヲ雪カンコトヲ欲[30]」したと述べ、台湾出兵への志願は「戊辰ノ恥辱ヲ雪カン」ためであったことを陳述している。しかも青森県の怠慢によりその実現の道が閉ざされたとして、今後そういったことが起こらないよう、「民撰議院ヲ設立スルヨリ善良ナルモノハアルヘカラス」という主張が展開されていくのである。そこには、本来盛岡藩士族として岩手県に所属するのが自然であるべきところ、不本意にも青森県に属し、不当な扱いを受けているとの憤慨が見え隠れしている。

このように、真田太古事件の周辺に連なる三戸郡周辺の人々は、「戊辰ノ恥辱」をそそぎたいという思いに加えて、自分たちの地域社会に対する矜持や権利意識を強めざるをえない状況に置かれていた。明治維新以降、藩政時代の領域とは無関係に県域が定められ、勝者と敗者が一つの県にまとめられていくこと、さらには西南からやってきた役人によってその政治がなされていくことは、彼らにとって理不尽と感じざるをえない事実が積み重なっていくことであり、自分たちが給人として主導してきた地域社会が蒙るさまざまな不利益に対して、非常に鋭敏にならざるをえなかった。このことが、これら一連の動向の根底に共通していた動機であったと考えられる。

真田太古事件に話を戻すと、この計画が表面化したのは、明治一〇年（一八七七）四月、岩手県二戸郡福岡の岩館迂太郎と下斗米与八により、事件発覚につながる情報が岩手県の警察にもたらされたからである。盛岡藩二戸福岡通の給人出身で、会輔社社員であった二人は、以前から警察の協力者として真田の周辺を探索していた。その情報の内容とは、青森分営から銃器弾薬を、青森県庁から公金を奪い、さらに岩手県庁を襲撃し、宮城を経て東京へ攻め上るという計画が密かに進められているということ、そしてその中心は真田太古、川村甚之丞、小田為綱であるというものであった[31]。この結果、真田らは捕縛され、収監されるに至ったのである。結果的に真田は懲役五年、小田は懲役一年の判決となった。川村甚之丞については、明治一三年に死去していることが関係しているのか、処断文書には名前がないが、その息子である定次郎は、除族のうえ懲役一年半の判決が下っている。

川村を端緒として三戸に流入した東方正教は、三戸の士族層を中心に受容されたが、その初期には会輔社の社員でもあった北村礼次郎らにより「反正証」の提出が求められ、また真田太古事件では、やはり会輔社社員であった岩館らに密告されるに至っている。三戸の正教会が、藩が崩壊した後の士族層のコミュニティを保障する役割を担う側面があったと考えると、二戸福岡の会輔社は、幕末の段階からその役割を果たしてきたととらえられており、会輔社の関係者にとっては、キリスト教を核とした士族層の新たな集団の出現は、自分たちの活動とは相容れないものとして、危機感を強くしたことが推測できる。

## 二　八戸のハリステアニンと自由民権運動

### 1　八戸教会の成立

前述した通り、盛岡以北の南部地域で最初に東方正教の教会組織が作られたのは三戸であったが、それに続き教会が成立したのは八戸である。八戸は、藩政期においては、盛岡藩から分離した二万石の小藩、八戸藩が置かれた城下町であった。八戸のハリステアニンと自由民権運動のかかわりは、先行研究でも多く述べられてきたことであるが[32]、本節では、八戸の教会設立とハリステアニンの自由民権運動とのかかわりについて、伝教者の動きに着目して考察し、改めて検討を行うこととする[33]。

八戸を含む盛岡以北の南部地域に対する、東方正教の本格的な伝教が始まったのは、明治六年（一八七三）頃と記録されている[34]。しかしその直後、三戸において、東方正教に親しむ者たちに対し、「反正証」の提出を求める取り締まりが行われたことは、前節で述べた通りである。その後、東方正教の拡大に対する警戒感を強めた青森県の意を受けて、学区取締であった北村礼次郎や松尾紋左衛門が青森県に対して行った建言により、青森県は伝教者の活動を禁止する措置を打ち出した[35]。このため、青森県に属する南部地域において、正教会の伝教活動は中断を余儀なくされた。

しかしその後、学区取締が北村らから岩泉正意に交代することで、状況は一変する。明治八年（一八七五）、伝教者の活動禁止措置が取り下げられたのである。新たに学区取締となった岩泉正意とは、八戸藩の洋学の第一人者で、幕末、盛岡藩の洋学の権威であった大島高任が設立した盛岡日新堂に遊学した経験をもつ。その後、八戸藩が設立した八戸洋学校にかかわり、明治四年（一八七一）には英語教科書『英学階梯』を自前で制作したほか、明治五年（一八七二）には蛇口胤親に働きかけ、英語と洋学の塾である開文舎を開かせ、みずからも教鞭を振るった。開文舎では、斗南藩士族の広沢安任の牧場経営から身を引いたイギリス人ルセーを招き、従来の儒学中心の塾とはまったく別の観点から教育を行ったという。(36) このように、岩泉正意が八戸にもたらした洋学に、さまざまな経緯で接触し、影響を受けた若者たちのなかから、八戸の正教会設立や自由民権運動を担う人材が育っていくことになる。

明治九年（一八七六）の正教会の公会議事録は、盛岡の伝教を担当していたパウェル円子による「八戸ノ地ハ教ヲ望ム者アリテ切ニ伝教人ヲ望ムナリ」(37) という発言と、函館の伝教者パウェル丹野文成の「八戸伴美丸（ママ）ト云フ者、甚タ尽力スルノ様子ニテ已テニ教会ヲ立ントセリ、彼ノ地ノ況ヲ見ルニ、善キ伝教者行クナラハ盛ニナルベシト思ハル」(38) という発言を伝えている。公会は毎年七月に開催されるので、これはその直前の状況である。八戸には伝教を望む者が多数存在し、すでに教会を設立しようとの動きが生じていたことがわかる。この要望を受けた正教会は、同年一〇月、パウェル沢辺琢磨司祭を八戸に派遣し、二日間で二六名に洗礼が施された。これにより教会が成立し、八戸光栄教会と称されることになる。

「（受洗者名簿）八戸光栄会」(39) によると、八戸で最初に洗礼を受けた二六名は、そのうちの二一名が士族、五名が平民であった。「八戸士族本列帳」(40) と対照すると、士族の大部分は、中・下級藩士の出身であったことが判明する。年齢構成は二〇歳前後が大部分を占めるほか、女性はただ一人であり、それは受洗者の筆頭に名前のあるパウェル源《みなもと》晟《あきら》の六歳の娘ヒデであった。これらのことから、八戸光栄教会は、二〇代、三〇代の数人の士族層の指導者によって、教会設立が牽引されたと考えることができる。

筆頭に名を記すパウェル源晟は、嘉永三年（一八五〇）に八戸藩御祐筆の家に生まれ、岩泉正意に数学や洋学を学んだ人物である。明治四年、藩の許可を得て修学のために上京するが、廃藩置県により志半ばで帰郷せざるをえなかった。その後、八戸で洋学の教師を務めたことが確認できるが、(41) これは師匠である岩泉正意の引き立てによるものであったことが推測できる。一方で源は代言人もしていたといわれており、その具体的活動については不明な点が多いが、その間、宮城県や岩手県の各地を回り、見聞を広げていたことが判明している[42]。これらの地域では、正教会による伝教がすでに盛んに行われており、源がそのどこかで正教に触れる機会を得て、関心を抱いた可能性は十分考えられる。そして、伴義丸という熱心な同志を得て、自分の洋学の教え子や、師匠の岩泉正意がかかわる開文舎で学ぶ関春茂らを取り込みつつ、徐々に教会設立を現実化していったのである。

## 2　産馬紛擾事件とハリステアニン

南部地域は古来より名馬の産地として知られ、馬産事業の重要性は他の地域とは比べることができないほど大きなものであったが、その馬産をめぐって、南部地域を管轄する岩手県と青森県で大きな騒動が持ち上がることとなる[43]。

明治一一年（一八七八）に公布された府県会規則に基づき、明治一二年（一八七九）より開始された府県会では、地方自治の確立をめざすなかで、地方税のあり方が重要な議論の一つとなっていた。南部地域において馬産は重要産業の一つであったが、それに対する課税方法は未だ封建的なものであり、当時興隆してきた自由民権運動と結びついて、見直しを求める声が大きくなっていたのである。明治一二年の県会では、従来の課税方法であった牧畜仕法金のあり方が議論となった。県会と呼応するように、岩手県では馬産への課税廃止を要求する産馬農民の動きが活発化し、明治一一年に鈴木舎定《すずきいえさだ》が結成した民権結社求我社は、それと連動するかたちで周囲への影響力を増し、「盛岡民権派」と称されるようになる。

岩手県と同様、馬産地である南部地域の一部を抱える青森県でも、馬産に関する施策として、馬産事業の民間への移管が図られた。その具体的方策として、明治一二年に野辺地、七戸、三本木、田名部、五戸、三戸、八戸の各組から委員が選出され、産馬維持共会が設立されるが、資金運用や事務管理は委託というかたちで、実際には県庁が差配した。三戸組や八戸組が属する三戸郡の総町村連合会は、資金運用への不満などから、産馬維持共会からの分離を願い出たが聞き届けられず、独自に開いた馬市の売上金を青森県に差し押さえられるなどの制裁を受けた。このときに分離派の代表として青森県との折衝に当たったのが、八戸の民権結社暢伸社である。

暢伸社は、明治一三年（一八八〇）四月に八戸で結成された。その主要メンバーは、マルク関春茂、パウェル白井毅一、アンドレイ井河元寿ら、八戸光栄教会の信徒に加え、パウェル源晟と同様に岩泉正意の弟子であった奈須川光宝、八戸師範分校でマルク関春茂を教授した浅水礼次郎、マルク関と開文舎や八戸師範分校で同級であった成田芳雄らであった。後述するように、結成当時パウェル源は伝教者として大槌（現 岩手県上閉伊郡大槌町）におり、結成メンバーには数えられないが、その後、八戸に戻ると同時に加わっている。

結成の年の一月、青森県では県内の自由民権運動の集会があり、青森蓮華寺（現 青森市本町）には本多庸一ら弘前民権派に加えて、野辺地、七戸、五戸といった南部地域の自由民権家も集い、憲法制定の請願を行っているが、三戸郡からの参加はなかった[44]。一方で同年一一月の第二回国会期成同盟大会では、求我社の鈴木舎定が岩手県全郡および青森県三戸郡、秋田県鹿角郡の総代として出席を果たしている[45]。この範囲は、まさに旧盛岡藩領、すなわち南部地域にほぼ相当し、これらのことから、自由民権に発展する八戸での動きは、青森県全域に勢力を伸ばしていた弘前民権派の流れを汲むものではなく、盛岡を中心とする盛岡民権派に属するものであり、暢伸社はその影響下に結成された結社であったと推測される。

青森県における産馬紛擾事件は、明治一四年（一八八一）秋の馬市において、青森県役人と八戸組農民の惣代たちとのあいだで生じた争議により本格化していく。惣代たちは役人が馬市に出張してくる必要はないと主張したが、このとき、八戸の惣代とともに八戸警察署に出向いた三戸の惣代は、三戸のハリステアニンである太田弘三であった[46]。その後、暢伸社を中心に青森県と折衝が行われ、その結果青森県に農民側の主張を受け容れさせ、馬産事業の民間による計画・実施を了承させるに至った。このことは暢伸社メンバーの政治的自信につながっていくことになる[47]。この後、パウェル源晟は自由党に入党し、青森県会議員、さらには衆議院議員を務めるようになる。マルク関春茂は湊村

（現 八戸市、以下三町村とも同）村長から八戸町町長へ、イヤコフ久保忠勝は鮫村村長、パウェル白井毅一は大館村長になるなど、ハリステアニンの暢伸社員の多くが、政治の世界で活躍するようになるのである。

産馬紛擾事件は、馬産事業への県の介入という問題もさりながら、馬産地域とひとくくりにいっても、そのなかで生じる優劣において、劣るとされた三戸郡に属する三戸組や八戸組が、優良馬産地だけが得をする状況を打破し、自分たちの権益を可能な限り守ろうとする動きでもあった(48)。さらには、南部地域における馬市の利益から徴収される税金が、いったん青森県に納付された後、旧弘前藩領の津軽地域のためだけに使われることなく、きちんと南部地域に還元されるかどうかということも、目を光らせておくべき重要な関心事であった(49)。産馬紛擾事件の根幹にも、地域間の意識の問題は大きく根差していたのである。

## 3　伝教者と自由民権運動

八戸のハリステアニンと自由民権運動とのつながりを考えるとき、パウェル源晟という伝教者の存在は大きな意味をもつ。彼の活動がどのような役割を果たしたのかを明らかにするため、ここでは、その具体像を明らかにしていく。

明治九年（一八七六）一〇月に洗礼を受けたパウェル源は、その後上京してロシア人宣教師ニコライのもとで伝教者となるための教義の勉強を開始し、翌年の公会において、副伝教者として八戸に赴任を命じられた。明治一一年（一八七八）四月からは、単身下総地方の伝教に赴き、佐倉（現 千葉県佐倉市）を拠点として伝教活動を開始した。佐倉ではプロテスタントの伝教者と鉢合わせすることもあり、それについては「新教伝道者モ来リ居レリ、是レモ同ク来聴スル者寡キ様子ナリ、過日又タ米国人クリイントカ云者来リ、説教ノ節ハ七八十名来聴セシ者アレトモ、是レモ矢張リ西洋人ノ髭デモ見ル積リテ来リシ由ナリ(50)」と報知している。その年七月の公会では、今度は秋田地方の伝教に派遣されることが決定した。ここでいう秋田地方とは、毛馬内（現 秋田県鹿角市十和田毛馬内）・十二所（現 大館市十二所）・大館（同前）・久保田（現 秋田市）を指し、かつては盛岡藩であった鹿角郡から秋田藩領の日本海沿岸まで、秋田県の北部を東から西まで広く担当するものであった。久保田を拠点に定めたパウェル源が直面したのは、神学連による、連日にわたる執拗な妨害であった。神学連とは、この地に深く受容された平田派国学の門人や教導職など、神道を後ろ盾に東方正教の伝教を阻止しようとする一派であったと考えられる。下総においても秋田においても、伝教の場では、このように常に他のキリスト教諸派の伝道者や教導職と遭遇し、その活動と競合するだけではなく、時には伝教を妨害されるような事態に陥った。

秋田では芳しい成果が得られないまま、明治一二年（一八七九）の公会においては、岩手県大槌の伝教者に決定した。パウェル源が赴任した岩手県では、前述した馬産をめぐる課税見直しを要求する産馬農民の動きと、それに連動する自由民権家の動きがちょうど活発化していたところであった。大槌に赴任したパウェル源は、その周辺地域への伝教活動はもちろん、県庁所在地であり、拠点教会のある盛岡へも頻繁に行き来する機会があった。問題が紛糾する渦中にあって、同じく馬産を重要産業の一つとする八戸出身のパウェル源には、この動きは決して他人事ではなく、大きな関心事として受け止められたであろう。そのなかで、岩手県の産馬農民の動きや民権結社の動向をつぶさに観察し、情報を集め、時には接触を図ったことは容易に想像できる。また同時に、家族の住む八戸へもたびたび帰郷したことがうかがえ[51]、その際に仲間たちと会い、岩手県内の産馬農民や自由民権運動に関する情報をもたらし、八戸での組織化の方向性などを相談し合ったという可能性は十分考えられる。また秋田県鹿角郡もパウェル源の前任地の一部であり、八戸を含む三戸郡と同様、鹿角郡における自由民権運動の展開に盛岡民権派との結びつきがうかがえる背景には、伝教者としてこの地域を行き来していたパウェル源の動きがあったととらえることもできる。

パウェル源の働きかけにより結成に至った暢伸社は、前項で述べた通り、八戸産馬紛擾事件のなかで、農民側の立場を代表して青森県との折衝を行い、地域社会に対してその政治的役割を表明したが、それは正教会の展開にはどのような影響を及ぼしたのであろうか。すでに暢伸社が結成された後の明治一四年（一八八一）六月、宣教師ニコライの日記に、パウェル源の家族について、次のような記述がある。

かれの家はごく普通の士族の家で、かなり古いように見えた。家族構成は八三歳になる老婆と妻と二人のこども――一二歳と六歳――、これに本人を加えて総計五人である。「あの子が家にいないと困る」と老婆は言うが、源のほうは「家族が丈夫なうちは、一年でも二年でも、教会が行けと言えば他所でも行けます」と言う[52]。

ここから、この段階において、パウェル源には伝教者として活動していこうという意思があったことがうかがえる。この年の秋の馬市において、青森県の馬産に関する紛擾は激化し、暢仲社のハリステアニンたちは一気に政治色を強めていく。その一方で、同年の一二月には、次のような報告がなされている。

青森県下八ノ戸教会の副伝教者源氏は先頃より久慈駅に出張して伝道さらるゝ由なるが、始めは廿五六名つゝの新聴者ありたれと、漸々減して現今は十名前後に至れり、されと是はたぶん引続きて始より聴居る人々なりといふ[53]、

パウェル源は、暢仲社にいて自由民権的な活動を行いつつ、同時に伝教も行っていたことが判明する。明治一五年（一八八二）四月には、八戸において新たに四名が洗礼を受けたという記録もあり[54]、政治活動の活発化によって教会活動がまったく停滞してしまったわけではないということがわかる。

しかしながら、暢仲社が産馬農民の声を代弁して青森県と闘った、いわば農民側に立った存在であったにもかかわらず、正教会の伝教が農村に広がり、農民層を教会に取り込んでいくというような展開は見られなかった。政治活動と伝教活動は同時並行で進められてはいたが、彼らのなかで切り離されたものとして認識されていたか、もしくはもともと指導層であった士族による産馬紛擾事件の主導は、彼らの指導層としての立場をより強固なものとすることは

あっても、同じ信仰を共有するというような関係を築くことには、容易に結びつかなかったのである。

## 三　ハリストス正教会における自由民権運動

### 1　教員と伝教

士族ハリステアニンたちが自由民権的な活動に関心をもち、そしてその活動が可能となり許容されていく背景には、ハリストス正教会のどのような要素が作用していたのであろうか。その要素の一つの可能性として、まずは教員という存在に着目する。

自由民権運動と教員との関係について黒崎勲は、自由民権運動の啓蒙の場である演説会は、事実上、地域における民衆の学習の場であったこと、そして文明開化の浸透が時期的には自由民権勃興と重なるという色川大吉の指摘を取り上げ、地域社会において、教員が双方の担い手として大きな役割を果たしていたことを指摘している(55)。東北地方においても、演説会は師範学校の教員や卒業生を中心に行われていたことが明らかにされているが（宮城県における教員と自由民権運動とのかかわりについては、本書第二章千葉論文を参照）、それらのなかには、明治一三年（一八八〇）四月の集会条例によって途絶えた事例もある。また、仁鉄華は長野県の教師と自由民権運動とのかかわりを扱った論考のなかで、自由民権運動に多くの初等教育者が参加し、下から運動を支えたこと、当時の教員たちは、権力の末端機構に位置付けられ、体制維持のための教育機能を担い、国家権力の宣伝・伝教者としての役割を果たすべき存在でありながらも、反政府運動である自由民権運動にも多く参加したことを指摘している(56)。

このように、自由民権運動における教員の存在は小さくないが、そのような運動に加わっていく可能性を有した教員層と、東方正教の展開にはどのような関係が見出されるであろうか。その関係性を伝教の具体的活動のなかで見ていきたい。

東方正教では、明治九年（一八七六）に最初の公会が開かれて以来、そこで決定された伝教方針のもと、未だ東北地方が中心とはいえ、全国各地へ伝教者が派遣されるようになるが、それぞれの伝教先からの報告には、教員に関するくだりが散見される。

明治一一年（一八七八）一二月の、伝教者パウェル岡村伊賀藏による大原駅（現 岩手県一関市大東町大原）(57)についての報告には、次のような記載がある。

又当村ヲ去ルコト田舎道六七里北方ニ大原駅アリ。当所ハ固陋ナル漢学者□《多カ》シ。然ルニ幸ニ同処小学教員松本・長野ノ両氏少シク正教ニ志アリヲ《ママ》招ケリ。(58)

ここには、漢学の影響力の大きな土地柄にあって、二人の小学校教員が正教に関心を示したことが記されている。同様の記述は同年六月の伝教者イオアン西海枝勝巳による、土沢駅(59)（現 岩手県花巻市）からの報告にも見られる。

本月上旬近村土沢駅へ至リ説教セシ所、来聴者十四名アレリ。目今ニ至テモ相変ズルコトナク十余名アリ。此ノ内小学校教師伊藤金治郎日々ニ来テ聖書ヲ素読ス。該地モ漸々主ノ寵佑ニ由テ開クルニ至ラント云々。(60)

説教を聞きに来る者たちのうち、最も熱心に関心を寄せているのは小学校教師であることが述べられている。また、明治一二年（一八七九）一二月の伝教者パウェル江刺家久重による岩手県郡山（現 岩手県紫波郡紫波町）からの報告にも教員への言及がある。

> 当駅ヲ距ル一里二十丁松本学校ノ教員ハ一ノ啓蒙者ナレバ、時々該校ニテ修身論、或ハ格物探原ヲ講ズ、亦タ当駅ヲ距ル二里半土館学校教員松本簾（ママ）太郎度々来会ス、故ニ該校ニモ開ク積リ[61]、

ここでは、洗礼を受ける前の「啓蒙者」と称される段階にある教員が、伝教場所として校舎を使用することに便宜を払っていた様子がうかがえる。

さらに、明治一一年一一月の曲田村[62]（現 秋田県大館市曲田）からの報告には、「此処ニ住セシ小学教員赤平操ト申者、啓蒙ノミ大奮発ニテ曲田一村ニ主ノ道ヲ聞カセリ[63]」と記され、岩手県郡山の場合と同様の「啓蒙者」の状態にある小学校教員赤平という人物について触れられている。この赤平と同一人物と考えられる記載が、翌年の『教会報知』に見出されるが、その際には次のような状況に至っている。

> 三月廿八日発シ同処出張ノステファン江刺家氏ノ報ニ曰ク、大葛金山トテ百五十戸斗リノ盛大ナル鉱山ユヘ、近国ノ商人ラノ交際□（盛カ）ナリ。此地ニ住スル小学教員小嶋ナル者ノ招キニテパウェル赤平ヲ携ヘ、十日間説教相開キシニ、毎夜五六十名、連続スル者少クモ五六名、之レラハ教ノ鑑、講義相終タレバ、主ノ召ヲ蒙ラント思ハル[64]。

パウェルという聖名を与えられているということは、正式に洗礼を受けたという証であり、さらには同じく小学校教員の職にある小嶋の招きで大葛金山（現 秋田県大館市）へ出向き、みずから伝教を行っているのである。このことは、正教に関心を示した小学校教員のなかには、実際に洗礼を受けるに至った人物がいたこと、さらにはその後、教員のネットワークを利用して、伝教に従事するような展開が岩手県に見られたことを示している。

パウェル赤平と同様に、実際に洗礼を受け、信徒となった教員は少なくない。例えば、明治一一年（一八七八）二月に伝教者パウェル岡村が岩手県東山地方（現 岩手県一関市東山町）から発した報告は次のように記載されている。

同十八日着パウェル岡村氏ノ報ニ曰ク、罪子漸ク如（ママ）機会ヲ得テ、去ル一日東山地方磐井郡曽慶村ニ来リ、当所小学教員イヤコフ山内氏ノ尽力ニヨリ、来聴ノ者毎夜数十名アリ、[65]

さらに公会の議事録にも「小学教員山内某ノ宅ニ於テ講場ヲ開キ、同氏ノ尽力ニ由リテ来聴スル者数十名ナリ」[66]とあり、これらのことから、曽慶村[67]（現 岩手県一関市大東町渋民）に来た伝教者の説教のため、同地の小学校教員である信徒のイヤコフ山内が自宅を提供し、聴聞の人を集めている様子がうかがえる。

一方、明治一一年五月の伝教者サワ山崎兼三郎による八戸からの報告には、小学校教員だけではなく、彼らを養成する師範学校の教員についての言及がある。

八戸駅モ漸々教ヲ望ムモノアリテ、先日小子ノ野辺地行ニモ少シク心惜シク思ヘリ。何ントナレハ中里氏及ヒ其他敦厚ノ輩ニ教ヲ望ムモノアリ、且ツ師範学校ノ教員ニ尤モ貴フベキ愛ス可キノ一兄ヲ得タレハナリ。実ニ小子ノ一身ヲ三四ニ分裂シテ諸兄弟ノ望ミニ応フセント思フ程ナリ云々[68]。

八戸に明治一〇年（一八七七）から四年間だけ開設されていた、青森県小学師範学校八戸分校の教員を指していると考えられる。師範学校の教員のなかに正教に関心をもつ人物が現れれば、その後教員として活躍することになるその教え子たちへも強い影響が及ぼされると期待されたのであろう。さらに、同じ師範学校の教員を指していると思われるのが、以下の一文である。

兼テ申上置候通青森町へ派出仕度存候、是レハ八戸師範分校教員大井氏ノ周旋ニテ青森ニ十一人ノ良友ヲ獲ルノ

目途有之候也[69]、

サワ山崎の報告のなかで期待されていたとおり、師範分校の教員である大井氏の斡旋によって、青森町（現 青森県青森市）で一一人の洗礼希望者を得るに至っている。この大井氏についての詳細は明らかにしえないが、同年一二月の『教会報知』にもう一度登場している。

十二月五日発シ同処出張ノサワ山崎氏ノ報ニ曰ク、十一月六日新会堂へ移転、該夜ニ至リ集ル者三十余人、皆一声一意感謝ノ祈祷ヲ献シ、終リテ旧師範校頭大井氏（人ハ一意ニ専門ノ学科ヲ修ムベキノ演説）、伝道者サワ山崎（聖教ニ入ル者ハ真ノ利益ヲ得ルノ演説）、執事ペートル佐藤（馬太伝十三章ノ講議）、右式終リテ一同ヨリ持参ノ酒肴ヲ開キ食ヒ大ニ楽メリ[70]、

これは八戸の教会が会堂を新たにしたことを記念する日のことであり、そのような晴れがましい特別な日に招かれ、演説を依頼されるということは、八戸の正教会にとって関係の深い、非常に重要な人物であったことがうかがわれる。さらに、八戸の教会で翌年の四月に行われた復活祭の祈祷に集まった教会外の人物として「師範学校生徒長二人、栃内氏、堀野氏也[71]」という記述があることからも、師範学校教員であった大井氏の影響を推し量ることができる。

教員に関して特に注目すべき点は、ハリステアニンの教員のなかで、積極的に伝教活動を行った者の存在である。教員でありなおかつ伝教者であった彼らの動きは、教会内においてどのように認識されていたのであろうか。明治一一年一月の『教会報知』には以下の記載がある。

ステファン和井内氏、昨十月中旬釜石村（庁下ヨリ二十里ナリ）江学校教師ニ往ケリ、実ハ聖教ヲ開クガ為メニ

十字会伝教者及ヒ議友相共ニ議シテ該地ニ往カシメタリ、然ルニ当時聖教ヲ望ム者十有余名アリ、因リテ之ヨリ愈々主ノ道ヲ了解ラシメハ必ス聖名ヲ讃揚スルニ至ルベシト、(72)

ここではステファン和井内が、正教の広布のために学校の教員という立場を得て、釜石村（現 岩手県釜石市）へ赴いたことが述べられている。さらにそのことは、本人の意思だけではなく、盛岡を中心とする伝教区である十字会の総意として決定したことが読み取れる。このステファン和井内については、四月にその続報がなされている。

モイセイ長谷川氏ハ該地（小鎚村―引用者）小学校ノ教員ニシテ、夜学ヲ開キ最モ主ノ聖名ヲ聴カシメ、又ステファン和井内氏モ近村大槌学校ニ在リテ、此頃十余名ト相議シテ説教場ヲ定メタリ。又イヤコフ石田氏山田村ニ伝教セシ処、現今ニ至リテ聴道者寥《ママ》ルタルニ因リ、曽テステファン和井内氏伝教セシ釜石村ニハ十余名ノ来聴者アリテ、稍勃興ノ景況アルニ付、同処ニ移転シタリ云々。(73)

ステファン和井内は、教員として派遣されていた釜石で、それなりの伝教の手応えを得たため、今度は大槌に移り、そこでまた教員をしつつ、伝教を行っているのである。さらにここではもう一人、小鎚村（現 岩手県上閉伊郡大槌町）で教員をしながら伝教を行っているモイセイ長谷川という人物も登場する。この大槌周辺における彼らの伝教の状況は、追って五月にも報知される。

五月十日発シルカ石川、ステファン和井内両氏報ニ曰ク、大槌村ハ進歩ノ景況ヲ顕シ、最モモイセイ長谷川氏ノ尽力ニ依而、大祭日ニ際シ当時学校ニ於テ「ハリステアニン」ノ来聴者三十余名公祈祷ヲ献ス、方今ニ至リテハ六七名アリ、彼レ等ハ結果ス可キ萌《ママ》スアリト。(74)

彼らは教員という立場で赴任した土地で、熱心な伝教を行い、その活動のために校舎も使用しつつ、多くの信徒を獲得していったということができるであろう。このステファン和井内とモイセイ長谷川については、公会の議事録にも興味深い記述がある。

昨年公会後、八月ルカ石川氏大槌村へ（十字会ヨリ廿八九里）、十一月イヤコフ古木氏山田村へ（十字会ヨリ三十二三里）派出伝教セリ。九月ニ際システファン和井内氏聖教ヲ播布センガ為メ、一時学校教師ノ名ヲ得テ釜石港へ（十字会ヨリ廿八九里）往キ、学事ヲ勤ムル余暇ヲ以テ聖道ヲ伝ヘシ所、来聴者十八九ニ至ル内、目今洗礼ヲ望ム者ハ八名アル外ニ教ヲ望ム者十人余ナリ。大槌村ニ於テハモイセイ長谷川当村ノ教員ナル故、学事ヲ勤メル余リヲ以テ専ラルカ石川氏ヲ助クル。故ニ以テ漸々教ヲ望ム者アリテ、本年三月パウェル神父御来臨セラレテ領洗者十九名、啓蒙者二名外ニ新聴者ハ五六名アル[75]。

教会によって記録されたということを当然考慮する必要はあるが、「聖教ヲ播布センガ為メ、一時学校教師ノ名ヲ得テ釜石港へ」という記述からは、主目的はあくまでも伝教に置かれ、それを遂行するための手段として利用したのが教員という職であったと読み取ることができる。

本項で述べてきたとおり、この時代に小学校教員という立場を得た層に対して、正教会の伝教は強く訴えかける力をもっていた。そこにはそもそも東方正教の伝教が士族層に対して影響力を発揮し、当時の小学校教員には士族層からその職につく事例が多かったという事情がある。しかしそれに加えて、小学校教員が都市部だけではなく、小さな村落単位にまで需要のある職業であり、なおかつその地域社会のなかで特別な存在として受け容れられ、その地域社会の事情に通じることができる立場であったからこそ、ハリステアニンたちは伝教活動を支える一つの手段として教員という職業を積極的に利用したともいえる。これらのことは、明治初期のハリストス正教会が、自由民権的課題に強い関心をもち、活動する環境を有する小学校教員を身内に多く抱えていたということを示す。また、士族ハリステアニンたちがもつそもそもの問題意識と合わせて、自由民権的課題が非常に身近なところで議論される環境が形作られ、地域社会の実情を探るための情報網もまた、伝教者という立場では入り込むことが難しい部分であっても、教員という側面を表に出すことで広く張り巡らすことが可能であったと指摘できる。

## 2　埋葬事件の影響

士族ハリステアニンと自由民権運動をつなぐ要素となる、ハリストス正教会を取り巻いていた状況の一つとして、埋葬をめぐる訴訟についても検討したい[76]。

東方正教は伝教の伸展とともに信徒の数も増加したが、その信徒が死亡した際の埋葬をめぐって、地域社会とのあいだで軋轢が生じ、処分を受けたり、訴訟に発展したりした事例は枚挙にいとまがない。たとえば明治一一年（一八七八）三月の『教会報知』では、石巻（現 宮城県石巻市）の教会で発生した埋葬問題について報告されている[77]。イオアン安倍という信徒が亡くなった際、本人の遺言通り、正教会のやり方をもって埋葬しようとしたところ、墓所を管理する寺とのあいだで争議が起こったのである。その結果、埋葬の手伝いをした石巻の信徒四名が警察署に拘束された。石巻の伝教者であったパウェル朽木とボリス山村は、以下の書面でその拘束を解くよう願い出ている。

以書面奉願候

第五大区三小区牡鹿郡石巻村内字墨之江町安倍初之丞死亡ニ付、天主教式ヲ以埋葬相営候ニ付、岩渕寿太郎拘留、佐々木惣吉郎、平野為治郎、千葉政吉等監獄被仰付候処、我共ノ伝教ニヨリ教ヲ奉シ、右式ヲ以埋葬相営候儀モ我共ノ差図ニ御坐候間、右四名ニ代リ我共へ御所分被仰付度、此段奉願候也、

明治十一年三月六日

朽木正夫　山村雄五郎

石ノ巻警察署　御中(78)

四名の信徒が「天主教式」、すなわち正教のやり方で埋葬を行ったのは、そもそもは自分たちの伝教により教えを受容したからであり、埋葬も自分たちの指示であるから、代わりに自分たち伝教者を処分してほしいとの願い出である。

具体的な処分が判明する記述もある。明治一二年（一八七九）一二月の一関（現 岩手県一関市）における事件では、養父の葬儀を正教式で行ったステファン千葉敬助という人物が、贖罪金三円を申し付けられ、さらに墓所に立てた十字架は没収されるに至っている(79)。

その後埋葬事件は、教会機関誌のなかに特別なページが作られ報告されるほど、正教会内で大きなトピックとなる。『教会報知』の後継誌として、明治一三年（一八八〇）一二月より発行された『正教新報』の第七号には、「正式を以て死者を埋葬したる各地兄弟の処刑」という項目が立てられ、いくつかの事例が報告されている。そのうちの一つは本章の第二節で述べた八戸のパウェル源に関するものである。

明治十四年二月十七日　八ノ戸区裁判所宣告

陸奥国三ノ戸郡八ノ戸駅柏崎新丁　青森県士族　源晟

其方儀明治十四年二月六日亡川崎子英が臨終の際、遺言ありとて其職にあらずして喪主誘導、耶蘇宗を以て葬儀を執行ふ科、明治五年第百九十貳号公布に違反するを以て、雑犯律違令軽に問へ懲役三十日、贖罪金貳円廿五銭申付る

亡子英氏の実兄川崎良正氏は源氏の従を以て論じ、一等を減じ金壹円五拾銭の贖罪金申付られたる由、(80)

八戸教会の信徒であった川崎子英が死亡した際に、「耶蘇教」による葬儀を先導したとの理由で、パウェル源に処分が申し渡されたという内容である。これら埋葬事件に関する記述は『教会報知』、そしてその後継誌である『正教新報』により詳細が伝えられ、その情報は全国の信徒に共有された。また公会の場でも取り上げられ、例えば明治一四年（一八八一）の公会議事録には、「特別事故并窘逐」という項目が立てられ、主に各地における埋葬事件についての記載がなされている。八戸光栄教会について「正式ヲ以テ死者ヲ埋葬シタル科ニヨリパウェル源贖罪金二円五拾銭申付ケラル」とあり、『正教新報』の内容と金額に若干の相違があるものの、おおよそ合致している。埋葬を正教会式で行うことは、ハリステアニンたちにとって、みずからの信仰に基づく当然の行為であった。しかし、ひとたび信徒の誰かが亡くなると、その埋葬をめぐり、必ず寺を中心とする地域社会との軋轢が生じ、警察沙汰になることも少なくなかった。正教の信仰が、社会的に容認されない、もしくは公権力から圧力を受ける原因になるということが、わかりやすい構図として立ち上がるきっかけの一つでもあった。それらの経緯が詳細に報知されることで、正教会全体が、その理不尽さを体感することにもなった。さらには、事後処理のためには、裁判所や警察署などとの折衝を重ねる必要があり、公的機関とのやり取りの経験や自身の正当性を主張する技術が、埋葬事件を通して教会の内部に蓄積されていったことが指摘できる。

このように埋葬事件は、正教会を揺るがす大きな事件であり、存立にかかわる重要な問題であった。この問題にどのように対処していくべきかということが、公会の議題になったこともある。明治一二年の公会では、自由な埋葬の許可を得られるよう、政府に建言することが提案されている。

埋葬ノ自由ヲ得サレハ大ニ教会進歩ノ妨碍トナル、衆ノ既ニ知ル所ナリ、因テ今日ニ在リテ是カ自由ヲ得ルノ方法ヲ設テ此妨碍ヲ除去セサルヘカラス、雖然是ヲ除去スルニハ元老院ニ献言スルニ若カス、故ニ東京在留ノ兄弟一人ヲ撰ヒ全国教会ノ代議人トシテ献言セシメ、費用ノ如キハ素ヨリ各会之ヲ負担スベシ(81)、

議論の末、この段階で建言することは、むしろ教会に不利益が生じかねないとの結論に達し、建言が実行されることはなかったが、自分たちの自由な信仰を妨げている障害に対して声を上げること、さらにはそのための代表者を全国の教会の代議人と位置付け、彼らの活動費用はすべての教会で均等に負担することが述べられている点は、ハリステアニンたちが地域社会の政治的課題にかかわっていく素地を培い、それが正教会に蓄積されていく様相の一端を象徴的に示している。

## おわりに

本章では、南部地域における自由民権的な動向を、東方正教の展開とのかかわりという観点から振り返るとともに、ハリステアニンたちが地域の政治的・社会的問題に関心を寄せていく根拠を、ハリストス正教会をめぐる時代的状況から明らかにしようと検討を加えてきた。

東方正教を受容した士族ハリステアニンたちの多くは、藩政期には地方知行給人であり、在地においては支配層で、かつ指導層であった。そのため、地域社会に生じた諸問題、または地域社会が蒙る不利益は、彼らの矜持にかかわる事柄として自覚され、それらのことに対しては先頭に立って対処するという意識が共有されていた。一方で、存立基盤を失った状況にある地方知行給人層は、諸問題の解決を主導することによって、地域社会における新たな立脚点を獲得しようともしたのである。このことは、東方正教の信仰の有無にかかわらず、地方知行給人層に広く共有された意識であったが、ハリステアニンらにおいては、その受容が活動を後押しする役割を果たした。

士族ハリステアニンの多くは、日々伝教者としての活動に従事したが、それを快く思わない勢力からの妨害行為は日常茶飯事であった。特に、死亡した信徒の埋葬をめぐり続発していた地域社会との対立は、それらの攻防や折衝の体験が機関誌等を通じて共有されることで、自分たちの権利の保護や支配権力との関係に対する意識を、教会全体で先鋭化させていくことにつながった。さらには、各地の伝教活動において小学校教員が住民との仲介役を務めたり、伝教者自身が小学校教員という立場を得て各地に赴任したりという状況が確認できるが、そのような地域社会の隅々までを活動範囲とし、その実態を把握できる立場にあった教員との連携は、士族ハリステアニンらの政治的関心を増幅させ、自由民権的課題をより身近なものとする役割を果たした。

しかしながら、このような背景のなかで拡大した教会関係者による自由民権運動との連動は、ハリストス正教会という宗教組織としては、決して積極的に評価されるものではなく、また表沙汰にされる内容でもなかった。各地の伝教活動の状況を報告する機関誌や、伝教方針を話し合う公会の議事録には、政治的活動や啓蒙的活動についての言及は、管見の限り確認できない。また、同時期のロシア人宣教師ニコライの日記にも、関連する記述はほとんど存在しないが、わずかに触れているのは次の二ヶ所である。

①いま日本を揺るがしている議会開設をめぐる議論も、ここではまったく耳にしない。というのは、人々は自足しているからだ[82]。

②訪問を終えて帰宿したとき、自由民権論者が三人やってきた。年かさの石本という男は、どうやら真面目で頭のよい人物のようである。かれに付き添ってきた若い二人は顔に小ばかにしたような微笑を浮かべていた。しかし、微笑は直ぐに消えた。夕刻に教理を聴きに来ると約束して帰った。石本は数日この地に留まって説教を聴かせてくれないか、聴衆はたくさん集めるから、という[83]。

記述の少なさ、そして他人事ともとらえうるこれらの表現からは、ニコライが政治的課題に対して距離を置いていたことが読み取れる。ニコライの言動が、正教会としてのあるべき姿の唯一の指標であった時期であることを考えると、政治的活動への関与は、日本人ハリステアニン個人のなかでは信徒として生きることと何ら矛盾のない一体のものであっても、教会組織全体として取り組むべき課題ではなく、または話題にするべき問題でもないとの認識が、正教会内で形成されていた可能性を指摘することができる。

最後に、士族ハリステアニンたちにおいて、東方正教の受容が政治的活動の後押しとなっていながら、ニコライを中心とする教会組織のなかで、それらの活動が歓迎されなかった根拠の一つとして、東方正教がもたらした国家に対する向き合い方という点に触れておきたい。ロシア人宣教師であるニコライは、東方正教が長い歴史のなかで培ってきた国家と教会の関係性を、当然のことながら理想としていた。それはすなわち、東方正教が国教として定められ、皇帝は教会の守護者として位置付けられる、母国ロシアのありようでもある。ニコライは、日本においても政府や皇室と正教会とが強く結びつく姿を思い描き、活動を展開した。明治八年（一八七五）一一月三日、成立して間もない佐沼顕栄教会（現 宮城県登米市）において天長節の祈祷を献じたとの記録がある。[84]「陛下の万福を奉祷するはこれ信徒たる国民の義務」と述べ、この年以降、毎年祈祷を執行したという。また明治九年（一八七六）の天皇の東北巡幸に際しては、高清水顕栄教会（現 宮城県栗原市）とその周辺諸教会に属するハリステアニンの総意というかたちで、天皇に対する祝詞が献じられた。[85] これらのことは、新しい時代のなかで時流の外に位置付けられたと自覚する士族ハリステアニンたちにとって、国家とみずからとのあいだに有機的な紐帯を構成しうる考え方として、大きな意義をもって受け容れられたと考えられる。しかしながら、それは一方で彼らの矜持や日常生活から発するような、彼らを突き動かす政治的課題とは相容れない思想でもあった。東方正教において、教会と国家の関わりは、国家の実相を問わなくても成り立つ、自明のものだからである。そのような意味で、ニコライ自身は士族ハリステアニンたちが関与しようとした種類の政治的活動に対し、諸手を挙げて賛同を表明するようなことはなかったのである。

このことは、ハリステアニンが自由民権運動にかかわるうえで、大きな障壁となったことが推測されるが、そのあたりのハリステアニン個々人の葛藤については、今回は明らかにすることができなかった。また、内在化された東方正教の教えと自由民権的な思想がどう結びついていくのかについても、大きく踏み込むことができなかった[86]。それらの点については、対象とする時代をさらに広げて検討することで明らかにしうる点もあると考えられ、今後の課題としていきたい。

## 注

(1) 色川大吉『明治の文化』(岩波書店、一九七〇年)、色川大吉・江井秀雄・新井勝紘編『民衆憲法の創造――埋もれた多摩の人脈』(評論社、一九七〇年、のちに色川大吉編『五日市憲法草案とその起草者たち』日本経済評論社、二〇一五年として再刊)、相沢源七『千葉卓三郎の生涯』(宝文堂出版、一九九〇年)、江井秀雄『自由民権に輝いた青春――卓三郎・自由を求めてのたたかい』(草の根出版会、二〇〇二年)等が著名である。

(2) 拙稿「士族ハリステアニンの在村時代――その日常と知的営為」(『歴史人類』三七、筑波大学大学院人文社会科学研究科歴史・人類学専攻、二〇〇九年)や、「明治初期ハリストス正教会における仙台藩士族の西日本伝教」(『歴史人類』四〇、筑波大学人文社会系歴史・人類学専攻、二〇一二年)において言及している。

(3) ①佐藤和夫「近代青森県キリスト教史の研究(その一)」(『弘前大学国史研究』五五、弘前大学国史研究会、一九七〇年)、②佐藤和夫「近代青森県キリスト教史の研究(その二)」(『弘前大学国史研究』五六、一九七〇年)、③佐藤和夫「明治初期ギリシャ正教伝道史における士族信徒の政治活動について――三戸聖母守護会記録の一断面」(『弘前大学国史研究』六四・六五合併号、一九七六年)、④橋本正信「南部地方の自由民権運動研究の動向」(八戸歴史研究会編『八戸地域史』九、一九八六年)、⑤黒田吉則「青森県自由民権期の研究――青森県南部地方における産馬紛擾事件の一考察」(青森県文化財保護協会八戸支部編『奥南史苑』国書刊行会、一九八九年)、⑥木鎌耕一郎「八戸におけるハリストス正教会の宣教と源晟」(『八戸学院大学紀要』五〇、二〇一五年)等がある。また⑦拙著『東方正教の地域的展開と移行期の人間像――北東北における時代変容意識』(清文堂出版、二〇一四年)でも、東方正教の受容からみた移行期の地域社会という視点から、当該地域における自由民権運動について言及している。

(4) 石川喜三郎編『日本正教伝道誌』巻之壹(正教会編輯局、明治三四年)二〇一頁。

(5) 「キリスト教警戒の建言」(『青森県史』資料編近代1、二〇〇二年、七三五〜七三六頁)。

(6) 「反正証」の具体的内容については不明であるが、「反省」の意か、東方正教の教えを放棄することを誓った内容であったと考えられる。

（7）注5と同。
（8）前掲佐藤「明治初期ギリシャ正教伝道史における士族信徒の政治活動について」。
（9）「明治三十四年一月 公私文書控綴 太田氏」（三戸町立図書館所蔵）に綴じられた、大正元年作成の「布教務拡張費御恵与願」の一部。
（10）大島英介『小田為綱の研究』（久慈市・熊谷出版印刷部、一九九五年）八四頁の「明治十八年　真田太古陰謀始末記　官房秘書」（岩手県文書）を転載した。句読点は引用者による。
（11）太田弘三『三戸名士列伝』（三戸町立歴史民俗資料館所蔵、非売品、一九一七年、一九頁）。句読点は引用者による。
（12）前掲佐藤「明治初期ギリシャ正教伝道史における士族信徒の政治活動について」。
（13）「為憲場請用抜書」。（『青森県史』資料編・近世6、二〇一五年）七二二〜七二九頁。
（14）三戸小学校百年誌編纂委員会編『三戸小学校百年誌』（三戸小学校創立百周年記念事業協賛会、一九七四年）九六二頁。
（15）「起民撰議院の議」（前掲『青森県史』資料編近代1、三三三〜三三四頁）。
（16）注13と同。
（17）同前。
（18）橋本正信「青森県の自由民権運動」（『八戸地域史』四六、二〇〇九年）。
（19）注10と同。
（20）「公会議事録　明治九年」（盛岡ハリストス正教会所蔵）。
（21）「明治十年 公会議事録」（盛岡ハリストス正教会所蔵）。「三戸教会ノハリステアニン総計七十名」と記載されている。
（22）秋田県では同様の事件として「跡部達蔵事件」が起こっている。手塚豊「跡部達蔵内乱陰謀事件関係史料（明治十年）」（『法学研究』五六―一〇、慶應義塾大学法学研究会、一九八三年）ほか参照。
（23）盛田稔監修『図説三戸・八戸の歴史』（郷土出版社、二〇〇五年）。
（24）前掲佐藤「明治初期ギリシャ正教伝道史における士族信徒の政治活動について」。
（25）これ以降の真田太古事件の概要については、前掲山下書におおよそ基づく。
（26）前掲大島書、九四頁。
（27）「青森県下元修験真田太古捕縛の儀上申」（前掲『青森県史』資料編近代1、二二四〜二二六頁）。
（28）前掲『青森県史』資料編近代1、解説、一七一頁。

(29) 前掲太田書、一九頁。
(30) 前掲三戸小学校百年誌編纂委員会編、三三三〜三三四頁。
(31) 前掲太田書、八五頁。
(32) 注3参照。そのほか、八戸社会経済史研究会編、工藤欣一執筆『概説八戸の歴史』下巻一（北方春秋社、一九六二年。八戸歴史研究会編集・発行『八戸地域史』四二（二〇〇五年）に、工藤欣一の論考として再録）にも詳しい。
(33) 八戸の正教会設立の経緯については、前掲山下書において詳述しており、ここではそれに基づく。
(34) 前掲石川編書、二〇一頁。
(35) 「青森県庁所蔵文書」（『青森県史』第七巻、一九二六年）三九〜四五頁。「耶蘇教ノ儀ニ付奉建言候事」との意見上申が行われ、「反教員追立」が決定している。
(36) 前掲工藤書、五五頁。
(37) 前掲「公会議事録　明治九年」。
(38) 同前。
(39) 八戸市史編纂室に委託された「関家文書」の一つで、平成一六年（二〇〇四）に編纂室のご厚意により筆写を許可していただいたもの。「関家文書」は明治九年（一八七六）に八戸光栄教会が成立した際、一三番目に洗礼を受けたマルク関春茂の家に伝わった文書群。八戸市立博物館には、関家の蔵書であった「関家旧蔵本」の一群もある。
(40) 「明治十年六月　八戸士族本列帳」（八戸市立図書館所蔵）。
(41) 『八戸市教育史』上（一九七四年）。
(42) 八戸近代史研究会『きたおうう人物伝　近代化への足跡』（デーリー東北新聞社、一九九五年）四六頁。
(43) 前掲黒田「青森県自由民権期の研究――青森県南部地方における産馬紛擾事件の一考察」。以下の産馬紛擾事件の経緯については、主にこちらを参照している。
(44) 小野久三『青森県政治史（1）』（東奥日報社出版部、一九六五年）四九六頁。
(45) 『自由党史』中（岩波文庫、一九五八年）二九頁。
(46) 前掲黒田論文による。
(47) 同前論文に指摘がある。
(48) 同前。

(49) 同前。
(50) 『教会報知』第一二号（明治一一年五月二六日、同志社大学人文科学研究所所蔵）。以下の『教会報知』もすべて同研究所所蔵。
(51) 明治一一年（一八七八）に、宣教師ニコライが本国ロシアに宛てて書いた、日本での伝教の状況についての報告書には、伝教者のパウェル源への給与とは別に、八戸にいる源の家族に対して送金がなされていることが記されている。（ニコライ著、中村健之介訳編『明治の日本ハリストス正教会――ニコライの報告書』教文館、一九九三年）。
(52) ニコライ著、中村健之介監修『宣教師ニコライの全日記』第二巻（教文館、二〇〇九年）明治一四年六月四日条。
(53) 『正教新報』第二五号、明治一四年一二月一五日（同志社大学人文科学研究所編集協力『近代日本キリスト教新聞集成』マイクロフィルム版　第三期、日本図書センター、一九九五年）。
(54) 『正教新報』第三二号、明治一五年四月一日（同前）。
(55) 黒崎勲「自由民権運動と教育」（辻本雅史監修、森川輝紀・増井三夫編『論集　現代日本の教育史5　公共性・ナショナリズムと教育』日本図書センター、二〇一四年）。
(56) 仁鉄華「自由民権運動と教員たち――長野県の教員雑誌『月桂新誌』の分析を中心に」（東京外国語大学大学院編『言語・地域文化研究』七、二〇〇一年）。
(57) 明治二二年（一八八九）に村政を施行し、東磐井郡大原村が成立。その後、明治三六年（一九〇三）、町制施行。昭和三〇年（一九五五）、合併で大東町となり、平成一七年（二〇〇五）、一関市となる。
(58) 『教会報知』第六号（明治一一年二月）。
(59) 昭和一五年（一九四〇）、町制施行し土沢町となる。その後、昭和三〇年（一九五五）、合併して東和町となり、平成一七年（二〇〇五）、花巻市となる。
(60) 『教会報知』第一四号（明治一一年六月二三日）。
(61) 『教会報知』第三七号（明治一二年一二月二八日）。
(62) 明治二二年（一八八九）、合併により十二所町へ、昭和三〇年（一九五五）、大館市に編入された。
(63) 『教会報知』第二〇号（明治一一年一一月一七日）。
(64) 『教会報知』第二九号（明治一二年五月四日）。
(65) 『教会報知』第六号（明治一一年二月）。
(66) 『大日本正教会議事録』明治一一年（盛岡ハリストス正教会所蔵）。

(67) 明治八年（一八七五）、渋民村と合併して東磐井郡渋民村となっている。その後、昭和三〇年（一九五五）、大東町となり、平成一七年（二〇〇五）、一関市となる。
(68) 『教会報知』第一一号（明治一一年五月一二日）。
(69) 『教会報知』第一七号（明治一一年一〇月六日）。
(70) 『教会報知』第二三号（明治一一年一二月二九日）。
(71) 『教会報知』第二九号（明治一二年五月四日）。
(72) 『教会報知』第四号（明治一一年一月）。
(73) 『教会報知』第一〇号（明治一一年四月二一日）。
(74) 『教会報知』第一二号（明治一一年五月二六日）。
(75) 前掲『大日本正教会議事録』明治一一年。
(76) 埋葬事件と自由民権運動の関連については、谷澤尚一「道内における民権意識の萌芽　明治四年～明治九年」（北海道史研究協議会交流報『北の青嵐』七九、一九九九年）や、ニコライ著、中村健之介訳『明治の日本ハリストス正教会　ニコライの報告書』（教文館、一九九三年）でも検討されていることが、中村健之介監修『宣教師ニコライの全日記』第一巻（教文館、二〇〇七年）の中村による註解「民権意識と正教徒」三六五頁において指摘されている。
(77) 『教会報知』第八号（明治一一年三月）。
(78) 同前。
(79) 『教会報知』第三六号（明治一二年一二月一四日）。
(80) 『正教新報』第七号（明治一四年三月一五日）。
(81) 前掲『大日本正教会議事録』明治一二年。
(82) 前掲中村監修『宣教師ニコライの全日記』第二巻、明治一五年五月一七日条、福山滞在時の記録。
(83) 同前、明治一五年五月三〇日条、和歌山滞在時の記録。
(84) 石川喜三郎編『日本正教伝道誌』巻之弐（正教会編輯局、明治三四年）二五二頁。
(85) 同右、一三二頁。
(86) 前掲中村監修『宣教師ニコライの全日記』第一巻の中村による注解「民権意識と正教徒」三六五頁には、明治初年のニコライの講義では漢訳の『東教宗鑑』が使用され、そこで示される教義は民権思想の本質と共通していたことが指摘されている。

# 第七章　雲井龍雄と米沢の民権家たち――精神の継承をめぐって

友田昌宏

## はじめに

明治新政府は発足当初から多くの困難に直面した。慶応四年（明治元、一八六八）の戊辰戦争には勝利したものの、その後、内においては改革をめぐって対立が絶えず、外においては改革に異を唱える不平士族らの反発にさらされたのである。かかる状況のもとにあった新政府にとって、明治六年（一八七三）一〇月の征韓論政変は二つの意味で大きな画期となった。まずその意義として挙げられるのは、征韓派参議たちが下野したことによって、大久保利通の主導権が確立し政権内部の統一がもたらされたことである。

だが、その反面、政変は反政府運動の拡大・多様化という新政府にとって深刻な事態をも惹起する。これすなわち、第二の意義である。それまで組織化の契機を得ぬまま未然に鎮圧されることが多かった不平士族の反乱は、これ以降、「征韓」という新たなスローガンと、元参議という結集核（とりわけ西郷隆盛）を得ることによってその規模を拡大させた。さらに、明治七年一月一七日に、政変で下野した板垣退助らが「民撰議院設立建白書」を左院に提出、これを端緒として自由民権運動という新たな形態の反政府運動が登場したのである。この両者は、ともに士族を運動主体とし、権力を独占する寡頭勢力＝有司を共通の敵とすることから、その目指すところは異なりながらも連携しあい、大久保政権を苦しめた[1]。

しかし、明治一〇年の西南戦争で、鹿児島・九州のみならず全国の士族の輿望を一身に担っていた西郷隆盛が落命したことにより士族反乱は終焉を迎え、それにともなって自由民権運動は新たな展開を見せる。すなわち、運動は士族から豪農商へと主体の裾野を広げつつ、全国へと波及していったのである。

このような展開を経ながら、それでもなお、士族反乱から自由民権運動へと脈々と受け継がれたのが、有司専制批判の精神であった[2]。これがあったればこそ、民権運動は意識を異にする大衆をも惹きつけ、全国的な規模へと拡大を見せたのである[3]。そして、士族反乱は民権運動を準備した内的要因としてとらえられ、その首謀者たちは一部で偶像化されていく[4]。とりわけ、政府転覆を企てた廉で明治三年一二月二六日（一八七一年二月一五日）に処刑され、士族反乱の魁として知られる米沢藩士雲井龍雄の存在は多くの民権家のあいだで英雄視され、その激情的な詩は彼らの愛唱するところとなった。

色川大吉は、民権家の雲井への傾倒について、「自由民権家たちがいかに雲井を深く愛惜していたか、かれの志に鼓舞され、歴史を変えるエネルギーとして生かしたかは計りしれない」とし[5]、北村透谷や五日市の民権家深沢権八が、雲井の詩を好んで取り上げていたことについて、「（透谷は―引用者）雲井龍雄いらいの反政府志士の純烈な精神に深く感銘していた[6]」、「深沢の心象世界においては、雲井竜雄と赤井景韶（越後高田の民権家。高田事件で刑死―引用者）とはひとつの線上にならぶ人間だったのである[7]」と考察する。

また、有馬卓也は、土佐の民権結社である立志社の機関誌『土陽雑誌』が明治一一年（一八七八）というごく早い時期に雲井の小伝や彼の詩を取り上げていることに注目し、「国家の為に身を捧げて犠牲となすの赤心は、誰れか之を貴重せざらん」という雲井事件に端を発する士族反乱への同誌の評価に関して、同誌上の英雄待望論や義死論と併せ考えたうえで、「立志社は新聞すなわち言論という形での雲井・江藤・西郷らの精神の踏襲をめざし、そして実行していたという事が言えるのではないだろうか」と結論を下している[8]。

では、雲井の精神は民権家たちにいかに受け継がれ、それは具体的にいかなる見解・行動となって現れたのであろうか。本章はこの点につき、雲井と同じ米沢藩出身の宇加地新八、杉原《すいばら》謙・山下千代雄を取り上げて考察しようとするものである。それは士族反乱から自由民権運動への展開のありようを具体的に示さんとする試みであるとともに、米沢藩という東北の一「朝敵」藩出身の士族にとって自由民権運動とは何だったのか、その一端を探る試みでもある。

## 一　雲井龍雄の思想と行動

### 1　縦横家　雲井龍雄

まずは、雲井龍雄がいかなる思想の持ち主でその行動にいかなる特徴があるのかを生涯を追いながら探り、後の議論の前提としたい。

雲井龍雄は天保一五年（一八四四）正月二五日の生まれ、父は米沢藩の組外の中島捴右衛門で、のち同じく組外の小島才助の養子となった。秀才の誉れ高く、慶応元年（一八六五）五月、将軍の大坂進発をひかえ藩邸警衛のため江戸に上ると、閏五月に安井息軒の三計塾に入門した。ここで、雲井は全国の諸士の知遇を得て、塾頭にまで上り詰める。さらに、その傍らこの塾を拠点として政治情報を収集した。翌慶応二年四月、藩命により帰藩した雲井は、藩当局にみずからを京都に派遣し、諸事周旋にあたらせてほしいと建言するが、すぐには藩の受け容れるところとならなかった。その機会が訪れたのは翌慶応三年に至ってからである。この年の一二月九日、京都で王政復古が断行される。かかる事態をうけて、藩は情勢の探索のため雲井に上京の命を下したのである。上京するや雲井は貢士に挙げられるが、新政府の討幕・討会の方針に異を唱え、これを強力に推し進めようとする薩摩藩を政権から排除すべく討薩を政府内外に広く呼び掛けた。かくして、雲井は京都を舞台に縦横家として活躍し、次第にその名を知られる存在となっていく。彼が遊説を展開するにあたって、大きな武器となったのが、三計塾同門の人脈を起点とする広範なネットワークと、そして、後に「討薩之檄」において遺憾なく発揮される優れた文才、かつて三計塾の討論で培ったと思われる巧みな弁舌であった。

その雲井は、慶応四年三月二一日、京都において土佐藩出身の新政府参与後藤象二郎に接触を試みている。後藤は雲井の薩摩藩に対する反感には理解を示したが、彼の討薩論に対しては慎重な態度を崩さなかった。朝廷に抗した会津藩を討つというのはいわば「公義」であり、新政府の有力者である後藤としてはこれをもって即座に薩摩藩を非難することはできなかったのである。そこで、奥羽諸藩が会津藩を説得して同藩に謝罪の意を示させ、奥羽諸藩の総意で会津藩の謝罪を歎願するよう雲井に指示し、奥羽諸藩から歎願書が寄せられれば、寛典が下るよう尽力すると請け合ったのであった(9)。

その後、後藤のもとを再度訪れた際、雲井は慎重な後藤に対して強く討薩を迫っている。このとき、雲井は後藤の求めに応じて彼の詩に次韻しているが、その詩「退朝訪後藤參與僑居參與出述懷五篇命次韵酒間走筆塞其責（朝を退き後藤参与を僑居に訪ふ。参与述懐五篇を出だして次韻を命ず。酒間に筆を走らせ其の責を塞ぐ）」の三首目には次のような句が見られる(10)。

欲刺秦王有此戈　　秦王を刺さんと欲せば此の戈有り
誰教齊趙共連和　　誰か斉趙をして連和を共にせしめんや

秦の始皇帝を刺そうと思うのならここに矛がある。誰が秦を倒すために斉と趙とを連合させるのであろうかとの意である。秦は薩摩藩を、斉・趙は雲井の米沢藩、あるいは後藤の土佐藩を指したものと考えられる。すなわち雲井は詩に託して後藤に性急かつ率直に討薩を迫ったのである。

大坂にいた米沢藩士宮島誠一郎のもとに「何ヤラ小島龍三郎（雲井のこと—引用者）ノ身上モ後藤象次郎ニ被迫危ク候ヨシ」との報が舞い込んだのはその直後のことであった[11]。雲井の性急な討薩論が後藤の怒りを買ったものと考えられる。

彼の巧みな文と弁舌は、確かに相手を魅了し鼓舞するだけの魔力を有したが、時にその歯に衣着せぬ率直な物言いが軋轢を生むもとともなったのである。

## 2　飽くなき薩摩藩への対抗心

ここまで雲井が薩摩藩を敵視したのはなぜか。それは、単に薩摩藩が会津藩征討を強引に推し進めていたからというにとどまらず、より根源的なところに起因するものであった。

後藤との決裂後、雲井は、三計塾の先輩で、長州藩出身の参与広沢真臣と接触をはかり、会津藩謝罪歎願の道を模索したが、慶応四年（一八六八）閏四月一九日に米沢藩に討会の密勅が下されると、和平路線に見切りをつけ、討薩に向けて諸藩を糾合すべく京都を後にした。京都を発つに際して、雲井は捨て台詞のように貢士の辞表を新政府に提出している[12]。そのなかで雲井は「冗費の最大なる者は興軍に如くはなし」と会津藩征討を強く非難するとともに、薩摩藩が親兵創出のために、朝廷に一〇万石献納したことについては、「就中、三百藩翰、五畿七道に雄待し、海陸各自、其の封彊を守禦し居り候へば、今日維新の際と雖も、天皇陛下、唯是勉めて侯伯の心を御攬得游ばされなバ、此の大八洲中、到頭、皆天兵なるべし」とその意義を否定している。薩摩藩が戦争を通じて天皇に政治・軍事の権を集中させることに警戒感をいだいていたようである。

この点は「討薩之檄[13]」により再度強調されることになる。五月三日、夜陰に乗じて京都を発った雲井は、六月一日に米沢に戻ると、すぐさま藩命をうけて越後へと向かった。そして、加茂の米沢藩陣営において起草したのが「討薩之檄」である。この檄文のなかで雲井は薩摩藩の非を六条にわたって列挙し、内は奥羽越列藩同盟諸藩の結束を図り、外は新政府側諸藩に呼応を呼び掛けた。主な主張を掲げれば、「鳥羽伏見の戦いは薩摩藩と会津藩のいずれが直でいずれが曲かわからず、軍を起こすなら公議によって会津藩の罪を確定したうえでなさねばならぬのに、倉卒に錦旗を押し立てて兵を動かした」、「王土王民の名のもと、朝敵となれば、それが主君であろうと、親族であろうと、兄弟であろうと、親子であろうと討伐を命じ、いたずらに三綱五倫を乱した」といったものである。すなわち、「王土王民」を名目に、権力を天皇に集中させ、その傘のもとで専横を揮い封建的倫理観を無慈悲に踏みにじる薩摩藩を非難しているのである。天皇を中心とする中央集権体制は薩摩藩の跋扈を助長するだけであり、封建体制はその意味においても維持されねばならなかったのである。

かかる封建体制維持の姿勢は、版籍奉還反対論においてさらに明確なかたちで示された。雲井は、「討薩之檄」を起草した後、いったん米沢にもどり、途中同志を加えながら上州へ潜行した。討薩に向けて上州の諸藩を糾合するためである。しかし、逆に新政府軍の意を受けた前橋藩兵によって襲撃され、辛くも逃げ延びる。そして、再起を期して米沢に帰還したとき、自藩がすでに降伏したことを知るのである。明治元年一二月一日（九月八日、慶応から改元、一八六九年一月一三日）、雲井は同志の武内政之輔・近松清と誓詞を交わし、他日の「賊征伐」を誓いあっている。(14)

薩長土肥四藩主が京都において版籍奉還を朝廷に上表したのは明けて明治二年（一八六九）正月二〇日のことであった。これをうけて、米沢藩でも四藩にならって版籍奉還を上表すべきか否かについて侃々諤々の議論が交わされることになる。そのようななかで、藩は藩校興譲館詰であった雲井にもこの件につき意見を求めた。三月四日、雲井は長文の意見書をもってこれに応えている。その内容を摘要すれば以下のとおりである。(15)封建体制が今日まで続いたのはそれなりの理由があってのことである。全国の諸侯が現在の版図に封ぜられ、位階を保持しているのは、一朝一夕のことではなく、どんな愚鈍な藩主といえども、その土地と民を愛し、祖先の衣鉢を継いでその功績をおしひろげようとしないものはない。そして、家臣や領民もまた、そのような主君を慕っている。天皇家が万世一系、今日まで続いているのは、統治の一切をかかる武家に任せていたからである。もし君臣を引き裂き、諸侯をほかの土地に移そうものなら身を抛って義に尽くすものはいなくなるだろう。薩摩藩は郡県論でもって私心を覆い隠そうとしているだけだ、と。

しかし、雲井の声は届かなかった。隣藩仙台藩が版籍奉還を決断したことが伝えられると、「御家ニ而も御決議此時なるべし」として藩論は版籍奉還上表に固まったのである。[16] 藩論の決定を聞いた雲井は、奮然として「何たる奇怪事か」と叫ぶや、戸外に踊り出で、親友の河村右馬之允のもとを訪れ、怒りの余りいきなり火鉢を取って投げつけたとされる。[17] かくして、六月一七日、諸藩主からの上表を天皇が聴許するかたちで版籍奉還が断行されたのである。

## 3　政府転覆計画の実行

その後、雲井は、米沢藩士の甘糟継成に宛てた書翰のなかで「薩賊さへ衰へ姿に相成り申し候へバ、小子（東京に―引用者）復遊仕り度く、その模様御しらせ下され度く希上げ奉り候」と述べているとおり、[18] 薩摩に一矢報いんとして常に上京の機会をうかがっていた。そして、明治二年（一八六九）八月に遊学の許可を藩から得ると上京、東京では居所を明らかにせず、藩邸に寄りつかなかった。政府からは当然疑惑の眼差しが彼に向けられる。[19]

そのような雲井の身を案じたのは彼の旧友で当時集議院権判事だった稲津渉であった。集議院は公議所を前身とし、諸藩の大・少参事を議員とする政府の諮問機関である。稲津は雲井をその集議院に推挙し、結果、九月二三日に雲井は集議院寄宿生に任じられる。しかし、米沢藩士の柿崎猪平に宛てた書翰のなかで「追々判官どもの申す口上振にてハ、此の暴生、兎角飄然と而已致させ置き候てハ、又々事端を仮り、紛擾を生ずる程の事なきに非ず。よって此度ハ、是非、羈し得可申との事歟、抔申し候。扨々困却仕り候」と述べているとおり、[20] 集議院において雲井が活躍の場を与えられることはなかった。さらに、雲井を集議院に登用したことについては政府内から異論が起こり、そのような声に抗しきれなくなった稲津は雲井に辞職を勧める。雲井としても、辞職はもはや望むところであった。かくして、雲井は一〇月一八日に辞表を提出、一月足らずで集議院を去ることになった。雲井の「題集議院障壁（集議院の障壁に題す）[21]」はこのときの作である。

天門之窄窄於甕　天門の窄きは甕よりも窄く
不容射鈎一管仲　容れず　射鈎の一管仲
蹭蹬無恙舊驎騏　蹭蹬するも恙無し　旧驎騏
生還江湖眞一夢　生きて江湖に還るは真に一夢
自笑豪氣猶未摧　自笑す　豪気未だ猶ほ摧けず
毎經一艱一倍來　一艱経る毎に一倍し来るを
睥睨蜻蜓州首尾　睥睨す　蜻蜓州の首尾
將向何處試我才　将に何れの処に向ひて我が才を試みん
溝壑平生決此志　溝壑　平生　此の志を決す
道窮命乖何足異　道窮り　命乖くも　何ぞ異とするに足らん
唯須痛飲醉自寛　唯　須く痛飲し酔へば自ら寛ぐべし
埋骨之山到處翠　埋骨の山は到る処翠なり

今の政府には、みずからの命を狙った管仲を宰相に登用した斉の桓公のような広量の者はないと歎き、天下の趨勢を睨みながら、再起の機会をうかがう様子が見て取れよう。

辞職後、雲井は数寄屋橋の舟宿稲屋を根城に風流に浮き身をやつしていたが、その雲井のもとにかつての同志を含む浪士たちが集結する。そして、明治三年にはいり雲井は動き始める。二月一七日頃、隊下のものに英学を稽古させたいとのことで、芝二本榎の上行寺・円真寺を借り受け[22]、二六日に両寺を「帰順部曲点検所」として浪士たちを寄寓させる旨、この方面の取り締まりに当っていた吉田藩に届け出た。さらにこの間、二二日には藩を通じて東京府に歎願書を提出、自分の隊下を含むすべての「部曲」のものを天兵として採用するよう求めたのであった。しかし、その実は、長州藩の脱隊騒動の余波が九州にまで波及し西国が不穏な情勢を呈するなか、天兵として武器・兵粮の支給を受けた後、「在朝ノ高官」を芟除すべく挙兵、「封建ノ御旧制」へ回帰せんとの野望を秘めていた(23)。

これに対して、新政府は四月二九日に歎願書却下の旨を米沢藩に伝え、同時に雲井一統を藩邸に引き取るよう命じた。さらに、五月一四日には、雲井を一統から引き離すべくその身柄を国許に送還するよう米沢藩に命を下す。国許で蟄居を言い渡された雲井のもとには密かに同志たちが訪れたが、雲井は自分への疑いが晴れ、機が到来するまで自重するよう求めた。しかし、その機会がやってくることはなかった。東京で連累者が続出し、計画がしだいに明るみに出始めると、八月、政府は再び雲井を東京に召喚する。以下は東京への途上において雲井が賦した漢詩「北下途上」(24)である。

欲回狂瀾濟一世　　狂瀾を回らし　一世を済はんと欲し
道之窮通未肯計　　道の窮通　未だ肯て計らず
直氣吐來震九重　　直気　吐き来りて九重を震はし
満眼紳黻是芥帯　　満眼の紳黻　是芥帯
天日不照孤臣心　　天日　孤臣の心を照らさず
枉被浮雲遮且蔽　　枉げて浮雲に遮られ且つ蔽はる
欲死則死生則生　　死せんと欲すれば則ち死し　生きんとすれば則ち生く
我肘容豈使人掣　　我が肘　容るれば　豈人をして掣せしめんや
檻車夕過東寧河　　檻車　夕《ゆふべ》に過ぐ　東寧の河

目撃湖山涙沾袂　　　　湖山を目撃して涙袂を沾す
回顧逢遭夢耶眞　　　　回顧すれば　遭逢　夢か真か
壮圖唯有水東逝　　　　壮図　唯　水の東に逝く有るのみ
嗚呼縦令此山如礪此河如帶　　　　嗚呼　縦令此の山は礪の如く此の河は帯の如くとも
區々之志安能替　　　　区々の志　安ぞ能く替へんや

世に狂瀾を起こさんとして苦境を省みず、また、並み居る官吏を物ともせず、直言してはばからなかった雲井は、かくして、ついに囚人として東京に護送されることとなった。しかし、そのようななかでも彼の意気は衰えることがなかった。山が礫のごとく小さくなろうとも、河が帯のごとく細くなろうとも、どうして我が志を変えることなどができようかと豪語するのである。途上にあって師安井息軒に送った詩にも「此骨縦可摧　此節安可撓（此の骨縦ひ摧く可きも　此節安ぞ撓む可けんや）」とあり、死を覚悟しつつなおも意気軒昂なところを示した(25)。

その後、東京に着いた雲井は小伝馬町の獄に繋がれ、十分な取り調べを受けることもなく、明治三年一二月二六日（一八七一年二月一五日）に斬刑に処され、梟首の末、その遺骸は小塚原の刑場に打ち捨てられた。時を経て明治一六年（一八八三）、雲井の遺骨は小塚原の回向院から谷中天王寺の墓地に移葬され、墓碑が建立された。篆額は鴻雪爪（因島出身の僧侶。維新後、左院少議生）、書は張滋昉（清国公使館員、興亜会員、当時、慶應義塾支那語科教師）、そして撰文は雲井の同志でもあった人見寧（茨城県令）である。その威風堂々たる佇まいは、国事犯のそれとは思えぬもので、なるほど、池田文痴菴作成の名墓番付では関脇に配されている(26)。この墓碑の建立に発起人として名を連ねたのは、山下千代雄を筆頭に、宇加地新八、鑪《たたらのぶゆき》信行、氏家直國、荘田鐵之助、太田安五郎、鈴木孝作、重野謙次郎、杉原謙の九人であった。このうち本章で取り上げるのは、山下・宇加地・杉原の三人だが、いずれも旧米沢藩士で、それぞれの立場から自由民権運動に関与した人物である。彼らは思想を紡ぎ、それを行動へと織り上げていくなかで、いかに雲井の精神を継承していったのであろうか。節を改めて考えていきたい。

## 二　宇加地新八と雲井龍雄の精神

明治七年（一八七四）一月一七日の板垣退助らによる民撰議院設立建白書の提出は、自由民権運動の開幕を告げる鐘の音であった。この後、新聞紙上を舞台に民選議院論争が展開されたことはあまりにも有名である。そして、これを契機として、政府の立法機関で建白書受理機関でもあった左院に多種多様な建白書が寄せられるようになった。牧原憲夫によれば、明治七年に左院に提出された建白書の数は前年の倍以上の四九〇余件にのぼるという。牧原がこの年をもって「論争元年」とする所以である。[27] そのなかにあって、当時二五歳であった置賜県士族宇加地新八（芝烏森町二番地居住）は二通の建白書を左院に提出しており（明治七年五月付[28]・八月付[29]）、特に八月付のものは、その長さ、議論の広範さ、内容の緻密さにおいて注目されている。牧原はこの八月の建白書についてさまざまな限界を指摘しつつも「しかし、二十五歳の在野の青年がこれだけ詳細な議会論を展開したことは高く評価するに値しよう」としている。[30]

宇加地新八は弘化五年（一八四八）生まれ。父は米沢藩馬廻組の宇加地庄助房明で江戸留守番右筆を務めた。[31] 宇加地はのちに山下千代雄の妹を娶り、二人は義兄弟となっている。その山下が、昭和二年（一九二七）八月に、高木藤太郎（雲井の同志であった僧大俊の甥にあたる）への返書のなかで述べているところによれば、宇加地は雲井事件に連座して水戸から東京に縛送されたという。[32] その罪が解かれた後の明治四年、彼は慶應義塾に入社した。[33] 明治一三年に雲井の墓碑建立の話が持ち上がった際、発起人の一人として名を連ねた宇加地は、同じ慶應義塾出身の鑪信行とともに人見寧に撰文を依頼する役目を負っているが、[34] 慶應義塾支那語科教師だった張滋昉に書を依頼したのも、義塾出身の宇加地と鑪であったのかもしれない。そのようなわけでこれらの建白書には義塾での教育の影響があったように思われるが、ここではいかに雲井龍雄の精神が宇加地に受け継がれ、彼のなかで昇華されていたのかという観点から二通の建白書を考察したい。

## 1　明治七年五月の建白書

まず、五月の建白書である。これは八月の建白書に比べれば、字数は少なく、精密さも欠いているが、この時点ですでに八月の建白書の主要な論点は提示されており、十分検討に値する。この建白書では、台湾出兵反対論と民選議院即時開設論が展開されている。まず、彼は台湾出兵を「果シテ実事ナラシメハ則我カ日本政府ノ汚辱之ニ過ク可カラサルナリ」と批判する。その理由は次の通りである。①今回の出兵は「台湾ノ彼カ如ク野ナルヲ憐ミ天道ヲ知ラシメントスルナリ。兵ヲ用ルニ非ルナリ」というが、本当にそうなのか、政府はこれを機に台湾を領有しようとしているに違いない、兵は「乱ヲ治ルノ器」であって、「乱ヲ起スノ器」ではない、「彼カ土ヲ利シ彼カ財ヲ奪」わんとして兵を動かすは「貪兵」、「我カ強大ヲ負ミ彼カ弱小ヲ侮リ、威ヲ海外ニ輝カサント」して兵を動かすは「驕兵」であり、両者はともに敗れる。②いまだ国内は内乱がわずかに収まったに過ぎず、人民は居を安んぜず、陸海の軍備も整っておらず、自国の人民でさえ「下ニ居テ上ヲ譏リ、子トシテ父ヲ怨ミ、婦トシテ夫ヲ乗《シノ》キ、弟トシテ兄ヲ凌クニ至ル」という状況なのに、台湾の人民に「天道ヲ知ラシメン」とは本末転倒である。③今回、政府は人民に何も告げることなく倉卒に台湾出兵を断行した、それゆえ、人民は疑惑を抱き、ついには政府を誹議するに至った、西洋では大事をなさんとせば、必ず天下に知らしめるという、かかる政府の独断は人民からの信を失わせ、国の元気を失わせることになる。

②の日本国内における儒教的な人倫秩序（三綱五倫）の紊乱は、薩摩藩に対する批判の主要な論点として「討薩之檄」（「猶且強て名義を飾て曰、普天之下莫非王土、率土之浜莫非王臣、嗚呼薩賊五倫を滅し三綱を斁り今上陛下の初政をして保平の板蕩に超へしむ」）や版籍奉還反対論（「今也九法既に斁れ、三綱既に淪む、彼の薩、虎狼の心を以て何そ黄口の一孤児に不忍者ならんや、何そ空文無形の名分を畏憚する者ならん哉」）で雲井が挙げたところであり、この点において宇加

地が雲井の精神を継受していることが看取できる。そして、③の独断専行もまた雲井の薩摩藩批判において常に登場するところである。

そして、この③の論点を梃にして宇加地は民選議院の即時開設を唱える。すなわち、独断で事を決し人民から信を失った政府は一日も存続することができず、ここは「天下ノ事天下ノ人議スヘキ」で、さすれば、これまで、公を考えず私欲に趨るか、言を左右にして曖昧に付すか、唯々諾々と政府に従うかしかなかった人民もしだいに国家のことを考えるようになり、人民の元気が回復し、ひいては日本にも元気が宿るというのである。

さらに、加藤弘之に代表される民選議院時期尚早論に対しては以下の三点にわたって反駁を加えている。㋐我が国は欧米列強に比して未だ文明の域に至らず民選議院を開くには早いというが、確かに「窮理格物」は彼らに劣るものの、「道徳仁義」においては決して彼らに劣るものではなく、三千有万の人民のなかには必ず「具眼ノ人」がいる。㋑政府は「専制ノ旧弊」を改め、「衆言ヲ容レ公平正大、天下ト与ニスルモノ」かと思いきや、今回台湾出兵を独断専行し天下の信を失った。ゆえに、一日も存続できない。㋒政府は己が意を知らず非議するものが絶えないと、異論を封ずべく、ただちに武力に頼ろうとするが、かかる状態に陥るのは「上下之情」が通じていないからである。「上下壅塞」は騒乱の元凶であり、「上下疎通」は元気の源である。

㋐で「道徳仁義」を重んずる国風を日本の美点として挙げているのは、先の台湾出兵反対の論拠②で、日本の人民には三綱五倫が十分に備わっていないと述べていることと、論理的に矛盾を来しているように思われるが、ともあれここでも宇加地が雲井から継受した三綱五倫を重視する姿勢が見出される。㋑の政府専制への批判も前述のとおり宇加地が雲井から受け継いだ精神にほかならないが、政府専制の抑止のため民選議院を設けるという論法は、八月の建白書でより具体的なかたちで示されることになる。そして、㋒の「上下疎通」の場としての民選議院という論点である。かつて、雲井は自己の意見が一顧だにされないことを憤り、その憤懣を漢詩「題集議院障壁」に託して集議院を去った。そして、ついには政府転覆を計画するに至った。もし、集議院が政府と雲井の意見を疎通する場として十全に機能していれば、少なくとも雲井が刑死することはなかったのではないか、宇加地にはそのような思いがあったものと考えられるのである。

ついで、宇加地は議員の選出方法や議事の運営方法についても言及している。なかでも興味深いのは、議院を民費により設立し、人民の手で運営していくという議論である。その理由を彼は次のように説明する。

政府宜ク之ヲ誘ヒ行ハシム可キナリ。宜ク之ニ預ルヘカラサル也。何トナレハ則チ政府ヨリ之ヲ施行スルトキハ則チ政府ノ私有ニシテ天下百姓ノ公有ニ非ルナリ。天下百姓ノ公有ニ非ル、恐クハ代議士タル者亦自ラ官吏ノ如ク思フヘシ。官吏ナルヲ思ヘハ則或ハ恐ル、上ニ佞シ下ヲ飾ルノ弊ヘアラン。故ニ天下百姓ノ公有ト為スヘキ也。政府ノ私物ト為スヘカラサル也。則其名正シテ而其実行ハレ民撰議院ノ名ニ副フヘキ也。於是也代議士タル者己レ民撰タルノ重キヲ顧奮然興起、肝胆ヲ吐露シ政府ヲ恐レス下ヲ飾ラス極論憚ル所ナク到底下情ヲ疎通セントス。下情疎通スレハ則上情亦下達ス。於是也始テ上下相通シ百姓疑惑ヲ生セス、天下心ヲ一ニシ政令是レ行レ元気爰々ニ起ル。

議員にあくまで人民の代表であるという自覚をもたせるためにも、議院の運営は人民によって行われるべきだというのである。雲井がいた集議院は議事機関といっても所詮は政府の諮問機関にすぎず、権判官の稲津渉にしても、旧友という私的関係をひとまず括弧にくくって考えるなら、あくまで「官吏」としての立場から、雲井を反政府的行動に走らせぬために集議院に推挙したのであった。そして、雲井はいくばくもなく官の都合により集議院を追われたのである。これでは「上下疎通」が実現するはずはない。そこで、宇加地は運営を「民」の手に帰することで、政府に決して取り込まれることのない場として民選議院を定置したのである。

この意見書は、五月一二日に左院に受理され、「台湾ノ一挙タルヤ至大至重、曩キニ御処置ノ令下リ出張ノ官員既ニ途ニ付ク、其着手ス可キノ条理ト其利害得失ノ如キハ、既ニ廟堂上審議ノ存スルアレハ敢テ贅言ヲ不待、議院設建ノ義ハ、其施行ノ方法規則ノ大略ヲ記載シ治国ノ大体ヲ論シ下情ヲ詳シ時弊ヲ陳スル等、頗ル見ル可キモノ在リ」として一七日に正院に上申された。そこには、宇加地と同じく米沢藩出身で当時左院内務課にあった宮島誠一郎の印も見える。明治五年（一八七二）四月、宮島は、左院に「立国憲議」を提出し、政府内にあっていち早く立憲政体樹立を提起したいわば先覚者であったが、民選議院に関していえば漸進論であり、当面は右院と地方官会議をもって民選議院に代わる下院とするというのが彼の考えであった。その点からいえば、宇加地の民選議院即時開設論は彼の見解と真っ向から対立する。しかし、政府内の寡頭勢力＝有司が左院に諮ることもなく独断で台湾出兵を決定したことは宮島としても看過できぬことであり、これより先の四月八日と二四日に、左院の同僚と連名で台湾出兵に異を唱える建白書を提出していた。四月二四日の建白書で、宮島らは、今は外事に馳せず「上下心ヲ一ニシ盛ニ経綸ヲ謀ル」べきだとの立場から、地方官会議の開設を主張している。有司専制を食い止める装置として議院を開設する、その一点において両者の意見は共通しており、それゆえに後輩宇加地の見解は、宮島にとっても「頗ル見ル可キモノ」があったのである。(35)

## 2　八月の建白書

それでは、次に八月の建白書の検討に移ろう。この建白書は千坂高雅が英国から持ち帰った書物に触発された宇加地が再び筆を執ってなったものである。このなかでまず宇加地は、「国体」はその土地の気候等によってさまざまとしながら、それを「一君独裁」「立君立法」「共和同治」に大別する。そのうえで、三者のうち「一君独裁」を「下等ノ政治」、「共和同治」を「上等ノ政治」と評価するが、「共和同治」は「細大ノ文明」に至らねば行いがたいもので、みだりにこれを布けばその害は「一君独裁」にもまさるとする。そこで、今の日本の現状に鑑みて最善の「国体」として「立君立法」を挙げる。「国法」を制定し「国是」を立てれば、もし暗君や奸臣・佞吏が現れようとも政治を私することはできず、治安は保たれるというのがその理由であった。そして、この「国法」を定めるために民選議院の設置の必要を訴えるのである。

宇加地が議院に与えた権限は非常に大きなものであった。議院の決議は天皇でさえも覆せず、もし天皇が暴虐をはかり兵力をもって衆議を拒むようなことがあれば、議院は人民を守るために武力で抵抗することが許された。また、議事のなかで天皇や大臣・参議を非議するような行状があったとしても議院は咎められなかった。そればかりか、大臣が収斂を事とし朋党を立てて人民を苦しめたり、国の財政を顧みず不急の事業を興したりして、天皇を補佐する任に堪えなければ、議院は人民の疾苦を除くため大臣を質しこれを罰することができ、ひとたび罰せられればたとえ大臣が天皇に訴え、天皇が大臣をかばおうとも決して許されることはないとされた。このような絶大な権限を付与されるだけに、その構成員たる議員に対しては、大臣・参議らにおもねったり、癒着したりすることが厳しく禁じられる等、民の立場に立って発言することが強く求められた。それは「天子及強禦ノ憤怨ヲ恐レ奮然人民ノ為メニ討論セサル者ハ忠臣ニ非ル也。必譴責ヲ得ヘシ」、「議員天子ノ権威ヲ恐れ公卿大臣ニ佞シ姦ヲ挟ミ私ヲ為ス如キ国人ノ決シテ許サル所也。再ヒ人間ニ列スルヲ得ヘカラス」という文言に如実に示されている。以上のごとく、八月の建白書では五月の建白書に見られた政府専制の抑止装置としての議院の機能がより具体的に論じられており、宇加地が雲井から継受した専制批判の精神はここに具現化を見ている。

また、この八月の建白書は、「徒ニ議院ノミヲ建ツヘカラズ、国体ヲ一変スルニ非スンハ能ハス」という反省から、五月のそれに比べると議論が広範に及んでいる。そのなかで、とりわけ注目したいのは、「兵制改革論」である。この論において宇加地は、目下の国際情勢をかつての日本の封建割拠体制になぞらえ、各国を一の諸侯とみなし、弱肉強食の世界にあって国を保つには士心を養う必要があるとする。そして、士心を養う方法を次のように提起する。

今日ノ天子ハ猶昨日藩制ノ人君ノ如シトス。ソノ居常ヤ臣子ノ人君ヲ愛スル父母ノ如ク之ヲ敬スル鬼神ノ如シ。

故ニ有事ノ日一死顧ル所ナシ。之カ君タル者其幼ヤ之ヲ教ヘテ而之ヲ育ス、其老ヤ養テ而之ヲ撫ス、其壮ヤ武事ニ任ス、故ニ其教ヘ素《ソ》アリ。是以テ兵ノ強キヲ論スルトキハ封建制ニ如クハナシ。是レ必境武門武士ノ称アル所以也。〔中略〕故ニ大日本国ヲ宇内ノ一大藩トナシ天子ヲ一大藩君トナシ、之カ士タル者其君ヲ敬スル父ノ如ク之ヲ愛スル母ノ如シ。之カ君タル者之ヲ教ル師ノ如ク之ヲ育スル子ノ如シ。故ニ平常ヤ篤実忠信、紛擾ヤ一死顧ル所ナシ、而天下所在皆兵也。

封建時代、君は臣を子のごとく慈しみ、臣はその報恩として有事の際には命をも投げ出した。今、日本は天皇をかつての藩侯のようにし、天皇のために命を惜しまぬ強壮な兵を養わなければ、弱肉強食の世界で生き残ってはいけないというのである。五月の建白書において、宇加地が雲井から三綱五倫を重視する姿勢を受け継いでいることはすでに指摘したが、この「兵制改革論」で彼はとくに君臣の義に焦点をあてて議論を展開している。ここに及んで我々が想起すべきは雲井の版籍奉還反対論である。雲井が版籍奉還を強く否定したのは、それによって藩主と藩士の主従関係が否定されるからであった。情誼に基づく固い主従関係によって結ばれた武家に政治と軍事の一切を任せていたからこそ、天皇家は万世一系を保てたというのが雲井の主張であり、彼にとって封建割拠体制は日本の現状にもっとも見合った国体であった。これに対して、宇加地は「封建制ト郡県制トノ中位を取リ別ニ兵制ヲ編ミ未嘗テ有ラサルノ事ヲ挙ケン」として、雲井が必死に維持しようとした封建制下の藩主と藩士との主従関係を、天皇と兵士との関係にそのままおきかえ、情誼に基づくその強固な結びつきを新たな時代状況の要請に見合うものとして再生し、国力の増強につなげようとしたのである。かかる封建的倫理観こそが、専制批判とともに宇加地が雲井から受け継いだもう一つの精神である。さらにいえば、ここで彼が論じたことは、慶應義塾の祖福沢諭吉が後に『瘦我慢之説』で展開する論理を先取りするものでもあった。

結局、この建白書は「論中大ニ採ルヘキ者アリ、採ルヘカラサル者アリ」とのことで正院への上申は見送られたが、

「真ニ国家ヲ患フル切実ナル者ニ非ラサレハ如此大議論ヲ発シ、如此委曲詳明スル能ハサルナリ」とのことで参考として左院に留め置かれることとなった。

さて、その後、宇加地新八はいかなる人生を歩むことになったのであろうか。明治七年（一八七四）九月、宇加地は、茨城県下片倉宿にて罪なく新治県吏に捕縛され、同県の監獄に投ぜられたことを憤り、一〇月に「罪ノ疑キヲ以テ妄ニ人民ヲ縛ス可カラサル之論」という建白書を左院に提出しているが、[36]そこに書かれた彼の肩書は陸軍兵学寮士官生徒である。彼は陸軍軍人への道を歩み始めるのである。そして、これを最後に彼が建白書に筆を労することはなかった。兵学寮卒業後、陸軍に入った宇加地は少尉試補となって東京鎮台に配属され、明治一〇年の西南戦争には新撰旅団砲隊の副官として出征する。[37]また、明治一四年頃に熊本鎮台に移ったことが確認される。[38]すなわち、宇加地は雲井から受け継いだ専制批判と封建的倫理観という二つの精神のうち後者を選び取り、軍人として封建制下の君臣の義を天皇と兵士とのあいだに再現し、国力の増強に寄与することをもって己が任としたのである。専制批判の精神を受け継ぎ民権家となる道を選ばなかった理由は定かではないが、あるいはその道のりの険しさの前に断念を余儀なくされたのかもしれない。

陸軍軍人としての宇加地は「朝敵」藩出身だったことが災いしてか、中尉止まりであったが、職務には忠実だったようで、明治二三年（一八九〇）一二月一二日には「平常勤務勉励品行方正」であることを賞され一等給を下賜されている。[39]かくのごとき勤勉な職業軍人と化した宇加地であったが、その彼をして雲井の墓碑建立に発起人として名を連ねさせたのは、胸中に密に燻っていた雲井譲りの専制批判の精神であったように思われるのである。

## 三　杉原謙と雲井龍雄の精神

### 1　『東京横浜毎日新聞』仮編集長杉原謙の入獄

立志社の機関紙『土陽新聞』が雲井の小伝や詩を掲載し、自由民権運動の闘士たちの志を鼓舞したのは、まだ西南戦争の余燼冷めやらぬ明治一一年（一八七八）二月から四月にかけてのことであった。それから二年、明治一三年一二月一七日の第三〇〇四号から『東京横浜毎日新聞』にて「雲井龍雄の事蹟」の連載が始まった。[40] 同紙もまた沼間守一が社長を務める嚶鳴社系の民権派新聞である。連載は翌年一月二一日の第三〇二八号まで全二四回にわたっているが、その連載回数からいっても、当然、『土陽新聞』の小伝とは比べ物にならぬほど詳細であり、雲井のことをよく知らなければ書けないような内容のものである。それもそのはず筆者の岩井貫一郎は旧米沢藩士で、連載開始時の仮編集長杉原謙もまた旧米沢藩士であった。

杉原は杉原靫負（親賢、号は楽斎）の子として生まれた。杉原家の始祖は上杉景勝のもとで数々の戦功をあげ、勇将の名をほしいままにした水原常陸介親憲で、江戸時代は米沢藩の侍組に属した。父靫負は、幕末期、藩主上杉齊憲の小姓頭や世子茂憲の傅役を務めている。[41] 杉原は、明治六年（一八七三）頃、青雲の志を抱いて東京にのぼり、明治一一年に沼間守一の門下となる。明治一三年には先の岩井貫一郎とともに『沼間守一先生高談集』を編集し刊行している。この沼間の推挙と思われるが杉原は毎日新聞社に入社し、明治一三年一〇月二一日発行の第二九五七号から、筆禍事件で下獄を命ぜられた作本棟造に代わって仮編集長を務めることとなったのである。当時若干二三歳であった。

しかし、仮編集長就任から二ヶ月後の明治一三年一二月二三日、杉原は東京裁判所において禁獄二年半、罰金三〇〇円を申し渡されている。原因は一二月四日発行の第二九九三号と翌五日発行の第二九九四号に連載された中野成一の「寄国会願望者諸君」であった。この投書で中野は、各地から陸続と上京してきた「国会願望者諸君」に対して、一たび請願を政府に拒まれたからといって挫折してはならないと奮起を促しているが、その文中にあった「彼ノ陸軍ノ一下士小原弥惣八氏ニ対シテ恥ナキヲ得ルカ」、「今ニ当リ斃レテ已ムノ精神ヲ奮起シ生テ包胥ノ節トナリ死シテ比干ノ魂トナリ」という文言が、新聞紙条例第一二条に抵触したのである。問題の箇所に名が挙がっている小原弥惣八だが、東京鎮台歩兵第一聯隊の伍長で、明治一三年八月一八日、太政大臣三条実美と陸軍卿大山巌に宛てた二通の国会開設請願書を携えて赤坂仮皇居門前で割腹した人物である[42]。当時、この事件は広く報道され、『東京横浜毎日新聞』でも同年一〇月三日発行の第二九四三号に、これを評した社説「聞小原弥惣八上封事」が掲載された。そして、杉原の前任者である作本は、この社説にあった「太政官ノ門衙ハ国会請願書ヲ拒ムノ城壁トナリ」という文言が讒謗律第四条に抵触するとして禁獄三〇日の刑に処されたのである。それを知っていて中野の投書を掲載したわけであるから、杉原はいずれ己が身にも作本と同様の災いが及ぶことを半ば覚悟していたように見受けられる。

一二月二四日、杉原は鍛冶橋の監獄に収監され、二八日に保釈されるも、上告は棄却され、明治一四年三月三日、石川島監獄へと送還された。この事件は大きな反響を呼び、毎日新聞社には杉原を憐れんで、連日、全国から献金や贈品が絶えなかった。送り手は、島田三郎[43]・益田克徳[44]・須藤時一郎[45]のような嚶鳴社社員や杉原と同郷の岩井貫一郎[46]をはじめとして、比留間雄亮[47]や西森武城[48]ら、この後府中にて『武蔵野叢誌』を創刊し、筆禍にあってみずからも処罰される者、はては門馬きよ[49]のような女性までさまざまであった。三重県の山川清次郎は、杉原の投書掲載を「全讜論直筆時事を痛議し黒白を弁論し以て我輩人民の迷夢を提醒し国家の開明を賛け社会の福利を得さしめんとするの愛国心」から出たるものと同情し、郵便切手一〇銭を献じている[50]。

収監から明治一六年（一八八三）八月の出獄に至るまで杉原は獄中にあって実に多くの漢詩を作り、そこに己が胸中を託した。それらは、「鉄窓余瀝」という全三冊の漢詩集としてまとめられている[51]。この詩集に収められている詩を見ると、雲井の詩に次韻したものが相当数ある。敗訴して石川島監獄に送られる途上賦した詩（巻之上）では「雨中観海棠（雨中に海棠を観る）」に、獄中で交わりを結んだ友が出獄するときに贈った詩（巻之中、巻之下）では「釋大俊發憤時事。慨然有濟度之志。將歸省其親於尾州。賦之以贈焉（釈大俊時事に発憤し、慨然済度の志を有し、将に帰りて其の親を尾州に省せんとす。之を賦して以て贈る）」や「送人之東京（人の東京に之くを送る）」に、みずからの出獄の際に橋爪武に贈った詩（巻之下）では「相馬城別人見子勝（相馬城に人見子勝と別る）」に、出獄に臨んで詠んだ詩（巻之下）では「題集議院障壁（集議院の障壁に題す）」にそれぞれ次韻し、雲井の同志でもあった「好々生」こと古松簡二と獄中で詩を応酬したときは、雲井の「述懐（死不畏死……）」を分韻した[52]（巻之上）。また、その他でも雲井の詩に依拠したと思しき表現が散見される。杉原が詩人雲井龍雄に傾倒していたことがうかがえる。しかし、詩はいわば精神を盛る器である。では、その精神の面において杉原は雲井から何をどのように継受し、自由民権運動の原動力としていたのであろうか。以下考察を加えていきたい。

## 2　直言による有司専制批判

杉原が雲井から受け継いだものとしては、やはり専制批判の精神を最初に挙げなくてはならない。明治三年（一八七〇）、米沢に自宅謹慎していた雲井は、同志の村山友之輔の訪問を受けたが、このとき政府の情勢を探るべく上京する村山にはなむけの詩「送人之東京（人の東京に之くを送る）」を贈っている[53]。そのなかには「豺狼横道老龍逸（豺狼は道に横たはり老龍は逸たり）」とあり、薩長を「豺狼」「老龍」と呼びならわしてその専横を憂慮、非難している。杉原の詩のなかにはこれに倣ったと思しき表現がみられる。すなわち、「梅雨濛々兀坐無聊俯仰今昔不堪感慨作七歌自遣其五（梅雨濛々として兀坐《ごつざ》するも、無聊にして今昔を俯仰すれば感慨に堪へず七歌を作りて自ら遣る。其の五）」（巻之上）には、次のようにある。

憶昔君家戊辰年　　憶ふ昔　君家　戊辰の年

豺狼横道風雨悪　　豺狼道に横たはりて風雨悪し

杉原は、戊辰以来の来し方を振り返り、薩長の専横のために主家上杉家の風向きが悪くなったことを歎いている。このほか杉原の詩には「如今誤落豺狼窟（如今誤りて豺狼の窟に落ち）」[54]、「豺狼哮闞京洛腥（豺狼は哮闞して京洛腥し）」[55]、「漫甏老龍洩私憤（漫に老龍を甏し私憤を洩らす）」[56]等、薩長ら有司を「豺狼」「老龍」としてその悪辣さを非難する句が散見される。

しかし、杉原は雲井のように武力を用いて政府を転覆しようとは考えていなかった。彼は獄中にて数々の国事犯たちと邂逅しているが、そのなかには明治一一年（一八七八）の大久保利通暗殺に加わった者の姿もあった。木村致英は大久保暗殺の際、斬奸状を投函する役目を担い石川島監獄に投獄された者だが、杉原は彼が明治一六年七月に出獄するに際して惜別の長詩を贈っている（巻之下）。そのなかには次のようにある。

斬奸一擧時已矣　　斬奸一挙　時に已む
懐裏匕首用又空　　懐裏の匕首　用ゆるも又空し
自由論兮権利説　　自由の論　権利の説
切磋当樹絶代功　　切磋して当に樹つべし　絶代の功

斬奸によって事をなす時代は終わった、これからは「自由の論」「権利の説」を磨くことで彼らに対抗し、功を挙げるべきだというのである。[57]「清水谷」（巻之下）によれば、杉原にとって大久保暗殺は血気盛んな若者たち（「獅児」）の軽挙妄動（「暴馮」）であって、彼らは「老龍」大久保を甏し、「私憤」を晴らしたに過ぎなかった。

このように杉原は雲井から専制批判の精神を受け継ぎながら、言論の力によって有司専制を打破し「自由」と「権利」を勝ち取ろうとした。しかし、民選議院が存在しない状況にあって有司に立ち向かおうとするなら別に拠点を求める必要がある。それが新聞であった。『土陽新聞』第一八号掲載の「日本新聞紙論」で植木枝盛が「今我国ノ如ク専制ノ政体ヲ以テスル者ハ、人民参政ノ権利ヲ得スシテ思想ヲ吐露スルノ議院ナケレハ、其議論ハ皆新聞紙ニ憑テ之ヲ発洩セサルヲ得サレハ、要スルニ我ノ如キハ思想ヲ流出スルノ線路唯一アルノミナレハ、其勢モ亦強激ニ帰セサルヲ得サルノ理也(58)」と述べたとおりである。

そして、新聞を拠点に言論活動を展開するにあたって、杉原が信条としたのが「直言」の精神である。杉原はこの「直言」という言葉を詩のなかで実に多用している(59)。直言の精神、これこそが杉原が雲井から継受したもう一つの精神であった。思えば、雲井はときに巧みな弁舌でもって、ときに激情的な美文体でもって、何憚ることなく堂々と自己の見解を展開し、相手を屈服、懐柔せんとした。杉原はそのような雲井の一面を長詩「吊雲井龍雄」（巻之下）のなかで次のように賦している。

憶昔戊辰倥偬際　　憶ふ昔　戊辰倥偬の際
達人争欲学蘇張　　達人争ひて蘇張に学ばんと欲す
君亦踊躍去郷関　　君亦踊躍して郷関を去り
提挈誓欲佐覇王　　提挈　誓ひて覇王を佐けんと欲す
万古快絶討薩檄　　万古快絶　討薩の檄
山東豪族多属望　　山東の豪族　多く望みを属す

戊辰戦争の際、中国春秋戦国時代の蘇秦・張儀よろしく、その巧みな弁舌と文筆でもって他を調略した縦横家 雲井。杉原は椽大の筆を揮いながらその後ろ姿を追っていたのである。

## 3 鼓舞する雲井

しかし、自由民権運動が勢いを増せば増すほど、政府の言論弾圧は峻烈さを増していき、仮編集長就任二ヶ月を経ずして、杉原が筆禍に罹ったことは先述のとおりである。そんなとき、彼の念頭に浮かんだのは、明治二年（一八六九）一〇月に集議院を去ったときに雲井が賦した「題集議院障壁」（前出）であった。「鉄窓余瀝」に採録されている詩には、この雲井の詩から援用したと思しき表現が目につくが、なかでも彼の心をとらえて離さなかったのが初句の「天門之窄窄於甕（天門の窄きは甕よりも窄く）」である。たとえば、「莫言獄舎窄如甕（言ふ莫れ　獄舎窄きこと甕の如しと）[60]」、「幽窓窄如甕（幽窓窄きこと甕の如きも）[61]」、「屋窄如居甕（屋の窄きこと甕に居るが如く）[62]」、「咫尺囚窓窄如甕（咫尺　囚窓　窄きこと甕の如く）[63]」といったように、獄の狭きことを形容する際にこの句を好んで援用しているのである。「吊雲井龍雄」には次のようにある。

献策帝閽不得達　　帝閽に献策するも達し得ず
孤憤泣草天門章　　孤憤し泣きて草す　天門の章

「献策」を受け容れられずその憤懣を「天門章」に託し集議院を去った雲井の境遇と、「直言」のために筆禍に罹り狭き獄に押し込められる羽目となった己の境遇とが共鳴しあったとき、杉原のなかでこの句は特別な価値を有する言葉となったのである。

そして、獄中にあってややもすると意気粗漏しがちな杉原を励ましたのも、雲井の存在とその詩の数々であった。ここでもまず「吊雲井龍雄」から引用したい。

朝厄赤城屢脱身　　朝《あした》に赤城に厄《くる》しみ屢《わず》かに身を脱し
夕囚京獄胆猶剛　　夕に京獄に囚はれ　胆猶ほ剛し
勝生敗死自所期　　勝ちて生き敗れて死するは自づから期する所にして
刀鋸在前毫不惶　　刀鋸前に在りて毫も惶れず

戊辰戦争の際、上州諸藩の糾合に失敗し九死に一生を得て国許に逃げ帰るも、政府転覆計画が露見し、米沢から東京に送還され獄につながれるも、さらには刑場にあって刃を前にするも、なお意気を失わぬ雲井に、杉原は畏敬の念をいだくのである。

また、杉原はこのような雲井の不屈の精神が宿った言葉の数々をみずからの詩のなかで援用した。藤田東湖の「回天詩」に次韻した長詩（巻之上）には次のようにある。

往事思来梦耶真　　往事思ひ来る　夢や真や
造化弄人或徒尔　　造化人を弄ぶ　或ひは徒爾なるか

「往時を振り返るにつけ、それは夢か真かと思う。天はあるいは無益にも人を弄ぶのか」との意である。そして、次のようにもある。

嗚乎此骨縦然無人葬　　嗚乎此の骨縦然として人の葬る無きも
区々之志安能已　　区々の志安んぞ能く已まん

「ああ、我が骨が捨て置かれ葬ってくれる人もなく野ざらしにされようとも、我が志はどうして止むことがあろうか」というのである。これらはいずれも雲井龍雄の「北下途上」（前出）に依った表現である。すなわち、前者は「回顧遭逢夢耶眞　壮圖唯有水東逝」、後者は「嗚呼縦令此山如礪此河如帯　區々之志安能替」をふまえている。また、後者については、やはり米沢から東京への檻送中に師安井息軒に贈った詩（前出）にある「此骨縦可摧　此節安可撓」をも念頭に置いた表現と思われる。檻送の途上、過去を振り返り現在の境遇を呪いつつも、それでもなお、否それゆえにこそ志を貫こうとする雲井の姿勢に、杉原は鼓舞され、この表現を援用したのであろう。

そんな杉原のもとに友人の岩井貫一郎から『雲井龍雄之事蹟』の序文執筆の依頼が舞い込んだ。杉原の仮編集長時代に『東京横浜毎日新聞』紙上で連載が始まったこの記事は、明治一四年（一八八一）一月二一日の連載終了とともに書籍として出版されることになったのである。(64) 岩井の著作を読み、雲井の事蹟を振り返った杉原は序文のなかで次のように記している。

今ヤ岩井君ノ此著有ヲ以テ龍雄ノ志業ヲシテ果シテ天地ヲ極メ、万世ニ亙テ滅セサラシムルニ足ル。余一読、案ヲ拍テ快ト呼フ。既而思フ、余龍雄ト同里ニ生レ学未タ博キヲ加ヘス、識未タ高キニ至ラス、軟《（轗）》軻蹉跌空シク獄窓ニ落チテ龍雄ノ事蹟ヲ読ム、豈ニ龍雄ニ対シテ忸怩タラサルヲ得ンヤ。嗚乎郷友此著ヲ読テ、余ト其感ヲ同フスルモノ能ク幾人カアル。巻ソ掩フテ憮然之ヲ久フス。

志を得ず空しく獄中にあって事蹟を読んだ杉原は、雲井に比べいまだ学浅く識低き己が身を恥じ、勉学に励むことを心に期したのである。ここに杉原は有司との対決に向け議論を磨かんとして読書にいそしむこととなる。明治一五年の秋の一夜、寝付かれずに筆を執って賦した三〇韻（巻之中）のうち、かかる杉原の姿を示したものをいくつか以下に掲げよう。

肉食暗時務　　肉食は時務に暗く
功名艱苦中　　功名は艱苦の中
蹭蹬亦非悪　　蹭蹬亦悪きに非ず
欲琢有為裏　　琢せんと欲す　有為の裏

繙史鑑興敗　　史を繙きて興敗に鑑み
功名心窃期　　功名を心窃に期す
男児読書意　　男児　読書の意
惟有夜燈知　　惟　夜灯知る有るのみ

痩躯雖罹厄　　痩躯厄に罹ると雖も
浩気未全除　　浩気未だ全く除かず
窓底時抽架　　窓底に時に架を抽き
閲来経世書　　閲し来る　経世の書

功名は苦難のなかにあると思えば、挫折もまた悪くはない、いまは獄中にあって読書に励み、他日を期そうではないかというのである。

また、杉原にとって雲井にならい研鑽を積み功名を立てることは、米沢藩が被った「朝敵」の汚名を晴らすことでもあった。「吊雲井龍雄」の末尾には次のようにある。

囚窓吊君思当日　　囚窓に君を吊して　当日を思ひ
感涙数行沾衣裳　　感涙数行　衣裳を沾《うるほ》す
吁嗟乎君逝矣誰尋遺志　　吁嗟　君逝きて誰か遺志を尋《つ》がん
不忘自高松江長　　不忘は自ら高く　松江は長し

杉原は獄中にあって雲井を弔いながらその志を継ぐことを決意し、不忘山、松川に思いを馳せた。不忘山、松川は郷里米沢を象徴するもので、その高さ、長さに恥じぬ功績を残すことこそが、米沢藩の復権につながると杉原は意識していた。この点は、杉原が明治一六年八月に刑期を終えて石川島監獄を出獄することになった際、米沢の後輩「亮子」に贈った長詩（巻之下）に、より明確なかたちで示されている。

不忘之山聳松江左　　不忘の山は松江の左に聳へ
千秋巍然白雲纏　　千秋巍然として白雲を纏ふ
松江之水流不忘右　　松江の水は不忘の右に流れ
万歳汪然緑波鮮　　万歳汪然として緑波鮮やかなり
不忘松江両佳勝　　不忘松江　両つながら佳勝なれど
未見偉人山水均　　未だ見ず　偉人の山水に均しきを

「不忘山は松川（松江）の左手に聳え立ち、一〇〇〇年の長きにわたって高々と雄々しくその身に白雲を纏ってきた。松川は不忘山の右手に流れ、万年の長きにわたってなみなみと水をたたえ、青波は見るも鮮やかである。不忘山と松川は両方とも素晴らしい名勝であるが、いまだこの山水に比肩する偉人がここから出たのを見たことがない」との意である。このあと、入獄するまでのみずからの来し方、獄中で「亮子」と邂逅したときのこと等が回顧され、最後に別れにあたって郷里の後輩へ戒めの言葉が贈られる。

今日臨別吾情惨　　今日別れに臨み吾が情惨ましく
揮涙為子陳婆言　　涙を揮ひて子の為に婆言を陳ぶ
松江不忘高天下　　松江不忘天下に高し
莫愧名水与名山　　愧づかしむること莫れ　名水と名山とを

天下に誉れ高き松川や不忘山の名に恥じぬような男になり、米沢藩に着せられた汚名を晴らせというのである。これは「亮子」への戒めであると同時に自戒の言葉でもあった。

かくして、明治一六年八月三〇日、杉原は石川島監獄を出獄することになった。その際、賦した詩（巻之下、注63参照）は、あの雲井の「題集議院障壁」に次韻したものである。

咫尺囚窓窄如甕　　咫尺　囚窓　窄きこと甕の如く
文山土窟是伯仲　　文山の土窟と是れ伯仲す
春朝對花悩壮懐　　春朝に花に対ひて壮懐を悩まし
秋宵聴雁惹残梦　　秋宵に雁を聴きて残夢を惹く
最欣今日災厄摧　　最も欣ぶ　今日災厄摧け
將向江湖一躍来　　将に江湖に向ひて一躍し来たらんとするを

聞説文壇逐鹿急
到処好足試吾才
男児平生有操志
齷齪寧顧世人怪
他年若至志成秋
酔臥城南芝山翠

聞く説《な》らく　文壇は逐鹿急にして
到る処好く吾が才を試みるに足ると
男児　平生　操志有り
齷齪として寧ぞ世人の怪しむを顧みんや
他年若し志成る秋に至らば
酔ひて臥す　城南芝山の翠

甕のように狭い獄中から漸く解き放たれ、世間に出られる喜びとともに、各紙鎬を削る操觚界で己が文才を発揮し、志を遂げんとする気概が詩からあふれ出ている。

しかし、出獄後の杉原は、このときの意気軒昂なありさまからおよそかけ離れた人生を歩むことになる。彼は一度は『東京横浜毎日新聞』に復帰したものの、いくばくもなく毎日新聞社を辞して、政府に出仕、職務に応じて札幌・台湾と各地を転々とするのである。その間、文筆家としても活躍したが、その著作といえば、上杉鷹山を支えた名臣莅戸太華や杉原家の遠祖水原親憲の伝記、あるいは『太子冊立国之栄』、『在連古存』といった漢詩集等であって、有司の専制を痛烈に批判するような内容のものは絶えてなかった。彼の身に何があったのか、目下のところそれを知る手がかりはない。

明治二二年（一八八九）、大日本帝国憲法発布をうけて国事犯の大赦が行われ、雲井の罪も解かれることとなった。このとき杉原は人見寧・山吉盛義（旧米沢藩士、福島県令山吉盛典の嗣子）とともに発起人となり、大赦稟告祭への参加を呼び掛けている。祭典当日の三月一七日、杉原は発起人として稟告文を朗読、「我邦維新の際海内擾々天下の志士東奔西馳其主義各々異なるありと雖ども均しく皆憂国の至誠に出でざるなし」[65]と、雲井の憂国の志を称え、参列者が大赦を喜んでこそ、地下の雲井の喜びになると告げた。しかし、杉原が雲井に鼓舞され、有司との戦いに向けて論陣を張ることはついぞなかったのである。

## 四　山下千代雄と雲井龍雄の精神

### 1　雲井への傾倒

明治三年（一八七〇）八月五日、雲井龍雄が米沢から再び東京に送還される際、わが郷の雲井先生を送らねばならぬとて、ひとり白旗松原まで付き従った、当時一三歳の少年がいた(66)。彼の名は山下千代吉。のちに衆議院議員となり、自由党・立憲政友会で重きをなす山下千代雄である。山下は安政四年（一八五七）生まれ。父は米沢藩馬廻組の山下琢磨である。父が慶応二年（一八六六）一一月一八日に没したことから、山下は慶応三年二月二七日、わずか一七歳で家督を相続する(67)。はじめ、藩校興譲館にて皇漢の二学を修め、その後、明治一二年（一八七九）九月に司法省法学校速成科が第二期生を募集し始めると、これに応募し、見事合格した(68)。法学校在籍時の山下は学業の傍ら雲井の墓碑建立にも奔走し、主体的な役割を果たした。回向院から雲井の遺骨を引き取り、墓碑建立につき諸方に賛同を呼び掛けたのは彼であった。

そして、法学校卒業と時を同じくして、念願であった雲井の墓碑建立を成し遂げるのである(69)。建碑がなった翌日、永平寺管長の北野元峰を導師にささやかな法要が営まれたが、その席で山下は式辞を朗読、「先生を地下に瞑せしむるは他に其道あり」と述べた(70)。「其道」とは何か。ほかでもない。自由民権運動である。法学校卒業後、郷里米沢に帰った山下は平田駒太郎らと明道館という法律研究所を設立し、代言人として活動を展開する一方で、この明道館を拠点に自由民権運動を展開するのである(71)。

そういったなかで、山下は山形県における代表的な民権家の一人に成長していった。本書第五章三原論文によれば、明治一八年（一八八五）五月に秋田で開催された東北七州懇親会に、山下は庄内の森藤右衛門とともに山形県の委員として出席している。さらに、明治二〇年、外務大臣井上馨の条約改正交渉がきっかけとなって三大事件建白運動が起こると、山形県の総代として条約改正反対を訴える建白書を元老院に提出するために上京、一一月一五日に鴎友館で開かれた有志大懇親会に参加し、請願のため総理大臣はじめ朝野の有力者のもとを歴訪した(72)。このとき山下に会った元老院議官尾崎三良は彼の印象を一一月二五日の日記に次のように記している。

山形県総代山下千代雄来ル。同人ハ米沢ノ者ニシテ、今般山県（ママ）人民有志総代トシテ小磯忠之助ト同道、元老院へ建白書ヲ差出セリト云。其主意ハ即外交政略ノ非計ヲ言ヒ、内閣大臣ノ自ラ其罪ヲ引キ勇退セン事ヲ勧メ、且外交政略ノ方向ヲ改メン事ヲ希望スルモノナリ。依テ其所謂望ム所ノ外交政略ナルモノハ何ナルカヲ詰問セシニ、答フル能ハズ。因テ閑談数刻ニシテ去ル。山下ハ為人沈毅勇為ノ気象アリ。然レドモ言訥ニシテ識少シク迂ナリ。機敏ノ才ヲ欠クガ如シ(73)。

また、尾崎の後年の回想筆記『尾崎三良自叙略伝』には、このときの山下について「山形県人総代山下千代雄なるもの、誰かの紹介にて尋ね来りたり。是は元米沢藩士にして随分気骨ある人なり(74)」と記されている。才気煥発、座にあるものをその巧みな弁舌でただちに説き伏せた雲井と比べれば、訥弁で肝心なところで言に窮する山下は見劣りするが、「沈毅勇為の気象」や「気骨」はやはり雲井譲りのものであろう。

そして、もうひとつ山下が雲井から受け継いだもの、それはやはり専制批判の精神で、彼の頑ななまでの藩閥打破の姿勢はこれに裏打ちされたものであった。この点については、彼自身、高木藤太郎に宛てた昭和二年（一九二七）六月八日付の書翰（注32参照）のなかで「尚ほ自賛には候へども、生が藩閥打破の急先鋒として多少の微力を致し候は、所謂先生（雲井のこと―引用者）をして地下に瞑せしむるの微意に副ふには無之やと思料罷在候」と明確に述べている。では、かかる姿勢を彼の政治活動のなかから探っていこう。

## 2　藩閥打破にむけて

三大事件建白運動が呼び水となって民権派は再び活気づいた。おりしも、帝国議会開設は間近に迫っており、後藤象二郎や星亨はこの機を逃すまいと、民権諸派の糾合をはかる。いわゆる大同団結運動である。しかし、明治二二年（一八八九）二月に後藤が逓信大臣として黒田清隆内閣に入閣すると、運動は早くも瓦解の様相を呈した。このとき山下は何とか運動の火を絶やすまいと大同団結派の遊説員として山陰・大阪など各地を飛び回っている。[75] また、明治二二年四月二〇日から二二日にかけて、米沢で開催された第二回東北十五州委員会では、戸狩権之助・平田駒太郎・宇佐美駿太郎・鈴木正瞭（孝作、雲井墓碑建立発起人の一人、前出）とともに発起人として名を連ね結束を呼び掛けた。[76] このとき会場には、当時山川浩（東京師範学校校長）とともに会津独立党を組織していた赤羽四郎の姿もあったが、「会津独立党とか称するもの八是れ所謂自治党一派の私党ならずや異主義の人物を臨席せしむる八本会の精神に非ず」として退去させられ、そのうえで、大同団結党主義綱領案が可決され、東北全体の意見として翌月の大同団結大会に提出することで決定をみている。この綱領案の第一条に、国権の拡張・国家の独立とともに掲げられたのが、「藩閥情実の宿弊を一掃して政党内閣の制を期す」ことであった。[77]

この間、明治二二年三月には雲井の墓前で大赦稟告祭が行われたが、大同団結運動のため東奔西走する山下は出席を見送った。敬愛してやまない雲井の大赦稟告祭よりも大同団結運動を優先させたのである。大赦により罪が解かれたとはいえ、所詮それは藩閥政府の都合によるものに過ぎない、ならば稟告祭に出席するより、大同団結運動を推進し、帝国議会で藩閥政府と渡りあえるだけの陣容を整えておくことのほうがよほど雲井の供養になる、そう山下は考えたのかもしれない。しかし、運動は団結のあり方をめぐって分裂を来たし、諸派一致して藩閥政府に当たらんとする山下の願いは空しく、結局、民権派は足並みの揃わぬまま二三年の帝国議会開設を迎えることとなった。

ともあれ、彼らはここに議会という藩閥政府と対峙する拠点をようやくにして得たのである。山下も再興された自由党の候補として山形県第二区から出馬する。山形第二区は対立候補の五十嵐力助が強く、山下はなかなか議席を獲得することができなかったが、明治二五年三月には、米沢の有志と計らって米沢平民倶楽部を結成し、「隊伍整々、旗鼓党々、真理ノ甲ヲ戴キ、正義ノ剣ヲ提ケ、天下ノ姦邪ヲ誅戮シ、社会ノ汚穢ヲ一洗シ、以テ地方団体ノ鞏固ヲ謀リ、以テ天下ノ大勢ニ当リ、誓テ国家臣民ノ職分ヲ尽サントス」と賛同を呼び掛けた[78]。「姦邪」とは薩長藩閥にほかならない。そして、二七年三月の第三回総選挙でついに議席を獲得する（同年九月の第四回総選挙も再選）。

以後、山下は住居を東京に移して代言人・自由党代議士として活動を展開する[79]。おりしも、日清戦争が勃発し、これがきっかけとなって、それまで地租軽減をめぐって激しく争っていた政府と自由党とのあいだに和解の萌しが見えはじめていた。しかし、そのなかにあって山下は終始藩閥政府との提携を拒み続けた。第七回帝国議会の開会を目前に控えた自由党代議士総会にて、山下は「従来政府の為したる秕政を列挙して一束となし帝国議会開会の劈頭大刀を翳して直に政府の不信任を議決せん」と主張して、総理の板垣退助と対立、再度総会の開催を要請した。山下の要請をうけて五月八日の代議士総会後、秘密会が開かれたが、やはり山下の急進論は大反対に遭って退けられたのであった[80]。

ここに、山下は党内から藩閥政府との提携論を一掃することを期す。明治二八年（一八九五）六月のある日、今後の自由党の方針を決するため麻布今井町の板垣邸に党員が集まり秘密の会合が開かれたが、その席で山下は次のように述べた。

時に党中正義派と自称する東北組の山下千代雄氏徐に口を開て曰く、「我党ハ曩に一旦政府党なりとの評を受けて以来党勢振はず。今にして一大革新を行はずんバ弥々益々萎縮救ふなきに至らんとす。故に今の要ハ政府を援けて大に之と共に運動するか、将た政府の正面に立て驀地《まっしぐら》に之を攻撃するか二者一ならざる可らず」と[81]。

山下は党内には政府におもねる姿勢があり、それが現今の党勢の衰退につながっているとして党の刷新を訴えたのである。そのために彼はまず足場を固めるべく、東北会（東北出身の自由党員によって構成される）の改革から着手した。一一月二〇日、山下は東京木挽町の萬安楼にて開かれた東北会の懇親会に出席した。当日、会場には平島松尾・愛澤寧堅・重野謙次郎・目黒貞治・佐藤昌蔵をはじめ、在京の東北会員二〇名余の姿があった。懇親会では、まず「自由党が政府と提携するに於てハ一致の運動をなす能はず」と、藩閥政府との提携を排する姿勢が確認される。さらに「自由主義者の会合」、「自由党及び同党と主義方針を同ふする者の集会」との見地に立ち、元吏党議員からなる立憲革新党員が会から除名されたのであった。この席で山下は平島とともに東北会の幹事に選出されている[82]。

しかし、その後も党内に藩閥政府との提携論が絶えることはなかった。藩閥政府は政権の安定化をはかるため民党を取り込まんと、自由党・進歩党の双方に触手を伸ばし、板垣や大隈重信を内閣に迎え入れたが、そのことによって両党の対立はかえって激化し、自由党内では、進歩党との対抗という観点から、むしろ藩閥政府との提携をはかるべきだとする論が一定の支持を得ていたのである。明治三〇年（一八九七）一二月の自由党大会では、第一一議会開会の劈頭、内閣不信任上奏案を提出することが議題としてあがり、論戦が繰り広げられる。まず、提携派の杉田定一は「吾党ハ今日に於て雅量を宏大にして現内閣と結託し以て憲政の完成を期し、党勢を拡張するの方策を講ずべきなり」として「責任内閣の実を挙げ憲政の完成を期する」限りにおいて現内閣と「共に国家経綸の任に当たるべし」との動議を発する。これに対して、反論を展開したのが山下である。山下は言う。

而して余輩ハ非立憲なる現内閣と提携するを以て徹頭徹尾吾党の不利益なりと認む。若し当期の議会にして解散の不幸に遭はんか、吾党ハ総選挙に於て反対党と戦ふに充分の名分あり。而して背後に天下の人心を荷ふて臨時議会に臨み内閣と決戦を試む、豈吾党の面目にあらずや。[83]

提携論は自由党にとって徹頭徹尾不利益であり、もしこれで解散になろうとも、総選挙にて反対党と戦う名目は十分あり、臨時議会で内閣と堂々と決戦に及ぶ所存だという。雲井譲りの反骨とあくなき藩閥専制打破の信念の面目躍如といったところであろうか。結局、八五対四〇で原案は可決され不信任案は衆議院に提出される。これをうけて、松方正義内閣（第二次）は総辞職した。

つづく伊藤博文内閣（第三次）は、提携を深める自由・進歩両党の攻勢の前に窮地に立たされ、新党結成に失敗した首相の伊藤はついに大隈・板垣の両名を後継首班に推挙した。かくして、明治三一年六月三〇日、自由・進歩両党が合併した憲政党を与党とする日本初の政党内閣、大隈重信内閣（いわゆる隈板内閣）が成立する。ここに山下が目指した藩閥専制打破の端緒が開かれたのである。

そして、七月一三日、山下は内相に就任した板垣のもと県治局長に抜擢される。県治局長在任中の山下の仕事として注目したいのは、彼が主任として関与した選挙法改正案の調査である。以下、『読売新聞』紙上に掲載された報告によりその内容を概観してみよう。(84) 報告書はまず多数代表制（「多数選挙人の投票を得たるものを以て当選者となすの法」）と少数代表制（「撰挙人中の一部分たる少数者にも亦代表者を出す事を得せしむるの法」）の特徴を示し、少数代表制こそが代議政治にふさわしいとし、その投票法を七に分類、比例分配投票法が「最も完全なる方法」だと主張する。さらに「小選挙区における単名投票法」と「大選挙区における連名投票法」の利害をそれぞれ指摘したうえで、比例分配投票が最も理にかなった選挙制度であることを示すのである。

ここで最も重視されているのは、多数決を原則としながらも、議会において、各党の得票数が正確に反映され、少数党にもその利益を弁護する機会が与えられねばならないということである。「大選挙区における連名投票法」は一にこの点から批判されている。すなわち、この方法を採用すれば「一選挙区に於て全部を代表するか一人をも代表者を出すを得ざるかの問題」に逢着し、ついには「選挙競争をして極点に至らしめ国民の不幸を生じ内乱を醸成するの虞あるに至らしむ」というのである。

報告書を読めば諸外国の選挙制度をかなり専門的に分析しており、調査は配下に優秀な人材があってはじめて実現できたものであったことがわかる。しかし、主任たる山下がその内容に同意を与えていないはずはなく、したがって、そこには彼の考えが反映されていると考えられよう。ここでは雲井の精神がいかに山下に受け継がれたのかという観点からこの改正案に検討を加えたい。雲井はかつて薩摩藩という寡頭勢力の専制を憎悪し、自らの意見が受け容れられないと知ると、武力でもって政府を転覆せんとはかった。しかし、その一方で多数の支持に物を言わせて専制的に少数意見を圧殺することもまた、内乱の危険を惹起するものであった。山下が憲政党という衆議院の最大与党に属しながら、なおかかる意見を持ちえたのは、雲井の生涯が投げかける意味を深察し、彼の専制批判の精神を、自己が置かれた状況を見据えたうえで、より高度な次元で継承していたからと考えられるのである。

## 3　山下の退潮

しかし、県治局長の椅子は山下にとって決して居心地のよいものではなかったようである。県治局長就任をうけて、山下は芝公園内にあった旧自由党本部の一構を邸宅として譲り受けたが、大邸宅を飾るにふさわしい一幅の掛物もなければ一双の屏風もなく、来客に向かって「僕の財産ハ革鞄一つでまるで体裁の好い浪人だ、是れを見ると口ばかりでハ中々役人にハ中々なられないね」と大笑いの体だったという[85]。その後ほどなく、新聞では「県治局長逃走して行方不明となり、中島局長に任せらるてふ[86]」、「県治局長とハなツたもの、書類堆積して当惑閉口し迚も遣り切れぬから辞職すると呟やく[87]」、「神経病にて引籠り[88]」、「県治局長某県知事に転じ若宮正音之に代らんとの説あり。鈍腕に代ふるに還俗を以てする耳[89]」等と報じられるようになり、就任から二ヶ月あまり経った九月一九日、病気を理由に職を辞した。病とは口実で進歩派・日本橋倶楽部、さらには自由派からも辞職を勧告され、板垣もかばい切れなくなったというのが実情だったようである[90]。

一方、大隈内閣も成立当初から旧自由党と旧進歩党とのあいだで意見の食い違いが表面化し、文部大臣尾崎行雄の共和演説が直接の要因となって、議会を迎えることすらなくわずか四ヶ月で崩壊した。さらに、憲政党は旧自由党系の憲政党と旧進歩党系の憲政本党とに再び分裂する。後をついだのは政党内閣を神経質なまでに嫌悪する山縣有朋を首班とする内閣（第二次）であった。憲政党の星亨は山縣内閣に憲政党員の入閣、閣僚の入党を求めたが拒絶され、伊藤博文との連携を模索する。その結果、明治三三年（一九〇〇）九月、立憲政友会が成立。このとき山下も星に従い立憲政友会に入党し、小倉信近の辞職にともなう三三年一一月の山形県第二区補欠選挙には政友会から出馬し当選を果たしている（三五年八月の第七回総選挙、三六年三月の第八回総選挙も再選）。前述した明治二七年五月八日の自由党代議士による秘密会で山下が板垣と対立したおり、山下が主張する内閣不信任案上奏を支持した数少ない一人が星であった。その意味で山下は星に恩義があった。しかし、藩閥政治の象徴とでもいうべき伊藤と連携することは、かつての彼であれば到底容認しうるところではなく、その意味で妥協以外の何物でもなかった。

以後、山下は政友会の重鎮として重きをなすが、かつて見られた、一切の妥協を排した藩閥打破の姿勢は影をひそめていく。明治三四年一二月、時の首相桂太郎は予算の成立を目指し、政友会に交渉会の開催を呼びかけた。いったん交渉は決裂し、議会の解散が予想されたが、桂の粘り腰もあって交渉は再開され、両者のあいだで妥協が成立する。これに対して、二五日に伊藤邸で開かれた政友会の総務委員会にて、硬派を称する一派は「政府をして再交渉を申込ましむるに至りしはハ浜の家組と称する軟派の首領株井上角五郎、田健二《(次)》郎、重野謙二《(次)》郎の卑劣策に出しものなり」として井上・田・重野の除名を求め、各員もこれに賛同、決議の運びとなる。[91] このとき山下は硬派の一員であったが、「其表面の口実ハ兎も角も政府との妥協成りたる今日頗ぶる奇異の感なしとせざる」として、東北会を代表し菅原伝らとともに三名の復党に尽力している。[92] 重野は山形県天童出身の民権家で、雲井墓碑建立の際には発起人に名を連ねた、山下の古くからの同志である。そのうえ、東北会の重鎮でもあり、彼の脱党は政友会内における東北会の勢力減退につながった。そもそも藩閥打破の向こうに山下が夢想していたのは、戊辰戦争後、「白河以北一山百文」の名のもとに、ひとしなみに蔑まれた東北にも開かれた国政であり、ゆえに政友会が政権の座につく日のために党内における東北会の勢力を維持しておく必要があった。すなわち、藩閥打破と東北の勢力拡張が分離し、前者が後者の阻害要因となったとき、山下は後者を選び取ったのである。

雲井譲りの専制批判の精神に裏打ちされた藩閥打破の姿勢は、いわば山下の政治的原動力であり、それが失われるとともに彼の声望はしだいに衰えていった。明治三七年三月の第九回総選挙で山下は落選し議席を失う。明治四五年（一九一二）五月、山下は再起を期して第一一回総選挙に出馬するが、「政友会にては前々代議士の山下千代雄氏の年賀状を兼ねたる推薦依頼到着するあれど重なる選挙人の気乗り更になし」というありさまで[93]、結局、当選を果たすことはできなかった。そして、この後、再び議員に返り咲くことはなかったのである。

## おわりに

以上、旧米沢藩士たちが雲井龍雄の精神をいかに受け継ぎ、時代の潮流たる自由民権に対していったのかを、宇加地新八・杉原謙・山下千代雄を素材に考察した。以下、その要点をまとめておく。

まず、三人が共通して雲井から受け継いだのは、多くの民権家と同様専制批判の精神であった。しかし、彼らにとって雲井は郷里の先輩であっただけにそこには特別な思いが介在していた。山下の場合に見たように、彼らには有司あるいは藩閥の専制を打破することによって、先輩雲井の無念を晴らしたいという切実な思いがあった。さらに、杉原の例に見られるとおり、雲井の遺志を継いでそういった寡頭勢力の専制を打破することを通じて、戊辰戦争で米沢藩に着せられた「朝敵」の汚名をも取り除こうとしていた。内村鑑三は『萬朝報』の社説で、「起てよ佐幕の士」と題して「諸士に賊名を負はせ、諸士の近親を屠り、諸士をして三十年の長き、憂苦措く能はざらしめたる薩長の族ハ今や日本国民を自利の要具に供しつゝあるに非ずや、若し雲井龍雄をして今日尚ほ在らしめバ彼等ハ何の面ありてか此清士に対するを得ん」と雲井を引き合いに出しつつ薩長藩閥の専制を批判し、「嗚呼諸士の蒙りし賊名を洗ひ去るハ今なり、諸士何ぞ起たざる」と「佐幕の士」に呼びかけたが、(94)彼らは内村の呼び掛けを待つまでもなく、このような思いをより深く胸に刻み付け、自由民権運動に邁進していたのである。

もっとも、彼らは雲井のように武力蜂起に走ることなくあくまで言論によってその実現を目指した。そして、その拠点を民選議院、あるいは新聞に求めたのである。この点はやはり雲井を敬愛して彼の精神を受け継ぎ、激化事件へと身を投じた民権運動の壮士たちとは異なっていた。三人は、漢詩「題集議院障壁」に見られるように、武力蜂起は政府に意見を受け容れられなかったがため、雲井がやむなくとった非常手段と考えていた。ゆえに、宇加地は叛乱につながるような大きな反発を回避するためにも「上下疎通」の場として民選議院が必要だと政府に訴えたのである。専制が叛乱を惹起するということは雲井が彼らに与えた大きな教訓であったようで、その矛先は政権の座についたときみずからにも向けられる。隈板内閣の県治局長となった山下が、主任として選挙法改正案に関与したとき、憲政党という最大与党に属しながら少数派にも選挙での得票数に比例した議席数が議会で確保されるべきことを主張したのはそのためであった。すなわち、多数決は原則であったとしてもそれによって少数派の意見が圧殺されるのならば「数の専制」であり、やはり叛乱の温床となると危惧したのである。では、雲井の真骨頂はどこにあったのかといえば、それは巧みな弁舌と文筆を駆使しての「直言」にあった。杉原はこの「直言」の精神を雲井から色濃く受け継ぎ、縦横家　雲井の後姿を追いながら、新聞記者として政府の言論弾圧に臆することなく健筆を揮ったのである。

そのような彼らが有司や藩閥の専制を打破した先に見ていたものは何だったのか。山下の場合、それは戊辰戦争後、「白河以北一山百文」とひとしなみに蔑まれた東北にも開かれた国政であった。そして、その実現こそが雲井の一番の供養だと考えていた。自由党の代議士であった山下が、藩閥との妥協により政権への道を模索する党の方針を厳しく批判し、あくまで提携を拒んだのはそのためである。しかし、藩閥打破が東北の勢力拡張を阻害するような事態に立ち至ったとき、山下は後者を優先し、藩閥との妥協を是とした。

ところで、雲井は封建体制の維持に固執し、その観点から薩摩藩の専制を批判した。そこに彼の思想の本質があった。杉原や山下がこの問題を等閑に付しているのに対して、これと真正面から向き合い、その面で雲井から多くを受け継いだのは宇加地であった。彼は雲井が封建制の美点として挙げた、藩主と藩士とのあいだの情誼に基づく主従関係を、天皇と兵士との関係に置き換え、国力増強の原動力とし、日本を西欧列強に伍する国家に仕立て上げようとした。宇加地にあってもその民選議院論は国権論と裏返しの関係にあったということだが、我々はそこに帝国主義への不気味な予兆を見る思いがする。事実、そのような文脈において雲井の存在が昭和初年に再びクローズアップされることになるのである。

昭和五年（一九三〇）の六〇回忌を機として雲井の存在は再び脚光を浴びることとなった。同年二月に米沢市長登坂又蔵をはじめとする米沢の名士一五六名を発起人として雲井会が設立されると、その主催のもと四月二八日に雲井祭が挙行され、同日から三日間織物同業組合楼上にて雲井龍雄遺墨展覧会も開催された。また、同じく雲井会により昭和五年一〇月に谷中から米沢の菩提寺常安寺へと遺骨の改葬が行われ、翌六年八月には石倉惣吉著『志士雲井龍雄』が刊行された[95]。

さらに下って昭和一一年一〇月一八日、米沢の古刹法泉寺に、上杉憲章の篆額、海軍中将上泉徳弥の書による雲井の詩碑が建立される。刻まれた詩は明治三年（一八七〇）に雲井が尾張に帰る同志大俊に贈った長詩「釋大俊發憤時事。慨然有濟度之志。將歸省其親於尾州。賦之以贈焉」である。杉原が好んで援用した「題集議院障壁」も候補に挙ったが、東宮学問所御用掛の三宅雪嶺がまだ皇太子だった昭和天皇の御前で朗読したという、この詩が最終的に選ばれたのである。詩碑の建碑式に列席した人々に配られた冊子に、杉原は緒言を寄せている。すでに齢七八となっていた杉原は、「明治十四年即ち今より五十六年前、我米澤の郷友山下千代雄君の首唱して、東京谷中天王寺畔に、雲井の墓碑を建設せし時の発起人は、十名なりしが、其内今尚ほ息を人間に視つゝある者は、予一人なるのみ」と往時を振り返るとともに、今回選ばれた、雲井が大俊に贈った詩について「意気甚だ旺盛に、真の日本男子としての面目躍如たる、実に青年の志気を鼓舞するに足るの作」と称賛し、詩碑の建立を「実に欣快の情に耐へざる」とした。[96] 時に大陸では中国との戦争が泥沼化し、国内では二・二六事件が勃発、軍国主義の台頭に歯止めが利かなくなりつつあった。そのなかで、かつて専制批判のシンボルとして民権家たちを鼓舞した雲井の存在は、天皇のために命を投げ出すよう青年を駆り立てる装置へと置き換えられていったのである。

注

（1） 植手通有は「明治草創――啓蒙と士族反乱」（『思想の海へ　明治草創――啓蒙と反乱』社会評論社、一九九〇年。本章では『植手通有集1　明治思想における人間と国家』あっぷる出版社、二〇一五年による）において「すでに自由民権の観念が社会に流通しているために、明治政府と政治的現状にたいする不満と批判が、時にはそれを利用して自由民権の要求となって現れるが、時には、より直接な形をとって武力反乱となったのである」（六四頁）と述べている。

（2） 例えば、遠山茂樹は明治一〇年以降の自由民権運動について、士族反乱とルーズな連合戦線を組んでいたそれ以前の運動とは「明らかに異質なもの」としたが（『明治維新』岩波同時代ライブラリー、一九九五年、二八三～二八四頁）、これに対して、猪飼隆明は、究極の目的の違いを認めつつも、有司専制批判という一点において両者が共通していることを重視、強調した。猪飼の研究には以下のものがある。「自由民権運動と専制政府」（『講座日本歴史』七、東京大学出版会、一九八五年）、『西郷隆盛――西南戦争への道』（岩波新書、一九九二年）、「士族反乱と西郷伝説」（松尾正人編『明治維新と文明開化（日本の時代史21）』吉川弘文館、二〇〇四年）、「近代化と士族――士族反乱の歴史的位置」（明治維新史学会編『講座明治維新　第四巻　近代国家の形成』有志舎、二〇一二年）。なお、本書第六章山下論文によれば、明治一〇年に真田太古の求めに応じて起草したという「檄文」のなかで小田為綱は、西郷の決起について「有司天下ノ大計ヲ誤リ万世ノ大憂ヲ招クノ事有ニ憤懣過激ノ余ニ出テシナルヘシ」と述べている。

（3） 牧原憲夫はその著『民権と憲法（シリーズ日本近現代史②）』（岩波新書、二〇〇六年）において、「民衆の願望と民権運動のめざす近代的な国民国家とのあいだには大きなズレがあった。にもかかわらず、「反政府」「反権力」の一点で民衆は民権派を熱烈に支持した」（二七頁）と指摘している。

（4） もっとも、土佐派の西郷隆盛観は肯定、否定入り混じって明治二〇年代に至るまで揺れ動いていた（中元崇智「「土佐派」の

「明治維新観」形成と『自由党史』――西郷隆盛・江藤新平像の形成過程を中心に」（『明治維新史研究』六、二〇〇九年）。

（5）色川大吉『明治の文化』（岩波書店、一九七〇年）一四〇頁。

（6）色川大吉『新編明治精神史』（中央公論社、一九七三年）四四三頁。

（7）前掲色川『明治の文化』一四一頁。

（8）有馬卓也「自由民権運動下の雲井龍雄の一側面（上）（下）――『土陽新聞』掲載記事をめぐって」（『徳島大学国語国文学』六、一九九三年。同七、一九九四年）。

（9）「戊辰日記」巻之二（早稲田大学図書館所蔵「宮島誠一郎文書」A一八―二）三月二一日条。

（10）麻績斐・桜井美成編『東北偉人雲井龍雄全集』（東陽堂、明治二七年）七丁。

（11）「戊辰日記」巻之三（前掲「宮島誠一郎文書」A一八―三）四月一一日条。

（12）安藤英男『新稿雲井龍雄全傳』（風光社出版、一九八一年）上巻、二三〇～二三一頁。

（13）同前、二五一～二五三頁。

（14）同前、三二九～三三〇頁。

（15）同前、三四四～三四九頁。

（16）「明治二年木滑要人日記」（米沢市立上杉博物館所蔵「上杉文書」一四七四―三―七、本章ではマイクロフィルム版『上杉文書』〔雄松堂フィルム出版、一九六九年〕を使用）三月五日条、同月六日条。

（17）前掲安藤書、三六五頁。

（18）同前、三五四頁。

（19）参与の後藤象二郎は米沢藩の宮島誠一郎に「若シ藩邸より取締を不為ハ貴国之汚辱ニ可相成」と忠告している（「明治二年己巳日記　巳」〔前掲「宮島誠一郎文書」A二七―一〕九月八日条）。

（20）前掲安藤書、三八二頁。

（21）同前、三八九～三九〇頁。これは明治二年一〇月二三日付柿崎猪平宛書翰からの引用である。前掲『東北偉人雲井龍雄全集』一三丁では、九句目は「道窮命乖何足怪」となっているが、「怪」だと押韻しないので（四句ごとに換韻し、「志」「異」「翠」の韻目は上平声十一真。一方、「怪」の韻目は去声十卦）、ここでは書翰のものによった。

（22）前掲安藤書、四三八頁。

（23）「雲井龍雄口上」（国立公文書館所蔵「公文録　雲井龍雄隠謀始末」一、本章では国立公文書館デジタルアーカイブ https://

www.digital.archives.go.jp/ によった。以下同館所蔵の史料も同）。

(24) 前掲『東北偉人雲井龍雄全集』一四丁。

(25) 同右、一四丁。

(26) 高木藤太郎『雲井龍雄遺骨移送に関して』（私家版、昭和六年）三頁。

(27) 牧原憲夫『明治七年の大論争――建白書から見た近代国家と民衆』（日本経済評論社、一九九〇年）六頁。

(28) 「建白書　自明治七年四月至同年九月」（国立公文書館所蔵）所収。

(29) 「建白書　明治七年甲戌自七月至八月　三」（国立公文書館所蔵）所収。

(30) 注27牧原書、一七一頁。

(31) 『上杉家御年譜二十四　御家中譜士略系図（2）』（米沢温故会、一九八六年）三三一頁。

(32) 昭和二年六月八日付高木藤太郎宛山下千代雄書翰（前掲高木書、七～九頁）。

(33) 福澤研究センター編『慶應義塾入社帳』第一巻（慶応義塾、一九八七年）四二九項。

(34) 昭和三年五月三日付黒井悌次郎宛杉原謙書翰（前掲高木書、一七～一九頁）。

(35) いずれも「建白書　明治七年甲戌自三月至五月　三」（国立公文書館所蔵）所収。

(36) 「建白書　自明治七年至明治十年」（国立公文書館所蔵）所収。

(37) 「明治十年　新撰旅団各兵科編制表並人員表」（防衛省防衛研究所所蔵、本章ではアジア歴史資料センター https://www.jacar.go.jp/ によった。以下同館所蔵の史料も同）。

(38) 前掲昭和二年六月八日付高木藤太郎宛山下千代雄書翰には「宇加地は熊本鎮台に赴任し」たと記されている。

(39) 「明治廿二年十二月　貳大日記　乾　陸軍省」（防衛省防衛研究所所蔵）。

(40) 『東京横浜毎日新聞』および『毎日新聞』の記事はすべて『東京横浜毎日新聞』第二九、三〇巻（いずれも不二出版、一九九一年）、『毎日新聞』第五七巻（不二出版、一九九四年）によった。

(41) 前掲『上杉家御年譜二十四　御家中譜士略系図（2）』四六四頁。

(42) 小原弥惣八については、大信田尚一郎『東京鎮台歩兵伍長小原弥惣八の生涯』（私家版、一九八三年）、落合弘樹「明治前期の陸軍士官と自由民権」（『人文学報』七四、一九九四年）がある。

(43) 『東京横浜毎日新聞』第三〇一八号（明治一四年一月八日）。

(44) 同前、第三〇一六号（明治一四年一月六日）。

(45) 同前、第三〇二四号（明治一四年一月一五日）。
(46) 同前、第三〇一六号（明治一四年一月六日）。
(47) 同前、第三〇二六号（明治一四年一月一八日）。
(48) 同前、第三〇二四号（明治一四年一月一五日）。
(49) 同前、第三〇二一号（明治一四年一月一二日）。
(50) 同前、第三〇二七号（明治一四年一月一九日）。
(51) 市立米沢図書館所蔵「杉原家文書」。
(52) 次韻は他人の詩と同じ韻字を同じ順序で用いて詩作すること。分韻は複数人が韻字を分けあって詩作すること。
(53) 前掲『東北偉人雲井龍雄全集』一二一〜一二三丁。
(54) 「鉄窓余瀝」巻之上所収の「梅雨濛々兀坐無聊俯仰今昔不堪感慨作七歌自遣其七（梅雨濛々として兀坐するも無聊にして今昔を俯仰すれば感慨に堪へず七歌を作りて自ら遣る。其の七）」。
(55) 同前所収の「答人（人に答ふ）」の二句目。
(56) 「鉄窓余瀝」巻之下所収の「清水谷」の五句目。
(57) 杉原は、獄吏の需めに応じて作った「題拾爆裂丸一放而不破裂者去硝葯為花缾（爆裂丸を拾ひ一たび放ちて破裂せざれば硝葯を去りて花瓶と為すと題す）」（巻之中）のなかで、西南戦争のときの不発弾が硝薬を抜き取られて花瓶として使われていることについて

　　君不見昔為殺人之凶類　　君見ずや　昔殺人の凶類をして
　　今為忻人之名器　　今人を忻《よろこ》ばすの名器と為す
　　嗚乎利用之妙君休誇　　嗚乎利用の妙　君誇るを休めよ
　　挿之明治太平花　　之に挿さん　明治太平の花

と賦している。杉原は西南戦争を境として言論の時代に移行したことの象徴をそこに見たのである。
(58) 『海南新誌・土陽雑誌・土陽新聞』（弘隆社、一九八三年）一五九〜一六〇頁。
(59) 「庚辰冬余坐論時事獲罪慨然書廿八字以遣感実十二月念三日也（庚辰冬余時事を論ずるに坐《よ》つて罪を獲。慨然として廿八字を書し以て感を遣る。実に十二月念三日なり）」（「鉄窓余瀝」巻之上）の二句目「楚囚本是直言人（楚囚本より是れ直言の人）」、「此夜地震（此の夜の地震）」（巻之上）の一句目「直言罹厄亦奚哀（直言厄に罹る　亦た奚ぞ哀まん）」、「石川嶋書懐（石川島にて懐ひ

を書す）」（巻之上）の二〇句目「直言甘斧鉞（直言して斧鉞に甘んじ）」、「送出獄人（出獄人を送る）」（巻之上）の八句目「直言堂々雄風生（直言堂々　雄風生ず）」、「三月念四日官使禁獄人与懲役人混浴概書二十八字（三月念四日、官、禁獄人と懲役人とをして混浴せしむ。概して二十八字を書す）」（巻之中）の二句目「直言何料落艱難（直言何ぞ料らん　艱難に落つるを）」。

(60)「鉄窓余瀝」巻之中所収の「放言」の三句目。

(61) 同前所収の「壬午秋夜、風雨凄其、擧首歎往、低首想来、百憂纏心、千秋紊思、耿々不寐、起役毛錐、自東至咸、卅韻探題、随感随筆、聊慰幽懐、詩已就矣、暁鴉正啼　其九（壬午秋夜、風雨凄じきか。首を挙げて往を歎き、首を低れて来を想へば、百憂、心に纏ひ、千秋思ひを紊して、耿々として寝られず。起きて毛錐を役し、東より咸に至り、卅韻探題す。感に随ひ筆に随ひ、聊か幽懐を慰む。詩已に就きたり、暁鴉正に啼く。其の九）」の一句目。

(62)「鉄窓余瀝」巻之下所収の「獄舎四時　夏」の一句目。なお、この句は後に「炎熱如居甕（炎熱　甕に居る如く）」に訂正されている。

(63) 同前所収の「癸未秋予刑期將満出獄臨去書獄舎壁用雲井龍雄去集議院韵実八月三十日也（癸未秋、予刑期将に満ち出獄せんとす。去るに臨み獄舎の壁に書するに雲井龍雄の「集議院を去る」の韻を用ゆ。実に八月三十日なり）」の一句目。

(64) 杉原の校閲・序、岩井の編集による『雲井龍雄之事蹟』の広告が、明治一四年一月一一日の『東京横浜毎日新聞』第三〇二〇号に掲載されている。結局、このときは日の目を見ずにおわり、明治一六年一〇月にこの連載に大幅に依拠した『近世傑士雲井龍雄事蹟』（岩井貫一郎校閲、有田正夫編）が刊行されている。

(65)『毎日新聞』第五四七八号（明治二二年三月一九日）。

(66) 前掲安藤書、五二三頁。

(67) 前掲『上杉家御年譜二十四　御家中譜士略系図（2）』七一頁。

(68)『議会制度七十年史　衆議院議員名鑑』（大蔵省印刷局、一九六二年）五三一頁。手塚豊『明治法学教育史の研究（手塚豊著作集第九巻）』（慶應通信、一九八八年）一一四頁。

(69) 前掲手塚書、一二一頁によれば、卒業時（明治一六年七月）の山下の席次は九二人中六八番という惨憺たるものであった。雲井の墓碑建立への挺身が、学業に影響を与えたのかもしれない。

(70) 前掲昭和二年六月八日付高木藤太郎宛山下千代雄書翰。

(71) 高橋良彰「ボアソナードと入会争議――山下千代雄の活動を媒介として」（『遠藤浩先生傘寿記念・現代民法学の理論と課題』第一法規出版、二〇〇二年）二三八頁。

(72) 板垣退助監修、遠山茂樹・佐藤誠朗校訂『自由党史』下（岩波文庫、一九五八年）二八三、二九六、三二七頁。
(73) 伊藤隆・尾崎春盛編『尾崎三良日記』中巻（中央公論社、一九九一年）明治二〇年一一月二五日条。
(74) 『尾崎三良自叙略伝』中巻（中央公論社、一九七七年）一五〇頁。
(75) 『東京朝日新聞』第一二八九号（明治二一年三月二六日）および第一三〇八号（同年四月一八日、本章では朝日新聞記事データベース聞蔵Ⅱビジュアル https://database.asahi.com/ によった。以下同新聞の記事も同）。
(76) これについては大槻弘「大同団結運動と地方連合――東北十五州会をめぐって」（『大阪経大論集』一一七・一一八、一九七七年）を参照のこと。
(77) 『東京朝日新聞』第一三一三号（明治二二年四月二四日）。
(78) 「米沢平民倶楽部設立趣意書」（市立米沢図書館所蔵「岩瀬家文書」一四二）。
(79) 『読売新聞』第六三八二号（明治二八年五月六日、本章ではヨミダス歴史館 https://database.yomiuri.co.jp/rekishikan/ によった。以下同新聞の記事も同）の広告欄に、山下が立川雲平とともに東京芝区琴平町一二番地に山下法律事務所を開業した旨の広告が掲載されている。
(80) 『東京朝日新聞』第二八三五号（明治二七年五月九日）。
(81) 『読売新聞』第六四一六号（明治二八年六月九日）。
(82) 同前、第六五七八号（明治二八年一一月二一日）、および第六五七九号（同年一一月二二日）。
(83) ここまでの山下・杉田の攻防は、『東京朝日新聞』第四一二〇号（明治三〇年一二月一六日）および第四一二二号（同年一二月一八日）による。
(84) 『読売新聞』第七五九八〜七六〇四号（明治三一年九月八〜一四日）。
(85) 『読売新聞』第七五六七号（明治三一年八月八日）。
(86) 『東京朝日新聞』第四三三〇号（明治三一年七月二〇日）。
(87) 同前、第四三四一号（明治三一年七月三一日）。
(88) 同前、第四三九〇号（明治三一年九月一八日）。
(89) 同前。
(90) 同前、第四三九四号（明治三一年九月二二日）。
(91) 同前、第五五五一号（明治三四年一二月二七日）。

(92) 同前、第五五五二号（明治三四年一二月二八日）。
(93) 同前、第九一四四号（明治四五年一月一八日）。
(94) 『萬朝報』第一三二〇号（明治三〇年四月二〇日、『萬朝報』18（日本図書センター、一九八四年））。
(95) 前掲高木書一〇～三〇頁。
(96) 『雲井龍雄詩碑建設記念』（高木藤太郎、昭和一一年一〇月一八日、市立米沢図書館所蔵「杉原家文書」）。

# 第八章　自由民権運動から初期社会主義運動へ——単税論を軸として

後藤彰信

## はじめに——課題と方法

自由民権運動が掲げた課題が、近代国家にふさわしい政治主体をいかに形成し、「立憲政体」を立ち上げていくかというものであったとすれば、初期社会主義運動は社会問題がいよいよ顕在化した明治三〇年代に、社会的経済的公平性を担保しうるいかなる社会を形成するかという課題に取り組んだということができる。初期社会主義は、既成の政治論理では到底解きえない社会問題の発生という事態を社会の合理的再編で解決しようとした。そして、そのような取り組みが可能になったのは、明らかに自由民権運動以来の政治運動や文化の伝統が存在したがゆえである(1)。このことはまったく正しいが、正当であるがゆえに自明のことのように扱われ、その思想的な継承関係やその人的系譜についての論究はこれまでほとんどなかったように思われる。初期社会主義は自由民権運動から何を継承したのかを考えてみたい。

本章では、初期社会主義運動が緒に就く明治三三年（一九〇〇）前後という時期と仙台という地域を切り出し、初期社会主義運動の実相から、そこに生きる自由民権運動以来の人的ネットワークを取り出し、その系譜を明治二〇年代から二〇年代へと遡及するかたちで論及する。宮城県において展開された初期社会主義運動に、自由民権運動の人的思想的系譜はどのような影響を与えたのかを具体的に検討する。宮城県における初期社会主義の展開については、すでに別稿において概括を終えていることでもあり[2]、そこで明らかにした具体相をもとに、自由民権運動から人的あるいは思想的に継承した要素を拾い出し、意味付けたい。このような作業によって、自由民権運動から初期社会主義運動への継承性が、人的にも思想的にも確定できると考えるからである。

## 一　自由民権期の社会主義受容過程――パースペクティヴの獲得　先行研究から

明治期における社会主義観の歴史的変遷を明らかにしておきたい。この時代の社会主義受容のありかた、言い換えればその時々の社会主義観の変遷とその特徴は、自由民権思想と初期社会主義の思想的継承関係に直接影響する事柄である。ここでは、佐々木敏二の論考[3]を中心にまとめておく。

よく知られているように、社会主義を「コムミュニスメ」・「ソシアリスメ」として紹介したのは、明六社であった。加藤弘之（『真政大意』下、谷山楼、明治三年、一五丁）は、「今日天下億兆ノ相生養スル上ニ於テ。衣食住ヲ始メ都テ今日ノ事何事ニヨラズ一様ニシヤウト云フ論」と断じて、自由競争を否定する最も有害な思想であるとしている。

この評価が、明治一〇年代に入ると、自由民権運動の進展とともに、変化をはじめる。つまり、この時期にヨーロッパ諸国で頻発した政治的テロ事件の情報が伝わると、こうした社会主義者やアナーキストによる政治的テロを、ヨーロッパ諸国の専制政治に対する懲罰として意味付ける議論が登場するのである。専制こそがテロを呼ぶという論理である。ただし、社会主義は私有財産否定の悪平等論であるという視点は変わりない。そして、国会開設請願運動にこの論理が援用される。国会開設がなければ、「過激暴戻」なる「虚無党」を蔓延させることになる。だからこそ、民権を保証せよという論理である（この点、本書第七章友田論文が考察を加えた、米沢藩出身の民権家・宇加地新八、杉原謙、山下千代雄が、先輩雲井龍雄が政府転覆を企てたのは有司の専制により主張が圧殺されたためと考え、それを打破すべく自由民権運動に身を投じたことは示唆的である)。

明治二〇年代は、平民主義の立場から、雑誌『国民之友』が、社会問題の解決は、「田舎紳士」層(=平民主義の担い手で政商資本と鋭く対立する)によるべきとした。彼らの意見を国会開設によって政治に反映することで、社会問題の解決が可能になると考えたのである。民友社の主張は、政治的自由と経済的平等、キリスト教的道徳を基本とする。また、この時期の後半には、社会的福音主義の影響を受けた『六合雑誌』が、キリスト教社会主義の立場から社会問題を論じることになる。

明治三〇年代に入ると、『六合雑誌』が、社会問題を積極的に論じだす。この雑誌が、社会主義啓蒙誌的側面ももつようになる一方、『国民之友』は啓蒙誌の役割を終える。

佐々木は、社会主義に言及する諸著作の検討から、このように社会主義観の変遷を概括した。これは、主体の面からいえば当然自由民権運動から初期社会主義への接続の問題とかかわる。ここでは、社会主義観に、自由民権運動の進展とともに変化が生じ、その主張の本質が段階的部分的にではあるが理解されつつあったということを確認しておきたい。それは、社会経済的な面から見れば、日本の急激な資本主義的発展のなかで生じた社会の変化とともにということでもある。社会問題に対するひとつの解決策として社会主義が浮上する。

## 二　宮城県における初期社会主義運動の諸相

宮城県の初期社会主義運動の具体相について述べる前に、松方デフレ期から日清戦後経営に至る時期の宮城県の社会経済状況をまとめておく。

農村の状況を見れば、明治一七年(一八八四)ごろの松方デフレ期に自小作層の小作への転落が顕著になり、明治二六年(一八九三)ごろには自作層の分解が、さらには自作農の没落が決定的となる。デフレによる深刻な農民層分解は、特に水田単作地帯である仙北地方に大地主の発生をもたらし、明治三三年（一九〇〇）以降はその傾向がさらに進む[4]。このことによって、村落の支配秩序も地主制的に編成替えされていくことになる。さらに、商品作物に重点をおいた殖産勧農政策から米作中心の農業政策へ農政が転換したことから、東北地方の水田単作地帯化が明確に方向付けられた[5]。

加えて県内においては自生的な産業資本の成長は困難だった。代表的な産業は蚕糸業であるが、一九〇〇年代は器械製糸による座繰製糸の圧倒によって特徴付けられる。先進諸県の大製糸資本の県内進出に対抗するためにも県内製糸資本も競争力を付ける必要があった。しかし、明治四〇年（一九〇七）時点でも、器械製糸工場は三五工場に過ぎず、二〇〇人以上を雇用するのはわずかに五工場だった。他業種においても、二〇〇人以上を雇用するのは、二〇〇〇錘紡績の宮城紡績会社と饂麺製造の白石興産会社があるのみだった[6]。

このような状況のもと、日清戦後経営が進められていく。軍備拡張、交通・通信設備の拡張、銀行の設立、高等教育機関の増設、台湾と朝鮮の拓殖経営等々、その資金は国内で調達できず、外債に頼るほかはなく、その償還のための大増税が行われた。商工業を網羅するありとあらゆる税目が設定され、最後に営業税法が定められる。この結果、県税・国税の滞納者数も激増する。明治三三、三四年（一九〇〇、〇一）ごろには滞納者数がそのピークに達しているが、その激増ぶりに比して滞納額が増えておらず、比較的零細な滞納者が多い[7]。日清戦後経営の一環をなすこの大増税は、低所得者層を直撃したのである。

## 1　日鉄機関方争議

まず、初期社会主義運動と仙台とのかかわりを、その最初期から見ていこう。

それは、労働組合期成会の運動のなかから生まれた鉄工組合による日鉄機関方争議（明治三一～三三年〔一八九八～一九〇〇〕）を嚆矢とする。この争議の主体は日本鉄道の機械工を組織した鉄工組合と「機関方」を組織した日鉄矯正会だった。矯正会仙台支部は、一〇〇名近い会員を擁し、「共働店」（共働購買組合）をもっていた[8]。矯正会は労働組合期成会と密接な関係をもち、片山潜・髙野房太郎が明治三一年七月に来仙し、支部拡大のための演説会を開催している。聴衆は一〇〇〇人余りであった。これ以降も片山は、鉄工組合がこの争議に勝利した時期からその後に起こった「大宮事件」で組合の組織が壊滅するまでのあいだに、三度にわたって来仙している[9]。

## 2　社会問題研究会の活動

在地の動きが生まれたのは、明治三四年（一九〇一）前半のことである。この時期は、先に述べたとおり、仙台も日清戦後の社会的な困窮という事態のただなかにあった。仙台で発行されていた国民協会系で後に政治的中立を標榜するに至る『東北新聞』は、社会問題発生の根源を「産業上の自由競争」に求め、「国家社会主義」によって、「富者の権力と貧者の利害との関係」を国家が「適宜の度において調整」する必要を説いていた[10]。

そして、八月九日、市内の「実業家・職工・新聞記者・宗教家・教育家」によって、社会問題研究会が組織される[11]。翌年一月一二日に、第一回総会がもたれた。宣言・綱領・会規が制定され、沢来太郎・佐藤庸男・門屋直哉が幹事に選任される[12]。中央では、社会民主党が結党され、解散を命ぜられる時期に当たる。そして、弁士として片山・西川光二郎を招請し、社会主義演説会を開催している[13]。沢[14]は、後述するが、自由党員、佐藤庸男は仙台でいち早く「盲人教育」に取り組んだ篤志の教育家、門屋直哉[15]は少壮弁護士である。その綱領を掲出する。

廿世紀の初頭に於いて我徒の最も関心すべきものは何ぞ、謂う所の文明を以て彩られたる社会問題にやある。研究すべき社会問題の曠野は曠漠たり。何れの方面より踏入て如何にして探討すべきかは暫く措き、社会問題の大いに起こるは勢ひ避くべからず、内外の現況以て殷鑑とすべきなり。只夫れ今に於て社会問題の理と勢とを攻究し、共同の福利を保ち、平等にして健全なる理想的社会を現出せしめんとするは、我徒の目的なり。同志の士は

来れ、来て共に研究する亦可ならずや。(16)

日清戦後経営という日本資本主義の強行的な展開は、社会問題の発生を不可避にしたが、憲政党・憲政本党の民党勢力はこれに積極的に加担した。仙台の社会問題研究会は、憲政本党との関係が深かった(17)が、民党勢力が政権参画に意を砕いている現状を否定、社会の合理的な改革に対する清新な想いを表明している。

## 3　第七回総選挙と社会主義者

明治三五年（一九〇二）八月一〇日には、第七回総選挙が行われる。この総選挙には、社会問題研究会員で憲政本党から立候補した沢(18)のほか、二階堂嘉平（無所属）、古内小太郎（無所属）が、社会主義を標榜して立候補している。二階堂は、西川光二郎の評を借りれば「熱心なる単税主義者」で、「自ら宣言書を背負ひ、草鞋ばきにて村から村を巡り前後七十九回演説」、八八票を獲得している。(19)古内は、『山形自由新聞』主筆であり、二八票を得た。古内も、初め沢とともに自由党を脱党し、民友倶楽部を経て東北同盟会に参加した人物である。(20)沢は、一五〇八票を獲得、当選している。(21)

八月一六日には、社会問題研究会主催の社会主義演説会が開催される。弁士は、沢と東北遊説中の社会主義協会員の片山と西川だった。この演説会の準備には旧鉄工組合員が協力している。(22)

## 4　川俣事件への救援活動

次いで社会問題研究会がかかわったのが、川俣事件の救援活動である。明治三三年（一九〇〇）、足尾鉱毒の被害農民が集団で窮状を政府に直接訴えるための大衆行動「押し出し」の途次、群馬県邑楽郡川俣でこれを阻止する警官隊と衝突し、多くの農民が兇徒聚衆罪などの罪に問われた事件である。この事件の控訴審が東京控訴院から宮城控訴院に五月一二日に移送された。八月三〇日には、田中正造が来仙し、翌日社会問題研究会主催で鉱毒問題演説会が開かれている。公判は、一一月二七日に開廷、起訴されていた農民たちは市内弓ノ町の大安寺に設けられた鉱毒地被害民救済仙台仏教徒会事務所に寄留する。その弁護届を提出したのは、花井卓蔵・卜部喜太郎ら東京組一一名と憲政・憲本の別を問わぬ仙台組二四名（仙台弁護士会員は総勢四五名）であった。なお、社会問題研究会には、門屋とともに草刈親明（憲政党員、隈板内閣時に群馬県知事）が、仙台弁護士会員として参加している。結局この控訴審は、担当検事の控訴申立書が自署でなかったことを理由に、控訴不受理、一審有罪組は無罪となるという、奇妙な結末を迎えた。(23)

一一月一九日、社会問題研究会は、社会主義研究会と改称する。翌年一月一〇日に例会を開き、北海道に「社会主義的模範村」を建設する計画が話し合われている。これ以降、社会主義研究会の活動についての報道は絶える。(24)

## 5　単税論の影響

ここで、二階堂嘉平と彼がその普及に努めた単税論について述べておく。

二階堂嘉平は、米穀商を営む家に生まれ、『金成町史』（一九七三年、二九九頁）によれば、明治二七年（一八九四）から三〇年まで金成村第二代村長を務めた。東北伝道に力を注いだプロテスタント　ディサイプルス派の宣教師チャールズ・E・ガルスト(25)と出会い、単税論を知ることになった。(26)ガルストは、みずから「単税太郎」(27)と名乗ったほど、アメリカ合衆国で社会的福音主義の立場から土地単税運動を展開していたヘンリー・ジョージの思想の普及に力を尽くしたのであったが、それは彼の布教地が主に東北地方であったことと関連する。秋田・鶴岡での教会建設の経験と三度にわたる東北伝道旅行とで、彼の脳裏に刻み込まれたのは、農民の極度の貧困であり、この解決の武器としての土地単税論の有効性への確信だった。(28)二階堂は、単税論を受け容れ、その普及のために力を尽くすが、そのような主体形成にはキリスト教の、特に社会的福音主義の思想も大きな力となったのであろう。

ここで、単税論について論ずる必要がある。農村社会における地主制の急激な進行のもと、富の再分配をめぐる社会的不公正を是正するためには、土地兼併の問題に手をつけざるをえない。個人の労働や資産が生み出す賃金・利息というものは、その性質上個人に帰すべきものであり、これに課税するのは正しくない。しかし、万人の共有物である土地は何人もこれを創り出してはいないのであるから、土地から得られる地代は本来社会に帰属すべきものであるとして、国税は土地のみに課税する土地単税とすべきであるという主張であった。政府がこれを採用すれば、資本家の利潤・労働者の賃金は増加し、土地兼併の弊害は除かれる。地代は不労所得であるが、資本家の利潤はそうではない。つまりは、産業革命期に特有な土地改革の思想であり、おのずと限界はあった。しかし、この思想は地主制の牢固たる水田単作地帯の農民にとっては、過酷な現状の不当性を明確に説明し、その変革の必要を認識させ、さらにその変革の手段と道筋を与えてくれるひとつの道具たりえたといえよう。

## 6　佐沼の青年たち

また、農村部の動きを見れば、明治三五年（一九〇二）一月に佐沼町革新倶楽部が、学術講演会を開催している。この動きの中心に、組合教会佐沼教会の牧師三谷公一、佐々木万太郎がいる。[29] 八月二三日には、佐沼町佐沼座において東北遊説の帰途にあった片山・西川を招いて社会主義演説会を開いた。「会場立錐の余地なし」と伝えられる。[30] 同月二七日、佐沼明鋭会が、佐沼町西館心性寺で、第四五回通常会を開催。このときは佐々木万太郎の「社会主義の真意」なる演説などがあったが、ほかにも「実力の修養」や「千辛万苦」と題する演説があるなど、地方青年の修養団体的性格もあったと思われる。なお、この組織は、「社会主義を抱持せる年少気鋭の青年者によりて組織せられ幾多の困難を排し数年一日の如く社会改善の衝に当り今日に至りて益々活気を帯び来たれるもの」と評されている。[31] 一一月一〇日には、佐沼町で活動する青年団体、佐沼明鋭会・佐沼革新倶楽部・佐沼青年倶楽部が合同、佐沼町革新同志会が結成される。[32] 翌三六年八月には、佐沼町革新同志会の有志が幸徳秋水を招いて、理想団佐沼支部の発会式を行ったと伝えられる。六時からの演説会には、六〇〇余名が集い、幸徳秋水が「家庭と社会」と題して演説した。[33] 当時理想団は、地方支部の結成に積極的であり、この動きもそれに呼応したものだった。翌三七年二月には、佐沼町革新倶楽部の動静が、『週刊平民新聞』（明治三七年二月一四日付）に「本年に入りてより更に大いに主義のため活動」と報じられ、翌週の同紙（明治三七年二月二一日付）の「予はいかにして社会主義者となりし乎」の欄に、佐々木万太郎の文が掲載されている。以下に全文を引く。

貧者弱者は四六時中労して尚衣食の途に窮し又天賦の自由も之を伸長する能はざるを見て同情に堪へず、久しく其の何が為なるかを知らんとするの情切なりしが、一方に於ては雑誌社会主義、安部磯雄氏の社会問題解釈法、及幸徳秋水氏の社会主義神髄等を読み、他方に於ては一昨年夏片山潜、西川光二郎二氏を招き演説を聞き、昨年又幸徳秋水氏を招きて演説を聞きしこと等によりて、右の疑問を解くことを得、ついに社会主義の熱心なる一信者たるに至りたり。

ここに、社会的経済的不平等によって、「天賦の自由の伸長」が押し止められていること、またそれは社会の構造的な問題であり、社会主義によってのみその問題が解きうるという確信が表明されている。

佐沼町革新同志会についての最後の記事は、明治四一年（一九〇八）の一月に至って、西川らが仙台と佐沼町で計画していた演説会が、西川の急用出来のため、中止が報じられたというものである(34)。

さて、このように明治三三年前後の宮城県における初期社会主義運動を概括してみると、社会問題研究会に結集した人々のなかに、明らかに自由民権運動期の活動家の名が見出せる。自由党員の草刈親明・沢来太郎はその代表例である。

沢は、栗原郡沢辺村の生まれで、佐沼公愛会に加わり、自由民権運動に参加、栗原地域の自由党の活動を支える。さらには自由党の青年組織、仙台自由倶楽部の幹事として、その政治生活を出発している。また、大同団結運動が起こると、沢辺義会（後に、栗原協会に改組）を結成し、河野広中の大同倶楽部を支持した。第七回総選挙で自由党から立って衆議院議員となり、第一〇議会における自由党の内紛で河野広中らに呼応して脱党、東北同盟会を結成する。その後、自由・進歩両党が合同し、憲政党を結成するにおよんで、沢は東北同盟会の幹事としてこれに合流することを決定する。憲政党隈板内閣は、尾崎行雄の共和演説を発端とする紛議とその事態収拾をめぐって閣内不統一を露呈し、憲政党と憲政本党に分裂するが、沢は旧進歩党系の憲政本党に移る。社会問題研究会を組織するのは、この後のことである。[35]

単税論を唱えて活動した二階堂嘉平には、立候補の際に作り選挙運動のなかで配布した『単税旨意書』と、仙台で出版した『経国済民単税法義』（住所を自宅と同じくする帝国単税会の発行、明治三五年）という著作物がある。この単税論の系譜をたどれば、その宮城における最初の紹介者として沢の名が浮上する。このことについては後述する。

そして、佐沼の青年たちの活動である。佐沼は元来ハリストス正教会の顕栄会（町村単位の教区）のあったところで、明治一一年（一八七八）の『在日本ロシア宣教団長・掌院ニコライの正教宣教教会評議会への報告書』には、佐沼・登米に二九九名の信者がいたことが記録されている。[36]しかし、明治三三年前後に佐沼の青年たちに強い影響を与えていたのは、組合教会であった。日本組合基督教会は、アメリカ合衆国のプロテスタント諸派、会衆派教会などが海外布教のために組織したアメリカンボードと同志社出身の熊本バンドがつくった教会である。ここに、『報告書』から二〇年ほどの時の経過があるものの、ハリストス正教会からプロテスタント教会への交替があったわけである。佐沼の組合教会が当時の青年層に大きく影響を与えていたことは、同じく組合教会に属する海老名弾正の本郷教会が「書生の教会」と呼ばれていたことを想起させる。とはいえ、このような状況があるのは、明治初年以来、ハリストス正教会が布教活動を続けるなかで耕された布教の土壌というものがあればこそであろうと思われる。

このように、宮城の初期社会主義の一源流ともいうべき部分に、佐沼そして教会、佐沼を活動の主な舞台としていた沢が存在する。

## 三　初期社会主義運動を遡及する――沢来太郎の明治二〇年代

沢来太郎の履歴と活動を少し遡ってみよう。明治二六年（一八九三）、沢来太郎は、盟友今野権三郎とともに雑誌『通信演説』（のち『東北評論』と改題）を発行する。発行兼印刷人は今野権三郎、旬刊で明治二六年三月から明治二七年一一月までが、欠号があるものの仙台市博物館に所蔵されている。この雑誌の重要性は、「社告」に十分に示されている。

○通信演説は天下の大勢に従ひ、政党政社に対しては、批評的の地位に立ちて公明厳諤を旨とし、以て天下の時事を痛論するの雑誌なり。
○通信演説は、主として地方民間に政治思想を普及するの目的なり、故に其文章は通俗体にして読易すきの雑誌なり。〔中略〕
○通信演説は農桑余事の一欄を設け、農桑に関する時事及其改良方法に対する記事を登載し、以て実業の発達進歩を期す。〔以下略〕（『通信演説』三、見返し）

このように、沢も今野も自由党員ではあるものの自党に対してきびしい意見をぶつけることもしばしばであった。また、「政治思想の普及」を唱えるように平易な文章と実利性の強調（「農桑余事」の掲載）も忘れていない。この雑誌に、単税論が紹介されるのである（米国人 シー、イー、ガルスト君「新経済政策」〈『東北評論』〈『通信演説』改題〉二三、明治二七年五月二二日、二八～三二頁〉。これは、佐藤憲一が「仙台における明治二〇年代の自由民権思想――雑誌「通信演説」と「東北評論」から」〈『仙台市博物館調査研究報告』一、一九八一年三月〉においてすでに指摘し、その意義についても言及しているところである。ここで、指摘しておきたいのは、ガルストの文章が世に出た最も早い部類のものだということである。なぜ、ガルストの文章が仙台の雑誌に掲載されたのかという経緯も気になるところではあるが、ガルストはこの年の二月と四月の二度東北伝道旅行を行っており、そのことが関係するのかもしれない。

この雑誌の思想として、佐藤は、民党の分裂抗争批判、農民の政治的自覚の喚起による国政への参加・変革へ、土地共有論——土地の分配による不平等の解消の三点を摘出している。ここで画期的であるのは、土地兼併はいずれ革命を招来するという認識である。

方今欧陸各邦に潜匿する社会党が、十九世紀の文明社会を目して暗黒社会となし、以て之を其の根底より破壊せんとすることを誓ひ、死を以て其の目的を達せんとするもの、蓋し安心立命の地を失脚したるの結果に他ならず(37)

これは、先に述べたところの、社会主義者やアナーキストによる政治的テロを、ヨーロッパ諸国の専制政治に対する懲罰として意味付ける議論である。したがって、すみやかにこのような土地兼併の弊害を除去すべきだという論理につながる。ここで、政治的な自由平等論から社会的自由平等論への展開が見られるということを強調すべきだろう。それを実現する新しい方法論としての単税論が期待されるわけである。もはやこの時点で、彼らの思想は初期社会主義の方へ明らかに踏み出しつつあった。

そこで、主体論である。ここまで来れば、彼らの期待する新しい社会の形成主体とは、地主的支配秩序のもとで呻吟する貧農層であることは間違いないであろう。それが、彼らの普通選挙の必要性の議論につながるのである。『通信演説』が「下層社会の政治的啓発」(前掲佐藤憲一論文)のために発行されたというのはまったく正しい。

今野権三郎(一八六〇~一八九九)は、志波姫伊豆野の豪農菅原家に生まれる。一五歳で、千葉卓三郎が志波姫で得た最初の信者としてハリストス正教の洗礼を受ける。また、卓三郎の郷里の財産管理を託される。一関師範学校を出た後、若柳小学校に勤務するも、辞職し上京。ハリストス正教の神学校に学ぶ（『在日本ロシア宣教団長・掌院ニコライの正教宣教教会評議会への報告書』）。自由党員となり、その後全国を遊歴する。遊学後二冊の著作をものす（『哲学余談　元気改造論』『二三年国会後廼人民』、どちらも一八八九年発行）。帰郷後、伊豆野青年団、佐沼進取社・佐沼公愛会で活動。また、伊豆野青年団を結成し活動した。仙台で『通信演説』、『東北評論』を発行、「農桑」のことも重視しつつ、政論を農民に平易に伝えることに努めた。今野自身は、後半生、地方政治に分け入り、村長として村政の責を負う。四〇歳で病没。(38)

この今野の想いを継承していくのが沢来太郎である。沢は、『通信演説』およびその後継誌『東北評論』の廃刊後も、雑誌『新東北』および『仙台新聞』を発行する。

『新東北』は、本章の執筆過程で入手したもので、版型は『通信演説』『東北評論』に同じ。毎月二回刊。第四号までを確認している。

第一号（明治二八年三月二四日発行、以下第四号まで同）
第二号（明治二八年四月一八日発行）
第三号（明治二八年四月二九日発行）
第四号（明治二八年六月八日発行）

その標榜するところは、「一政党一宗派の機関にあらず不羈独立の雑誌にして毫も他の制肘《（ママ）》を受くる事なし」、「主として政治、教育、宗教、実業、の四大綱目に就いて論議するの雑誌なり」、「都府に於ける数多の新聞と数多の雑誌に見る所の時論家及び思想家の論文に就き其の要領を摘載し、以て読者をして数多の新聞雑誌を通覧するの煩を省き、而して一般の事情に通ぜしむ」（「社告」同誌第一号、裏表紙）というものであった。ここでも、啓蒙の志は貫かれている。特に、『六合雑誌』・『国民之友』所載の社会問題関係記事を転載するなどしていることが、注目される。(39)このような社会問題への着目は、先述した仙台での初期社会主義運動に先行するものとして特筆される。

また一方で、第四号の巻頭論文「嗚呼又吁嗟」で三国干渉への対応に対し、「外交の衝に当る者内は宜しく国家民心の意嚮を察し外は宜しく列国に活勢を洞観し以て操縦其の宜しきを得ざるべからず」と主張するなど、国家主義的な側面も当然ながら強く存在する。

編集権発行人は、今野から沢に代わっている。つまりは、自由民権運動退潮後に「平民主義」を標榜する『国民之友』や社会的福音主義の立場を代表する『六合雑誌』が、彼らに影響を与えていたことは確かであり、それは、彼らの自由民権運動の経験がそうさせたのだということができるだろう。『通信演説』の分析で見たように、彼らの眼前には広大な水田単作地帯とそこに生きる人々があったわけで、その前提を離れての自由論や平等論はありえなかったのである。それは、勢い単なる自由な政治主体の追究にはとどまらず、社会構造の合理的な変革を求める次元にまで進まざるをえなかったということだろう。

## おわりに——政治主体から社会構想の主体へ

本章の狙いとするところは、初期社会主義運動に自由民権運動が与えた影響（思想的にも人的にも）を確定することであった。こうした作業は、初期社会主義者がみずから自伝のなかで、あるいは社会運動史の叙述のなかで、しばしば行ってきた。しかし、自由民権左派から初期社会主義へという流れを暗黙の前提としてしまうことで、初期社会主義は自由民権思想をどのように継承したのかというその継承性をたどる作業は、等閑視されていたように思われる。

たとえば、石川三四郎は、明治九年（一八七六）生まれで、高等小学校を卒業後、同郷の茂木（のちに佐藤）虎次郎と橋本（のちに粕谷）義三を頼って上京する。佐藤、粕谷はどちらも急進的自由主義者で、自由党員であった。石川の長兄および次兄もまた、熱心な青年自由党員であった。石川はこのような環境のなかで、茂木や橋本・福田友作から、当時ようやく問題化しつつあった社会問題についての議論や海外の社会運動の動向についての論評などを聴いていた。「私は十五、六才の時から社会主義や無政府主義のことを教えられ、学生時代から新聞や雑誌に『ソーシャリズム』を主張した文章を寄せたりしていました。しかし、本当に人類社会への献身ということを教えられ、全我をそれに傾倒しようという情熱を養われたのは全くキリスト教によってでした」と述べている[40]。

当の初期社会主義者においても、自由民権思想がみずからに及ぼした影響を確定することは、非常にパーソナルな問題で、なおかつ精神は間断せず連綿するものであるがゆえに、普遍化することは難しいようである。

そのため、自由民権運動の側が社会主義全般をどうとらえていたのかを、先行研究に基づいてまとめた。はじめ社会主義は、自由な社会のあり方を破壊する「悪平等」論として蛇蝎視されたが、次の段階では専制主義に対しての懲罰としての存在意義をもたされ、さらには野放図な自由主義によっては解決不能な社会問題の発生で、その特効薬として期待されるという筋道がすでに示されている。このような社会主義観の変遷を根底に、自由民権思想のいかなる部分が初期社会主義へと継承されたのかを宮城県を例にとって論究した。

また、政治主体の形成から社会構想の主体形成への展開が、キリスト教の社会的福音主義の影響や社会主義文献の影響など、さまざまな契機を経て遂行されたのである。それは、富の再分配を合理化し、社会の平準化をいかに推し進めるかという強い意欲に裏打ちされていることにも注目せざるをえない。以上のような視点から、自由民権運動から初期社会主義運動への接続の実相を明らかにした。

仙台の社会問題研究会の活動、また佐沼の青年たちの活動、どちらも演説会や青年会組織が組織的には結節点となり、議論が交わされることで、社会を所与のものとしてではなく、改造可能なものとして認識し、その合理的な改造に取り組んでいこうとする思想態度が作られたことは明らかであろう。つまり、政治主体の形成から、社会構想の主体形成へという変化がこのときあったのであり、それはキリスト教の影響や社会主義文献の影響など、さまざまな契機を経て、遂行されたのである。また、宮城の初期社会主義運動のなかで展開された単税論や、県内で発行された諸紙の社会問題論の論調を思うとき、それは富の再分配を合理化し、社会の平準化をいかに推し進めるかという強い意欲に裏打ちされていることにも注目せざるをえない。

圧倒的な農村社会の海のなかで政治主体としての自己形成を図った人々には、今野権三郎のように政党政治のなかに自己のあるべき位置を見つけかね、村政などに分け入って地方政治の担い手となった人があり、沢来太郎のように、衆議院議員として国家に対する社会というものの相対的独自性を重視し、大逆事件で政府の社会主義取り締まり方針を批判し、(41) 仙台米騒動で民衆の立場を擁護した人があった。(42) ということは、自由民権運動が、ただただ政党政治の枠をみずから作り、同時にみずからの活動をその枠のなかに局限したのではなかったことを示している。

注

(1) 安丸良夫は、自由民権運動が「公議公論的言説世界を自立させ」、「権力と社会との分離がすすんで、国家権力と生活世界の中間に公開の言説というかたちで国民国家的公共性が形成された」、「こうした言説世界が自立的に展開して、この世界を介して政治という次元が存立しうる時代がやってきたのであり、そのことに対応する国民文化が形成されたのである」としている。もちろん、安丸はこうした政治文化に「照応しない伝統」が、変革期には抑圧されていくことに注意を喚起しているわけであるが、ここでは「公議公論的言説世界」の自立を前提としている(安丸良夫「明治10年代の民衆運動と近代日本」〔『歴史学研究』六三八、一九九二年一〇月〕)。

(2) 後藤彰信「宮城県における初期社会主義運動の展開――社会主義への接近の契機を中心に」(『労働史研究』五、一九九一年一〇月)。

(3) 佐々木敏二「日本の初期社会主義」(一)~(三)(『経済資料研究』七~九、一九七四年五月、同年一一月、一九七六年三月)。

(4) 『宮城県議会史』二(一九七四年)四八〇~四八一頁。

(5) 中村吉治編『宮城県農民運動史』(日本評論社、一九六八年)一四七頁。

(6) 同前、一五〇頁。

(7) 前掲『宮城県議会史』二、四〇九頁。

(8) 池田信「日本鉄道機械工の闘争」(『労働運動史研究』六二、一九七九年)四九頁。

(9) 同前、五〇頁。

(10)「評叢　富者の権力と今後の社会問題」（『東北新聞』明治三四年五月二八日付）。
(11)「社会問題研究会」（『東北新聞』明治三四年七月一六日付）。
(12)「社会問題研究会発会式」（『東北新聞』明治三五年八月一一日付）。
(13)「社会主義演説会」（『河北新報』明治三五年八月一一日付）。
(14)佐藤庸男は、仙台世光教会（現 東六番丁教会）の伝道師である。路傍伝道を行うなかで、「盲人教育」の必要性を強く感じた。しかし、折柄日露戦争が勃発し、日本基督教青年会から、軍隊慰問員として渡満する。帰還後、私立盲人学校を開き、校長に就任。「盲人教育」に尽くした（『宮城県教育百年史』一、ぎょうせい、一九七六年、七〇六頁）。
(15)門屋直哉は、明治三三年（一九〇〇）に仙台弁護士会に入会、後には仙台弁護士会会長も務めている。門屋は、北清事変とそれにともなうロシアの満州占領問題が起こると、憲政本党の藤沢幾之輔とともに、近衛篤麿らの動きに呼応して、国民同盟宮城協会の結成に尽力した（『仙台弁護士会史』仙台弁護士会、一九八二年、一一二頁）。
(16)前掲「社会問題研究会」。句読点は引用者による。以下の史料についても同。
(17)たとえば、社会問題研究会員である村井宗三郎は、憲政本党員であり、休刊していた『仙台毎日新聞』を社会主義を標榜する新聞として同年九月六日に復刊させ、翌年六月に『夕刊平民』と改題発行している。
(18)東北同盟会に所属していた沢は、「非藩閥」の精神から、自由進歩両党の合同に賛成し、憲政党に合流したが、隈板内閣が瓦解し、憲政党が分裂し、旧自由党系が伊藤博文に近づくと、旧進歩党系の憲政本党に移る（前掲『宮城県議会史』二、二〇八頁）。
(19)「東北遊説の記」（『労働世界』明治三五年九月三日）。また、二階堂の活動については、短いものであるが、佐々久編『明治大正昭和の郷土史六　宮城県』（昌平社、一九八二年）がある。
(20)前掲『宮城県議会史』二、一七七頁。
(21)同前、二二一頁。
(22)「社会問題演説会」（『奥羽日日新聞』明治三五年八月一九日付）。
(23)前掲『仙台弁護士会史』一一七〜一二〇頁。
(24)「社会研究《ママ》会例会」（『東北新聞』明治三五年一二月二日付）。
(25)「社会主義研究会」（『東北新聞』明治三六年一月一三日付）。
(26)ガルストについては、工藤英一『単税太郎C・E・ガルスト——明治社会運動の先駆者』（聖学院大学出版会、一九九六年）がある。ガルストの著作にJ・W・ベンガッフの *The Single Tax* の翻訳（日本語訳）『単税』（警醒社、明治三〇年）と、没後に初期社会主義者小川金治がまとめたガルスト単税太郎『単税経済学』（経済雑誌社、明治三二年）がある。
(27) ガルストのヘンリー・ジョージに対する敬愛は、前掲工藤書、五八、五九頁を参照。
(28) 同前、一二八、一二九頁。
(29) 「青年革新倶楽部」『東北新聞』（明治三五年一月一四日付）。
(30) 前掲「東北遊説の記」。
(31) 「佐沼明鋭会」（『東北新聞』明治三五年八月三〇日付）。
(32) 「佐沼町革新同志会」（『東北新聞』明治三五年一一月五日付）。
(33) 「佐沼理想団発会式」（『河北新報』明治三六年八月一八日付）。
(34) 西川生「遊説日誌（十二）」『社会新聞』（明治四一年一月一九日付）。これは西川と片山の確執による社会主義同志会の内紛によるものと思われる。
(35) 鈴木徳明『反骨の政治家の生涯――臥牛澤来太郎伝』（澤来太郎伝記刊行会、二〇一五年）四〇～五一頁。
(36) ニコライ著、中村健之介編訳『明治の日本ハリストス正教会――ニコライの報告書』（教文館、一九九三年）一四頁。
(37) 無署名「豪族制は革命の母なり」（『東北評論』第二号、明治二七年五月八日）。
(38) 前掲佐藤論文、三、四頁。
(39) 第三号「中央視線」欄所載の「社会問題と慈善事業」（『六合雑誌』第一七二号から転載）など。
(40) 『石川三四郎著作集』第八巻（青土社、一九七七年）九二頁。
(41) 前掲鈴木書　六〇～六六頁。
(42) 同前、七三～七七頁。

# 東北自由民権運動関係文献目録（一九八六～二〇一五年）

友田昌宏

※本目録は主に町田市立自由民権資料館の紀要『自由民権』に毎年掲載されている「自由民権運動関係文献情報」をもとに作成したものである。

【東北全般】

菅原誠「自由民権運動における憲法意識の展開——東北の民権家・民権政社を中心に」（『教育史・比較教育論考』一三、北海道大学教育学部、一九八七年）

横山真一「後藤象二郎の地方遊説——東北遊説、東海・北陸遊説を中心に」（土佐民権研究会編『自由は土佐の山間より』三省堂、一九八九年）

飯田賢一「えみし・昌益・正造・諭吉——なぜ今東北か」（『学術と文化　東京工科大学紀要』六、一九九六年）

河西英通「〈東北〉史の意味と射程（二〇〇〇年度歴史学研究会大会報告）」（『歴史学研究』七四二、二〇〇〇年）

河西英通『東北——つくられた異境』（中公新書、二〇〇一年）

河西英通「提言　われわれは東北史になにを学ぶか——3・11以後の歴史学のために」（『歴史学研究』九〇九、二〇一三年）

【青森】

橋本正信「南部地方の自由民権運動研究の動向」（『八戸地域史』九、八戸歴史研究会、一九八六年）

稲葉克夫「青森県における自由民権運動」（『弘前大学国史研究』八四、一九八八年）

黒田吉則「青森県自由民権期の研究——青森県南部地方における産馬紛擾事件の一考察」（『奥南史苑』青森県文化財保護協会八戸支部、一九八九年）

河西英通「民権後青年のナショナリズム——海浦篤弥・朝鮮だより」（『自由民権』四、一九九〇年）

河西英通「弘前事件の再検討」（『弘前大学国史研究』八九、一九九〇年）

河西英通「民権期青森地域新聞の展開過程――「滝屋文書」を中心に」（『弘前大学国史研究』九二、一九九二年）
松田宏一郎「『近時政論考』考――陸羯南における《政論》の方法」（『愛知大学法学部法経論集』一二九、一九九二年）
松田宏一郎「『近時政論考』考（二・完）――陸羯南における《政論》の方法」（『東京都立大学法学会雑誌』三三―二、一九九二年）
本田逸夫「陸羯南の立憲政論の展開――日清戦後の時期を中心に」（『九州工業大学研究報告（人文・社会科学）』四一、一九九三年）
河西英通『近代日本の地域思想』（窓社、一九九六年）
河西英通「民衆空間としての劇場――大同団結運動の後景」（『青森県史研究』五、青森県企画部県史編さん室、二〇〇〇年）
小泉敦「〈史料紹介〉北からの自由民権運動「憲法構想」と「憲法案」」（同前）
河西英通「津軽海峡と民権運動」（浪川健治編『街道の日本史4　下北・渡島と津軽海峡』吉川弘文館、二〇〇一年）
河西英通「政府転覆の夢と北方開発の夢――北の自由民権運動前史」（同前）
北原かな子『洋学受容と地方の近代――津軽東奥義塾を中心に』（岩田書院、二〇〇二年）
河西英通「〈書評〉北原かな子『洋学受容と地方の近代――津軽東奥義塾を中心に』」（『弘前大学国史研究』一一三、二〇〇二年）
田崎哲郎「〈書評と紹介〉北原かな子『洋学受容と地方の近代――津軽東奥義塾を中心に』」（『日本歴史』六五九、二〇〇三年）
鈴木啓孝「司法省法学校「放廃社」に見る個人と結社――陸羯南と原敬を中心に」（『日本思想史学』三六、日本思想史学会、二〇〇四年）
鈴木啓孝「旧藩の超越――明治一〇年代の陸羯南を題材として」（『歴史』一〇六、東北史学会、二〇〇六年）
有山輝雄『陸羯南』（吉川弘文館、二〇〇七年）
河西英通「笹森儀助の「世界」」（『日本歴史』七一七、二〇〇八年）
河西英通「北の自由民権」（長谷川成一監修、河西英通・脇野博編『北方社会史の視座――歴史・文化・生活』第三巻、清文堂出版、二〇〇八年）
檜皮瑞樹「一九世紀後半の日本における北進論と国民国家構想――笹森儀助の行動・思想を中心に」（久留島浩・趙景達『アジアの国民国家構想――近代への投企と葛藤』青木書店、二〇〇八年）
野口伐名「津軽の国会開設運動――知られざる指導者笹森要蔵の生涯とその行動」（『地域学』六、弘前学院大学、二〇〇八年）
金井隆典「アジアにおける国民国家の構造と機制――比較史の視座構築のために」（同前）
笹森儀助書簡編纂委員会編『笹森儀助書簡集』（東奥日報社、二〇〇八年）
河西英通「報告　自由民権運動の地域性――色川大吉批判と「反民権家」再考」（『自由民権』二二、二〇〇九年）

七戸将光「社会形成力を育成する中学校社会科の授業開発――小単元「弘前（紛紜）事件――自由民権運動であるか、否か」の場合」（『弘前大学教育学部付属教育実践総合センター研究員紀要』一七、二〇〇九年）
野口伐名「津軽の知られざる指導者笹森要蔵の思想と行動――青森県初めての県議会議員と第三大区五小区戸長第十五学区取締兼勤の活動を中心に」（『地域学』七、二〇〇九年）
橋本正信「歴史随想　民権思想の地域的特質について」（『弘前大学国史研究』一二七、二〇〇九年）
野口伐名「明治十五（一八八二）年の米麦及山林競進会取調委員・第三回繭生糸品評会委員笹森要蔵の活動と青森県令山田秀典の殖産興業・士族授産の勧業施策」（『地域学』八、二〇一〇年）
小岩信竹「青森県旧弘前藩領における地租改正の諸問題」（『東京国際大学論叢　経済学部編』四三、二〇一〇年）
小泉敦『「北」の地域史――五戸・三戸・八戸』（北の杜編集工房、二〇一〇年）
野口伐名「日本国士本多庸一における明治日本の近代皇天国家国民の形成の問題Ⅰ――本多庸一の「津軽藩から日本国へ」の近代的な国家意識の目覚め（1）」（『弘前学院大学社会福祉学部研究紀要』一一、二〇一一年）
野口伐名「津軽の知られざる指導者笹森要蔵の青森県中津軽郡町村聯合会議員及び議長としての活動（1）」（『地域学』九、二〇一一年）
橋本正信「青森県の自由民権運動に寄与した『青森新聞』の役割」（『弘前大学国史研究』一三二、二〇一二年）
小川原正道「本多庸一における「政治」」（『法学研究』八五―八、慶応義塾大学法学研究会、二〇一二年）
橋本正信「みじか史　真田太古事件は士族民権運動か」（『八戸地域史』四九、八戸歴史研究会、二〇一二年）
野口伐名「本多庸一のバラ塾におけるキリスト教の出会いと受容と発心の問題」（『地域学』一〇、二〇一二年）
松本郁代「慈善事業協力者としての本多庸一」（同前）
野口伐名「津軽の知られざる指導者笹森要蔵の青森県中津軽郡町村聯合会議員及び議長としての活動（2）」（同前）
野口伐名「日本の国士本多庸一の宣教師との出会いと「藩意識から日本国意識へ」の目覚めと形成（1）――本多庸一の藩命による横浜留学の英語英学の学習と宣教師との出会い」（『弘前学院大学社会福祉学部研究紀要』一二、二〇一二年）
野口伐名「本多庸一の社会事業観」（『弘前学院大学社会福祉学部研究紀要』一三、二〇一三年）
河西英通「転換期の恐怖――「弘前事件」をめぐる近世と近代」（河西・浪川健治編『グローバル化のなかの日本史像』岩田書院、二〇一三年）
山下須美礼「明治初期八戸藩領周辺地域における士族の危機意識とその動向――ハリストス正教会との関連から」（浪川健治・小島康

敬『近世日本の言説と「知」——地域社会の変容をめぐる思想と意識』清文堂出版、二〇一三年）
野口伐名「知られざる津軽の指導者笹森要蔵の思想と行動」（『弘前学院大学社会福祉学部研究紀要』一四、二〇一四年）
山下須美礼『東方正教の地域的展開と移行期の人間像——北東北における時代変容意識』（清文堂出版、二〇一四年）
木鎌耕一郎「八戸におけるハリストス正教会の宣教と源晟」（『八戸学院大学紀要』五〇、二〇一五年）
鈴木啓孝『原敬と陸羯南——明治青年の思想形成とナショナリズム』（東北大学出版会、二〇一五年）

【岩手】

大島晃一「『盛岡新誌』発行事情考」（『岩手県立博物館研究報告』五、一九八七年）
大島晃一「『盛岡新誌』目次・出版事項一覧」（磐井倶楽部、一九八七年）
大島英介「『憲法草稿評林』と小田為綱」（『いわて文化財』一〇七、岩手文化財愛護協会、一九八八年）
大島英介「小田為綱の生涯」（『麻生東北短期大学紀要』一三、一九八八年）
名須川溢男「百姓一揆から自由民権運動へ——「百姓ハ天下之民」から「天下ハ人民ノ共有物ナル」へ」（『岩手史学研究』七二、岩手史学会、一九八九年）
大島英介「小田為綱年譜」（『麻生東北短期大学紀要』一四、一九八九年）
岩垂弘「東北に埋もれていた『憲法草稿評林』の衝撃　消された『天皇リコール制』の行方」（『朝日ジャーナル』一九八九年八月号）
澤大洋「『憲法草稿評林』下段評者の一考察」（『草の根の民衆憲法（民権ブックス三）』町田市立自由民権資料館、一九九〇年）
大島英介「『憲法草稿評林』の東北地方への流布について」（『いわて文化財』一一七、一九九〇年）
大島晃一「岩手県南地方の自由民権運動について（一）」（『研究紀要』一九、岩手県南史談会、一九九〇年）
大島晃一「盛岡における自由民権運動の始期——鈴木舎定帰盛の時期をめぐって」（『いわて文化財』一一九、一九九〇年）
大島英介「小田為綱の勉学時代」（『麻生東北短期大学紀要』一五、一九九〇年）
大島英介「憲法草稿評林と小田為綱」（『自由民権』五、一九九一年）
大島晃一「岩手県南地方の自由民権運動の新史料」（『研究紀要』二〇、岩手県南史談会、一九九一年）
大島英介「再論『憲法草稿評林』と小田為綱」（『麻生東北短期大学紀要』一六、一九九一年）
大島英介『小田為綱資料集』（小田為綱資料集刊行委員会、一九九二年）
澤大洋「『憲法草稿評林』の上段評者とは誰か——小田為綱と河津祐之との比較思想的一考察」（『歴史評論』五一二、一九九二年）

名須川溢男「百姓一揆と自由民権運動――地域における主権者意識の高揚」（『岩手史学研究』七八、一九九五年）
大島英介『小田為綱の研究』（久慈市、一九九五年）
森ノブ「小田為綱と憲法草稿評林」上・下（『岩手日報』一九九六年六月七、八日）
大島英介「小田仙弥（為綱）と「れん」事件」（『麻生東北短期大学紀要』二〇、一九九六年）
名須川溢男「東北自由党・岩手の自由民権『憲法見込案』考」（『岩手史学研究』八一、一九九八年）
名須川溢男「自由民権・自治論と「戸長民撰」」（『岩手史学研究』八二、一九九九年）
江村栄一「「憲法草稿評林一」の上段評論について――小田為綱の憲法構想」（『経済志林』六六―三・四、法政大学経済学会、一九九九年）
大島英介「（書評）法政大学江村栄一教授論文「憲法草稿評林一」の「上段評論」について」（『岩手史学研究』八三、二〇〇〇年二月）
大島英介「小田為綱の憲法構想について」（『岩手史学研究』八三、二〇〇〇年）
名須川溢男「自由民権運動」（細井計編『街道の日本史６　南部と奥州道中』吉川弘文館、二〇〇二年）
大島晃一『岩手近代史覚書』（本の風景社、二〇〇二年）
名須川溢男「自由民権運動と新産業指導者たち」（『奥羽史談』一一一、奥羽史談会、二〇〇三年）
中川正人「北からの自由と自治」（大石直正・難波信雄編『街道の日本史７　平泉と奥州道中』吉川弘文館、二〇〇三年）
軽部勝一郎「自由民権期における近代学校成立過程の研究――岩手県遠野地方を事例として」（『日本の教育史学（教育史学会紀要）』四七、二〇〇四年）
名須川溢男「百姓一揆から自由民権運動へ」（『奥羽史談』一一五、二〇〇四年）
大島英介「反権力の経世家　小田為綱」（瀧本壽史・名須川溢男『街道の日本史５　三陸海岸と浜街道』吉川弘文館、二〇〇四年）
名須川溢男「小田為綱「憲法草稿一」の「下段評者」考」（『岩手の古文書』一九、岩手古文書学会、二〇〇五年）
名須川溢男「小田為綱「憲法草稿評林」の「下段評者」考」（『岩手の古文書』二〇、二〇〇六年）
千葉昌弘「自由民権運動と教育会の源流小考」（梶山雅史編『近代日本教育会史研究』学術出版、二〇〇七年）
千葉昌弘・釜田史「東北地方における教育会の成立と展開――岩手・秋田の両県を事例として」（梶山雅史編『続・近代日本教育会史研究』学術出版、二〇一〇年）
小西豊治『もう一つの天皇構想――小田為綱文書「憲法草稿評林」の世界』（論創社、二〇一二年）

【秋田】

田口勝一郎「明治初期殖産興業の地方的展開――雄勝生糸会社の成立を中心に」（新野直吉・諸戸立雄両教授退官記念会編『新野直吉・諸戸立雄両教授退官記念論集　秋田地方史の展開』みしま書房、一九九一年）

古内龍夫『秋田県自由民権期の研究（古内龍夫著作集Ⅰ）』（秋田文化出版社、一九九三年）

大藤修「〔紹介〕古内龍夫著作集Ⅰ『秋田県自由民権期の研究』」（『国史談話会雑誌』三六、東北大学国史談話会、一九九五年）

河西英通「古内龍夫著作集Ⅰ『秋田県自由民権期の研究』」（『秋田近代史研究』三七、秋田近代史研究会、一九九六年）

佐藤守「北秋田の自由民権運動」（佐々木潤之介・佐藤守・板橋範芳編『街道の日本史9　北秋田と羽州街道』吉川弘文館、二〇〇〇年）

益子崇「秋田立志社（会）に結集する農民」（國安寛編『街道の日本史10　雄物川と羽州街道』吉川弘文館、二〇〇一年）

長沼宗次『秋田事件に関する三つの論考――自由民権百三十年記念・『夜明けの謀略』補稿』（秋南文化社、二〇一〇年）

長沼宗次『改訂版　夜明けの謀略――自由民権運動と秋田立志会事件』（西田書店、二〇一二年）

長沼宗次「自由民権運動　秋田立志会事件の真相とその歴史的位置」（『秋田近代史研究』五二、二〇一四年）

【宮城】

相沢源七『千葉卓三郎の生涯』（宝文堂出版、一九九〇年）

新井勝紘「五日市憲法の発見」（東京経済大学多摩学研究会編『多摩学のすすめⅠ――新しい地域科学の創造』けやき出版、一九九一年）

大関栄作「菊池虎太郎の考察――小笠原を中心とした生涯と軌跡について」（『小笠原研究年報』一五、東京都立大学小笠原研究員会、一九九二年）

大畑哲「大矢正夫と村松亀一郎――その師弟関係をめぐって」（『自由民権』七、一九九三年）

鈴木義治「宮城県の自由民権運動・大正デモクラシーを訪ねる」（『歴史地理教育』五六九、歴史教育者協議会、一九九七年）

新井勝紘「千葉卓三郎をめぐる二つの墓」（『隣人』一四、草志会、一九九九年）

江井秀雄『自由民権に輝いた青春――卓三郎・自由を求めてのたたかい』（草の根出版社、二〇〇二年）

倉持順一「〔新刊紹介〕江井秀雄『自由民権に輝いた青春――卓三郎・自由を求めてのたたかい』」（『自由民権』一六、二〇〇三年）

川原健太郎「千葉卓三郎にみる「外来青年」についての研究」（『早稲田大学大学院教育学研究科紀要』別冊一一、二〇〇三年）

新井勝紘「視覚障害者・女性・俠客・車夫の民権運動――「朝日新聞」を通した地域民権運動見直し（宮城県の場合）」（『隣人』一八、二〇〇四年）

佐藤憲一「東北連合の夢」（難波信雄・大石直正編『街道の日本史8　仙台・松島と陸前諸街道』吉川弘文館、二〇〇四年）

鈴木しづ子『『男女同権論』の男――深間内基と自由民権の時代』（日本経済評論社、二〇〇七年）

徳竹剛「〔書評〕鈴木しづ子『『男女同権論』の男――深間内基と自由民権の時代』」（『地方史研究』三三四、二〇〇八年）

横澤清子「〔書評〕鈴木しづ子『『男女同権論』の男――深間内基と自由民権の時代』」（『歴史評論』七〇一、二〇〇八年）

赤坂憲雄「〔千葉卓三郎〕放浪の自由民権運動家」（同『東北知の鉱脈2』荒蝦夷、二〇〇九年）

山本和行「一八九〇年代宮城県における国家教育社の活動――自由民権運動との連続／非連続に着目して」（『日本教育史研究』二八、二〇〇九年）

沼謙吉「明治初年　多摩と仙台藩士族」（沼謙吉『武相近代史論集――八王子・津久井を中心に』揺籃社、二〇一三年）

中川正人「明治前期の仙台における視覚障害者」（『東北学院大学東北文化研究所紀要』四七、二〇一五年）

## 【山形】

小形利彦「山形県職員録・県庁日誌・布達文書からみた三島県政の一考察」（村上直編『日本海地域史研究』一一、日本海地域史研究会、一九九〇年）

佐久間昇「最上郡における地租改正期の減租運動――現戸沢村域を中心として」（同前）

向井健・矢野祐子「資料『憲法備考』――小田切盛徳本」（『法学研究　法律・政治・社会』六七―一一、慶應義塾大学法学研究会、一九九四年）

三原容子「公益考（二）――庄内地域史の取扱いについて」（『東北公益文科大学総合研究論集』一二、二〇〇七年）

佐藤治助「〔講演録〕自由民権の先駆者森藤右衛門を語る――庄内の史的特異性とかかわって」（治安維持法犠牲者国家賠償要求同盟山形県鶴岡田川支部編『記念講演集　不屈の人々――社会進歩をめざした庄内の先覚者たち』私家版、二〇〇七年）

日塔哲之「〔講演録〕近代庄内における社会運動の展開――森藤右衛門から竹内丑松へ」（同前）

三原容子「ワッパ騒動研究史」（『東北公益文科大学総合研究論集』一七、二〇〇九年）

ワッパ騒動義民顕彰会『大地動く――蘇る農魂』（東北出版企画、二〇一〇年）

三原容子「〔問題提起〕庄内地域史の検証と再構築――実証的研究への第一歩」（『地方史研究』三五二、二〇一一年）

星野正紘「〔問題提起〕ワッパ騒動の研究の進展」（同前）
三原容子「酒田の人・森藤右衛門の事績について」（『東北公益文科大学総合研究論集』二二、二〇一二年）
森藤右衛門顕彰活動記録編集委員会編『自由民権運動の魁森藤右衛門――森藤右衛門顕彰活動記録』（森藤右衛門を顕彰する会、二〇一三年）
樋口信義「自由民権の先駆者　森藤右衛門」（『山形県地域史研究』三九、山形県地域史研究協議会、二〇一四年）
佐藤昌明『庄内ワッパ事件』（歴史春秋社、二〇一五年）

【福島】

『三春の自由民権運動――土佐と結ぶ』（三春町歴史民俗資料館・自由民権記念館、一九八六年）
佐藤毅「透谷と会津――敗北者からの遺産の継承」（『江戸川女子短期大学紀要』三、一九八八年）
辻義人「県令三島通庸論――福島事件を中心として」（『福島県歴史資料館研究紀要』一〇、一九八八年）
大石嘉一郎『自由民権と大隈・松方財政』（東京大学出版会、一九八九年）
関幸夫「福島事件・秩父事件」（『月刊学習』三四六、一九八九年）
山田昭次「福島事件・加波山事件・秩父事件と自由民権派新聞の論調」（井上幸治・色川大吉・山田昭次編『秩父事件史料集成』六、二玄社、一九八九年）月報）
田崎公司「星亭の時代――「星亭伝記資料」編著者・野澤雞一を中心として」（『歴史評論』四六八、一九八九年）
丹羽邦男「『自由民権と大隈・松方財政』の研究史上の位置」（『社会科学研究』四一－四、東京大学社会科学研究所、一九八九年）
田崎公司「地方政党政治の成立――渡部鼎とその時代（その2）上」（『福大史学』五〇、福島大学史学会、一九九〇年）
荒井明夫「自由党会津部最高指導者宇田成一の思想形成に関する予備的考察――新史料の紹介を中心として」（『福島史学研究』五三、福島県史学会、一九九〇年）
本田善人「地方立憲改進党ノート――福島県いわき地方の事例」（『いわき市教育事業団研究紀要』二、一九九一年）
本田善人「明治前期の金融会社と農民――福島県磐前郡平町開産会社の場合」（『東洋文化研究』七、いわき東洋文化研究会、一九九一年）
糖沢章雄「明治期地方の代議制度」（『近代史研究――福島近代史研究会年報』九、一九九一年）
山下重一「三春の産んだ英学者・深間内基」（『福島自由民権大学通信』二、一九九一年）

田﨑公司「地方政党政治の成立――渡部鼎とその時代（その２）下」（『福大史学』五二・五三合併号、一九九二年）
大沼敏男「東海散士『佳人之奇遇』」（『国文学　解釈と鑑賞』七三一、一九九二年）
安在邦夫『立憲改進党の活動と思想』（校倉書房、一九九二年）
松本登「阿武隈山間に萌出した自由民権運動」（『福島自由民権大学通信』五、一九九二年）
福島県歴史教育協議会「福島・喜多方事件の掘りおこしと顕彰運動・授業実践」（『歴史地理教育』四九三、一九九二年）
松本登「歴史に学ぶ民衆文化の創造と継承」（同前）
三浦進「福島の自由民権運動一一〇周年を迎えて」（同前）
田島昇「旧福島県の民会について」（『国史談話会雑誌』三三、一九九二年）
上野敏郎「石陽社に参加した人びと――浅川村・蓑輪村・山白石（現浅川町）」（『石川史談』六、石陽史談会、一九九二年）
鈴木吉重「政治結社『石陽社』と河野広中の周辺について――石川地方の自由民権運動を中心として」（同前）
早稲田大学大学院近現代史ゼミ報告者グループ「自由民権期に於ける地域民権結社の動向――相馬・北辰社を例に」（『人民の歴史学』一一五、東京歴史科学研究会、一九九三年）
山本悠三「〔書評〕安在邦夫著『立憲改進党の活動と思想』」（『福島史学研究』五六、一九九三年）
遠山茂樹「〔書評〕安在邦夫著『立憲改進党の活動と思想』」（『歴史評論』五一七、一九九三年）
「〔史料紹介〕明治13年『福島毎日新聞』の記事と論説四『告県下同胞諸君』」（『近代史研究――福島近代史研究会年報』一八、一九九三年）
田﨑公司「明治後期における地域振興策――岩越鉄道敷設問題を事例として」（『東京大学経済学部経済学研究』三六、一九九三年）
岩谷浩光「石陽社運動と余沢」（『石川史談』七、一九九三年）
鈴木吉重「石川地方にみる自由民権運動」（同前）
田﨑公司「会津ヤーヤー一揆再考――明治元年の民衆運動」（『史学雑誌』一〇三―二、一九九四年）
田﨑公司「『自由民権家』の医療・衛生論――渡部鼎とその時代（完）」（『福大史学』五七、一九九四年）
小野浩「福島県菊田郡上遠野の困民党事件」（『いわき市教育文化事業団研究紀要』五、一九九四年）
早稲田大学大学院苅宿文書研究会「〔史料紹介〕相馬北辰社国会開設運動関係史料」（『民衆史研究』四八、民衆史研究会、一九九四年）
安在邦夫「石川地方の自由民権運動」（『石川史談』八、一九九四年）
李信明「東海散士『佳人之奇遇』論――「亡国ノ遺臣」について」（『国文学研究ノート』二九、神戸大学「研究ノート」の会、一九九

五年）
田﨑公司「旧幕臣子弟の自由民権――若き知識人民権家・花香恭次郎」（『歴史科学と教育』一四、歴史科学と教育研究会、一九九五年）
赤城弘「会津三方道路と福島・喜多方事件」（佐藤和彦編『地図でたどる日本史』東京堂出版、一九九五年）
菅沢均「安積開拓と松方正義」（『日本大学工学部紀要』分類B一般教育論三六、一九九五年）
田﨑公司「内務省段階＝大隈財政期の「農商」育成振興政策――福島県の事例を中心として」（『福大史学』六〇・六一合併号、一九九六年）
田﨑公司「会津戦争と地域編成」（明治維新史学会編『明治維新の地域と民衆』吉川弘文館、一九九六年）
田﨑公司「明治初年の豪農層――福島県会津地方を事例に」（『東アジアの近代移行と民衆』第三集、アジア民衆史研究会、一九九七年）
橋本今祐「『旧弊一洗』と民会の動向――福島県の芸能環境をめぐって」（『日本歴史』五九四、一九九七年）
半沢光夫「福島の民衆から見た明治維新」（『歴史地理教育』五七三、一九九八年）
松崎稔「会津地方民権結社・政党の結成――全国的国会開設運動への連携」（『中央史学』二一、中央史学会、一九九八年）
鈴木しづ子「福島県大書記官小野修一郎について――「明治14年政変と地方政治」補論」（『福島史学研究』六七、一九九八年）
藤田英子『喜多方事件の一研究――三島通庸と自由民権運動』（私家版、一九九八年）
西田谷洋「東海散士『佳人之奇遇』試論」（『自由民権』一二、一九九九年）
高井多佳子「東海散士柴四朗の政治思想――政治小説『佳人之奇遇』発刊以前」（『史窓』五六、京都女子大学史学会、一九九九年）
田﨑公司「戊辰から民権へ――会津地方の明治維新」（『歴史評論』五八九、一九九九年）
田﨑公司「三春・百十五周年の加波山事件顕彰」（『秩父』七〇、秩父事件研究顕彰協議会、一九九九年）
渡辺実「共立社と石川地方の無尽講」（『石川史談』一二、一九九九年）
岩本由輝『歴史としての相馬――花は相馬に実は伊達に』（刀水書房、二〇〇〇年）
田﨑公司「明治初年の民衆運動――会津地方笈川組を事例として」（新井勝紘編『民衆運動史4　近代移行期の民衆像』青木書店、二〇〇〇年）
松本美笙『志士　苅宿仲衛の生涯――自由民権家の軌跡』（阿武隈史談会、二〇〇一年）

松本登「民衆運動に生きた民権家増子市三郎　常葉町の民権運動を追って」（『三春地方自由民権運動血縁の会会報』三九、二〇〇一年）
田﨑公司「東海散士『佳人之奇遇』自筆署名本について」（『秩父』八七、二〇〇二年）
田﨑公司「燃え盛る自由民権運動――福島・喜多方事件の勃発」（安在邦夫・田﨑公司編『街道の日本史12　会津諸街道と奥州道中』吉川弘文館、二〇〇二年）
安在邦夫「福島自由民権大学の開校」（同前）
安在邦夫「「三春地方自由民権血縁の会」の歴史学習運動」（同前）
松本登「「民権街道」に見る自由民権運動発祥の土壌とその発展」（同前）
安田俊祐「加波山事件」（獨協大学経済学部新宮ゼミナール『自由獲得の歩み　新宮譲治ゼミ卒業論文集――二〇〇一年度』私家版、二〇〇二年）
高井多佳子「柴四朗の国権論――『佳人之奇遇』における「自由」」（『史窓』六〇、二〇〇三年）
安在邦夫「草の根自由民権――福島・喜多方事件一二〇周年の今日的意義」（『福島喜多方事件の今日的意義　喜多方事件一二〇周年記念の集い報告書』喜多方事件一二〇周年記念の集い実行委員会、二〇〇三年）
赤城弘「喜多方事件研究と顕彰の現状」（同前）
松本登「加波山事件概況」（同前）
森田鉄平「模擬授業「語りつぐ喜多方事件」」（同前）
大内雅人「「福島・喜多方事件」研究・顕彰文献目録（一九八一～二〇〇二）」（同前）
森田鉄平「模擬授業「語りつぐ喜多方事件」をおこなって」（『自由民権』一六、二〇〇三年）
田﨑公司「〔新刊紹介〕松本美笙『志士　苅宿仲衛の生涯――自由民権家の軌跡』」（同前）
田﨑公司「福島・喜多方事件の今日的意義――福島・喜多方事件一二〇周年集会を控えて」（『秩父事件研究顕彰』一三、秩父事件研究顕彰協議会、二〇〇三年）
松本登「〔報告要旨〕加波山事件概況」（『三春地方自由民権運動血縁の会会報』四三、二〇〇三年）
森田鉄平「語りつぐ喜多方事件――授業形式で」（同前）
矢部洋三「安積開墾の展開過程（二―二）――鳥取開墾・自由民権派士族の殖産興業」（『日本大学工学部紀要』四五―一、二〇〇三年）

大内雅人「〔報告要旨〕自由民権運動と安積郡――安積開拓事業を中心に」（『福島自由民権大学通信』一八、二〇〇三年）
大内雅人「〔報告要旨〕自由民権運動と安積郡――安積開拓事業を中心に」（『三春地方自由民権運動血縁の会会報』四七、二〇〇四年）
赤城弘「喜多方事件研究と顕彰の歩み」（『自由民権』一七、二〇〇四年）
小豆畑毅「神官民権家吉田光一の思想」（『石川町史通信』九、石川町史編纂室、二〇〇四年）
小豆畑毅「加波山事件の河野広躰と石川」（同前）
渡部恵一「〔報告要旨〕岩越鉄道の敷設と民衆」（『三春地方自由民権運動血縁の会会報』四八、二〇〇四年）
「苅宿仲衛文書（その一）」（『福島県歴史資料館収蔵資料目録』三五、福島県歴史資料館、二〇〇四年）
渡辺博長「〔報告要旨〕田村北部に芽生えた民権運動」（『三春地方自由民権運動血縁の会会報』四九、二〇〇四年）
蛭田享「〔報告要旨〕上遠野困民党事件の原因」（同前）
田崎公司「会津地方における幕末維新――野沢組茅本村を事例として」（『大阪商業大学論集　人文・自然・社会編』一三四、大阪商業大学商経学会、二〇〇四年）
郷武夫「諸根樟一と『福島県政治史』」（『三春地方自由民権運動血縁の会会報』五〇、二〇〇四年）
呑川泰司「白井・浅野・山代　いわき三人物考」（同前）
蛭田享「〔報告要旨〕上遠野騒擾事件の原因を探る」（『福島自由民権大学通信』二一、二〇〇四年）
郷武夫「〔報告要旨〕諸根樟一と『福島縣政治史』」（同前）
呑川泰司「〔報告要旨〕白井・浅野・山代　いわき三人物考」（同前）
高橋哲夫『河野広中小伝（改訂版・復刻）』（歴史春秋社、二〇〇四年）
「〔報告要旨〕遺族と語る加波山事件（三浦律子・山口百合子・横山肇・坂内千賀良・河野信三・渡邉宗一）」（『三春地方自由民権運動血縁の会会報』五一、二〇〇五年）
大内雅人「〔報告要旨〕明治一七年加波山事件再考」（同前）
福井淳「門馬尚経について」（『一八八〇年代教育史研究会ニューズレター』一一、一八八〇年代教育史研究会、二〇〇五年）
「苅宿仲衛文書（その二）」（『福島県歴史資料館収蔵資料目録』三六、二〇〇五年）
渡邉宗一「三春・田村地方とゆかりの深かった苅宿仲衛」（『三春地方自由民権運動血縁の会会報』五二、二〇〇五年）
有賀究「〔報告要旨〕岩谷巌教育と自由民権運動」（『三春地方自由民権運動血縁の会会報』五三、二〇〇五年）
小豆畑毅「〔報告要旨〕民権後の吉田光一」（同前）

安在邦夫「〔報告要旨〕石川町民のための自治体史」（同前）
大内雅人・森田鉄平・渡部恵一「福島県における自由民権運動研究の現在・過去・未来」（『福島史学研究』八一、二〇〇五年）
堀幸一郎「『會陽雑誌』の時代と人々（上）」（『会津若松市史研究』七、会津若松市史研究会、二〇〇五年）
高橋哲夫「自由民権運動の先駆者河野広中と三春」（『福島民報』二〇〇五年一二月九〜一一日）
高橋哲夫「河野広中と三春」（『三春地方自由民権運動血縁の会会報』五四、二〇〇六年）
渡邉宗一「後藤象二郎と三春遊説」（『三春地方自由民権運動血縁の会会報』五五、二〇〇六年）
渡邉宗一「後藤象二郎三春に来る」（同前）
松崎稔「地域結社と演説・討論――明治一〇年代前半会津地方を事例に」（安在邦夫・田﨑公司編『自由民権の再発見』日本経済評論社、二〇〇六年）
田﨑公司「自由党と明治一七年激化状況――田母野秀顕の獄死と顕彰活動」（同前）
大内雅人「明治一七年加波山事件再考――事件後の顕彰活動と河野広體の動向について」（同前）
渡部恵一「相馬の民権家羽根田永清の逮捕とその死」（『三春地方自由民権運動血縁の会会報』五六、二〇〇六年）
堀幸一郎「『會陽雑誌』の時代と人々（下）」（『会津若松市史研究』八、二〇〇六年）
今村昭司「相馬民権と報徳を考える」（『三春地方自由民権運動血縁の会会報』五七、二〇〇六年）
田﨑公司「会津の地域リーダーと自由民権――幕末維新から民権へ」（平川新・谷山正道編『近世地域史フォーラム③　地域社会とリーダーたち』吉川弘文館、二〇〇六年）
田﨑公司「大石嘉一郎先生の人と学問」（『自由民権』二〇、二〇〇七年）
田﨑公司「明治二〇年代の地方政治に関する一考察――会津協会を事例にして」（『大阪商業大学論集　人文・自然・社会篇』一四六、二〇〇七年）
大石先生追悼文集刊行会編『日本近代史研究の軌跡――大石嘉一郎の人と学問』日本経済評論社、二〇〇七年）
赤城弘「『みんけん連』との交流と今後の動き（福島県）」（『自由民権をひらく』自由民権資料研究会、二〇〇七年）
大内雅人「明治一七年加波山事件再考――民権家・河野広體のその後」（同前）
森田鉄平「自治体史にみる福島の民権運動研究」（同前）
渡部恵一「相馬の民権家羽根田永清の逮捕とその死」（同前）
松本美笙「『苅宿仲衛の生涯』拾遺二題」（『相馬郷土』二三、二〇〇八年）

上野俊郎「明治のキリスト教上野熊蔵の生涯」（『石川史談』二〇、二〇〇八年）
鈴木吉重「評判記・列伝等に河野広中像（明治一五・一六年）」（同前）
渡辺実「民権家・教育者としての横田三次郎」（同前）
田﨑公司「喜多方市史編纂事業と大石嘉一郎先生」（『三春地方自由民権運動血縁の会会報』六一、二〇〇八年）
佐藤明俊「〔問題提起〕加波山事件をめぐる歴史認識について」（『地方史研究』三三四、二〇〇八年八月）
安在邦夫「自由民権運動期の激化諸事件について」（『三春地方自由民権運動血縁の会会報』六二、二〇〇八年八月）
仲澤市雄「民権運動と和算の関係をみると（和算の側から）」（『三春地方自由民権運動血縁の会会報』六三、二〇〇九年二月）
安在邦夫「「民権・人権思想」と自由民権運動」（同前）
安在邦夫「１８８６（明治19）年・後藤象二郎の三春遊説――激化事件後の三春地域の状況」（『三春地方自由民権運動血縁の会会報』六四、二〇〇九年）
星幸「『平島松尾』再考――明治ふくしまの新聞創刊をめぐって」（『福島県立博物館紀要』二三、二〇〇九年）
長井純市『河野広中』（吉川弘文館、二〇〇九年）
長井純市「河野広中という政治家」（『本郷』八一、吉川弘文館、二〇〇九年）
安在邦夫「河野広中の事績と思想――河野広中生誕１６０年に寄せて」（『三春地方自由民権運動血縁の会会報』六五、二〇〇九年）
渡辺博長「民権運動の思想と書簡」（同前）
仲澤市雄「安積疎水と福島」（同前）
桑原丈和「『嘉坡通信報知叢談』論」（同前）
長井純市「河野広中覚書（上）」（『法政史学』七二、法政大学史学会、二〇〇九年）
有賀究「石川地方における自由民権運動の開始」（『石川史談』二一、石陽史学会、二〇一〇年）
鈴木吉重「議員の風味『牛肉・河野広中』」（同前）
西川純子「福島自由民権と門奈茂次郎①　河野広中との出会い」（『評論』一七七、日本経済評論社、二〇一〇年）
渡辺恵一「〔新刊紹介〕長井純市『河野広中』」（『自由民権』二三、二〇一〇年）
長井純市「河野広中覚書（下）」（『法政史学』七三、二〇一〇年）
安在邦夫「〔書評と紹介〕長井純市著『河野広中』」（『日本歴史』七四三、二〇一〇年）
西川純子「福島自由民権と門奈茂次郎②　喜多方事件」（『評論』一七八、二〇一〇年）

西川純子「福島自由民権と門奈茂次郎③　三島訴状」（『評論』一七九、二〇一〇年）
西川純子「福島自由民権と門奈茂次郎④　暗殺か挙兵か」（『評論』一八〇、二〇一〇年）
長井純市「韓国をめぐる河野広中の周辺」（『法政史学』七四、二〇一〇年）
西川純子「福島自由民権と門奈茂次郎⑤　加波山事件」（『評論』一八一、二〇一〇年）
安在邦夫「〔講演記録〕自由民権運動研究の歩みと現在、そして課題」（喜多方歴史研究協議会・福島自由民権大学編『喜多方市民文化祭行事　喜多方事件一二五周年記念集会報告書』二〇一〇年）
赤城弘「〔講演記録〕愛身社とその人たち」（同前）
田﨑公司「喜多方市史編纂事業と大石嘉一郎先生」（同前）
長井純市「中国をめぐる河野広中の周辺」（『法政史学』七六、二〇一一年）
西川純子「福島自由民権と門奈茂次郎⑥　常事犯と国事犯」（『評論』一八二、二〇一一年）
西川純子「福島自由民権と門奈茂次郎⑦　加波山事件裁判の不思議」（『評論』一八三、二〇一一年）
西川純子「福島自由民権と門奈茂次郎⑧　一本の煙突」（『評論』一八四、二〇一一年）
西川純子「福島自由民権と門奈茂次郎⑨　社会復帰」（『評論』一八五、二〇一一年）
三浦進『明治の革命――自由民権運動』（同時代社、二〇一二年）
安在邦夫「石川の自由民権運動と顕彰会の役割」（『石川史談』二二、二〇一二年）
鈴木吉重「河野広中余話「よせばよかった」」（同前）
三浦進「自由民権運動と歴史教育――『明治の革命』刊行によせて」（『歴史地理教育』七九九、二〇一三年）
渡部恵一「磐州を追想する葵山――浪江に遺された愛沢寧堅の書から」（『三春地方自由民権運動血縁の会会報』七一、二〇一三年）
『自由民権運動喜多方事件130周年記念事業集録』（自由民権運動喜多方事件130周年記念事業実行委員会、二〇一三年）
小池喜一「平島松尾と河野広中について――前福島県立博物館主任学芸員星幸氏の研究ノート『平島松尾再考』を中心として」（『三春地方自由民権運動血縁の会会報』七三、二〇一三年）
田﨑公司「『安達憲政史』と平島松尾」（同前）
小豆畑毅「民権家吉田光一と在地社会」（『石川史談』二三、二〇一四年）
鈴木吉重「河野広中最後の第14回衆議院議員総選挙」（同前）
安在邦夫「福島・喜多方事件再考――同根複合事件・裁判から見た事件像」（高島千代・田﨑公司編『自由民権〈激化〉の時代――運

動・地域・語り』日本経済評論社、二〇一四年）
西川純子「福島自由民権と門奈茂次郎」（同前）
横山真一・田﨑公司・飯塚彬「福島・喜多方事件、加波山事件関連年表」（同前）
三浦進『明治の革命（新版）』（同時代社、二〇一五年）
自由民権運動喜多方事件記念事業実行委員会編『加波山事件130周年記念事業集録　今、改めて学びなおす加波山事件――弾正ヶ原から加波山へ』（自由民権運動喜多方事件記念事業実行委員会発行、二〇一五年）
山田芳則「慶応四年七月の河野広中」（『石川史談』二四、二〇一五年）

# あとがき

本書は東北大学東北アジア研究センター上廣歴史資料学研究部門が主催する共同研究「東北の自由民権運動」(第四班)の成果であり、かつ東北大学東北アジア研究センターの助成のもとに、『東北アジア研究専書』の一冊として刊行されたものである。私が部門に着任したのは、二〇一三年一〇月のことだが、その際、「部門スタッフは一人一班、共同研究を受けもつことになっているので、テーマとメンバーを決めるように」と申し渡された。せっかくの機会、しかも東北大学の研究機関に属する一部門が行う共同研究なのだから、私の専攻も加味して「東北の近代」がいいと考えた。東北へ来て改めて感じたのは、学会レベル(在野でもそうかもしれないが)で地元の近代史をテーマとする研究者がきわめて少ないということである。かかる現実に直面して、東北で近代を盛り上げたい、という思いは日に日に強くなっていた。

しかし、これは諸般の事情で叶わなかった。そこで、東北をフィールドとしつつテーマをより限定することとしたのだが、熟慮の末に選んだのが自由民権運動であった。東北の近代史研究の活性化をはかるために、あえて研究の停滞が叫ばれて久しい、このテーマを選んだのである。そこには、東日本大震災と福島第一原発の事故により、人々が地域と国家にいやおうなく向きあわざるをえない東北の現状にあって、一四〇年前、地域の問題から発し、新たな国家を模索した人々について思いをめぐらすことは決して無意味なことではなかろうとの思いもあった。

さて、「東北の自由民権運動」は「東北」と「自由民権運動」という二重の足枷を負っている。このことは当初よりわかっていたつもりであったが、いざ事を始めてみると困難さは私の予想をはるかに上回っていた。まず共同研究者の人選からして困難を極めた。東北を見回しても地域の自由民権運動を研究している研究者はまずいない。そこで他地域に目を向けてみたが、自由民権運動の研究者でさえでも払底しているというのに、これに東北が加わるのだから容易にみつかるはずがない。この時点で東北全県をカヴァーすることはあきらめざるをえなかった。「近代史の盛んでない東北からあえて自由民権運動研究の再興を」、「自由民権運動を振り返ることで今の東北が抱える問題を知るよすがとしよう」、そんな私の呼び掛けに賛同してくださったのは、千葉昌弘・新井勝紘・河西英通・後藤彰信・松崎稔・山下須美礼の諸先生である。かくして、なんとかメンバーがそろったのが二〇一四年四月、最初の研究会が専修大学神田校舎で開催されたのが、二〇一四年八月四日のことである。

以後、二〇一四年一〇月二六日に東北大学片平キャンパスさくらホールで公開シンポジウム「宮城発・自由民権運動再考」を開催し、二〇一五年八月九日（三原容子先生には後藤先生の御紹介でこの回から御参加いただいた）、一二月一九・二〇日と研究会を重ね、その成果を本書としてまとめた。もとより二年という短い期間、研究会では東北全体の問題や各地の運動の共通点、あるいは差異といったところまで十分な議論を行うことはできず、そのような状況で成果の出版に踏み切ることには我々としても不安がないわけではなかったが、できあがった成果を見て、東北の自由民権運動を考えるうえでの論点は提示しえたものと自負する。出版をお引き受けいただいた日本経済評論社会長の栗原哲也氏、困難な本の編集をご担当くださった同社の新井由紀子・吉田桃子両氏には、執筆者を代表し、この場を借りて満腔の謝意を表したい。

ここに擱筆するにあたって、私の念頭に浮かぶのは、「東北コンプレックス」を抱きながら、自由民権運動の全国的連携に奔走し、それを通じて東北がもつ「後進」というイメージを払拭せんとした民権家河野広中の姿である。本書が呼び水となって自由民権運動研究の、あるいは東北の近代史の若い担い手が現れることを切望してやまない。

二〇一六年一一月一五日

## 追記

校了を目前にして、本書第二章の執筆者千葉昌弘先生が、二〇一七年一月一七日御逝去された。先生は本書の刊行を心待ちにしておられただけに悔やまれてならない。執筆者一同より本書を先生の御霊にささげたい。

友田昌宏

【ま行】



【や行】



【わ行】

【た行】



【な行】



【は行】

# 人名索引

心に」（それぞれ『東北公益文科大学総合研究論集』第 10 号・2006 年、第 12 号・2007 年、第 14 号・2008 年、第 18 号・2010 年）

**山下須美礼**（やました すみれ） 第六章

1977 年生まれ。筑波大学大学院博士課程人文社会科学研究科歴史・人類学専攻単位取得満期退学。博士（文学）。

帝京大学文学部専任講師。近世～近代移行期における地域的展開。

主要業績：『東方正教の地域的展開と移行期の人間像——北東北における時代変容意識』（清文堂出版、2014 年）、「明治初期旧八戸藩領周辺地域における士族の危機意識とその動向——ハリストス正教会との関連から」（浪川健治・小島康敬編『近世日本の言説と「知」——地域社会の変容をめぐる思想と意識』清文堂出版、2013 年）、「明治初期ハリストス正教会における仙台藩士族の西日本伝教」（『歴史人類』筑波大学大学院人文社会科学研究科歴史・人類学専攻、第 40 号、2012 年）

**後藤彰信**（ごとう あきのぶ） 第八章

1956 年生まれ。東北大学大学院文学研究科博士後期課程単位取得満期退学。

初期社会主義研究会会員。専門は日本社会思想史。

主要業績：『石川三四郎と日本アナーキズム』（同成社、2016 年）、『日本サンジカリズム運動史』（啓衆新社、1984 年）

執筆者紹介（執筆順）

## 河西英通（かわにし ひでみち） 第一章

1953 年生まれ。北海道大学大学院文学研究科博士後期課程単位取得満期退学。博士（文学）。
国立大学法人広島大学大学院文学研究科教授。近現代日本の社会・文化論。
主要業績：『せめぎあう地域と軍隊――「末端」「周縁」軍都・高田の模索』（岩波書店、2010 年）、『「生存」の東北史――歴史から問う 3.11』（共編著、大月書店、2013 年）、『「東北」を読む』（無明舎出版、2011 年）

## 千葉昌弘（ちば まさひろ） 第二章

1941 年生まれ。東北大学大学院教育学研究科博士課程単位取得満期退学。教育学修士。
高知大学・岩手大学を経て、北里大学元教授。近代における東北地方の近代学校成立過程、教員および教員養成史等の地方教育史研究。あわせて宮城・高知・岩手等をフィールドとして「自由民権運動と教育」の関係史を研究。2017 年 1 月 17 日逝去。
主要業績：『土佐の自由民権運動と教育』（土佐出版社、1987 年）、『近代日本地域民衆教育成立過程の研究――近代学校の成立と自由民権運動の展開』（梓出版社、1996 年）、「東北地方における教育会の成立と展開――岩手・秋田の両県を事例として」（共著、梶山雅史編『続・近代日本教育会史研究』学術出版会、2010 年）

## 新井勝紘（あらい かつひろ） 第三章

1944 年生まれ。東京経済大学経済学部卒業。
専修大学元教授。自由民権運動史、私擬憲法史、地域史、民衆史、戦争と兵士、軍事郵便、戦後地域文化運動史。
主要業績：『日本の時代史 22　自由民権と近代社会』（編著、吉川弘文館、2004 年）、『ケータイ世代が「軍事郵便」を読む』（専修大学文学部日本近現代史ゼミナール編、専修大学出版局、2009 年）、『民衆運動史 4　近世から近代へ　近代移行期の民衆像』（編著、青木書店、2000 年）

## 松崎　稔（まつざき みのる） 第四章

1970 年生まれ。中央大学大学院文学研究科日本史専攻博士後期課程単位取得退学。
町田市立自由民権資料館学芸員。専門は自由民権運動史。
主要業績：「町田の青年結社とキリスト教・女性――大成会・辛卯会・町田倶楽部」（町田市立自由民権資料館・武相の女性・民権とキリスト教研究会共編『武相の女性・民権とキリスト教』町田市教育委員会、2016 年）、「自由民権期学習結社の討論会運営――五日市学芸講談会再考」（松尾正人編『多摩の近世・近代史』中央大学出版部、2012 年）、「地域結社と演説・討論――明治一〇年代前半会津地方を事例に」（安在邦夫・田﨑公司編著『自由民権の再発見』日本経済評論社、2006 年）

## 三原容子（みはら ようこ） 第五章

1955年生まれ。京都大学大学院教育学研究科博士後期課程学修認定退学。教育学修士（京都大学）。

東北公益文科大学元教授、庄内地域史研究所代表。専門は日本近代史（人権、社会思想、地域史）。

主要業績：『賀川ハル史料集』（編纂、全 3 巻、緑蔭書房、2009 年）、「公益考（一）――公益学と道徳教育」「公益考（二）――庄内地域史の取扱いについて」「公益考（三）――公益に関する題材の検討」「山形県庄内地方の産業組合運動と満州移民送出運動の思想――皇国農民団を中

編著者紹介

**友田昌宏**（ともだ まさひろ） 序章・第七章・文献目録・あとがき

1977年生まれ。中央大学大学院文学研究科日本史専攻博士後期課程修了。博士（史学）。

東北大学東北アジア研究センター上廣歴史資料学研究部門助教。日本近代政治史（とくに東北地方をフィールドとする明治維新史）。

主要業績：『未完の国家構想――宮島誠一郎と近代日本』（岩田書院、2011年）、『戊辰雪冤――米沢藩士・宮島誠一郎の「明治」』（講談社現代新書、2009年）、『岩出山伊達家の戊辰戦争――吾妻家文書「奉宿若御用留」を読む』（共編著、東北大学東北アジア研究センター、2014年）

東北アジア研究専書

**東北の近代と自由民権――「白河以北」を越えて**

2017年2月5日 第1刷発行 定価（本体5800円＋税）

2017年6月10日 第2刷発行

編著者 友田昌宏

発行者 柿﨑均

発行所 株式会社日本経済評論社

〒101-0051 東京都千代田区神田神保町3-2

電話 03-3230-1661 FAX 03-3265-2993

URL：http://www.nikkeihyo.co.jp

組版＊閏月社／印刷＊文昇堂／製本＊高地製本所

装幀＊渡辺美知子

乱丁本・落丁本はお取替えいたします

 ISBN 978-4-8188-2451-5